R을 이용한 결측데이터 분석

최대우도 및 다중투입 기법을 중심으로

백영민 · 박인서 지음

한나래 아카데미

R을 이용한 결측데이터 분석
최대우도 및 다중투입 기법을 중심으로

2021년 8월 16일 1판 1쇄 박음
2021년 8월 23일 1판 1쇄 펴냄

지은이 | 백영민 · 박인서
펴낸이 | 한기철

펴낸곳 | 한나래출판사
등록 | 1991. 2. 25. 제22-80호
주소 | 서울시 마포구 토정로 222, 한국출판콘텐츠센터 309호
전화 | 02) 738-5637 · 팩스 | 02) 363-5637 · e-mail | hannarae91@naver.com
www.hannarae.net

ISBN 978-89-5566-255-9 93310

* 이 저서는 2016년도 정부재원(교육부 인문사회연구역량강화사업비)으로 한국연구재단의 지원을 받아 연구되었습니다(NRF-2016S1A3A2925033).

머리말

사회과학 연구를 하다 보면 '모름', '응답거부' 등과 같은 결측값들이 자주 등장합니다. 특히 사람들의 태도나 의견, 지식이나 과거 행동 등을 측정할 경우, 결측데이터 발생을 피하기 매우 어렵습니다. 사회과학 영역이 아니더라도 환자의 진료기록이나 검진기록 등을 다루는 의료데이터에서도 결측데이터 문제는 매우 빈번하게 등장합니다. 특히 결측데이터가 무시하기 어려운 규모로 발생할 때, 통상적인 결측데이터 제거 방법인 리스트단위 결측제거(listwise deletion)로는 분석결과의 대표성(representativeness)을 확보하기 어려운 것은 물론 타당성(validity)과 정확성(precision)도 확보할 수 없습니다.

이번 책에서는 결측데이터에 대처하는 데이터 분석기법들로 최대우도(ML, maximum likelihood) 결측데이터 분석기법과 다중투입(MI, multiple imputation) 기법을 소개하고 R을 통해 두 기법을 실습하는 과정을 제시하였습니다. 이 책은 저자가 앞서 출간한 책들과 비슷한 방식으로 구성되었습니다. 즉 R을 통해 결측데이터 분석기법을 어떻게 진행하는지 단순하게 소개하기보다는 결측데이터와 관련된 기본적 개념들(이를테면 MCAR, MAR, MNAR 등)을 가급적 쉬운 말로 소개하고, ML 기법과 MI 기법이 어떤 논리로 결측데이터 현상에 대처하는지 설명한 후 R을 통해 각 기법을 실습하였습니다. 만약 독자께서 결측데이터 분석기법의 개념과 논리에 대해 익숙하지 않으시다면, 이 책을 처음부터 읽어주시길 부탁드립니다. 이 책에서는 ML 기법과 MI 기법에 대해 시뮬레이션 데이터와 현실 데이터를 사례로 단계별 실습과정을 제시하였고, 학계에서 가장 널리 사용되는 2가지 결측데이터 분석기법이 왜 통상적인 결측데이터 대처방법들에 비해 우수하며, 두 기법의 장단점이 무엇인지 쉽게 설명하는 데 집중하였습니다.

이 책의 주제인 결측데이터 분석기법에 관심 있는 독자께 다음과 같은 부탁의 말씀을 드립니다.

첫째, R에 대한 기초지식을 습득하신 후에 이 책을 보시기 바랍니다. 이 책은 R을 소개하는 입문서가 아니라, R을 활용하여 어떻게 결측데이터 분석을 진행하는지를 설명하고 소개하는 책입니다. 따라서 이 책에 관심 있는 독자께서는 R이 무엇이며 어떻게 설치하고 어떻게 사용하는지에 대한 기초적 지식을 갖추셔야 합니다. 만약 R이 낯설게 느껴지신다면 이 책에 앞서 R입문서를 먼저 학습해주시기 바랍니다[예를 들어 졸저 《R 기반 데이터 과학: tidyverse 접근》(2018b) 혹은 이와 유사한 다른 입문서들].

둘째, 결측데이터 분석기법은 결측데이터가 어떻게 발생하는지, 즉 결측데이터의 발생 메커니즘에 대한 가정을 요구합니다. 앞서 저희가 저술한 《R 기반 성향점수분석: 루빈 인과모형 기반 인과추론》(2021)에서 소개했던 '루빈 인과모형(Rubin's causal model)'은 결측데이터 분석에서도 적용됩니다. 따라서 '성향점수분석'에 대한 사전지식은 결측데이터 분석기법을 이해하는 데 매우 큰 도움이 됩니다. 또한 ML 결측데이터 분석기법의 경우, 사회과학 데이터 분석기법으로 널리 활용되고 있는 구조방정식 모형(SEM)에 대한 사전지식이 매우 크게 도움이 됩니다. SEM 관련 기본개념들과 R을 통한 분석방법에 대해서는 졸저 《R를 이용한 사회과학데이터 분석: 구조방정식모형 분석》(2017) 혹은 다른 참고문헌을 참조해주시길 부탁드립니다.

셋째, `tidyverse` 패키지의 내장함수들에 대한 기초적 지식이 필수적입니다. 현재의 R 기반 데이터 과학 분야를 선도하는 이용방식은 타이디버스 접근방식이며, 타이디버스 접근방식을 따르는 여러 패키지들을 통합한 패키지(소위 umbrella package)가 바로 `tidyverse` 패키지입니다. 특히 `tidyverse` 패키지에 속해 있는 `dplyr` 패키지와 `ggplot2` 패키지는 현재 R 이용자라면 거의 모두가 활용하고 있는 상황입니다. 효과적 데이터 관리는 물론 데이터 분석결과의 시각화를 위해서는 `tidyverse` 패키지 내장함수에 대한 지식이 필수적입니다. `tidyverse` 패키지에 대한 전반적 소개와 이용방법에 대해서는 졸저 《R 기반 데이터 과학: tidyverse 접근》(2018b) 혹은 다른 참고서적(Wickham & Grolemund, 2017)을 참조해주시기 바랍니다.

넷째, 이 책에서 소개한 결측데이터 분석기법들에만 머무르지 마시고, 결측데이터 분석기법의 토대가 되는 핵심 개념과 ML 기법, MI 기법의 작동원리를 소개하는 다른 교재나 학술논문들을 추가로 살펴보시길 부탁드립니다. 이 책에서는 결측데이터 분석기법을 가급적 쉽게 설명하고 전달하기 위해 난이도를 많이 낮추었습니다. 독자께서 이 책을 통해 결측데이터 분석기법에 대해 보다 심화된 학습을 진행하시는 것이야말로 저희에게 매우 큰 보람입니다.

끝으로 R의 활용과 관련하여 언제나 저희의 귀감이 되시는 가톨릭대학교 심장내과 문건웅 교수님께 감사의 말씀을 드립니다. 아울러 어려운 출판환경 속에서도 소명의식으로 전문도서 출간에 애써주시는 한나래출판사의 조광재 상무님과 한기철 사장님, 그리고 부정확한 표현과 오탈자를 바로잡아준 우정은 씨께도 진심으로 감사를 전합니다(물론 이 책에 등장하는 모든 오류들은 온전히 저희들의 부족함 때문입니다).

이 책에 소개한 R코드들과 예시용 데이터는 모두 저자의 홈페이지(https://sites.google.com/site/ymbaek/)에서 다운로드할 수 있습니다. 부디 이 책을 이해하고 유용하게 사용하는 데 활용하시기 바랍니다.

2021년 2월 2일

연세대학교 아펜젤러관에서

저자를 대표하여

백영민

차례

2부 최대우도 결측데이터 분석기법

3부 다중투입 결측데이터 분석기법

4부 마무리

1부

결측데이터 분석 개요

1장
결측데이터의 의미와 발생원인

1 결측데이터의 잠재적 문제

> "결측데이터를 다루는 최선의 방법은 결측데이터가 발생하지 않도록 하는 것이다
> (Obviously the best way to treat missing data is not to have them)."

오차드와 우드버리(Orchard & Woodbury, 1972, p. 697)

위의 인용문은 결측데이터 분석기법을 소개하는 책에서 흔히 등장하는 문구입니다(Allison, 2002; Van Buuren, 2018). 아무리 결측데이터 분석기법이 발전한다고 하더라도 가급적 실측(實測)데이터를 확보하는 것이 가장 좋습니다. 즉 연구자는 연구를 계획하는 단계부터 데이터를 수집하는 단계까지 결측데이터가 발생하지 않도록 최선을 다해야만 합니다. 그러나 연구자가 아무리 노력한다고 해도 결측데이터 발생을 완전히 막는 것은 불가능합니다. 1장에서는 피치 못할 상황에서 발생하는 결측데이터의 속성이 무엇인지 설명한 후, 어떻게 하면 '결측데이터로 인해 초래될 수 있는 문제점들이 완화된' 추정값을 얻을 수 있는지를 같이 실습해보겠습니다.

결측데이터는 어떤 문제를 일으킬까요? 이 질문에 답하기 위해서는 먼저 결측데이터가 무엇인지 알아야 합니다. 본질적으로 결측데이터는 측정되지 않은 데이터를 의미합니다. 모든 데이터는 측정(measurement) 과정을 거쳐야 한다는 점에서 측정 여부에 따라 데이터를 2가지로 구분할 수 있으며, 실측데이터(observed data)와 달리 측정이 이루어지지 않은 데이터를 결측데이터(missing data)라고 부릅니다. 다음으로 결측데이터로 인한 문제

를 이해하기 위해서는 결측데이터의 발생과정을 이해해야 합니다. 결측데이터의 발생과정은 질적 측면과 양적 측면 2가지를 통해 파악할 수 있습니다.

① "결측데이터는 왜 생기는가?" (질적 측면)
② "얼마나 많은 결측데이터가 생기는가?" (양적 측면)

결측데이터 발생의 질적, 양적 측면을 이해하기 위해 아주 간단한 시뮬레이션 사례를 하나 살펴보겠습니다. 시뮬레이션 데이터는 X와 Y 총 2개의 변수로 구성되어 있습니다. 여기서 X는 0과 1의 값을 갖는 더미변수이고, Y는 정규분포를 따른다고 가정된 연속형 변수입니다. X의 수준별 사례수는 500(즉 총 사례수는 1,000)이며, X가 0인 경우의 Y는 평균이 5, X가 1인 경우의 Y는 평균이 4의 값을 갖도록 가정하였습니다(분산은 X의 수준과 상관없이 1로 같다고 가정). 일단 결측데이터가 전혀 발생하지 않은, 즉 완벽하게 측정된 데이터를 시뮬레이션해보겠습니다.[1]

```
> library(tidyverse) # 데이터 관리를 위해 실시
> library(magrittr) # %$% operator
> # N = 1000 (집단별 500)
> set.seed(1234) # 동일한 결과를 원한다면 반드시 실행
> my_n=500
> myY=c(rnorm(my_n,5,1),
+       rnorm(my_n,4,1))
> myX=c(rep(0,my_n),rep(1,my_n))
> mydata=tibble(Y=myY,X=myX)
> summary(mydata)
       Y               X
 Min.   :1.093  Min.   :0.0
 1st Qu.:3.756  1st Qu.:0.0
 Median :4.449  Median :0.5
 Mean   :4.473  Mean   :0.5
 3rd Qu.:5.233  3rd Qu.:1.0
 Max.   :8.196  Max.   :1.0
```

1 본문에 제시된 시뮬레이션 결과를 얻기 위해서는 반드시 시드넘버(seed number)를 지정해야 합니다. 즉 set.seed(1234)를 실행해야 본문과 동일한 결과를 얻을 수 있습니다.

```
> mydata %>%
+  group_by(X) %>%
+  summarise(M=mean(Y),SD=sd(Y),N=length(Y))
`summarise()` ungrouping output (override with `.groups` argument)
# A tibble: 2 x 4
      X      M     SD      N
  <dbl>  <dbl>  <dbl>  <int>
1     0   5.00   1.03    500
2     1   3.94  0.959    500
```

이제 다음과 같은 시나리오에 따라 결측데이터가 발생했다고 가정해봅시다.

- **시나리오-1**: 약 50%의 확률로 Y 변수의 결측값이 완전 무작위로 발생하였다.
- **시나리오-2**: Y 변수의 값이 상위 50% 지점인 값보다 작은 경우 결측값이 발생하였다. 다시 말해 Y 변수의 값이 상위 50%인 경우에 한정하여 데이터를 수집하였다.
- **시나리오-3**: X = 0인 사례들의 경우 약 25%의 확률로 Y 변수의 결측값이 완전 무작위로 발생하였고, X = 1인 사례들의 경우 약 75%의 확률로 Y 변수의 결측값이 완전 무작위로 발생하였다. 즉 전체 사례 중 약 50%에서 결측값이 발생하였다.

아래는 위의 3가지 시나리오를 따를 경우의 Y값을 생성하는 과정입니다. 즉 Y1은 '시나리오-1'을, Y2는 '시나리오-2를', Y3는 '시나리오-3'을 따르는 변수입니다.

```
> #=== 결측값 발생비율 50%
> set.seed(1234) # 동일한 결과를 얻고자 한다면 반드시 실행
> mydata1=mydata %>%
+  mutate(
+   miss_mech1=sample(c(rep(1,1),rep(0,1)),size=2*my_n,replace=TRUE),
+   Y1=ifelse(miss_mech1==0,NA,Y),
+   Y2=ifelse(Y<quantile(Y,prob=0.5),NA,Y),
+   miss_mech3=c(sample(c(rep(1,75),rep(0,15)),size=my_n,replace=TRUE),
+                sample(c(rep(1,25),rep(0,85)),size=my_n,replace=TRUE)),
+   Y3=ifelse(miss_mech3==0,NA,Y)
+  ) %>% select(-miss_mech1,-miss_mech3)  # 결측값 발생 메커니즘 변수는 삭제
> summary(mydata1)
```

```
       Y              X              Y1             Y2              Y3
 Min.    :1.093  Min.    :0.0  Min.    :1.126  Min.    :4.453  Min.    :1.296
 1st Qu. :3.756  1st Qu. :0.0  1st Qu. :3.771  1st Qu. :4.786  1st Qu. :4.109
 Median  :4.449  Median  :0.5  Median  :4.434  Median  :5.233  Median  :4.838
 Mean    :4.473  Mean    :0.5  Mean    :4.459  Mean    :5.364  Mean    :4.847
 3rd Qu. :5.233  3rd Qu. :1.0  3rd Qu. :5.204  3rd Qu. :5.733  3rd Qu. :5.549
 Max.    :8.196  Max.    :1.0  Max.    :8.044  Max.    :8.196  Max.    :8.196
                               NA's    :486    NA's    :500    NA's    :473
```

summary() 함수 실행결과에서 알 수 있듯 Y1, Y2, Y3의 결측값은 약 50%로 엇비슷합니다. 위 결과에서 결측값 발생 시나리오를 적용하기 이전의 Y 변수의 평균값과 Y1, Y2, Y3 변수들의 평균값을 비교해봅시다. 먼저 Y1의 평균은 4.459로, 결측값 발생 이전 상황(즉 Y 세로줄)에서의 평균값인 4.473과 거의 동일합니다. 그러나 Y2의 평균은 5.364, Y3의 평균 역시도 4.847로 결측값 발생 이전 상황에서의 평균값보다 큰 값이 나타났습니다. 각 시나리오의 조건을 생각할 때 Y2 변수와 Y3 변수의 평균이 증가한 것은 당연한 결과입니다. 우선 '시나리오-2'에서는 Y 변수의 하위 50%를 결측값으로 처리하였기 때문에 평균은 당연히 커질 수밖에 없습니다. 또한 '시나리오-3'의 경우 확률적으로 Y의 평균값이 작은 X = 1인 집단에서 결측값이 매우 많이 발생하였기 때문에 표본 전체에서의 Y3의 평균값 역시 커지게 됩니다.

그렇다면 X 변수의 수준에 따라 실측된 Y1, Y2, Y3의 평균과 표준편차, 그리고 실측값의 비율은 어떻게 나타나는지 살펴봅시다. 다음과 같이 na.rm 옵션, 그리고 is.na() 함수를 활용하면 결측값이 제외된 변수들의 통계치를 계산할 수 있습니다.

```
> mydata1 %>%
+  group_by(X) %>%
+  summarise(M=mean(Y),SD=sd(Y),N=length(Y)/my_n,
+            M1=mean(Y1,na.rm=TRUE),SD1=sd(Y1,na.rm=TRUE),N1=sum(!is.na(Y1))/my_n,
+            M2=mean(Y2,na.rm=TRUE),SD2=sd(Y2,na.rm=TRUE),N2=sum(!is.na(Y2))/my_n,
+            M3=mean(Y3,na.rm=TRUE),SD3=sd(Y3,na.rm=TRUE),N3=sum(!is.na(Y3))/my_n)
`summarise()` ungrouping output (override with `.groups` argument)
# A tibble: 2 x 13
      X     M    SD     N    M1   SD1    N1    M2   SD2    N2    M3   SD3    N3
  <dbl> <dbl> <dbl> <dbl> <dbl> <dbl> <dbl> <dbl> <dbl> <dbl> <dbl> <dbl> <dbl>
1     0  5.00 1.03      1  5.01 0.975 0.494  5.50 0.755 0.702  5.05  1.01 0.854
2     1  3.94 0.959     1  3.95 0.908 0.534  5.05 0.494 0.298  3.96 0.985   0.2
```

우선 Y1 변수의 경우, X 변수 수준별 평균값의 차이는 약 1.00입니다(출력결과의 M1 세로줄: 5.00 대 3.94). 다시 말해 결측값을 생성하기 이전의 Y 변수의 X 변수 수준별 평균값 차이와 거의 유사합니다. 또한 표준편차의 경우도 X 변수 수준별로 약 1.00으로 시뮬레이션의 설정값과 가깝고(출력결과의 SD1 세로줄: 0.975 대 0.908), Y의 표준편차와도 거의 유사합니다. 끝으로 결측값의 발생비율 역시 X 변수의 수준에 따라 큰 차이가 없는 것을 확인할 수 있습니다(출력결과의 N1 세로줄: 0.494 대 0.534). 다시 말해 만약 다른 변수의 수준과 무관하게 결측값이 무작위로 발생했다면, 평균값과 표준편차에 큰 편향(bias)이 발생하지 않습니다. 나중에 자세하게 설명하겠지만, Y1 변수와 같이 결측값이 발생하는 결측값 발생 메커니즘을 '완전무작위 결측발생(MCAR, missing completely at random)'이라고 부릅니다.

다음으로 Y2 변수를 살펴봅시다. 우선 X 변수 수준별 평균차이는 약 0.50으로(출력결과의 M2 세로줄: 5.50 대 5.05), 결측값이 발생하기 이전의 X 변수 수준별 평균차이인 1.00과 비교할 때 평균차이가 대폭 감소한 것을 발견할 수 있습니다. 그리고 표준편차의 경우, X 변수 수준별로 큰 차이가 나타난 것을 알 수 있습니다(출력결과의 SD2 세로줄: 0.755 대 0.494). 끝으로 결측값의 발생비율 역시 X 변수의 수준에 따라 매우 크게 다른 것을 발견할 수 있습니다(출력결과의 N2 세로줄: 0.702 대 0.298). 즉 '시나리오-2'를 따라 결측값이 발생하는 경우 Y 변수의 평균과 표준편차는 물론, Y 변수와 연관된 다른 변수(여기서는 X 변수)의 결측값 발생비율이 크게 달라집니다. 사실 '시나리오-2'는 Y값이 상위 50%인 경우만을 추출한 것이기 때문에 위와 같은 변화(즉 평균이 높은 집단의 경우 더 많은 수의 사례들이 배제되고, 평균과 표준편차가 실제값에서 왜곡됨)는 어찌 보면 당연합니다. '시나리오-2' 상황과 같이 특정하게 지정된 값을 기준으로 체계적으로 결측값이 발생하는 상황을 흔히 '완전절단(truncation)'이라고 부릅니다.[2] 그리고 Y2 변수에 해당하는 결측값 발생 메커니

2 완전절단(truncation)은 흔히 중도절단(censoring)과 같이 소개되지만, 둘은 개념적으로 매우 다릅니다. 완전절단은 특정 지점을 중심으로 데이터가 완전하게 결측된(completely unobserved) 경우를 의미하지만, 중도절단은 특정 지점을 중심으로 데이터가 불완전하게 측정된(incompletely observed) 경우를 의미합니다. 소득변수를 예로 들겠습니다. 만약 조건문항(contingency question)을 이용하여 설문조사 조건을 소득이 월 150만원 이상인 경우로 한정한 경우의 소득변수는 '완전절단' 변수인 반면, 설문조사 시 소득이 월 150만원 미만인 응답자들을 하나의 집단으로 묶어서 측정했다면 '중도절단' 변수입니다. 구체적으로 월 100만원 소득인 사람의 경우 '완전절단' 상황에서는 결측값을 갖지만, '중도절단' 상황에서는 월 150만원 미만이라는 값으로 불완전한 측정값을 갖습니다. 완전절단과 중도절단에 대한 보다 구체적인 설명으로는 백영민(2019)이나 기타 관련 문헌을 참조하시기 바랍니다.

즘을 '비확률적 결측발생(MNAR, missing not at random)'이라고 부릅니다.

끝으로 Y3 변수를 살펴봅시다. X 변수 수준별 평균값의 차이는 약 1.09이며(출력결과의 M3 세로줄: 5.05 대 3.96), 이는 결측값을 생성하기 이전의 Y 변수의 X 변수 수준별 평균값 차이인 1.06과 거의 유사합니다. 표준편차의 경우에도 X 변수 수준별로 약 1.00으로 시뮬레이션에서 설정한 모수값에 매우 가깝고(출력결과의 SD1 세로줄: 1.01 대 0.985), Y의 표준편차와도 거의 유사합니다. 그러나 결측값의 발생비율은 X 변수의 수준에 따라 매우 큰 차이가 있습니다(출력결과의 N3 세로줄: 0.854 대 0.200). 다시 말해 X 변수의 수준에 따라 Y 변수의 결측값 발생비율이 상이하다고 하더라도 X 변수의 수준을 나누었을 때 결측값이 무작위로 발생한다면, Y 변수의 평균값과 표준편차에 큰 편향이 발생하지 않습니다. 즉 X 변수를 고려하면 Y 변수의 결측값 발생은 앞서 소개한 '시나리오-1'의 상황, 즉 '완전무작위 결측발생(MCAR)' 상황과 동일합니다. Y3 변수와 같이 결측값이 발생하는 결측값 발생 메커니즘을 '확률적 결측발생(MAR, missing at random)'이라고 부르며, MAR 가정은 이 책에서 소개할 결측데이터 분석기법들의 핵심적 가정입니다.

지금까지 3가지 시나리오를 따르는 결측값 발생 상황에서 Y 변수의 통계치(평균과 표준편차)가 어떻게 변하는지를 살펴보았습니다. 그렇다면 X 변수의 통계치는 어떻게 바뀔까요? 즉 Y1, Y2, Y3 변수의 결측값을 각각 제거한다고 했을 때, X 변수의 통계치는 어떤 영향을 받는지 살펴봅시다. 다음과 같이 drop_na() 함수를 이용해 각 변수의 결측값을 제거해보겠습니다.

```
> bind_rows(
+  mydata1 %>% drop_na(Y) %>% summarise(mean(X),sd(X)) %>% mutate(cond="Y"),
+  mydata1 %>% drop_na(Y1) %>% summarise(mean(X),sd(X)) %>% mutate(cond="Y1"),
+  mydata1 %>% drop_na(Y2) %>% summarise(mean(X),sd(X)) %>% mutate(cond="Y2"),
+  mydata1 %>% drop_na(Y3) %>% summarise(mean(X),sd(X)) %>% mutate(cond="Y3")
+ )
# A tibble: 4 x 3
  `mean(X)`  `sd(X)`   cond
      <dbl>    <dbl>  <chr>
1       0.5    0.500      Y
2     0.519    0.500     Y1
3     0.298    0.458     Y2
4     0.190    0.392     Y3
```

먼저 '시나리오-1' 상황의 경우 X의 통계치는 거의 영향을 받지 않았습니다. 그러나 '시나리오-2'의 경우 X = 1인 사례들이 대거 삭제된 것을 발견할 수 있습니다(X 변수는 더미변수이기 때문에 평균값은 전체 사례 중 1의 값을 갖는 사례들의 비율로 해석할 수 있습니다). '시나리오-3'의 경우에도 X = 1인 사례들이 대거 삭제된 것을 발견할 수 있습니다. 이처럼 결측값 발생 시나리오에 따라 Y 변수뿐만 아니라 X 변수 역시 통계치가 크게 달라집니다.

끝으로 Y 변수를 종속변수, X 변수를 독립변수로 설정한 티테스트(*t*–test)를 실시해 봅시다. 즉 결측값 발생 시나리오에 따라 추리통계치(inferential statistic)는 어떤 영향을 받는지 살펴보겠습니다. 잘 알려져 있듯, 추리통계치가 크면 클수록 통계적 유의도(statistical significance)는 0에 근접합니다. 다시 말해 추리통계치가 크면 클수록 통계적 검증력(statistical power)은 증가합니다. Y, Y1, Y2, Y3 4개 변수를 대상으로 티테스트를 실시한 결과는 아래와 같습니다.

```
> missing50=c(t.test(Y~X,data=mydata1,var.equal=TRUE) %$% statistic,
+            t.test(Y1~X,data=mydata1,var.equal=TRUE) %$% statistic,
+            t.test(Y2~X,data=mydata1,var.equal=TRUE) %$% statistic,
+            t.test(Y3~X,data=mydata1,var.equal=TRUE) %$% statistic)
> tibble(cond=c("Y","Y1","Y2","Y3"),tvalue=missing50)
# A tibble: 4 x 2
   cond  tvalue
  <chr>   <dbl>
1     Y    16.8
2    Y1    12.7
3    Y2    6.64
4    Y3    9.74
```

위의 결과에서 잘 드러나듯, 결측값이 발생한 3가지 시나리오 상황 모두에서 추리통계치의 값이 감소하였습니다(출력결과의 첫 번째 Y 가로줄과 비교: 16.8). 그러나 시나리오별로 추리통계치 크기가 조금씩 다릅니다. 우선 결측값이 무작위로 발생한 '시나리오-1' 상황에서의 추리통계치가 가장 크고, X 변수의 수준에 따라 결측값 발생비율이 달랐던 '시나리오-3' 상황의 추리통계치는 '시나리오-1' 상황에서 얻은 추리통계치보다는 작지만 크게 다르지는 않습니다. 그러나 '시나리오-2' 상황, 즉 Y 변수의 값이 상위 50%에 속하지 않으면 결측값으로 처리된 경우의 추리통계치가 유독 작게 나타난 것을 알 수 있습니다.

이러한 결과는 결측값이 발생하면 통계적 검증력이 감소하며, 결측값이 무작위 발생 메커니즘에서 멀어질수록 통계적 검증력이 대폭 감소한다는 것을 보여줍니다.

이제 앞서 소개한 3가지 결측값 발생 시나리오에 따라 X 변수와 Y 변수의 통계치, 즉 평균과 표준편차가 어떤 영향을 받는지 정리하겠습니다.

첫째, 결측값이 완전히 무작위로 발생한다고 가정한 '시나리오-1(MCAR)' 상황에서는 결측값이 발생한 Y 변수와, Y 변수의 결측값을 제거한 후의 X 변수의 평균과 표준편차에 큰 변화가 없습니다. 그러나 결측값으로 인해 분석사례들을 제거할 경우 추리통계치가 작아지고 통계적 검증력은 감소하기 쉽습니다.

둘째, 결측값이 체계적으로 발생한다고 가정한[여기서는 완전절단(truncation)을 가정] '시나리오-2(MNAR)' 상황에서는 결측값이 발생한 Y 변수와, Y 변수의 결측값을 제거한 후의 X 변수의 평균과 표준편차 모두가 왜곡될 가능성이 매우 높아집니다. 또한 결측값이 발생한 사례들을 제거하여 추리통계치를 얻을 경우 통계적 검증력은 매우 낮아집니다.

셋째, 결측값 발생비율이 다른 변수(즉 X 변수)의 수준에 따라 달라지지만, 그러한 변수의 수준을 고려할 경우 결측값이 무작위로 발생한다고 가정한 '시나리오-3(MAR)' 상황에서는 Y 변수와 X 변수의 평균과 표준편차 모두가 왜곡될 가능성이 높아집니다. 그러나 Y 변수의 결측값 발생비율에 영향을 미치는 X 변수의 수준을 통제할 경우 Y 변수의 평균과 표준편차는 크게 달라지지 않습니다. 또한 결측값 발생비율에 영향을 미치는 변수를 고려하여 추리통계치를 얻을 경우, 표본손실로 인한 통계적 검증력 상실만이 발생했던 '시나리오-1(MCAR)' 상황과 비슷한 수준의 통계적 검증력 감소 현상이 나타납니다.

지금까지 결측값이 약 50%가량 발생한다고 가정했을 때, 결측값 발생 상황에 따라 결측값이 나타난 변수(Y)와 다른 변수(X)의 통계치(평균과 표준편차), 그리고 두 변수의 연관관계에 대한 추리통계치(*t*-value)가 어떻게 달라지는지를 가볍게 살펴보았습니다. 이제는 앞서 살펴본 결측값 발생 상황 3가지를 동일하게 가정하되, 결측값 발생비율이 약 50%에서 약 20%로 줄어들 때 3가지 시나리오별 결과가 어떻게 달라지는지 살펴보겠습니다. 먼저 결측값 발생비율이 약 20%인 상황을 가정하였을 때의 시뮬레이션 데이터를 생성한 후 `summary()` 함수를 적용한 결과는 다음과 같습니다.

```
> #=== 결측값 발생비율 20%
> set.seed(1234)
> mydata2=mydata %>%
+  mutate(
+   miss_mech1=sample(c(rep(1,2*2),rep(0,1)),size=2*my_n,replace=TRUE),
+   Y1=ifelse(miss_mech1==0,NA,Y),
+   Y2=ifelse(Y<quantile(Y,prob=0.2),NA,Y),
+   miss_mech3=c(sample(c(rep(1,2*85),rep(0,5)),size=my_n,replace=TRUE),
+               sample(c(rep(1,2*50),rep(0,65)),size=my_n,replace=TRUE)),
+   Y3=ifelse(miss_mech3==0,NA,Y)
+  ) %>% select(-miss_mech1,-miss_mech3)
> summary(mydata2)
       Y               X              Y1               Y2               Y3
 Min.   :1.093   Min.   :0.0   Min.   :1.093   Min.   :3.574   Min.   :1.126
 1st Qu.:3.756   1st Qu.:0.0   1st Qu.:3.768   1st Qu.:4.159   1st Qu.:3.843
 Median :4.449   Median :0.5   Median :4.466   Median :4.714   Median :4.536
 Mean   :4.473   Mean   :0.5   Mean   :4.481   Mean   :4.861   Mean   :4.580
 3rd Qu.:5.233   3rd Qu.:1.0   3rd Qu.:5.232   3rd Qu.:5.414   3rd Qu.:5.329
 Max.   :8.196   Max.   :1.0   Max.   :8.196   Max.   :8.196   Max.   :8.196
                               NA's   :197     NA's   :200     NA's   :202
```

위의 summary() 함수 실행결과, 결측값 발생빈도는 대략 20%인 것을 알 수 있습니다. 결측값 발생빈도를 50%로 설정했을 때와 비교해보면 잘 드러나듯, 결측값 발생빈도가 감소하자 Y1, Y2, Y3의 평균이 결측값이 없는 Y의 평균과 매우 유사해졌습니다. 그러나 '시나리오-2' 상황에서는 여전히 평균의 왜곡현상이 눈에 띕니다(Mean:4.861). 한편 '시나리오-1'과 '시나리오-3' 상황에서는 평균의 왜곡현상이 그렇게 심하게 나타나지 않습니다.

다음으로 X 변수의 수준에 따라 실측된 Y1, Y2, Y3의 평균과 표준편차, 그리고 실측값의 비율이 어떻게 나타나는지 점검해봅시다.

```
> mydata2 %>%
+  group_by(X) %>%
+  summarise(M=mean(Y),SD=sd(Y),N=length(Y)/my_n,
+            M1=mean(Y1,na.rm=TRUE),SD1=sd(Y1,na.rm=TRUE),N1=sum(!is.na(Y1))/my_n,
+            M2=mean(Y2,na.rm=TRUE),SD2=sd(Y2,na.rm=TRUE),N2=sum(!is.na(Y2))/my_n,
+            M3=mean(Y3,na.rm=TRUE),SD3=sd(Y3,na.rm=TRUE),N3=sum(!is.na(Y3))/my_n)
`summarise()` ungrouping output (override with `.groups` argument)
```

```
# A tibble: 2 x 13
      X     M    SD     N    M1   SD1    N1    M2   SD2    N2    M3   SD3    N3
  <dbl> <dbl> <dbl> <dbl> <dbl> <dbl> <dbl> <dbl> <dbl> <dbl> <dbl> <dbl> <dbl>
1     0  5.00  1.03     1  4.98  1.03 0.798  5.15 0.904 0.932  4.99  1.03 0.958
2     1  3.94 0.959     1  3.99 0.975 0.808  4.46 0.649 0.668  3.96 0.947 0.638
```

결측값 발생비율을 50%로 설정했던 사례와 비교할 때, 각 시나리오별로 결측값 발생비율(N1, N2, N3 세로줄)이 달라졌습니다. 평균과 표준편차의 경우 전반적인 패턴은 큰 차이가 없는 것을 발견할 수 있습니다. 즉 '시나리오-1(MCAR)' 상황과 '시나리오-3(MAR)' 상황의 경우 평균과 표준편차가 거의 유사하지만, '시나리오-2(MNAR)' 상황에서는 평균과 표준편차가 두드러지게 달라졌습니다. 물론 Y 변수의 상위 75%를 고려한 현재의 '시나리오-2' 상황에서의 평균과 표준편차는 Y 변수의 상위 50%만 고려했던 이전 '시나리오-2' 상황에서 얻은 평균과 표준편차에 비해 왜곡 정도가 조금 완화되기는 했습니다.

다음으로는 X 변수의 통계치가 어떻게 변하는지 살펴보겠습니다.

```
> bind_rows(
+  mydata2 %>% drop_na(Y) %>% summarise(mean(X),sd(X)) %>% mutate(cond="Y"),
+  mydata2 %>% drop_na(Y1) %>% summarise(mean(X),sd(X)) %>% mutate(cond="Y1"),
+  mydata2 %>% drop_na(Y2) %>% summarise(mean(X),sd(X)) %>% mutate(cond="Y2"),
+  mydata2 %>% drop_na(Y3) %>% summarise(mean(X),sd(X)) %>% mutate(cond="Y3")
+ )
# A tibble: 4 x 3
  `mean(X)` `sd(X)`  cond
      <dbl>   <dbl> <chr>
1       0.5   0.500     Y
2     0.503   0.500    Y1
3     0.418   0.493    Y2
4     0.400   0.490    Y3
```

결측값 발생비율을 50%로 설정했던 이전 결과와 비교했을 때, X 변수의 통계치 왜곡 현상은 많이 약해졌습니다. 그러나 결측값 발생비율이 결측값이 나타나는 변수의 수준에 따라 달라지는 '시나리오-2(MNAR)' 상황이나, 다른 변수의 수준에 따라 결측값 발생비율이 달라지는 '시나리오-3(MAR)' 상황의 경우 X 변수의 평균값이 무시하기 어려울 정도로 왜곡된다는 사실은 변하지 않았습니다.

끝으로 결측값 발생비율이 20%인 경우에 각 시나리오별 추리통계치가 어떻게 나타나는지 비교해봅시다.

```
> missing25=c(t.test(Y~X,data=mydata2,var.equal=TRUE) %$% statistic,
+            t.test(Y1~X,data=mydata2,var.equal=TRUE) %$% statistic,
+            t.test(Y2~X,data=mydata2,var.equal=TRUE) %$% statistic,
+            t.test(Y3~X,data=mydata2,var.equal=TRUE) %$% statistic)
> tibble(cond=c("Y","Y1","Y2","Y3"),tvalue=missing25)
# A tibble: 4 x 2
   cond   tvalue
  <chr>    <dbl>
1     Y     16.8
2    Y1     14.0
3    Y2     11.8
4    Y3     14.2
```

추리통계치의 패턴 역시 앞서 살펴본 결측값 발생비율 50%를 가정한 결과와 엇비슷합니다. 그러나 결측값 발생비율이 낮아지자 추리통계치의 감소수준 역시 낮아졌습니다. 즉 50%의 결측값 발생비율 상황과 비교할 때 결측값 발생비율이 20%로 감소하면, 통계적 검증력의 감소폭이 줄어드는 것을 알 수 있습니다.

동일한 3가지 시나리오를 가정했을 때, 결측값 발생비율이 50%에서 20%로 감소할 경우 어떤 변화가 있는지를 정리하면 다음과 같습니다. ① 결측값이 발생한 변수(Y)와 결측값이 발생하지 않았던 변수(X)의 통계치, ② 다른 변수(X)의 수준별 결측값 발생 변수(Y)의 통계치, ③ 두 변수의 연관관계에 대한 추리통계치의 변화패턴은 유사합니다. 그러나 결측값이 많이 발생할수록(즉 결측값 발생비율이 20%인 경우에 비해 50%인 경우) 통계치의 왜곡 현상은 더 심해지고 추리통계치의 값은 더 감소합니다.

분석결과를 최종 정리하자면 다음과 같은 점들을 발견할 수 있습니다.

- 첫째, '시나리오-1(MCAR)' 상황과 같이 결측값이 완전히 무작위로 발생할 경우 결측값이 발생한 변수와 다른 변수의 통계치는 크게 달라지지 않습니다. 결측값이 많이 발생하면 발생할수록 변수들 사이의 연관관계를 테스트하는 추리통계치가 작게 나타나

통계적 검증력은 감소합니다. 즉 결측값이 무작위로 발생할 경우 결측값 발생빈도가 커질수록 표본손실로 인한 통계적 검증력은 감소하지만, 통계치 자체가 왜곡될 가능성은 그리 크지 않습니다.

- 둘째, '시나리오-2(MNAR)' 상황과 같이 결측값이 체계적으로 발생할 경우 결측값이 발생한 변수와 다른 변수의 통계치는 왜곡되기 쉽고, 추리통계치 역시 크게 왜곡되어 통계적 검증력은 감소합니다. 또한 결측값 발생비율이 클수록 이러한 왜곡현상은 매우 심각해집니다. 즉 결측값이 체계적으로 발생할 경우 통계치 왜곡과 표본손실로 인한 통계적 검증력 감소는 물론 추리통계치의 왜곡이 발생하며, 이는 결측값 발생비율이 클수록 더 심각하게 나타납니다.

- 셋째, '시나리오-3(MAR)' 상황과 같이 결측값 발생비율이 다른 변수의 수준에 따라 달라지지만 다른 변수의 수준을 통제하였을 때 완전히 무작위로 결측값이 발생하는 경우, 결측값이 발생한 변수와 다른 변수의 통계치는 왜곡됩니다. 그러나 결측값 발생비율에 영향을 미치는 다른 변수의 수준을 통제할 경우 왜곡되지 않은 통계치를 얻을 가능성은 증가합니다. 또한 결측값 발생비율에 영향을 미치는 변수와 결측값이 발생한 변수 사이의 연관관계에 대한 추리통계치는 표본손실로 인해 감소하는 경향을 보입니다. 즉 결측값 발생비율에 영향을 미치는 다른 변수(들)를 고려할 경우, '시나리오-1(MCAR)' 상황과 같이 결측값 발생빈도가 커지면 커질수록 표본손실로 인한 통계적 검증력은 감소하지만 통계치 자체가 왜곡될 가능성은 그리 크지 않습니다.

지금까지 결측데이터로 인한 문제를 이해하기 위해 간단한 시뮬레이션 데이터를 살펴보았습니다. 구체적으로 '결측데이터는 왜 생기는지?(결측데이터 발생의 질적 측면)', '얼마나 많은 결측데이터가 생기는지?(결측데이터 발생의 양적 측면)' 두 측면이 반영된 3가지 시나리오를 가정한 후, 결측치 발생과정에 따라 통계치가 어떻게 변화하는지 알아보았습니다. 결과를 간단하게 정리하자면, 결측데이터가 많이 생길수록 그리고 결측데이터 발생과정이 완전한 무작위에서 벗어날수록 결측데이터로 인해 심각한 문제가 발생한다고 이해할 수 있습니다. 그러나 '시나리오-3(MAR)' 상황에서 알 수 있듯이, 만약 '우리가 결측데이터 발생에 영향을 미치는 다른 변수들을 알고 있고 이 변수들을 잘 측정하여 모형화할 수 있다면', 첫째 '통계적 검증력 수준도 그리 나쁘지 않으면서', 둘째 '왜곡되지 않은 통계치를 얻을 수 있다는' 사실도 알 수 있습니다. 결측데이터 분석기법의 중요성을 이해하기 위해서는 이 점이 가장 중요합니다. 흔히 첫 번째 사항(통계적 검증력 수준을 가급적 높이는 것)을 '효율성(efficiency)'이라고 부르고, 두 번째 사항(왜곡되지 않은 통계치를 얻는 것)을 '불편향성(unbiasedness)'이라고 부릅니다. 이제 효율성과 불편향성이라는 두 용어가 어떤 의미인지를 염두에 두면서, 시뮬레이션을 통해 얻은 가상데이터가 아닌 실제 데이터 상황에서 어떤 결측데이터가 발생하는지, 그리고 이 결측데이터는 어떤 과정을 통해서 생성된다고 보는 것이 합당할지 조금 더 구체적으로 살펴봅시다.

2 현실데이터에서의 결측데이터

사회과학 데이터를 분석하다 보면 어떤 방식으로든 결측데이터를 마주하게 됩니다. 결측데이터가 생기는 이유는 다양합니다. 여기서는 사회과학 연구에서 흔하게 발생하는 사례들을 먼저 소개한 후 결측데이터의 의미와 발생원인에 대해 설명하고자 합니다.

- **사례-1:** 백영민은 최근 온라인 설문조사를 실시하였습니다. 수집된 데이터를 살펴보니 몇몇 응답자들이 특정 페이지에 속한 문항들에 전혀 답을 하지 않은 것을 발견하였습니다. 백영민은 이들 응답자들이 온라인 설문조사에 응할 때 '다음 페이지' 버튼을 빨리 누르면서 특정 페이지에 속한 문항들에 대한 응답이 측정되지 않은 것으로 판단했습니다. 즉 다른 페이지의 설문문항에 대한 응답들은 측정되었으나, 특정 페이지의 설문문항들은 일부 응답자들에게서 측정되지 않았습니다.

'사례-1'과 같은 상황은 발생빈도는 드물지만 종종 발견할 수 있습니다. 과거 우편조사의 경우에도 설문응답지 두 장을 한꺼번에 넘기는 등의 이유로 이러한 종류의 결측값들이 발생했습니다. 먼저 이러한 결측값의 특성에 대해 생각해봅시다.

우선 '사례-1'과 같은 결측값이 응답자의 특성과 무관하게 발생했다고, 즉 결측값이 "완전히 무작위로 발생했다"고 가정해봅시다. 다시 말해 앞서 살펴본 '시나리오-1(MCAR)' 상황이라고 가정해보겠습니다. 이렇게 가정한 상태에서 통상적으로 사용되는 리스트단위 결측제거(listwise deletion) 방식으로 결측값이 나타난 사례들을 제거할 경우, 불편향성 우려(평균이나 회귀계수의 왜곡)는 그리 높지 않을지 몰라도 효율성(통계적 검증력)은 낮아질 것입니다. 특히 결측값 발생비율이 높으면 높을수록 효율성은 더 크게 감소할 것입니다. 다시 말해, 결측값이 무작위로 발생했기 때문에 결측데이터 분석기법을 적용하든 적용하지 않든 표본에서 얻은 통계치의 불편향성에는 큰 변화가 없을 것입니다. 그러나 효율성의 경우 본서에서 소개할 결측데이터 분석기법을 통해 일정 수준 극복할 수 있습니다. 따라서 '시나리오-1(MCAR)' 상황에서 결측데이터 분석기법을 활용하면 '효율성 개선'이라는 이득을 얻을 수 있습니다.

반면, 이렇게 발생하는 결측값에서 어떤 특징 혹은 패턴을 발견할 수 있다고 가정해봅시다. 상황과 맥락에 따라 이 질문에 대한 구체적인 답은 달라질 수 있습니다. 예를 들어 설문문항들을 건너뛰는 응답자들은 성격이 급한 사람일 수도 있고, 어쩌면 설문응답이 귀찮아서 그냥 빨리 끝내고 싶어하는 사람일 수도 있습니다. 이처럼 '사례-1'과 같은 결측값이 응답자의 특성을 반영한다고 판단한다면 "응답자의 성격에 따라 결측값 발생비율이 달라진다"라고, 다시 말해 '시나리오-3(MAR)' 상황을 가정할 수 있습니다. 그리고 만약 설문 데이터에 결측값 발생비율을 성공적으로 예측할 수 있는 변수들이 존재한다면 '시나리오-3(MAR)' 상황을 '시나리오-1(MCAR)' 상황으로 전환할 수 있을 것입니다. 즉 결측데이터 분석기법을 사용하면 '불편향성 문제를 극복'하고 '효율성 개선'이라는 이득을 얻을 수 있습니다.

'사례-1'과 같은 상황에서는 결측데이터 분석기법을 적용하는 것이 결측데이터를 제거하는 것보다 더 나은 경우가 대부분입니다. 결측값이 무작위로 발생했다고 가정하더라도 분석결과의 효율성을 높일 수 있으며, 그렇지 않은 경우에도 결측값 발생을 예측할 수 있는 다른 변수들을 적절히 파악하고 있다면 분석결과의 불편향성 및 효율성을 개선할 수 있습니다.

- **사례-2**: 백영민은 시청률 데이터를 분석하고자 합니다. 그런데 시청률 데이터를 측정하는 기계장치에 문제가 생겨 특정 가구의 시청률 데이터가 체계적으로 기록되지 않았습니다. 즉 시청률 데이터 측정장치가 설치된 해당 가구의 특징과 해당 가구 구성원들에 대한 측정치는 확보되었으나, 어떤 채널을 어떤 시간에 시청했는지에 대한 자료를 확보하는 데 실패하였습니다.

'사례-2'와 같은 상황도 심심치 않게 발생합니다. 일반적인 사회과학 설문조사 과정에서는 이런 문제가 거의 발생하지 않지만, 데이터 저장공간이 파손된다거나 혹은 설문수집 시 사용되는 태블릿 PC가 분실되거나 파손되는 경우가 간혹 발생합니다. 최근에는 IoT 기술 등을 적용해 센서(sensor)를 이용하여 기계적으로 데이터를 수집할 때 이런 기술적 문제들로 인한 결측값이 자주 발생합니다.

먼저 결측값이 완전히 무작위로 발생했다고 가정해보죠. 앞서 소개한 MCAR 상황이라면, 데이터에서 결측값이 나타난 사례들을 제거해도 분석결과의 불편향성은 여전히 확보될 것입니다. 그러나 분석결과의 효율성은 감소합니다. 특히 결측값 발생비율이 높다면, 결측값 제거로 인해 많은 수의 사례가 손실되어 분석결과의 효율성은 대폭 감소할 것입니다. 그러나 결측데이터 분석기법을 적용하면 분석결과의 효율성을 어느 정도까지는 높일 수 있습니다. 결측값이 많은 경우 결측데이터 분석기법을 적용하는 것이 매우 권장되며, 설혹 결측값 발생비율이 매우 미미하더라도 결측데이터 분석기법을 적용해서 손해를 볼 일은 없습니다.

하지만 상황에 따라 '사례-2'와 같이 결측값 발생비율이 특정 조건에 따라 다를 수도 있습니다(즉 MAR 상황). 이런 경우라면 분석결과의 효율성은 물론이고 불편향성도 위협받을 수 있습니다. 예를 들어 시청률 측정장치가 잘 망가지는 가구들이 존재할 수도 있습니다(이를테면 한창 뛰어노는 아이들이 많은 가구의 경우). 또 다른 경우도 생각해보죠. CCTV를 이용하여 특정 지역의 인구유동량을 측정한다고 가정해봅시다. CCTV의 성능은 날씨에 따라 크게 영향을 받으며, 바람이 많이 불면 나뭇잎이나 기타 종이 쓰레기가 CCTV의 카메라를 가릴 수도 있습니다. 즉 결측값 발생비율에 영향을 미치는 원인을 알고 있고 이를 측정할 수 있다면, 이 책에서 소개하는 결측데이터 분석기법을 사용하는 것이 타당합니다. 결측데이터 분석기법을 적용하면 결측값이 발생하는 조건을 고려하여 MAR 상황을 MCAR 상황으로 유도하고, 이를 통해 분석결과의 불편향성을 개선할 수 있습니다. 아울러 결측값이 있는 사례들을 버리지 않아도 되니 분석결과의 효율성도 어느 정도 높일 수 있습니다.

즉 '사례-2'와 같은 상황에서도 결측데이터 분석기법을 적용하는 것이 결측데이터를 제거하는 것보다 더 나은 경우가 대부분입니다. 만약 결측값이 무작위로 발생했다고 가정하더라도 분석결과의 효율성을 높일 수 있으며 결측값 발생원인을 적절하게 파악할 수 있다면, 분석결과의 효율성과 불편향성 두 측면을 모두 개선할 수 있습니다.

- **사례-3**: 백영민은 응답자의 공중보건지식이 코로나19 예방행동 준수 여부에 미치는 효과를 살펴보고자 합니다. 이를 위해 백영민은 응답자에게 "코로나19 바이러스는 음식을 통해 소화기관으로 감염된다"라는 진술문에 대해 ①그렇다, ②아니다, ③모른다의 3가지 선택지를 제시하였습니다. 이렇게 얻은 설문응답을 대상으로 백영민은 '그렇다'는 응답은 오답으로 처리하였고, '아니다'는 정답으로 처리하였으며, '모른다'는 결측값으로 처리하였습니다. 이때 공중보건지식 문항이 아닌 다른 문항들의 경우 결측값이 없었습니다.

'사례-3'의 상황은 '정치지식'이나 '건강지식' 등과 같이 일반인의 지식수준을 측정할 때 흔히 등장합니다. 우선 '사례-3'에서 등장하는 '모른다'를 결측값으로 처리한 후 분석에서 제외하는 것은 그다지 현명하지 않습니다. 특히 '모른다'는 응답 비중이 무시하기 어려울 정도로 클 경우에는 표본손실이 크며, 이를 통해 얻은 통계치의 편향성이 매우 높게 나타날 가능성이 높습니다. 그렇다면 '모른다'는 응답을 어떻게 처리해야 할까요? 이 질문에 답하기 위해서는 '모른다'는 것이 어떤 의미인지를 먼저 정의해야 합니다.

설문응답자의 '모른다(DK, Don't know)'라는 응답의 의미는 절대 단순하지 않습니다. 만약 '모른다'는 응답이 없는 경우라면, 연구자는 해당 지식측정문항에 대한 응답을 '정답'이나 '오답'으로 명확하게 분류할 수 있습니다. 연구 상황과 목적에 따라 '모른다' 응답은 '오답'의 일종으로 분류될 수도 있고, '정답'이나 '오답'이 아닌 별개의 유목으로 분류될 수도 있습니다. 먼저 저희가 알고 있는 대부분의 연구에서는 '모른다'를 '오답'으로 처리하는 것이 보통입니다. 즉 지식측정문항을 '정답일 경우'는 1, '정답이 아닌 경우'는 0으로 더미변수 처리하는 방법입니다. 이 방법은 간단하며, 누가 정답을 알고 있는지(즉 종속변수로 사용되는 경우), 혹은 정답을 알고 있는 사람의 특징은 무엇인지(즉 독립변수로 사용되는 경우)를 밝히는 연구에서 매우 유용합니다.

그러나 '모른다'와 '오답'을 같이 묶는 것이 정말 타당할까요? 상황에 따라서는 타당하지 않을 수도 있습니다. 왜냐하면 '잘못 아는 것'과 '모르는 것'은 개념적으로 다르고, 연구 상황에 따라 2가지를 구분할 필요가 있기 때문입니다. 예를 들어 최근 사회문제로 떠오르는 '가짜뉴스'를 연구하는 언론학자가 있다고 가정해봅시다. '가짜뉴스의 거짓정보'에 대해 '거짓이다'라고 응답한 사람들은 '정답'을 알고 있는 사람입니다. 반면 '가짜뉴스의 거짓정보'에 대해 '사실이다'라고 응답한 사람(즉 '오답'을 '정답'으로 믿고 있는 사람)이 '사실인지 거짓인지 모르겠다'라고 응답한 사람('정답'은 모르지만 동시에 '오답'은 빗겨간 사람)과 동일하게 취급될 수 있을까요? 아마도 이런 경우라면 '모른다'라는 응답을 '오답'에 묶어서 처리하는 것보다 고유한 의미를 갖는 독립된 범주로 취급하는 것이 더 타당할 것입니다.

'모른다' 응답을 별개의 범주로 처리하는 방법은 개념적으로 명확하지만, 데이터 분석이 불필요하게 복잡해질 가능성이 높습니다. '정답(1) 대 오답·모른다(0)'로 이분변수를 생성하여 종속변수로 취급할 경우 이항 로지스틱(혹은 프로빗) 회귀모형을 사용하며, 독립변수로 취급할 경우 1개의 더미변수로 사용하면 됩니다. 이분변수가 종속변수로 사용되든 독립변수로 사용되든 분석모형에 대한 해석은 그리 복잡하지 않습니다. 반면 '오답(0) 대 정답(1) 대 모른다(2)'와 같은 3수준 범주형 변수로 사용할 경우에는 종속변수로 취급할 때는 다항 로지스틱 회귀모형을 사용하고, 독립변수로 취급할 때는 2개의 더미변수를 생성한 후 사용해야 합니다. 이처럼 3수준 범주형 변수로 사용할 경우, 분석모형 추정결과를 해석하는 것이 다소 까다롭고 복잡해집니다.

그러나 '모른다' 응답을 결측값으로 처리하는 것은 온당하지 않습니다. 연구문제, 연구자의 신념, 연구 상황에 따라 다른 판단을 내릴 수도 있지만, 저희들은 지식측정문항의 '모른다'는 응답을 결측값으로 처리하는 것은 적절하지 않다고 생각합니다. 즉 '모른다'를 결측값으로 처리하여 분석에서 제외하는 것은 피해야 합니다. 왜냐하면 '모른다' 응답을 결측값으로 제거하면 다른 변수들의 정보를 활용할 수 없게 되며, 표본손실이 증가하기 때문에 통계치의 불편향성이 훼손될 위험성이 커지기 때문입니다. 또한 '모른다' 응답을 결측값으로 처리한 후 결측데이터 분석기법을 적용하는 것 역시 적절치 않다고 생각합니다. 왜냐하면 앞 단락에서 언급했듯이 '모른다'는 응답에는 고유한 의미가 있는데, 결측데이터 분석기법을 적용할 경우 그 고유한 의미를 왜곡·훼손할 가능성이 매우 높기 때문입니다. 이런 점들을 고려할 때 지식측정문항에서의 '모른다' 응답은 결측값이 아닌 실측값으로 처리하여 불필요한 데이터 손실을 막고, 아울러 '모른다'는 응답의 현실적 의미를 밝히는 것이 타당하다고 생각합니다. 만약 '모른다' 응답을 결측값으로 간주한다면, '모른다'는 응답을 '정답' 혹은 '오답'으로 간주하는 것이 왜 타당한지에 대하여 납득할 만한 설명이 제시되어야 할 것입니다.

- **사례-4**: 백영민은 최근 출시된 신제품A에 대한 소비자들의 태도가 신제품A 생산업체의 브랜드이미지에 어떤 영향을 미치는지 살펴보고자 합니다. 이를 위해 백영민은 응답자들에게 신제품A를 사용하거나 구매해보았는지 물어본 후, 구매경험이 있는 응답자들을 대상으로 신제품A에 대한 태도를 1-5점 리커트 척도를 이용하여 측정하였습니다. 즉 신제품A에 대한 태도는 신제품A를 사용하거나 구매한 적이 없는 응답자들에 대해서는 측정하지 않았습니다. 신제품A 생산업체의 경우는 A제품 외에도 다른 제품들을 생산하기 때문에 신제품A를 사용하거나 구매한 적이 없는 응답자에게도 브랜드이미지를 측정할 수 있었습니다.

'사례-4'에 나타난 결측값은 특정 조건에서만 나타납니다. '사례-4'의 상황은 앞에서 살펴본 '시나리오-2(MNAR)' 상황과 꽤 유사합니다. 즉 '사례-4'에서 나타나는 결측데이터는 '제품A를 겪어보지 못한 사람들의 특성'을 반영하며, 흔히 '문항적용불가(INAP, inapplicable)'로 표현됩니다. 따라서 만약 연구자가 상정하고 있는 '모집단'이 '제품A를 겪어본 사람들'에 한정된다면, 위 사례에 나타난 결측데이터는 분석과정에서 체계적으로 배제하는 것이 타당하다고 생각합니다. 다시 말해 연구자가 생각하고 있는 모집단이 '제품A의 실제경험자'라면, 결측데이터 분석기법을 적용하면서 '제품A를 경험해보지 않은 응답을 결측값으로 간주'하여 분석모형에 투입하는 것은 적절하지 않다고 생각합니다.

반면 연구자가 상정하고 있는 '모집단'이 '제품A의 제조 브랜드'를 아는 모든 소비자라면, 제품A에 대한 태도변수의 결측값은 세심한 처치가 필요할 것입니다. 이 경우 2가지 가능성을 생각해볼 수 있습니다. 첫째, 제품A를 겪어보지 않은 집단(즉 INAP 결측값), 그리고 제품A에 대한 태도수준별 집단(이를테면 부정평가, 중립평가, 긍정평가)으로 구분하여 분석에 투입하는 것입니다. 둘째, 결측데이터 분석기법을 이용하여 결측값으로 표현된 소비자들이 '만약 제품A를 경험해본다면 가지게 될 것으로 기대되는 제품A에 대한 태도'를 추정한 후 분석모형에 투입하는 것입니다.

첫 번째 방식은 개념적으로 명확합니다만, 제품A의 태도 변수를 어떻게 범주화할 것인지 논란이 있을 수 있고 무엇보다 분석결과 해석이 번잡할 수 있습니다. 두 번째 방식은 개념적으로 논란의 여지가 있습니다만, 연구표본의 모든 사례를 활용할 수 있다는 장점(즉 효율성 제고)이 있습니다. 만약 두 번째 방식을 택한다면, 이 책에서 소개할 결측데이터 분석방법이 도움이 될 수도 있습니다. 그러나 결측데이터 분석방법을 적용하기 전에 생각해볼 것은 "제품A를 겪어보지 않은 사람들에게 기대된 태도와 제품A를 겪어본 사람들의 실제 태도를 동일선상에서 평가하는 것이 과연 타당한가?"라는 질문입니다. 이 질문에 대한 답이 충분하지 않다면, 결측데이터 분석기법을 적용하는 것은 분석결과의 불편향성을 도리어 악화시킬 가능성도 존재한다고 생각합니다.

정리하자면 '사례-4'와 같은 상황의 경우 연구자는 데이터를 분석하기 전에 자신의 연구문제가 무엇인지 명확하게 정의하는 것이 중요합니다. 즉 연구에서 상정하는 모집단에 결측값이 포함되지 않는지 혹은 포함되는지를 명확하게 정의한 후, 만약 결측데이터 분석기법을 적용한다면 그 근거는 무엇이고 어떻게 정당화될 수 있는지 숙고해보아야 할 것입니다.

- **사례-5:** 백영민은 응답자의 성적 정체성이 성적 소수자 관련 공공정책 지지도에 어떤 영향을 미치는지를 살펴보려고 합니다. 이를 위해 설문 응답자에게 응답자가 생각하는 자신의 성적 정체성이 무엇인지 물어보았습니다. 이 설문에서 성적 소수자 관련 공공정책에 대한 지지도 및 다른 변수들의 경우 결측값이 나타나지 않았지만, 설문결과 성적 정체성을 묻는 질문에 적지 않은 응답자들이 '응답거부'를 택하였습니다. '응답거부' 응답은 결측값으로 처리하였습니다.

'사례-5'와 같은 결측값은 사회과학 연구에서 매우 빈번하게 발생하며, 앞서 언급한 '시나리오-3(MAR)' 상황의 전형적 사례라고 할 수 있습니다. 정치적으로 민감한 이슈, 개인의 프라이버시 관련 설문문항(예를 들어 성적 취향이나 성적 정체성 등) 등의 경우 '응답거부(RF, Refused or Refusal)'를 택한 응답자들이 적지 않게 나타납니다. 지식측정문항에 대한 '모른다' 응답과 달리, 이러한 '응답거부' 응답은 결측값으로 처리하는 것이 타당할 때가 많습니다.

먼저 '응답거부'로 인한 결측값 발생 상황(즉 MAR 상황)에서 결측값이 나타난 응답자들을 분석에서 배제하는 것은 적절하지 않습니다. 이유는 다음의 2가지입니다. 첫째, 앞의 '사례-3'과 '사례-4'에서 언급하였듯 표본손실이 발생하여 분석결과의 효율성이 저해될 가능성이 매우 높습니다. 둘째, '응답거부'를 택한 응답자들은 응답을 거부하지 않은 응답자들과 비교할 때 독특한 특성을 갖고 있을 가능성이 높습니다. 예를 들어 성적 정체성에 대한 질문의 경우, 응답자가 '성적 소수자'에 속할수록 '응답거부'를 택할 가능성이 높습니다. 만약 데이터분석 과정에서 결측값을 제거할 경우, 사회적으로 주류의 성적취향을 갖는 사람들의 응답이 과도하게 반영되어 분석결과의 불편향성이 확보되기 어렵습니다.

따라서 '사례-5'와 같은 결측값은 가급적 결측데이터 분석기법을 이용하는 것이 좋습니다. 물론 결측값 발생 사례가 매우 미미한 경우라면 분석결과의 효율성만 다소 떨어질 뿐 불편향성에서는 심각한 문제가 없을지 모릅니다. 그러나 '사례-5'와 같은 응답거부 상황의 경우 결측데이터 분석기법을 사용하는 것이 적극 권장되며, 이를 통해 분석결과의 효율성을 증진시키고 불편향성을 개선하는 것이 좋습니다.

- **사례-6**: 백영민은 금연캠페인 노출이 흡연자의 금연시도에 어떤 변화를 가져왔는지 살펴보려고 합니다. 이를 위해 백영민은 서울시에 거주하는 19세 이상 흡연자들을 대상으로 금연캠페인이 실시되기 한 달 전에 사전조사 설문을 실시한 후, 금연캠페인이 시작되고 한 달이 지난 후에 동일한 응답자들을 대상으로 사후조사 설문을 실시하였습니다. 사전조사 설문에 응답한 흡연자는 총 500명이었으나, 안타깝게도 사후조사 설문에 응답한 흡연자는 350명에 그쳤습니다. 즉 150명의 흡연자들의 경우 사전조사 설문 응답을 확보하였으나 사후조사 설문 응답은 확보하지 못하였습니다.

'사례-6'의 결측치는 시계열 반복측정(repeated measures) 데이터 분석을 원하는 연구자라면 피하기 어려운 결측치로 매우 빈번하게 발생합니다. 여기서도 결측치의 발생원인에 대해 곰곰이 생각해보아야 합니다. 매년 반복측정 설문조사(패널 설문, panel survey)를 실시한다고 가정해봅시다. '사례-6'과 같은 반복측정 설문조사 과정에서 이전 설문에서는 응답자를 얻었으나, 이후 설문에서는 응답자를 얻지 못하는 원인은 다양합니다. 떠올려볼 수 있는 몇 가지 원인은 다음과 같습니다. 첫째, 고령의 응답자라면 돌아가셨을 수 있고, 젊은 사람이라 하더라도 업무상 재해나 교통사고 등 불의의 사고로 목숨을 잃었을 수도 있습니다. 즉 연구대상이 노년층이거나 위험직군 종사자라면 응답자의 사망으로 인한 결측값 발생 가능성이 높습니다. 둘째, 응답자의 주소나 연락처가 바뀌어서 응답을 얻지 못할 수도 있습니다. 출장이 잦은 노동자나 이주노동자와 같이 주거안정성이 낮은 응답자일수록 이런 종류의 결측값 발생 가능성이 높습니다. 셋째, 응답자가 더 이상 설문조사에 협조하길 거부할 경우에도 이런 결측치가 발생할 수 있습니다. 특히 개인정보의 대량유출과 같은 프라이버시 침해사례가 발생한 경우, 이전 시점에서는 설문에 협조했다 하더라도 더는 설문에 협조하지 않으려는 응답자가 증가할 수 있습니다. 또한 외부사건이 아니더라도 정기적으로 반복되는 설문조사에 싫증을 느끼는 응답자들이 존재할 수도 있습니다. 이 3가지 외에도 연구 상황에 따라 다양한 이유들을 꼽아볼 수 있을 것입니다.

흔히 사회과학 연구방법론에서는 '사례 6'의 현상을 '표본마멸(attrition)'이라고 부르며, 내적타당도(인과관계의 타당성) 위협요인들 중 하나로 언급합니다(Shadish et al., 2002). 즉 반복측정 데이터의 경우 시간이 지날수록 표본의 일부가 지속적으로 사라지며, 만약 이전 시점에서는 측정되었으나 나중 시점에서는 측정되지 않은 응답자들을 분석에서 제거한다면 분석결과의 불편향성이 크게 훼손되고 인과관계 추론 역시 왜곡됩니다.

'표본마멸'이 내적타당도 위협요인이라는 점에서 잘 드러나듯 거의 대부분의 상황에서 '사례-6'의 결측치를 단순제거하는 것은 매우 바람직하지 않습니다. 왜냐하면 '표본마멸'이 무작위로 발생하는 상황은 거의 발생하지 않기 때문입니다. 고령자일수록 사망할 가능성이 확률적으로 높고, 동일한 조건이라면 위험요소 노출이 많을수록 사고를 당할 가능성이 높습니다. 또한 소득수준이나 거주상태(주택자가소유 여부, 세입조건 등)에 따라 주소나 연락처가 망실될 확률이 달라질 것이며, 프라이버시 민감성이나 개인의 심리적 성향 등이 반복설문 중단 가능성에 영향을 미칠 수 있습니다. 즉 '표본마멸'은 특정 집단에서 유독 높게 나타날 가능성이 높습니다. 따라서 '사례-6'의 결측값 사례들을 제거한 후 얻은 통계치는 표본손실로 인한 통계치의 효율성 저하는 물론, 분석결과의 대표성도 크게 훼손될 가능성이 높습니다. 그러므로 '사례-6'의 상황에서 연구자는 표본마멸을 설명할 수 있는 변수들을 결측데이터 분석기법에 활용하여 분석결과의 효율성을 높이고 불편향성을 확보하려는 노력을 기울여야 합니다.

- **사례-7**: 백영민은 다른 연구자들과 함께 총 200개 문항에 달하는 설문조사를 계획하고 있습니다. 만약 응답자에게 총 200개 문항에 달하는 설문지를 제시할 경우, 설문소요시간은 약 80분 정도가 됩니다. 장시간의 설문으로 응답자들이 응답피로(response fatigue)를 느낄 수 있기 때문에 백영민과 다른 연구자들은 총 200개 문항 중 공통질문 50개는 모든 응답자에게 제시하였고, 응답자들을 무작위로 3집단으로 나눈 후 아래와 같이 각 응답자 집단에게 나머지 150개 문항 중 50개를 뺀 100개 문항만 제시하였습니다.

응답자 집단 (무작위구분)	문항세트(item sets): 세트당 50개 문항			
	공통문항세트	A문항세트	B문항세트	C문항세트
n_1	측정	**결측**	측정	측정
n_2	측정	측정	**결측**	측정
n_3	측정	측정	측정	**결측**

아마도 대부분의 독자들에게 '사례-7'의 상황은 매우 낯설고 이상하게 들릴 것입니다. 왜냐하면 데이터를 분석하는 사람들은 가급적 결측값을 줄이거나 없애려는 것이 보통이지, 계획적으로 결측값을 생성한다는 생각에 쉽사리 동의하기 어렵기 때문입니다. 저자들 역시도 결측값보다는 실측값을 확보하는 것이 더 낫다는 데 원칙적으로 동의하지만, 데이터가 수집되는 현실을 감안한다면 '사례-7'의 상황은 매우 합리적이라고 생각합니다.

'사례-7'의 상황을 이해하기 위해서는 설문응답 행위를 '연구자 관점'과 '응답자 관점'에서 다르게 바라볼 필요가 있습니다. 먼저 연구자 관점에서 보면 설문문항은 길면 길수록 좋습니다. 데이터에서 추출할 수 있는 '정보의 총량'이 늘어나기 때문입니다. 그러나 응답자 관점에서는 설문문항이 짧길 바랍니다. 응답자는 설문문항이 길면 길수록 자신의 시간을 더 많이 빼앗긴다고 생각하며, 무엇보다 응답을 읽거나 듣고 그에 맞는 선택지를 선택하는 것은 정신적으로 피곤한 일이기 때문입니다. 따라서 연구자 관점에서 너무 긴 설문을 준비할 경우 응답 중도포기로 인해 응답완수율이 떨어질 가능성이 높아지며, 이 과정에서 설문후반부 문항에 대한 결측값 비율이 올라가기 쉽습니다.

이러한 관점에서 '사례-7'은 비록 최선이라고 할 수는 없지만, 어느 정도는 만족스러울 수 있는 설문설계입니다. 기본적으로 연구자는 무작위 배치를 통해 특정 집합에 속하는 문항들에 대한 결측값이 '무작위로 발생'하도록, 즉 MCAR 상황이 되도록 사전계획합니다. 다시 말해 연구자 입장에서 '사례-7'에서 얻은 결측값들은 무작위로 생성된 결측값이라는 것을 확신할 수 있기 때문에 결측데이터 분석결과의 불편향성에는 문제가 없을 것이라고 기대할 수 있습니다. 물론 표본손실로 인해 어쩔 수 없이 통계치의 효율성이 조금 낮아진다는 문제를 피하기는 어렵지만, 응답자 입장에서는 응답부담이 적기 때문에 더 충실한 응답을 할 수 있으며 응답완수율이 올라간다는 점에서 실(loss)보다는 득(gain)이 많다고 볼 수 있습니다.

흔히 '사례-7'과 같은 방식을 따르는 연구설계를 '계획적 결측데이터 설계(planned missing data design, Graham et al., 1996, 2006)'라고 부릅니다. 최근의 대규모 설문조사에서는 계획적 결측데이터 설계를 널리 사용하고 있습니다. 특히 다양한 연구문제들에 대하여 경험적 해답을 얻기 위해 단일 연구표본을 대상으로 많은 설문응답을 얻으려는 '대규모 사회과학 연구 프로젝트'에서는 계획적 결측데이터 설계를 적극 채용하는 경우가 많습니다. 물론 일반 사회과학자 입장에서는 계획적 결측데이터 설계가 적용된 데이터의 경우 반드시 결측데이터 분석기법을 적용해야 한다는 점이 다소 번거로울 수 있습니다. 그러나 응답자의 응답부담을 줄여 신뢰성과 타당성이 보다 높은 응답을 얻을 수 있다는 점은 매우 매력적인 장점임이 틀림없습니다.

지금까지 사회과학 데이터를 분석할 때 종종 마주치게 되는 결측데이터 상황을 몇 가지 살펴보았습니다. 앞서 언급한 7가지 상황에서 나타난 결측값의 속성, 분석결과로 얻은 통계치의 효율성과 불편향성, 그리고 결측데이터 분석기법 적용 필요성을 정리하면 아래의 [표 1-1]과 같습니다.

[표 1-1] 결측값 발생 상황 예시와 결측데이터 제거 시 문제점 및 결측데이터 분석기법 적용 필요성

	결측값 발생 상황 가정	결측값 사례 제거 후 분석		결측데이터 분석기법 적용 필요성
		효율성	불편향성	
사례-1	MCAR	저하	유지	적용 권장
	MAR	저하	악화	적용 필요 (특히 결측값 발생비율이 높을수록)
사례-2	MCAR	저하	유지	적용 권장
	MAR	저하	악화	적용 필요 (특히 결측값 발생비율이 높을수록)
사례-3	MNAR	저하	악화	특별한 상황이 아닌 한 '모른다' 응답을 실측값으로 전환하고 결측값 처리는 하지 않는 것이 타당
사례-4	MNAR	유지	유지	모집단이 표본의 일부인 경우 결측값 사례를 제거하는 것이 타당
	MAR	저하	악화	연구 상황에 따라 적용 필요
사례-5	MAR	저하	악화	적용 필요 (특히 결측값 발생비율이 높을수록)
사례-6	MAR	저하	악화	적용 필요 (특히 결측값 발생비율이 높을수록)
사례-7	MCAR	저하	유지	반드시 적용 필요 (결측데이터 분석기법을 적용할 것을 가정한 상태에서 데이터를 수집하였기 때문)

2장
결측데이터 발생 메커니즘 가정

1장에서는 간단한 시뮬레이션 데이터를 통해 결측데이터가 어떻게 발생할 수 있으며, 결측데이터가 발생한 사례를 제거할 경우 어떤 문제가 발생할 수 있는지 살펴보았습니다. 구체적으로 결측값이 발생할 수 있는 3가지 시나리오를 가정한 후, 각 시나리오별로 결측값 발생사례를 제거하였을 때 분석결과의 불편향성(unbiasedness)과 효율성(efficiency)이 어떻게 달라지는지 살펴보았습니다. 아울러 사회과학 연구에서 등장하는 7가지 사례를 기반으로, 어떤 방식으로 결측데이터 발생 메커니즘(missing data mechanism)을 가정하는 것이 적절할지 논의해보았습니다.

2장에서는 결측데이터 분석기법을 이해하기 위한 필수 개념들과 결측데이터 발생 메커니즘에 대한 가정(assumption)에 대해 가급적 쉬운 용어를 활용해 살펴보겠습니다.

1 데이터 구분: 완전데이터, 실측데이터, 결측데이터

결측데이터 분석기법을 소개하는 문헌들에서는 데이터를 '완전데이터(complete data)', '실측데이터(observed data)', '결측데이터(missing data)' 3가지로 나누어 구분합니다. 결론부터 말씀드리면 3가지 데이터는 다음과 같이 요약할 수 있습니다.

완전데이터 = 실측데이터 + 결측데이터

먼저 실측데이터는 실측값(observed value)으로 구성된 데이터입니다. 설문조사를 예로 들자면, 응답자들이 특정 변수들에 대해 유효한 응답을 제공한 경우의 데이터가 바로 실측데이터입니다. 반면 결측데이터는 완전한 우연으로, 혹은 응답자들의 개인적 특성이나 상황에 따라 유효한 응답을 제공하지 않은 경우의 데이터를 의미합니다. 그리고 실측데이터와 결측데이터를 합친 데이터를 완전데이터라고 부릅니다. 완전데이터를 이해하기 위해 실측데이터와 결측데이터가 각각 0:1, 1:0인 극단적인 상황을 한번 가정해보죠.

우선 어떤 연구자가 연구계획을 수립한 후 아직 표본수집을 하지 않았다고 가정해봅시다. 이 경우 연구자는 어떠한 데이터도 측정하지 못하였기 때문에 결측데이터만 존재하는 상황입니다. 이런 경우에는 실측데이터가 전혀 존재하지 않기 때문에 연구자는 어떠한 분석결과도 제시할 수 없습니다. 즉 결측데이터로 인한 문제점들이 극단적으로 발현된다고도 볼 수 있습니다. 반면 이 연구자가 데이터를 수집했는데 결측값(missing value)이 전혀 없다고, 다시 말해 '모든 변수에 대해 모든 응답자가 유효한 응답을 제공한 데이터'를 수집했다고 가정해봅시다. 이 경우 연구자가 수집한 실측데이터는 완전데이터로, 1장에서 간단하게 소개했던 결측데이터로 인해 발생하는 잠재적 문제들(불편향성과 효율성 감소)은 전혀 우려하지 않아도 됩니다. 그러나 현실데이터 대부분은 완전한 결측데이터도 아니고 완전한 실측데이터도 아닌, 그 중간 어딘가에 존재합니다.

결측데이터를 이해하는 가장 좋은 방법은 결측데이터를 '측정(measurement)'의 문제로 파악하는 것입니다.[1] 사회과학 연구방법론의 용어를 빌려 완전데이터를 일종의 '잠재변수'로, 실측데이터를 일종의 '관측변수'로, 결측데이터를 일종의 '오차'로 간주해보죠. 구조방정식모형(SEM, structural equation model)에 익숙하다면 쉽게 이해할 수 있을 것입니다. 일반적으로 연구자는 관측변수를 기반으로 잠재변수를 추정하기도 하지만, 적어도

1 이와 비슷한 접근방법을 취한 문헌으로 블랙웰 등(Blackwell et al., 2017)을 언급할 수 있습니다. 사실 블랙웰 등의 관점은 훨씬 더 극단적입니다. 즉 측정의 관점에서 결측데이터를 파악하는 것을 넘어 실측데이터 역시도 여러 현실적인 이유로 불완전하게 측정(incompletely measured)되었다고 가정합니다. 다시 말해 실측데이터를 '부분 결측데이터(partial missing data)'로 간주한 후, 불완전한 측정문제를 극복하기 위한 방안으로 결측데이터 분석기법을 과도하게(overly) 활용할 것을 제안하였습니다. 책 후반부에서 소개할 다중대체(multiple imputation)를 기반으로, 블랙웰 등은 자신들의 방법을 '다중-과대체(multiple overimputation)'라고 부르고 있습니다. 개인적으로는 좀 과도한 주장이 아닐까 다소 의구심이 있지만, 다중-과대체를 이용한 연구들은 최근 공중보건학, 경영학, 정치학 등에서 다각도로 활용되고 있습니다. 관심 있는 분들은 소메이커 등(Schomaker et al., 2015), 벵츤 등(Bengtson et al., 2016), 벤카테산 등(Venkatesan et al., 2019)을 참조하시기 바랍니다.

SEM에서는 잠재변수가 관측변수를 생성한다고 가정합니다(즉 '잠재변수' → '관측변수'의 인과관계). 이 책에서 소개할 결측데이터 분석기법도 본질적으로 비슷한 입장입니다. 결측데이터를 무작정 지우는 대신, 현상에 대한 지식을 근거로 결측데이터에 대해 특정한 모형을 가정하는 것입니다. 즉 실측데이터 및 결측데이터에 대해 가정한 모형을 기반으로 완전데이터를 추정한 후, 이렇게 추정된 완전데이터를 대상으로 연구자의 분석모형을 추정하고 그 결과를 해석하는 것입니다.

이러한 결측데이터 분석기법에 대해 "실측되지 않은 결측값을 꾸며내는, 심지어 조작하는 것"이라고 생각하는 분들이 적지 않은데 이러한 해석은 '오해'에 불과합니다(Allison, 2002; Enders, 2010; Van Buuren, 2018). 그 이유는 첫째, 결측데이터 분석기법에서 추정하거나 대체하는 결측데이터는 확률적 관점에서 모형추정치에 영향을 주지 않기 때문입니다. 둘째, 결측데이터 분석기법의 목적은 실측데이터에서 얻을 수 있는 정보를 최대한 활용하는 것이지, 결측데이터를 성공적으로 예측하는 것이 결코 아니기 때문입니다. 즉 결측값이 발생한 변수와 연관된 다른 변수들의 실측값을 활용하는 데 결측데이터 분석기법의 목적이 있습니다.

물론 다른 데이터 분석기법들이 그러하듯, 결측데이터 분석기법 역시 세심한 주의를 기울이지 않으면 별 의미 없는, 혹은 타당하지 않은 분석결과로 이어질 수 있습니다. 이에 2장에서는 결측데이터 분석기법을 타당하게 적용하기 위한 사전조건인 결측데이터 발생 메커니즘에 대한 가정들을 가능한 한 쉽게, 그러나 보다 구체적으로 살펴보겠습니다.

2 완전무작위 결측발생(MCAR)

먼저 '완전무작위 결측발생(MCAR, missing completely at random)' 메커니즘을 살펴보겠습니다. MCAR 메커니즘은 1장에서 살펴본 '시나리오-1'의 상황입니다. 즉 특정 변수에서 발생하는 결측값이 완전히 무작위로 발생한다고 가정하는 것입니다. 1장에서 살펴보았듯 MCAR 메커니즘을 따라 발생하는 결측값은 분석결과의 불편향성에는 별 영향을 주지 않지만, 결측값 발생비율이 크면 클수록 효율성은 감소합니다.

우선, '왜 MCAR 메커니즘이 가정된 결측값은 분석결과의 불편향성에 영향을 주지 않는가'를 곰곰이 생각해봅시다. MCAR 메커니즘을 이해하는 가장 좋은 방법은 사회과학 연구방법론에서 배우는 '무작위표집(random sampling)' 기법을 떠올리는 것입니다. 무작위 표집 기법은 모집단에서 일부의 사례들을 무작위로 추출하는 기법이며, 이렇게 수집된 표본을 통해 얻은 통계치(표본 통계치)는 모집단 통계치를 잘 대표할 가능성이 높습니다. 이제 '모집단의 사례들'을 '완전데이터'로, '무작위표집으로 수집된 표본의 사례들'을 '실측데이터'로, '무작위표집에서 수집되지 않은 남은 사례들'을 '결측데이터'라고 간주해봅시다.

구체적으로 예를 들어볼까요? 평균이 3이고, 표준편차가 1인 정규분포를 따르는 1,000개의 사례로 구성된 모집단을 떠올려봅시다. 이 모집단에서 200개 사례를 무작위로 추출한다고 가정해보죠. 앞서 말씀드렸듯, 모집단은 완전데이터(N = 1,000)이며, 완전데이터는 실측데이터(n_{obs} = 200)와 실측되지 않은 결측데이터(n_{mss} = 800)로 구성됩니다. 여기서 우리가 얻은 200개의 표본은 모집단에서 무작위로 추출되었기 때문에 우리는 모집단 통계치(즉 모수)와 표본 통계치가 크게 다르지 않을 것이라고, 다시 말해 표본 통계치(n_{obs} = 200)는 모집단 통계치(N = 1,000)의 '불편향 추정치(unbiased estimate)'라고 간주할 수 있습니다. 이를 간단하게 표현하면 다음과 같습니다.

- 무작위표집 적용 시: 모수통계치 = 표집된 표본통계치
- MCAR 메커니즘 가정 시: 완전데이터 통계치 = 실측데이터 통계치

그렇다면 결측데이터는 어떨까요? 사실 실측데이터를 무작위로 추출했다는 것은 결측데이터를 무작위로 추출했다는 것과 같은 의미입니다. '관측 여부가 무작위인 것'을 달

리 표현하면 '결측 여부가 무작위인 것'과 동일하기 때문입니다. 만약 우리가 결측데이터를 표집해서 실측할 수만 있다면, 결측데이터를 분석해 얻은 통계치 역시 모집단 통계치에 대한 불편향 추정치라고 가정할 수 있으며 아래와 같은 방식으로 표현할 수 있습니다.

- 무작위표집 적용 시: 모수통계치 = 비표집된 표본통계치
- MCAR 메커니즘 가정 시: 완전데이터 통계치 = 결측데이터 통계치

앞의 관계를 종합하면 다음과 같은 결론을 도출할 수 있습니다.

- 무작위표집 적용 시: 표집된 표본통계치 = 비표집된 표본통계치
- MCAR 메커니즘 가정 시: 실측데이터 통계치 = 결측데이터 통계치

다시 말해 무작위표집을 적용할 경우, 표집된 사례들에서 얻은 통계치는 표집되지 않은 사례들에서 얻을 것으로 기대되는 통계치와 동일합니다. 마찬가지로 MCAR 메커니즘을 가정할 경우 실측데이터 통계치는 결측데이터 통계치와 동일할 것으로 기대할 수 있습니다. 그렇다면 결측데이터 통계치에 실측데이터 통계치를 대치해도 무방하다고 볼 수 있습니다.

여기서 결측값이 발생한 개별사례값을 실측데이터 통계치로 대치한다고 오해하지 마시기 바랍니다. 예를 들어, 나이 변수의 결측값이 MCAR 메커니즘에 따라 발생하는 상황에서 어떤 응답자의 나이를 모른다고 가정해보죠. 이 응답자의 나이는 실측데이터의 나이 변수의 평균값을 가질 확률이 가장 높겠지만(이를테면 $M = 40$), 확률적으로 평균값보다 낮을 수도 있고 높을 수도 있습니다(이를테면 29세일 수도 있고 64세일 수도 있습니다). 다시 말해 개별사례의 결측값은 단순히 표본통계치로 대체될 수 없으며, 확률적 관점에서 '예측값(prediction)'과 '불확실성(uncertainty)' 2가지가 동시에 반영되어야만 합니다. 이 부분에 대해서는 3장에서 보다 자세히 설명하겠습니다.

정리하자면, 결측값이 MCAR 메커니즘에 따라 생성된다고 가정할 수 있는 경우에는 실측데이터 통계치를 활용하여 결측데이터 통계치를 안전하게 추정할 수 있습니다. 바로 이런 이유로 MCAR 가정을 적용할 수 있는 결측데이터에 대해 분석결과의 불편향성 관점에서 '무시 가능(ignorable, ignorability)'하다는 표현을 사용합니다. 즉 MCAR 가정을 만족한다면, 그러한 결측데이터를 무시(ignore)하고도 불편향 추정치를 얻을 수 있습니다.

일반적인 데이터 분석 상황에서 흔히 적용되는 리스트단위 결측제거(listwise deletion)는 바로 MCAR 가정을 전제로 사용된 것입니다. 즉 변수들의 결측값들이 무작위로 발생했다면, 이들 결측값을 제거한 실측데이터는 전체표본에서 무작위로 표집된 일부표본(randomly drawn subsample/subset)이라고 가정할 수 있습니다. 따라서 무작위로 표집된 일부표본에서 얻은 분석결과는 전체표본에서 얻은 분석결과에 가까울 것이라고 가정할 수 있습니다.

그러므로 MCAR 가정을 전제로 할 경우, 결측값을 배제한 후 분석을 실시하는 것은 불편향성 관점에서 별다른 문제가 없을 것입니다. 그러나 무작위로 결측값이 발생했다고 하더라도 분석모형에 결측값이 발생된 변수들이 많이 투입되면 표본손실이 급속하게 증가합니다. 널리 알려져 있듯, 표본이 작으면 추리통계치가 작아지고 통계적 유의도 값이 1에 근접하면서 통계적 검증력이 낮아집니다. 다시 말해 분석결과의 효율성이라는 측면에서 MCAR 가정을 전제하더라도 결측값이 발생한 사례들을 제거한 후 분석을 실시하는 것은 그리 현명한 일이 아닙니다. 추상적인 논의 대신 구체적인 사례를 통해 MCAR 가정에서 발생한 결측값을 제거하는 것이 분석결과의 효율성을 왜 감소시키는지 간단한 시뮬레이션을 해봅시다.

총 사례 수가 400이고 8개의 변수로 구성된 완전데이터를 가정해봅시다. 8개의 변수들 모두 평균은 4, 분산은 1인 정규분포를 따르며, 1~7번 변수는 독립변수이고 8번 변수는 종속변수입니다. 다음과 같이 총 14가지 상황(7×2 = 14)에서 MCAR 가정을 따르는 결측데이터를 생성한 후, 리스트단위 결측제거를 적용한 데이터를 대상으로 OLS 회귀모형을 추정하고 결측값이 발생한 데이터를 제거하였을 때 분석결과가 어떻게 바뀌는지 살펴보겠습니다.

- **결측값이 발생한 변수**: 7가지 상황
  - 1개 (X1)
  - 2개 (X1, X2)
  - 3개 (X1, X2, X3)
  - 4개 (X1, X2, X3, X4)
  - 5개 (X1, X2, X3, X4, X5)
  - 6개 (X1, X2, X3, X4, X5, X6)
  - 7개 (X1, X2, X3, X4, X5, X6, X7)

• **변수당 결측값 발생비율(MCAR 가정)**: 2가지 상황

- 20%
- 40%

우선 예시데이터를 불러온 후, 변수들 사이의 상관계수가 어떤지 살펴봅시다.

```
> # MCAR 메커니즘
> library(tidyverse) # data management
> library(Hmisc) # correlation matrix
> complete_data=read_csv("complete_data_part2_ch2.csv")
Parsed with column specification:
cols(
  X1 = col_double(),
  X2 = col_double(),
  X3 = col_double(),
  X4 = col_double(),
  X5 = col_double(),
  X6 = col_double(),
  X7 = col_double(),
  Y = col_double()
)
> rcorr(as.matrix(complete_data))
     X1   X2   X3   X4   X5   X6   X7   Y
X1 1.00 0.44 0.38 0.36 0.39 0.39 0.35 0.42
X2 0.44 1.00 0.38 0.41 0.41 0.46 0.47 0.48
X3 0.38 0.38 1.00 0.42 0.39 0.39 0.42 0.41
X4 0.36 0.41 0.42 1.00 0.43 0.41 0.40 0.41
X5 0.39 0.41 0.39 0.43 1.00 0.38 0.40 0.41
X6 0.39 0.46 0.39 0.41 0.38 1.00 0.40 0.45
X7 0.35 0.47 0.42 0.40 0.40 0.40 1.00 0.72
Y  0.42 0.48 0.41 0.41 0.41 0.45 0.72 1.00

n= 400

P
   X1 X2 X3 X4 X5 X6 X7 Y
X1    0  0  0  0  0  0  0
X2 0     0  0  0  0  0  0
X3 0  0     0  0  0  0  0
X4 0  0  0     0  0  0  0
X5 0  0  0  0     0  0  0
X6 0  0  0  0  0     0  0
X7 0  0  0  0  0  0     0
Y  0  0  0  0  0  0  0
```

먼저 완전데이터에서 Y를 종속변수로, X1~X7까지의 변수들을 독립변수로 하는 OLS 회귀모형을 추정하고, 다음으로 7개 변수들에서 MCAR 가정을 따르는 결측값을 생성한 후 OLS 회귀모형을 추정하겠습니다. 결측값이 더 많은 변수들에서(1~7개), 더 높은 비중(20%에서 40%)으로 발생함에 따라 모형추정결과에 어떤 변화가 나타나는지 확인해보겠습니다.

완전데이터를 대상으로 얻은 OLS 회귀모형 추정값은 다음과 같은데, 특히 X7 변수의 회귀계수(밑줄 그은 부분)에 주목해주시기 바랍니다.

```
> lm(Y~X1+X2+X3+X4+X5+X6+X7,data=complete_data) %>% summary()

Call:
lm(formula = Y ~ X1 + X2 + X3 + X4 + X5 + X6 + X7, data = complete_data)

Residuals:
     Min        1Q    Median       3Q      Max
-1.98374  -0.43163   0.00851  0.43730  2.06132

Coefficients:
            Estimate  Std. Error  t value   Pr(>|t|)
(Intercept)  0.07148     0.19743    0.362    0.71752
X1           0.10153     0.04111    2.470    0.01394 *
X2           0.07722     0.04335    1.781    0.07563 .
X3           0.03679     0.04389    0.838    0.40239
X4           0.04562     0.04124    1.106    0.26923
X5           0.04845     0.03958    1.224    0.22160
X6           0.10715     0.03876    2.764    0.00597 **
X7           0.56688     0.04114   13.780    < 2e-16 ***
---
Signif. codes:  0 '***' 0.001 '**' 0.01 '*' 0.05 '.' 0.1 ' ' 1

Residual standard error: 0.6739 on 392 degrees of freedom
Multiple R-squared:  0.5779,    Adjusted R-squared:  0.5703
F-statistic: 76.66 on 7 and 392 DF,  p-value: < 2.2e-16
```

추정결과를 비교하기 위해 완전데이터에서 얻은 OLS 회귀모형의 모수(절편과 회귀계수)의 95% 신뢰구간을 저장한 후, COM_OLS_CI95라는 이름의 오브젝트로 저장하였습니다.

```
> COM_OLS_CI95 = lm(Y~X1+X2+X3+X4+X5+X6+X7,data=complete_data) %>%
+  confint() %>% # 추정치의 95% 신뢰구간
+  data.frame() %>% mutate(source=rownames(.)) %>%
+  rename(ll95=X2.5..,ul95=X97.5..) %>%
+  mutate(N_MCAR_variable=0) %>% as_tibble()
> COM_OLS_CI95
# A tibble: 8 x 4
      ll95   ul95      source  N_MCAR_variable
     <dbl>  <dbl>       <chr>            <dbl>
1   -0.317  0.460 (Intercept)                0
2   0.0207  0.182          X1                0
3 -0.00801  0.162          X2                0
4  -0.0495  0.123          X3                0
5  -0.0354  0.127          X4                0
6  -0.0294  0.126          X5                0
7   0.0309  0.183          X6                0
8    0.486  0.648          X7                0
```

다음으로 독립변수에 MCAR 가정 상황이 적용된 결측값이 생성되었다고 가정해 봅시다. 먼저 변수별로 20%의 결측값이 발생한다고 가정할 때, 결측값이 발생한 변수가 1개에서 7개로 점점 늘어갈 때 모형추정결과(여기서는 X7의 회귀계수 추정값)가 어떻게 변하는지 살펴봅시다. 결과는 다음 [그림 2-1]과 같습니다.

```
> # MCAR 가정 상황에서 효율성 저하 문제
> # 만약 변수별로 20%의 결측값이 MCAR 가정하에서 발생할 경우
> MCAR_mechanism20=function(myvar){
+  temp_mcar = sample(c(rep(1,320),rep(0,80)),size=400,replace=FALSE)
+  myvar[temp_mcar==0] = NA
+  myvar
+ }
> fun_MCAR_mech=function(myrange){
+  set.seed(123)
+  MSS_OLS_CI95=complete_data %>%
+  mutate_at(vars(1:myrange),MCAR_mechanism20) %>%
+   lm(Y~X1+X2+X3+X4+X5+X6+X7,.) %>%
+   confint() %>% # 추정치의 95% 신뢰구간
+   data.frame() %>% mutate(source=rownames(.)) %>%
```

```
+   rename(ll95=X2.5..,ul95=X97.5..) %>%
+   mutate(N_MCAR_variable=length(1:myrange)) %>% as_tibble()
+  MSS_OLS_CI95
+ }
> myresult=COM_OLS_CI95
> for (i in 1:7){
+  myresult=bind_rows(myresult,FUN_temp(i))  # 1개 변수부터 7개 변수까지
+ }
> myresult %>% filter(source=="X7") %>%
+  mutate(pest=0.5*(ll95+ul95)) %>% # 회귀계수
+  ggplot(aes(x=N_MCAR_variable,y=pest))+
+  geom_point(size=2,color="red")+
+  geom_errorbar(aes(ymin=ll95,ymax=ul95),width=0.3)+
+  scale_x_continuous(breaks=0:7)+
+  scale_y_continuous(breaks=round(myfig$pest,2))+
+  geom_hline(yintercept=c(myfig$ll95[1],myfig$ul95[1]),lty=2,color="blue")+
+  labs(x="Number of variables in which MCAR-assumed missing occurs (20%)",
+        y="Point estimates with 95% CI")+
+  theme_bw()
```

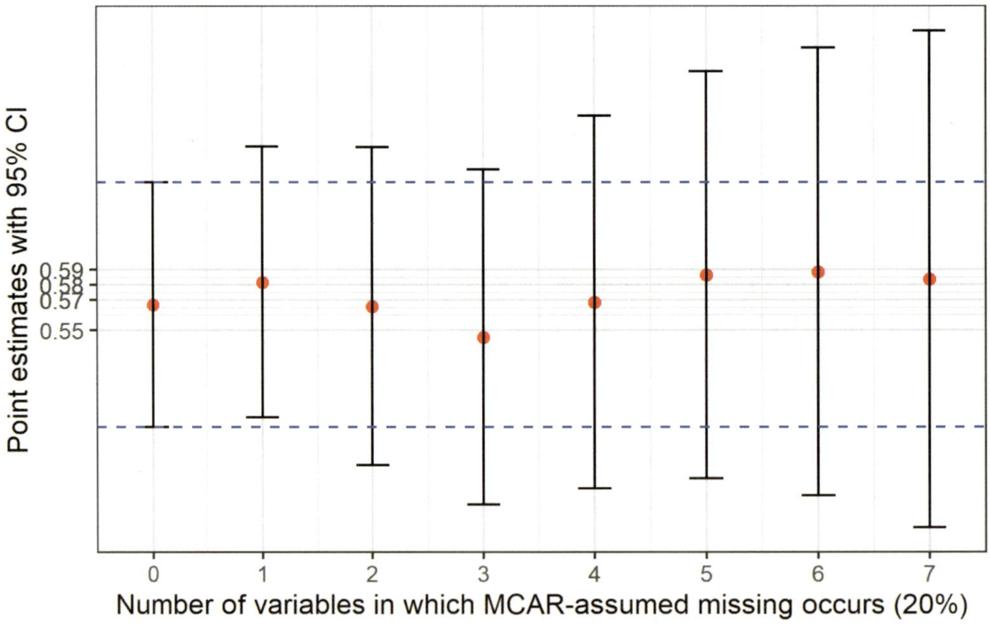

[그림 2-1] 변수당 MCAR 가정을 따르는 결측값이 20% 발생한다고 가정하였을 때, 결측값 발생변수의 개수 증가에 따른 X7의 회귀계수 추정치의 변화

[그림 2-1]을 보면 MCAR 가정을 따르는 경우, X7의 회귀계수의 점추정치(그림의 적색점)는 그리 크게 영향을 받지는 않습니다. 그러나 결측값이 발생한 변수가 많으면 많을수록 95% 신뢰구간의 폭이 점점 늘어나 추정된 X7의 회귀계수의 불확실성이 점차 증가하는 것을 알 수 있습니다. [그림 2-1]의 결과는 결측값 발생 메커니즘이 MCAR 가정을 따르더라도 분석결과의 효율성은 감소시킨다는 것을 잘 보여줍니다.

다음으로 MCAR 가정에서 변수당 40%의 결측값이 발생하는 상황에서 X7의 회귀계수 추정값이 어떻게 변하는지 살펴보겠습니다. 즉 결측값이 더 심한 비율로 발생할 때 불편향성과 효율성 측면에서 분석결과에 어떤 변화가 나타나는지 살펴보죠.

```
> # 만약 변수별로 40%의 결측값이 MCAR 가정하에서 발생할 경우
> MCAR_mechanism40=function(myvar){
+  temp_mcar = sample(c(rep(1,240),rep(0,160)),size=400,replace=FALSE)
+  myvar[temp_mcar==0] = NA
+  myvar
+ }
> fun_MCAR_mech=function(myrange){
+  set.seed(123)
+  MSS_OLS_CI95=complete_data %>% mutate_at(vars(1:myrange),MCAR_mechanism40) %>%
+   lm(Y~X1+X2+X3+X4+X5+X6+X7,.) %>%
+   confint() %>% # 추정치의 95% 신뢰구간
+   data.frame() %>% mutate(source=rownames(.)) %>%
+   rename(ll95=X2.5..,ul95=X97.5..) %>%
+   mutate(N_MCAR_variable=length(1:myrange)) %>% as_tibble()
+  MSS_OLS_CI95
+ }
> myresult=COM_OLS_CI95
> for (i in 1:7){
+  myresult=bind_rows(myresult,fun_MCAR_mech(i)) # 1개 변수부터 7개 변수까지
+ }
> myresult %>% filter(source=="X7") %>%
+  mutate(pest=0.5*(ll95+ul95)) %>% # 회귀계수
+  ggplot(aes(x=N_MCAR_variable,y=pest))+
+  geom_point(size=2,color="red")+
+  geom_errorbar(aes(ymin=ll95,ymax=ul95),width=0.3)+
```

```
+ scale_x_continuous(breaks=0:7)+
+ scale_y_continuous(breaks=round(myfig$pest,1))+
+ geom_hline(yintercept=c(myfig$ll95[1],myfig$ul95[1]),lty=2,color="blue")+
+ labs(x="Number of variables in which MCAR-assumed missing occurs (40%)",
+      y="Point estimates with 95% CI")+
+ theme_bw()
```

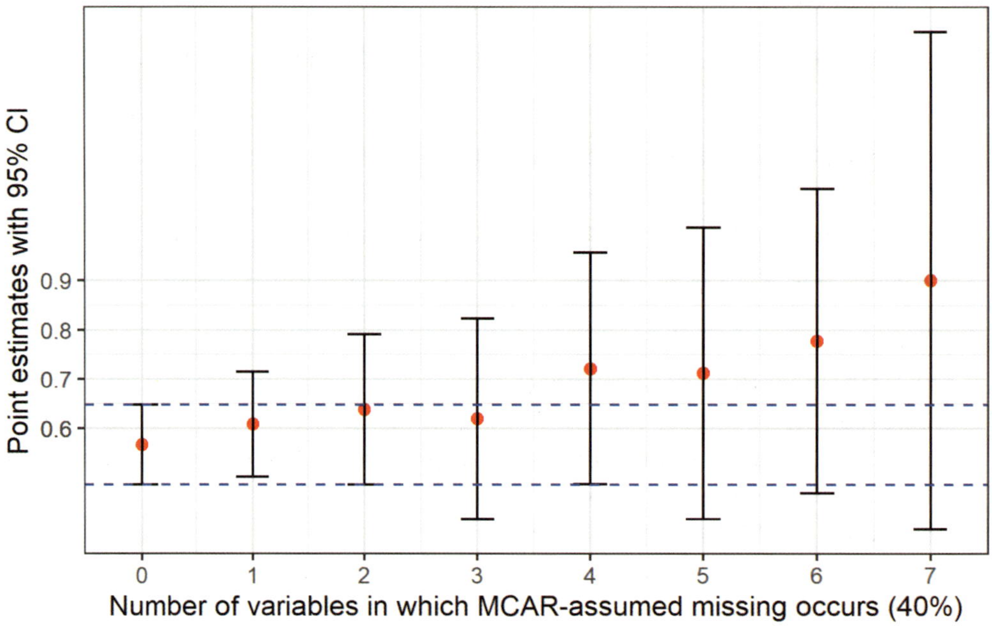

[그림 2-2] 변수당 MCAR 가정을 따르는 결측값이 40% 발생한다고 가정했을 때, 결측값 발생변수의 개수 증가에 따른 X7의 회귀계수 추정치의 변화

[그림 2-1]과 [그림 2-2]를 비교해보면, MCAR 가정을 따른다고 하더라도 결측값이 많이 발생하는 경우에는 결측값 제거 후 모형을 추정하는 전략이 그리 합리적이지 않은 것을 알 수 있습니다. 특히 4개 이상의 독립변수에서 MCAR 가정을 따르는 결측값이 발생한 경우, X7의 회귀계수의 점추정치(그림의 적색 점)가 결측변수가 없는 완전데이터 상황에서의 95% 신뢰구간(그림의 청색 점선)을 벗어나게 됩니다. 앞서 변수당 결측값이 20% 발생한 경우와 비교하면, 결측값이 높은 비율로 발생하는 경우에는 아무리 MCAR 가정을 따른다고 하더라도 분석결과의 불편향성이 위협받게 됨을 확인할 수 있습니다.

또한 결측값 발생비율이 증가할 경우 효율성 역시 심각하게 훼손됩니다. [그림 2-2]에서는 결측치가 발생한 변수의 수가 늘어날수록 95% 신뢰구간의 폭이 점점 늘어납니다. 이 결과는 결측값 발생 메커니즘이 MCAR 가정을 따르더라도 결측데이터가 많은 경우에는 결측값을 함부로 제거하는 것이 분석결과의 효율성을 심각하게 저하시킨다는 것을 잘 보여줍니다.

지금까지 설문조사와 관련한 사회과학 연구방법의 무작위표집 기법을 개념틀로 삼아 완전무작위 결측발생(MCAR) 메커니즘이 무엇인지 소개하였습니다. MCAR 가정을 따르는 결측데이터는 '무시 가능(ignorable)'하기 때문에 분석과정에서 제거해도 분석결과의 효율성이 감소할 뿐 불편향성은 크게 변하지 않는다고 알려져 있습니다. 그러나 결측값 발생비율이 높고 여러 개의 변수들에서 결측치가 발생하는 경우, 분석결과의 효율성이 대폭 감소하며 상황에 따라서는 불편향성 역시 위협받습니다. 그리고 여러 개의 결측변수가 존재하는 데이터 상황은 다변량 데이터 분석(multivariate data analysis) 상황이라고 볼 수 있습니다. 수많은 사회과학 연구에서는 이와 같이 여러 변수들로 이루어진 데이터를 다루므로(대표적으로 다중회귀분석, multiple linear regression), 다변량 분석 기법에 기초한 결측치 분석기법을 필요로 합니다. 즉 연구자가 MCAR 가정을 적용할 수 있다고 확신한다 하더라도, 리스트단위 결측제거와 같은 방식으로 다변량 분석을 실시한 경우에는 분석결과의 효율성이 낮은 것은 물론이고 결측값이 다량으로 발생했을 때 분석결과의 불편향성도 보장하기 어렵습니다.

3 확률적 결측발생(MAR)

다음으로 '확률적 결측발생(MAR, missing at random)' 메커니즘을 살펴보겠습니다. MAR 메커니즘은 1장에서 살펴본 '시나리오-3'의 상황입니다. MAR 가정에 대해 구체적으로 설명하기 전에, 왜 'MAR'이라는 용어를 '확률적 결측발생'이라고 옮겼는지부터 이야기하겠습니다. 일반적으로 'at random'이라는 용어는 '무작위로'라고 번역됩니다. 다시 말해 MAR을 직역하면 '무작위로 발생하는 결측'일 것입니다. 그런데 '무작위로 발생하는 결측'이라는 용어는 적어도 사회과학자들에게는 매우 이상하게 들릴 것 같습니다. 왜냐하면 '무작위로 발생하는 결측'이라는 말은 '완전무작위 결측발생(MCAR)'에 가까운 것처럼 보이기 때문입니다. 그러나 MAR은 MCAR과 그 함의가 매우 다릅니다. MAR 가정은 어떤 변수의 결측값을 다른 변수들을 이용해 예측할 수 있다는 뜻입니다. MAR 메커니즘에서 말하는 'at random'이라는 용어는 다른 변수의 수준에 따라 예측된 결측값을 고정적으로(fixed) 예측할 수 있다는 말이 아니라, 확률적으로(random) 예측할 수 있다는 것을 뜻합니다. 즉 random이라는 단어는 '무작위'를 의미하지 않습니다.

그렇다면 결측값을 확률적으로 예측할 수 있다는 말은 무슨 뜻일까요? 아주 간단한 사례를 예로 들어봅시다. 어떤 연구자가 사람의 월소득수준(x, 단위 100만원, 범위는 100만원~700만원)과 특정 사회정책에 대한 지지도(y, 1-5점)의 관계를 OLS 회귀분석을 이용해 분석한 후, $\hat{y} = 2.50 + 0.10x$, $e \sim NID(0,1)$과 같은 회귀방정식을 추정했다고 가정해봅시다. 만약 어떤 응답자의 월소득수준이 400만원이라면(즉 $x = 4$), 이 응답자의 사회정책에 대한 지지도 예측값은 약 2.90이 나올 것입니다. 그러나 2.90이라는 예측값은 고정값이 아닙니다. 월소득수준 400만원인 응답자의 예측값 2.90은 가능성이 가장 높은 예측값일 뿐이며, 이 응답자의 예측값은 3이 나올 수도 있고 2가 나올 수도 있으며, 극단적일 경우 1이나 5가 나올 수도 있습니다. 다시 말해 월소득수준이 400만원인 응답자의 사회정책에 대한 지지도는 2.90을 중심으로, 분석모형에서 지정된 확률분포(OLS 회귀분석의 경우 정규분포)를 따르는 다양한 값들로 예측할 수 있습니다.

바로 이것이 'missing at random'을 '확률적 결측발생'이라고 번역한 이유입니다. 즉 MAR 가정에서는 결측값을 특정한 고정값으로 간주하지 않고 확률적 추정값으로 간주합니다. 그리고 특정 변수에서 발생하는 결측값을 다른 변수들의 정보를 이용해 확률적으로 추정하는 데 성공하면 결측데이터에 대해 MCAR 가정을 취할 수 있게 됩니다. 앞서 1장의 '시나리오-3'을 떠올려보세요. '시나리오-3' 상황에서는 연속형 변수 Y의 결측값 발생비율이 더미변수 X의 수준에 따라 달랐으나, 더미변수 X를 통제하면 결측값 발생비율이 MCAR 상황과 유사해졌습니다. 따라서 만약 특정변수의 결측값 발생을 예측할 수 있는 변수들을 알고 있으며, 또한 그 변수들을 성공적으로 측정했다면, MAR 가정에 기반해 발생하는 결측값을 '무시 가능'한 MCAR 가정에 기반해 발생하는 결측값으로 간주할 수 있습니다.

다시 말해 MAR 가정에 기반해 발생하는 결측데이터는 그 자체로는 '무시 불가능'한 결측값이지만, 결측값 발생과 관련된 다른 변수들의 정보를 적절하게 이용하면 '무시 가능'한 MCAR 가정에 기반한 결측데이터라고 가정할 수 있습니다. MCAR 가정에 기반한 결측값이 분석결과의 불편향성을 해치지 않는다는 점을 떠올린다면, '다른 변수들의 정보를 적절히 활용하는 데 성공한다면' MAR 가정에 따라 발생하는 결측값 역시도 분석결과의 불편향성을 해치지 않는다는 결론을 얻을 수 있습니다.

앞서 MCAR 가정의 의미를 사회과학 연구방법론의 '무작위표집' 기법을 예로 들어 설명한 바 있습니다. MAR 가정의 의미는 아마도 사회과학 연구방법론의 '층화표집(stratified sampling)' 기법을 예로 설명할 수 있을 것입니다. 층화표집 기법에서는 하나의 모집단(population)을 여러 하위모집단들(subpopulations)의 집합으로 간주합니다. 즉 개별 하위모집단은 동질적이지만(homogeneous), 이들 하위모집단들은 서로에 대해 이질적입니다(heterogeneous). 간단한 예를 들자면, 전체 인구집단을 성별에 따라 구분했을 때 남성과 여성은 이질적이지만 각 성별집단 내부는 동질적이라고 간주하는 것입니다.

층화표집 기법을 적용할 때 사전에 알려진 변수를 활용하여 모집단을 하위모집단으로 구분하는 것과 마찬가지로, MAR 가정을 따르는 결측값의 경우도 결측값 발생비율과 연관된 변수를 모형으로 투입하여 결측값 발생비율의 이질성(heterogeneity) 문제를 해결합니다. 우선 이해하기 쉬운 정규분포를 기반으로 생성된 아주 간단한 사례를 통해 모집단을 하위모집단들로 구분하는 방식으로 이질성 문제를 해결할 수 있는지 살펴봅시다. 어떤 모집단($N = 200$)에는 2개의 하위모집단($n_1 = 100$, $n_2 = 100$)이 존재합니다. 두 하위모집단의 분산은 1로 동질적이지만, 평균은 각각 3과 5로 다릅니다. 이 경우 각 하위모집단의 분산과 전체 모집단의 분산은 어떤지 살펴봅시다. 놀라운 일은 아니지만, 분산이 동질적이지만 평균이 다른 하위모집단들로 구성된 모집단의 분산은 이질적입니다.

```
> # 분산 동질성과 이질성 사례
> library(tidyverse) # data management
> set.seed(1234) # 동일한 결과를 얻고자 하면
> y1=rnorm(100,3,1)
> y2=rnorm(100,5,1)
> sd(y1); sd(y2) # 두 집단의 분산은 거의 동일
[1] 1.004405
[1] 1.032187
> sd(c(y1,y2))  # 전체집단의 분산은 이질적
[1] 1.498594
```

이제 OLS 모형을 통해서 하위모집단의 분산 동질성을 어떻게 확보할 수 있는지 살펴봅시다. 먼저 2개의 하위모집단을 구분할 수 있는 더미변수(X)와 y1, y2 변수를 합친 변수(Y)로 구성된 데이터를 구성하였습니다. 이후 X 변수를 고려하지 않은 모형(null model)과 X 변수를 고려한 모형을 각각 추정한 다음 추정된 모형의 잔차(Residual standard error: 부분), 즉 오차항 분산을 비교해보겠습니다.

```
> mysim=tibble(Y=c(y1,y2),X=rep(1:2,each=100))
> lm(Y~1, mysim) %>% summary() # Residual에 주목: 이질성 존재

Call:
lm(formula = Y ~ 1, data = mysim)

Residuals:
   Min      1Q  Median     3Q    Max
-3.288  -1.387   0.117  1.142  4.101

Coefficients:
            Estimate  Std. Error  t value  Pr(>|t|)
(Intercept)    3.942       0.106     37.2   <2e-16 ***
---
Signif. codes:  0 '***' 0.001 '**' 0.01 '*' 0.05 '.' 0.1 ' ' 1

Residual standard error: 1.499 on 199 degrees of freedom

> lm(Y~factor(X), mysim) %>% summary() # Residual에 주목: 이질성 해소
```

```
Call:
lm(formula = Y ~ factor(X), data = mysim)

Residuals:
    Min       1Q   Median      3Q     Max
-2.8970  -0.6781  -0.1016  0.6007  3.0025

Coefficients:
            Estimate  Std. Error  t value  Pr(>|t|)
(Intercept)   2.8432     0.1018     27.92  <2e-16 ***
factor(X)2    2.1980     0.1440     15.26  <2e-16 ***
---
Signif. codes: 0 '***' 0.001 '**' 0.01 '*' 0.05 '.' 0.1 ' ' 1

Residual standard error: 1.018 on 198 degrees of freedom
Multiple R-squared: 0.5405,    Adjusted R-squared: 0.5382
F-statistic: 232.9 on 1 and 198 DF, p-value: < 2.2e-16
```

위의 결과에서 잘 드러나듯, 하위모집단들을 구분하는 X 변수를 고려하자 잔차의 값이 1.499에서 1.018로 감소하였습니다. 또한 추정된 모형의 절편값을 이용해 1번 하위모집단의 평균을 도출하고, 절편값과 X 변수의 회귀계수값을 이용해 2번 하위모집단의 평균을 도출할 수 있습니다. 즉 X 변수를 고려하면 하위모집단의 동질성을 확보할 수 있습니다.

이제 하위모집단별로 결측값 발생비율이 다른 경우를 고려해봅시다. 1번 하위모집단에서는 약 20%의 결측값이 나타나는 상황을 가정하고, 2번 하위모집단에서는 약 50%의 결측값이 나타나는 상황을 가정했습니다. 아래의 시뮬레이션 결과에 따르면 각각의 하위모집단에서 나타난 결측값의 비율은 1번 하위모집단의 경우는 15%, 2번 하위모집단의 경우는 48%입니다.

```
> # MAR 메커니즘
> set.seed(1234)  # 동일한 결과를 얻고자 하면
> miss1=rbinom(n=100,size=1,prob=0.8)
> miss2=rbinom(n=100,size=1,prob=0.5)
> mysim=tibble(
+  Y_com=c(y1,y2),miss=c(miss1,miss2),
```

```
+ Y_obs=ifelse(miss==1,Y_com,NA),
+ X=rep(1:2,each=100)
+ )
> mysim %>% group_by(X) %>%
+ summarise(sum(miss))
`summarise()` ungrouping output (override with `.groups` argument)
# A tibble: 2 x 2
      X  `sum(miss)`
  <int>        <int>
1     1           85
2     2           52
```

먼저 하위모집단을 구분하지 않았을 때, 어떤 문제가 발생하는지 살펴봅시다.

```
> lm(Y_com~1, mysim) %>% summary()

Call:
lm(formula = Y_com ~ 1, data = mysim)

Residuals:
   Min      1Q  Median     3Q    Max
-3.288  -1.387   0.117  1.142  4.101

Coefficients:
            Estimate  Std. Error  t value  Pr(>|t|)
(Intercept)    3.942       0.106     37.2   <2e-16 ***
---
Signif. codes:  0 '***' 0.001 '**' 0.01 '*' 0.05 '.' 0.1 ' ' 1

Residual standard error: 1.499 on 199 degrees of freedom

> lm(Y_obs~1, mysim) %>% summary()

Call:
lm(formula = Y_obs ~ 1, data = mysim)

Residuals:
    Min      1Q   Median      3Q     Max
-3.0383 -1.2393  -0.1426  1.0727  4.3511
```

```
Coefficients:
            Estimate  Std. Error  t value  Pr(>|t|)
(Intercept)   3.6926      0.1295    28.52  <2e-16 ***
---
Signif. codes:  0 '***' 0.001 '**' 0.01 '*' 0.05 '.' 0.1 ' ' 1

Residual standard error: 1.516 on 136 degrees of freedom
  (63 observations deleted due to missingness)
```

두 OLS 회귀모형의 절편값을 살펴봅시다. 절편값이 상당히 다른 것(3.94 → 3.69)을 발견할 수 있습니다. 즉 하위모집단들 사이의 결측값 발생비율의 이질성을 고려하지 않을 경우, 분석결과의 불편향성에 문제가 생기는 것이 명확하게 드러납니다.

그렇다면 이번에는 하위모집단들을 구분한 후, 결측값 발생 이전과 이후에 Y 변수의 값이 어떻게 변하며 잔차는 또 어떻게 다른지 살펴봅시다.

```
> lm(Y_com~factor(X), mysim) %>% summary()

Call:
lm(formula = Y_com ~ factor(X), data = mysim)

Residuals:
    Min       1Q   Median      3Q     Max
-2.8970  -0.6781  -0.1016  0.6007  3.0025

Coefficients:
            Estimate  Std. Error  t value  Pr(>|t|)
(Intercept)   2.8432      0.1018    27.92  <2e-16 ***
factor(X)2    2.1980      0.1440    15.26  <2e-16 ***
---
Signif. codes:  0 '***' 0.001 '**' 0.01 '*' 0.05 '.' 0.1 ' ' 1

Residual standard error: 1.018 on 198 degrees of freedom
Multiple R-squared:  0.5405,    Adjusted R-squared:  0.5382
F-statistic: 232.9 on 1 and 198 DF,  p-value: < 2.2e-16

> lm(Y_obs~factor(X), mysim) %>% summary()
```

```
Call:
lm(formula = Y_obs ~ factor(X), data = mysim)

Residuals:
    Min       1Q   Median       3Q      Max
-2.9005  -0.7208  -0.2407   0.6976   2.9990

Coefficients:
            Estimate  Std. Error  t value  Pr(>|t|)
(Intercept)   2.8655      0.1178    24.33  <2e-16 ***
factor(X)2    2.1793      0.1911    11.40  <2e-16 ***
---
Signif. codes:  0 '***' 0.001 '**' 0.01 '*' 0.05 '.' 0.1 ' ' 1

Residual standard error: 1.086 on 135 degrees of freedom
  (63 observations deleted due to missingness)
Multiple R-squared:  0.4906,    Adjusted R-squared:  0.4868
F-statistic:  130 on 1 and 135 DF,  p-value: < 2.2e-16
```

하위모집단들을 구분하지 않은 경우와는 결과가 꽤 달라 보입니다. 가장 먼저 달라진 점은 모형에서 얻은 절편과 회귀계수입니다. 정확하게 동일하지는 않지만, 절편 추정치는 2.84와 2.87로, 회귀계수 추정치는 2.20과 2.18로 매우 유사한 것을 확인할 수 있습니다. 잔차 역시 1.018과 1.086으로, 두 모형의 추정결과가 엇비슷합니다. 반면 두 모형의 추정결과에서 두드러지게 다른 부분은 모형 적합도를 나타내는 *F*통계량(F-statistic)으로, Y_com을 종속변수로 추정한 첫 번째 모형에 비해 Y_obs를 종속변수로 추정한 두 번째 모형에서 크게 감소하였습니다(232.9 → 130). 즉 하위모집단들을 구분하자 추정의 효율성이 감소한 것입니다. 다시 말해 '만약 특정 변수의 결측값 발생비율이 어떤 변수에 의해 설명될 수 있는지 알고 있다면(즉 전체모집단에서 이질성을 야기하는 변수를 활용하여 하위모집단으로 구분한 후 무작위표집을 적용하는 층화표집 기법을 활용하듯)', 그러한 변수를 활용하여 결측값 발생 상황을 MCAR 가정을 적용할 수 있는 상황으로 전환시킬 수 있습니다. 단 추정결과의 불편향성은 확보할 수 있지만, 결측값이 발생한 이상 분석결과의 효율성은 필연적으로 감소합니다.

여기서 어떤 분들은 다음과 같은 질문을 던질지도 모르겠습니다. "결측값 발생비율을 설명할 수 있는 변수들만 분석에 포함한다면, 결측값이 포함된 사례를 제거하는 통상적인 분석방법을 사용해도 되지 않는가?" 이에 대한 답변은 상황에 따라 다를 것입니다. 만약 결측값이 포함된 사례들이 표본의 극히 일부라면, 그리고 결측값 발생비율을 설명할 수 있는 변수들을 잘 알고 있다면, 결측값 포함 사례를 제거하는 통상적인 분석방법에 별문제가 없다고 생각합니다. 그러나 일반적인 다변량 데이터 분석 상황에서는 여러 변수들을 동시에 고려해야 하며, 이 과정에서 결측값으로 인한 표본손실에 심각하게 대처할 필요가 있습니다. 위 결과에서 확인할 수 있듯, 결측값이 발생한 Y_obs를 종속변수로 추정한 두 번째 모형에서 F통계량이 크게 감소하였고 이에 따라 추정의 효율성 역시 저하된 바 있습니다. 그러므로 MAR 가정에 기반한 결측데이터의 경우, 결측값 발생비율을 설명할 수 있는 변수들을 활용하여 분석결과의 불편향성은 물론 효율성도 최대한 높이는 것이 매우 중요합니다.

지금까지 확률적 결측발생(MAR) 메커니즘에 따라 결측값이 발생할 때 어떤 문제가 발생하며, 어떤 방식으로 MAR을 MCAR로 전환시킬 수 있는지 '층화표집' 기법을 예로 들어 살펴보았습니다. MAR 상황에서 발생한 결측값은 그 자체로는 '무시 불가능'한 결측값이지만, 결측값 발생비율을 설명할 수 있는 변수를 모형에 고려하여 투입할 경우 '무시 가능'한 결측발생 상황으로 전환될 수 있습니다. 따라서 MAR 상황에 대처할 때 가장 중요한 사항은 결측값 발생비율을 설명해줄 수 있는 변수들이 무엇인지 파악한 후 이를 확보하는 것입니다. 이 책에서 소개할 결측데이터 분석기법은 모두 결측값이 MAR 메커니즘에 따라 생성된다고 가정한 것입니다. 따라서 결측데이터 분석기법의 타당성을 주장하기 위해서는 연구자가 확보한 데이터를 통해 MAR 가정이 타당하다고 주장할 수 있는지를 반드시 따져보아야 할 것입니다. 만약 어떤 변수의 결측값 발생을 다른 변수들로 인해 적절하게 설명할 수 없다면, MAR 가정을 기반으로 한 결측데이터 분석기법으로 얻은 결과는 타당성이 없거나 혹은 타당성이 약할 것입니다. 현상에 대한 정확하고 구체적인 지식을 갖추지 못했다면, 또 각 변수에서 발생하는 결측값을 예측하고 설명할 수 있는 변수들을 포괄적으로 확보하지 못했다면, 이 책에서 소개할 결측데이터 분석기법으로 얻은 분석결과에 문제가 없다고 말하기 어려울 것입니다.

4 비확률적 결측발생(MNAR)

끝으로 '비확률적 결측발생(MNAR, missing not at random)' 메커니즘을 살펴보겠습니다. MNAR 메커니즘은 1장에서 살펴본 '시나리오-2'의 상황, 다시 말해 결측값 발생변수의 조건에 따라 체계적으로 결측값이 발생하는 상황입니다. 앞에서 살펴본 MCAR 상황에서의 결측값은 분석결과의 불편향성에 큰 영향을 주지 않기 때문에 '무시 가능'하며, MAR 상황에서의 결측값은 결측값 발생을 설명할 수 있는 변수들을 알고 있다면 분석결과의 불편향성에 영향을 주지 않는 MCAR 상태로 전환할 수 있다는 점에서 '무시 가능'합니다. 그러나 여기서 살펴볼 MNAR 가정을 따르는 결측값은 '무시 불가능(nonignorable)'합니다. 앞에서도 간단하게 살펴보았지만, MNAR 상황에서 발생한 결측값은 분석결과의 효율성을 감소시키는 것은 물론이고 불편향성에도 매우 큰 위협이 됩니다.

앞서 MCAR 가정은 사회과학 연구방법론에서 다루는 '무작위표집' 기법, MAR 가정은 '층화표집' 기법을 기반으로 설명했습니다. MNAR 가정 상황과 개념적으로 비슷한 상황을 적용할 수 있는 표집 기법은 '비확률표집(non-probability sampling)' 기법입니다. 비확률표집 기법은 '무작위표집' 기법 등과 달리 확률표집 기법이 아닙니다. 따라서 비확률표집 기법을 통해 얻은 표본의 통계치가 모집단 통계치를 대표할 것이라고 기대하기 어렵습니다. 적어도 확률적 관점에서, 비확률표집 기법을 통해 얻은 표본은 모집단 대표성이 없습니다.

결측값 발생 상황이 MNAR 가정을 따르는 경우는 2가지로 나누어 볼 수 있습니다. 첫째는 MNAR 상황의 결측값이 발생할 것으로 짐작할 수는 있지만 연구자가 어찌해볼 방도가 없는 경우입니다. 둘째는 MNAR 상황이 실제로는 발생했지만 연구자가 그 사실을 전혀 인지하지 못하는 경우입니다. 사례를 통해 구체적인 상황을 살펴보겠습니다.

먼저 결측값이 MNAR 가정을 따를 것이라고 짐작할 수는 있지만, 구체적으로 MNAR 상황의 결측값이 어떤 문제를 일으킬지 확정할 수 없는 경우를 살펴보겠습니다. 대표적인 사례는 조직연구(organizational analysis)에서 찾을 수 있습니다. 대부분의 사회적 조직들은 가입이나 탈퇴 시 특별한 조건을 요구합니다. 예를 들어 대부분의 해외 대학은 외국인 지원자들에게 일정 수준 이상의 토플이나 GRE 점수를 요구합니다. 기업은 입사지원자들 중에서 특정한 조건을 만족시키는 경우(이를테면 600점 이상의 토익시험 점수 보유자)만 신입사원으로 뽑기도 합니다. 다시 말해 조직의 입장에서 '조직구성원을 비확률표집 기법을 이용하여 표집'하며, 지원자들 혹은 새로 충원된 조직구성원들에게서 얻은 특정 변수들은 '체계적으로 결측(systematically missing)'됩니다. 예를 들면 '토익점수 600점 이상'인 지원자들만 신규채용한 어떤 기업 C의 신입사원들의 토익점수(영어 능력)의 경우 '600점 미만의 토익성적' 변수는 체계적으로 결측될 수밖에 없습니다. 만약 어떤 연구자 A가 기업 C의 신입사원 데이터를 이용하여 '토익점수를 이용해 직무능력을 어느 정도나 예측할 수 있는지'를 살펴보려 할 때, 연구자 A의 데이터에는 MNAR 가정을 적용하는 것이 타당할 수 있습니다. 가상적인 사례를 통해 MNAR 상황에서 결측값이 생길 경우 어떤 문제가 발생하는지 살펴보겠습니다.

[표 2-1]은 기업 C의 신입사원들의 토익점수와 업무능력점수입니다. 이 데이터의 변수들은 ① 데이터의 실측 여부에 따라, ② 실측시점에 따라 분류할 수 있습니다.

첫째, 데이터의 실측 여부에 따라 데이터는 실측되지 않은 (연구자는 알 수 없으나 짐작은 할 수 있는) 잠재변수와 실측된 (연구자가 알고 있는) 실측변수로 나눌 수 있습니다. 신입사원의 토익점수(toeic_obs)와 입사 후 6개월 후의 직무능력(jobperf_obs_realize), 두 변수는 실측변수입니다. 반면 입사지원가능자의 토익점수(toeic_com)와 입사지원 당시의 직무능력(jobperf_com)은 잠재변수입니다. 즉 인사담당자 측면에서 볼 때 jobperf_com 변수값을 아는 것이 가장 중요하지만, 아쉽게도 이 변수값은 알 도리가 없습니다.

둘째, 실측시점에 따라 신입사원을 선발하는 시점과 신입사원 선발 후 6개월이 지난 시점의 변수로 나눌 수 있습니다. toeic_com, jobperf_com, toeic_obs의 세 변수는 신입사원을 선발하는 시점의 변수이며, jobperf_obs_realize는 신입사원 선발 후 6개월 후에 측정된 변수입니다. 결론적으로 연구자는 선발된 신입사원들에 한해([표 2-1]의 '데이터타입' 열에서 'Observed' 가로 줄), 신입사원 선발시점에서의 토익점수(toeic_obs), 그리고 신입사원 선발 후 6개월이 지난 시점의 업무능력점수(jobperf_obs_realize) 데이터만을 확보하였습니다.

[표 2-1] MNAR 가정이 적용된 가상데이터 (주의: 연구자는 음영 있는 부분의 데이터만 확보함)

변수타입	잠재변수		실측변수		
측정시점	신입사원 지원시점			입사 후 6개월	
개인아이디	toeic_com	jobperf_com	toeic_obs	jobperf_obs_realize	데이터타입
1	610	93	610	93	Observed
2	645	92	645	92	Observed
3	640	90	640	90	Observed
4	715	89	715	89	Observed
5	645	88	645	88	Observed
⋮	⋮	⋮	⋮	⋮	⋮
56	660	52	660	52	Observed
57	600	32	600	32	Observed
58	515	64	NA	NA	Missing
59	565	77	NA	NA	Missing
⋮	⋮	⋮	⋮	⋮	⋮
196	570	79	NA	NA	Missing
197	585	78	NA	NA	Missing
198	520	66	NA	NA	Missing
199	580	71	NA	NA	Missing
200	525	48	NA	NA	Missing

[표 2-1]의 데이터는 다음과 같은 시뮬레이션 과정을 통해 얻었습니다.

```
> # MNAR 메커니즘
> library(tidyverse) # data management
> library(magrittr)  # %$% operator
> set.seed(1234)
> mnar_known=round(mvrnorm(n=200,mu=c(115,70),
+                              Sigma=matrix(data=c(100,15,15,100),nrow=2))) %>%
+  data.frame() %>% as_tibble() %>%
```

```
+ mutate(
+   toeic_com = 5*X1,
+   jobperf_com = X2,
+   toeic_obs = ifelse(toeic_com<600,NA,toeic_com),
+   jobperf_obs_realize=ifelse(toeic_com<600,NA,jobperf_com),
+   selected=ifelse(is.na(jobperf_obs_realize),"Missing","Observed")) %>%
+ arrange(desc(jobperf_obs_realize)) %>%
+ select(-X1,-X2)
```

[표 2-1]에서 연구자가 확보한 데이터만으로 토익점수와 직무능력의 관계를 살펴보는 경우(toeic_com 변수와 jobperf_com 변수)와, MNAR 가정을 따르는 결측값이 발생하지 않았던 상황에서 얻을 수 있는 토익점수와 직무능력의 관계(toeic_obs 변수와 jobperf_obs_realize 변수)를 살펴보는 경우는 과연 비슷한지 살펴봅시다. 다음의 [그림 2-3]은 기업 C의 입사지원 가능자의 토익점수와 직무능력 간의 산점도입니다. 산점도의 모든 점들(청색과 적색)은 입사지원가능자를 의미하며, 적색은 MNAR 가정에 기반하여 발생한 결측값을 의미합니다.

```
> ggplot() +
+ geom_point(data=mnar_known,
+            aes(x=toeic_com,y=jobperf_com,color=selected),
+            alpha=0.5,size=3)+
+ geom_smooth(data=mnar_known,
+            aes(x=toeic_com, y=jobperf_com),
+            method='lm',color="purple",se=F)+
+ geom_smooth(data=mnar_known%>%filter(selected=="Observed"),
+            aes(x=toeic_obs, y=jobperf_obs_realize),
+            method='lm',color="blue",se=F)+
+ labs(x="Toeic score",y="Job performance",color="Data type")+
+ theme_bw()
`geom_smooth()` using formula 'y ~ x'
`geom_smooth()` using formula 'y ~ x'
```

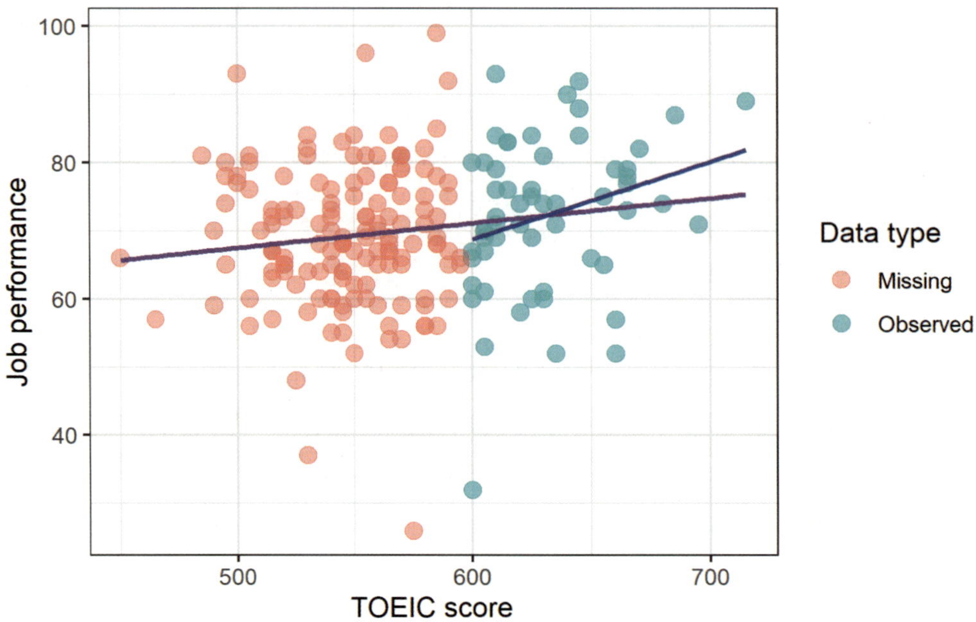

[그림 2-3] MNAR 가정이 적용된 가상데이터에서 토익점수와 직무능력 간 산점도

[그림 2-3]에서 잘 드러나듯, 기업 C의 입사지원자 규정으로 인해 결측값이 발생하자 토익점수와 직무능력의 관계는 더 강하게 나타납니다. 구체적으로 결측값이 발생하지 않았다면 두 변수 간 상관계수는 r = .16이지만, 입사지원자 규정으로 인해 체계적인 결측값이 발생한 후 나타난 두 변수 간 상관계수는 r = .27입니다. 즉 MNAR 상황의 결측값을 고려하지 않을 경우 직무능력평가 예측을 위한 토익성적의 중요성을 과대추정할 가능성이 높습니다.

```
> cor.test(~jobperf_com+toeic_com, mnar_known) %$% estimate %>% round(2)
cor
0.16
> cor.test(~jobperf_obs_realize+toeic_obs, mnar_known) %$% estimate %>% round(2)
cor
0.27
```

위와 같은 사례는 결측값이 MNAR 가정에 따라 발생한다고 예상할 수 있는 전형적인 사회과학 연구 상황입니다. 이처럼 체계적으로 결측값을 발생시키는 요건이 사전에 명시되어 있는 경우, 연구자는 MNAR 상황의 결측값이 어떤 문제를 일으킬 수 있을 것이라고 어느 정도 예측할 수 있습니다. 물론 MNAR 상황이 발생하지 않았을 경우의 관심변수(사례에서는 `toeic_com` 변수)[2]를 결코 실측할 수 없기 때문에, MNAR 상황의 결측값 발생으로 어떠한 문제가 발생했는지를 사전예측하는 것은 불가능하며 어느 정도 추정만 할 수 있을 뿐입니다.

사실 MNAR 가정의 결측값이 정말 문제가 되는 상황은 두 번째 상황, 즉 MNAR 가정의 결측값이 발생하는지도 모르는 경우입니다. 실제로는 어떤 이유로 인해 결측값이 체계적으로 발생했는데, 연구자는 결측값 발생 여부에 영향을 미치는 다른 요인들을 확정하지 못하여(다시 말해 MAR 가정을 취할 수 없음), 결과적으로 결측값 발생 메커니즘을 MCAR이라고 잘못 판단하는 경우입니다. 즉 연구자가 '무시 불가능'한 MNAR 상황의 결측값을 '무시 가능'한 MCAR 상황의 결측값이라고 가정하는 경우입니다. 이러한 경우의 MNAR 상황은 MAR 상황에서 결측값 발생비율에 영향을 미치는 요인들을 찾지 못한 상황이라고 볼 수 있습니다.

MNAR 상황의 결측값을 전혀 인지하지 못하는 이유는 크게 2가지입니다. 첫째, 결측값이 왜 발생하는가에 대한 연구자의 지식이 충분하지 못한 경우입니다. 연구자가 불충분한 지식을 갖게 된 원인은 여러 가지가 있을 것입니다. 현상에 대한 연구자의 지식수준이 낮아서일 수도 있고, 데이터 수집 상황을 면밀하게 검토하지 않았기 때문일 수도 있습니다. 둘째, 현상과 관련된 학문적 지식축적이 충분하지 않을 수도 있습니다. 현상에 대해 완벽하게 알고 있는 연구자, 혹은 현상을 완벽하게 설명하는 학문을 상정하는 것은 매우 비현실적인 일입니다. 이런 현실적인 조건을 감안할 때 MNAR 상황을 MCAR 상황으로 잘못 판단하는 것은 가급적 피하는 것이 좋겠지만, 완전하게 피할 수는 없는지도 모릅니다.

2 인간 이성에 기반하여 추정할 수는 있으나 실측이 불가능한 이러한 측정치를 흔히 대안사실 측정치(counterfactual measure)라고 부릅니다.

MNAR 상황의 결측값 문제에 대처할 수 있는 결측데이터 분석기법들은 다음과 같습니다.

첫째, 결측값이 MNAR 가정을 따를 것이라고 짐작할 수는 있는 경우라면 MNAR 상황에 대한 지식을 반영한 결측데이터 분석기법들을 사용할 수 있습니다. MNAR 상황에 적용 가능한 결측데이터 분석기법들은 다시 2가지로 구분할 수 있습니다. 계량경제학에서 많이 활용되고 있는 헤크만 선택모형(Heckman's selection model; Heckman, 1976), 패턴혼합모형(pattern mixture model; Little, 1993)입니다. R의 경우 헤크만의 선택모형을 기반으로 한 결측데이터 분석기법은 `miceMNAR` 패키지(version 1.0.2)를 통해, 패턴혼합모형을 기반으로 한 결측데이터 분석기법은 `missingHE` 패키지(version 1.4.1)를 통해 각각 시도할 수 있습니다.[3]

둘째, 결측값이 MNAR 가정을 따르는지에 대해서 전혀 알 수 없는 경우라면 민감도 분석(sensitivity analysis)을 실시합니다. 결측데이터 분석기법의 핵심은 MCAR 상황 혹은 결측값 발생비율을 예측할 수 있는 다른 변수들을 활용하여 MAR 상황을 MCAR 상황으로 전환하는 것입니다. 민감도 분석은 알 수 없는 원인으로 인해 MCAR이나 MAR 가정을 더 이상 유지할 수 없을 때 분석결과가 어떻게 달라지는지 살펴보는 것입니다. 즉 민감도 분석은 MAR 상황을 가정한 후 결측데이터 분석기법으로 얻은 결과가 MNAR 상황에서 얼마나 강건하게(robust) 유지되며, 또 어떤 조건에서 더는 유효하지 않은지 살펴보는 것이 목적입니다.

이 책에서는 MNAR 가정에 기반한 결측데이터 분석기법이나 민감도 분석과 관련된 실습사례를 다음과 같은 이유에서 제시하지 않았습니다. 첫째, 적어도 현재까지 MNAR 상황의 결측데이터 분석기법이나 민감도 분석은 그리 널리 활용되지 않고 있습니다. 적어도 사회과학 분과들의 경우 MAR 가정에 기반한 결측데이터 분석기법조차도 널리 사용되고 있지 않은 상황인데, 여기에 굳이 활용빈도가 낮은 기법들을 개론서에서 서술할 필요가 없다고 생각했습니다. 둘째, MAR 가정에 기반한 결측데이터 분석기법과 비교할

---

3 `missingHE` 패키지의 `hurdle()` 함수를 이용하면 허들모형(hurdle model; Fu, 2016)을 기반으로 MNAR 가정을 따르는 결측데이터를 분석할 수도 있습니다. 그러나 패키지 개발자도 인정하듯이 이 방법은 엄밀한 의미에서의 결측데이터 분석기법이라고 보기 어렵습니다(개발자의 말을 빌리면 다음과 같습니다. Even though, *technically speaking, hurdle models cannot be qualified as missingness models*, they can still be specified so to assess the impact of some MNAR assumptions on the posterior results. 강조는 인용자의 것임).

때, MNAR 가정에 기반한 결측데이터 분석기법이나 민감도 분석 관련 내용은 상대적으로 복잡하며, 개론서 수준에서 전달하기가 쉽지 않기 때문입니다. 끝으로 결측데이터 분석기법 전문가들의 조언을 따랐습니다. 결측데이터 분석기법 관련 여러 문헌(Enders, 2010; Raghunathan, 2016; Schafer, 2003; Van Buuren, 2018)에서는 아직까지 확고하게 정립되지 않은 MNAR 가정에 기반한 결측데이터 분석기법들보다는, 변수의 결측값 발생비율을 설명할 수 있는 다른 변수들을 적극적으로 활용하여 MNAR 상황이 MAR 상황에 가까워지도록 노력한 후, 이 책에서 소개할 결측데이터 분석기법들을 활용할 것을 일반적으로 권장하고 있습니다.

지금까지 비확률적 결측발생(MNAR) 메커니즘에 대해 살펴보았습니다. 구체적으로, 모집단에 대한 표본의 대표성을 확보하기 어려운 표집방법인 '비확률표집' 기법 관점에서 비확률적 결측발생(MNAR) 메커니즘에 따라 발생한 결측값의 문제점을 살펴보았습니다. MNAR 가정을 따르는 결측데이터는 '무시 불가능(nonignorable)'하기 때문에 결측값을 분석과정에서 제거할 경우 표본 감소로 인한 분석결과의 효율성은 물론 불편향성이 크게 위협받을 가능성이 높습니다. 특정 변수에서 MNAR 가정에 따른 결측값 발생이 예상되는 경우에 헤크만 선택모형, 패턴혼합모형, 허들모형 등의 MNAR 가정에 기반한 결측데이터 분석기법을 사용할 수 있고, MNAR 가정에 맞는 결측값이 초래된 여러 상황을 가정하는 민감도 분석을 활용할 수도 있습니다. 그러나 일반적으로 권장되는 방법은 결측값 발생비율을 예측할 수 있는 변수들을 최대한 확보한 후 MAR 가정을 기반으로 한 결측데이터 분석기법을 활용하는 것입니다.

5 결측데이터 발생 메커니즘 정리

2장에서는 결측데이터 발생 메커니즘으로 '완전무작위 결측발생(MCAR)', '확률적 결측발생(MAR)', '비확률적 결측발생(MNAR)' 3가지를 살펴보았습니다.

첫째, MCAR 메커니즘은 '무작위표집' 기법을 통해 이해할 수 있듯, 결측치가 완전히 무작위로 발생하였다고 가정합니다. 따라서 MCAR 가정이 적용되는 결측치는 추정의 불편향성 관점에서 무시 가능(ignorable)하며, 리스트단위 결측제거(listwise deletion)는 바로 MCAR 가정을 전제로 사용된 것입니다.

둘째, MAR 메커니즘은 '층화표집' 기법과 같이 특정 변수에서 발생하는 결측값을 다른 변수들의 정보를 이용해 확률적으로 추정할 수 있을 때 적용되는 가정입니다. 결측 발생을 설명할 수 있는 변수들을 고려했을 때 MAR 메커니즘 상황은 MCAR 메커니즘 상황으로 전환할 수 있습니다. 그리고 이 책에서 다룰 결측데이터 분석기법, 구체적으로 최대우도(ML, maximum likelihood) 기법과 다중투입(MI, multiple imputation) 기법은 MAR 가정을 기반으로 합니다.

셋째, MNAR 메커니즘은 '비확률표집' 기법 관점에서 결측치가 어떤 이유로 인해 체계적으로 발생한다고 가정합니다. 이러한 무시 불가능(nonignorable)한 결측치를 추정과정에 반영한 모형들로 헤크만 선택모형, 패턴혼합모형, 허들모형 등을 소개하였습니다.

그렇다면 대부분의 결측데이터 분석기법에서 MAR 가정을 전제하는 이유는 무엇일까요? 3가지 결측발생 메커니즘 중에서 MAR 메커니즘은 '이론과 현실의 적절한 타협점'이기 때문입니다. 먼저 MCAR 메커니즘은 현실적인 가정이라고 보기 어렵습니다. 앞서 살펴보았듯 결측치가 발생하는 데는 여러 가지 이유가 있습니다. 응답자는 표집설계로 응답을 하지 못했을 수도 있고, 응답피로로 응답을 건너뛰었을 수도 있습니다. 또 특정한 문항에 대해 응답을 거부했을 수도 있습니다. 이처럼 결측치는 응답자의 특성을 반영하므로 결측치를 무작위로 발생하였다고 가정하고 무시(ignore)하는 것은 편향된 추정치로 이어질 가능성이 높습니다.

한편 MNAR 메커니즘을 가정하는 것 역시 현실성이 떨어집니다. MNAR 가정에 기반을 둔 결측데이터 분석기법들(예를 들어 헤크만 선택모형, 패턴혼합모형)에서는 특정한 결측발생 과정을 모형 가정에 반영하는 방식을 택합니다. 그러나 이 역시도 이론적 가정에 불과한 경우가 대부분이며, 현실에서 어떤 이유로 결측치가 발생하였는지 명확하게 설명하기 어려운 경우가 많습니다. 현상에 대한 완전한 이해, 그리고 모든 현상을 설명할 수 있는 포괄적인 모형을 기대하기는 불가능에 가까운 만큼 현실데이터 분석에 MNAR 가정을 적용하기는 까다롭습니다.

MAR 메커니즘은 두 메커니즘을 적절히 조화시킨 가정이라고 이해할 수 있습니다. MAR 가정 상황에서는 MNAR 가정에서와 같이 결측치 자체는 무시 불가능하지만, 다른 변수들의 정보를 활용하면 MCAR 가정 상황으로 전환시킬 수 있기 때문입니다. 첫째, MAR 메커니즘은 많은 경우 합리적입니다. 그 자체로는 무시 불가능한 결측치도, 다른 변수들을 이용하면 설명할 수 있다고 가정하는 것은 모든 모형의 전제와 맞닿아 있습니다. 즉 실제로는 복잡한 현상을 단순한 모형으로 설명해내는 것이 연구자의 역할이며, 유명한 통계학자 조지 박스(George E. P. Box)의 말처럼 모든 모형은 틀렸지만 어떤 것들은 유용합니다("All models are wrong, but some are useful"). 둘째로, MAR 메커니즘은 통계적 관점에서 모형화의 이점을 제공합니다. MAR 가정 상황에서는 결측치를 설명할 수 있는 변수들을 모형에 투입함으로써 MCAR 메커니즘과 같은 방식으로 모형을 가정하고 추정할 수 있습니다. 그리고 통계적 모형은 확률적 관점에 기반을 두기 때문에 MCAR 가정 상황으로 전환시킬 수 있다는 점은 매우 유용합니다.[4]

이상으로, 결측데이터 분석기법을 타당하게 적용하기 위한 사전조건인 결측데이터 발생 메커니즘을 알아보았습니다. 3장에서는 결측데이터 분석기법을 본격적으로 실시하기에 앞서 분석에 사용할 예시데이터와 R 패키지들을 소개하겠습니다.

---

4 이를 최대우도(ML, maximum likelihood) 추정의 관점에서 설명하면, MAR 가정이 적용되는 경우 실측데이터로만 구성된 '무시가능우도(ignorable likelihood)'를 이용해 모형을 추정할 수 있습니다. 즉 완전데이터(실측데이터와 결측데이터) 및 결측 여부를 모두 고려한 '전체우도(full likelihood)'를, 실측데이터만을 고려한 무시가능우도로 대신해 추정해도 추정치의 불편향성을 확보할 수 있습니다.

3장
예시데이터 및 실습용 R 패키지 소개

3장에서는 결측데이터 분석기법 실습을 위해서 이 책에서 사용할 예시데이터와 R 패키지들을 소개한 후, 간단한 실습을 통해 결측데이터를 탐색해보겠습니다.

결측데이터 분석기법 실습용 예시데이터는 ①시뮬레이션 데이터와 ②현실데이터, 두 종류입니다. 시뮬레이션 데이터는 앞서 소개한 3가지 결측값 발생 메커니즘을 다변량 상황에서 시뮬레이션하여 생성하였고, 현실데이터로는 선거 관련 연구자들이라면 누구나 한 번쯤은 들어보았을 미국 대통령 선거 관련 공개 여론조사 데이터인 ANES(American National Election Studies) 데이터를 소개하였습니다.

또한 결측데이터 분석기법 실습에 사용한 R 패키지들의 경우, 저자들이 사용해본 패키지들 중에서 저희가 익숙하게 사용할 수 있고, 알고 있는 범위에서 가장 널리 사용되는, 비교적 최신 패키지들을 선별하여 제시하였습니다. 이후 결측데이터 분석기법을 본격적으로 적용하기 전에 결측데이터의 패턴을 탐색하는 방법에 대해서 간략하게 소개하였습니다.

1 예시데이터 I: 시뮬레이션 데이터

1장과 2장에서는 결측데이터 발생원인과 결측데이터 분석기법에서 요구되는 가정들을 설명하면서 간단한 시뮬레이션 데이터를 제시하였습니다. 그러나 앞에서 제시한 시뮬레이션 데이터는 2개의 변수만 고려한, 아주 간단한 예시사례에 불과합니다. 일반적 연구자들은 다변량 데이터 분석을 수행한다는 점을 고려하여 MCAR, MAR, MNAR 메커니즘 상황에서 결측값이 발생한 다변량 정규분포 데이터를 시뮬레이션하였습니다.

결측데이터 시뮬레이션 과정은 다음과 같습니다.

첫째, 다변량 정규분포(multivariate normal distribution)를 가정하였을 때, 사례수는 1,000이고 4개의 변수로 구성된 완전데이터(즉 결측데이터가 전혀 없는 데이터)를 생성하였습니다. 4개 변수에서 첫 번째 변수는 종속변수(`Y`)로, 두 번째부터 네 번째 변수는 독립변수로 설정하였습니다(`X1` ~ `X3`). 4개 변수의 평균 및 표준편차, 상관계수는 아래의 기준을 따르도록 설정하였습니다. 완전데이터를 생성할 때는 `MASS` 패키지(version 7.3-51.6)의 `mvnorm()` 함수를 활용하였습니다. 이렇게 생성된 완전데이터가 바로 `sim_CD.csv` 데이터입니다.

[표 3-1] 완전데이터(`sim_CD.csv`) 요약 (평균, 표준편차, 상관계수)

	M	*SD*	Y	X1	X2	X3
Y	0.00	1.00	1.00			
X1	0.00	1.00	0.60	1.00		
X2	0.00	1.00	0.50	0.40	1.00	
X3	0.00	1.00	0.40	0.40	0.40	1.00

둘째, 첫째 단계를 거쳐 얻은 완전데이터를 대상으로 MCAR, MAR, MNAR 메커니즘에 따라 각각 다변량 결측데이터를 생성하였습니다. 4개 변수 중 종속변수와 `X3` 변수는 결측값이 없지만, `X1`과 `X2` 변수는 각각 결측값이 약 30% 발생하도록 조치하였습니다. 다변량 결측데이터를 생성할 때는 `mice` 패키지(version 3.11.0)의 `ampute()` 함수를 사용하였습니다(Schouten et al., 2018). `mice` 패키지에 대해서는 이후 자세히 설명하겠습니다. 아무튼 `sim_CD.csv`는 결측값 메커니즘이 발생하기 이전의 완전데이터를 의미하며, `sim_MCAR.csv`는 MCAR 메커니즘을, `sim_MAR.csv`는 MAR 메커니즘을, `sim_MNAR.csv`는 MNAR 메커니즘을 따라 생성된 다변량 결측데이터를 의미합니다.

```
> library(tidyverse)
> read_csv("sim_CD.csv") %>% summary()
Parsed with column specification:
cols(
 Y = col_double(),
 X1 = col_double(),
 X2 = col_double(),
 X3 = col_double()
)
       Y                  X1                  X2                 X3
 Min.   :-4.08946  Min.   :-3.288981  Min.   :-3.44363  Min.   :-2.74196
 1st Qu.:-0.67675  1st Qu.:-0.707218  1st Qu.:-0.65106  1st Qu.:-0.61307
 Median : 0.03751  Median : 0.014819  Median : 0.02278  Median : 0.02361
 Mean   : 0.01539  Mean   :-0.009771  Mean   : 0.01807  Mean   : 0.04089
 3rd Qu.: 0.67544  3rd Qu.: 0.637432  3rd Qu.: 0.70018  3rd Qu.: 0.71279
 Max.   : 3.06723  Max.   : 3.388583  Max.   : 3.14661  Max.   : 3.04020
> read_csv("sim_MCAR.csv") %>% summary()
Parsed with column specification:
cols(
 Y = col_double(),
 X1 = col_double(),
 X2 = col_double(),
 X3 = col_double()
)
       Y                  X1                 X2                 X3
 Min.   :-4.08946  Min.   :-3.15649  Min.   :-3.44363  Min.   :-2.74196
 1st Qu.:-0.67675  1st Qu.:-0.71808  1st Qu.:-0.65113  1st Qu.:-0.61307
 Median : 0.03751  Median :-0.03427  Median : 0.01875  Median : 0.02361
 Mean   : 0.01539  Mean   :-0.01830  Mean   : 0.01908  Mean   : 0.04089
 3rd Qu.: 0.67544  3rd Qu.: 0.63150  3rd Qu.: 0.65287  3rd Qu.: 0.71279
 Max.   : 3.06723  Max.   : 3.38858  Max.   : 3.14661  Max.   : 3.04020
                   NA's   :310       NA's   :286
> read_csv("sim_MAR.csv") %>% summary()
Parsed with column specification:
cols(
 Y = col_double(),
 X1 = col_double(),
 X2 = col_double(),
 X3 = col_double()
)
```

```
       Y                 X1               X2                X3
 Min.    :-4.08946 Min.    :-3.15649 Min.    :-3.44363 Min.    :-2.74196
 1st Qu. :-0.67675 1st Qu. :-0.72000 1st Qu. :-0.66215 1st Qu. :-0.61307
 Median  : 0.03751 Median  :-0.04445 Median  :-0.00505 Median  : 0.02361
 Mean    : 0.01539 Mean    :-0.02825 Mean    :-0.01625 Mean    : 0.04089
 3rd Qu. : 0.67544 3rd Qu. : 0.64701 3rd Qu. : 0.68847 3rd Qu. : 0.71279
 Max.    : 3.06723 Max.    : 3.18150 Max.    : 3.14661 Max.    : 3.04020
                   NA's    :280      NA's    :304
> read_csv("sim_MNAR.csv") %>% summary()
Parsed with column specification:
cols(
  Y = col_double(),
  X1 = col_double(),
  X2 = col_double(),
  X3 = col_double()
)
       Y                 X1               X2                X3
 Min.    :-4.08946 Min.    :-3.28898 Min.    :-3.44363 Min.    :-2.74196
 1st Qu. :-0.67675 1st Qu. :-0.70133 1st Qu. :-0.73783 1st Qu. :-0.61307
 Median  : 0.03751 Median  : 0.00032 Median  :-0.06637 Median  : 0.02361
 Mean    : 0.01539 Mean    :-0.02923 Mean    :-0.05205 Mean    : 0.04089
 3rd Qu. : 0.67544 3rd Qu. : 0.62704 3rd Qu. : 0.62659 3rd Qu. : 0.71279
 Max.    : 3.06723 Max.    : 3.38858 Max.    : 3.14661 Max.    : 3.04020
                   NA's    :288      NA's    :305
```

이 책에서는 완전데이터(즉 sim_CD.csv)를 분석하여 얻은 결과와 3가지 가정(즉 sim_MCAR.csv, sim_MAR.csv, sim_MNAR.csv)을 기반으로 생성된 다변량 결측데이터들을 대상으로 결측데이터 분석기법을 적용한 결과를 비교할 예정입니다. MAR 가정을 기반으로 하는 결측데이터 분석기법을 적용한 결과는 완전데이터를 분석하여 얻은 결과와 비교 가능할까요? 그리고 잘못된 가정을 적용했을 때, 즉 MNAR 가정 상황인 '무시 불가능'한 결측데이터에 MAR 가정을 기반으로 하는 결측데이터 분석기법을 적용하면 어떤 결과가 나타날까요? 저희는 시뮬레이션 데이터를 통해 이러한 질문들에 대한 실마리를 제시하고자 하였습니다.

2 예시데이터 II: 현실데이터

이 책에서는 언론학이나 정치학에 몸담은 선거연구자에게 매우 익숙한 ANES 데이터를 예시데이터로 선택하였습니다. 그 이유는 결측데이터 분석기법을 적용할 수 있는 한국의 사회과학 데이터를 찾기가 쉽지 않았기 때문입니다. 가급적 한국의 연구문제를 해결하기 위해 한국인을 대상으로 얻은 현실데이터를 예시데이터로 선정하고 싶었습니다만, 국내 설문조사기관에서 수집된 데이터의 경우 결측값이 없는 경우가 매우 많습니다.[1] 따라서 한국에서 수집된 사회과학 데이터 대신 언론학, 정치학에서 널리 알려진 ANES 데이터를 사용하였습니다.

또한 ANES 데이터 중에서 2008년 대통령 선거 시점에 수집된 데이터의 일부를 예시데이터로 선택하였습니다. 2008년 대통령 선거에서는 민주당 소속 오바마(Barack Obama) 후보와 공화당 소속 매케인(John McCain) 후보가 경쟁하였습니다. 2008년 선거를 살펴본 이유는 해당 선거가 '당선 가능한 흑인 대통령 후보'가 등장한 최초의 미국 대통령 선거이며, 흑인 대통령 평가문항에 대한 결측값들의 일부는 인종주의적 편견을 반영하는 것으로 보이기 때문입니다. 즉 저희의 시각에서 흑인 대통령 후보에 대한 결측값 발생비율은 다른 변수의 수준에 따라 달라진다는 MAR 가정을 적용할 수 있는 데이터라고 생각하기 때문입니다. 앞으로 이 데이터는 'ANES2008'이라는 이름으로 약칭하겠습니다.

ANES2008 데이터는 총 2,322명의 응답자와 1,955개의 변수로 구성되어 있으며, 다단계 군집표집(multistage cluster sampling) 기법을 사용한 복합설문 표본(complex survey sample)입니다. 즉 ANES2008 데이터를 통해서 대표성이 확보된 분석결과를 얻고자 한다면 '최초표집단위(PSU, primary sampling unit)', '유층(類層, strata)', '사후층화 가중치

1 사실 그 이유는 잘 모르겠습니다(저자들이 체계적인 조사를 해본 적은 없습니다). 다만 유력한 이유는 많은 설문조사 문항들(특히 온라인 조사)이 '응답거부(RF, refusal)'나 '모른다(DK, don't know)' 선택지를 제공하고 있지 않기 때문이 아닐까 생각합니다. 즉 응답자 입장에서는 어떠한 답변이든 답변을 하도록 강요받는 경우가 많으며, 설문을 아예 거부하거나 혹은 중도에 포기할 생각이 아니라면 응답자는 어떠한 방식으로든 자신의 입장을 밝히게 됩니다. 물론 결측값을 만들지 않는 것이 최선이지만, 응답자에게서 실측데이터를 강요하여 이끌어내는 것이 과연 적절한지에 대해 묻는다면, 저희는 다소 회의적인 입장입니다.

(post stratification weight)'[2]의 세 변수를 동시에 고려해야 합니다. 그러나 이 책의 목적은 복합설문 표본을 어떻게 분석하는지를 소개하는 것이 아니라, 결측데이터 분석기법을 이해하고 실습해보는 것입니다. 따라서 여기서는 ANES2008 데이터가 다단계 군집표집 기법이 아닌 단순 무작위표집(simple random sampling) 기법으로 수집된 데이터라고 가정하겠습니다. ANES2008 데이터와 같은 복합설문 표본에 대한 분석방법을 어떻게 R에서 적용할 수 있는가에 대해서는 별도의 문헌을 참고하시기 바랍니다(DeBell, 2010; Lumley, 2010).

또한 이 책에서는 ANES2008 데이터를 실습용으로 사용하고 있다는 점에서 설문조사로 얻은 모든 데이터를 다 고려하지 않고 일부의 변수들만을 고려했습니다. 이유는 2가지입니다. 첫째, 결측데이터 분석기법의 경우 데이터 규모가 크면 클수록 모형추정에 더 긴 시간이 소요됩니다. ANES2008 데이터를 이용하여 연구논문을 쓰는 분이라면 모르지만, 결측데이터 분석기법을 학습하는 목적이라면 모형추정결과를 빨리 확인하는 것이 학습에 도움이 된다고 생각합니다. 둘째, 앞서 말씀드렸듯 MAR 가정을 취한다는 것은 연구자가 변수의 결측값 발생과정에 대한 지식을 알고 있다는 것을 의미합니다. 이 책의 독자분들 중 상당수는 ANES2008 데이터가 다루는 주제에 익숙하지 않은 분들일 것으로 생각합니다. 즉 이런 독자분들은 예시데이터를 어느 정도만 이해하면 될 뿐, ANES2008 데이터에서 다루는 방대한 변수들을 이해할 필요는 없을 것입니다. 이런 이유로 ANES2008 데이터에서 다음의 변수들을 추려낸 후 [표 3-2]와 같은 방식으로 사전처리를 실시했습니다.

---

2 PSU 변수는 V081205, 유층(strata) 변수는 V081206, 사후층화 가중치 변수는 V080102입니다. 예시데이터에는 포함되어 있지 않지만 ANES2008 데이터 원본에서는 얻을 수 있습니다.

[표 3-2] 실습용 현실데이터 변수 및 결측값 소개

변수명		변수정의	결측값
사전처리 전	사전처리 후		
V081101	female [범주형 변수]	응답자의 성별. 여성이면 1, 남성이면 0	결측값 없음
V081102	race3 [범주형 변수]	응답자가 백인인 경우 0, 흑인인 경우 1, 기타 인종인 경우 2	미기록(-4) 무응답(-9)
V083215x	ageyr [연속형 변수]	응답자의 연령	모름(-8) 무응답(-9)
V083218x	educ [연속형 변수]	응답자의 교육년수. 0~8년(1), 9~12년(2), 고교졸업(3), 대졸미만(4), 커뮤니티대학 졸업이하(5), BA학위소지(7), BA이상학위소지(8)	무학(0) 모름(-8) 무응답(-9)
V083248x	hhinc [연속형 변수]	응답자의 가구소득. 3,000달러 미만(1) ~ 150,000달러 이상(15)	모름(-8) 무응답(-9)
V083169a	voteplan [범주형 변수]	선거일 이전 응답자의 표심. 누구를 찍을지 모르겠다(0), 오바마 후보(1), 매케인 후보(2), 기타후보(3)	해당 없음(-1) 무응답(-9)
V085044a	votechoice† [범주형 변수]	투표선택. 2008년 선거의 투표참여자 중 오바마 후보에게 투표하였을 경우 1, 매케인 후보나 군소후보에게 투표하였을 경우 2, 기권한 경우 0	표본마멸(-2) 모름(-8) 무응답(-9)
V083037a	FT_obama [연속형 변수]	민주당 대통령 후보자(오바마)에 대한 감정온도. 차갑게 느낄수록 0에, 따뜻하게 느낄수록 100에 가까운 수치	대상 모름(-6) 느낌 모름(-8) 무응답(-9)
V083037b	FT_mccain [연속형 변수]	공화당 대통령 후보자(매케인)에 대한 감정온도. 차갑게 느낄수록 0에, 따뜻하게 느낄수록 100에 가까운 수치	대상 모름(-6) 느낌 모름(-8) 무응답(-9)
V083039a	FT_biden [연속형변수]	민주당 부통령 후보자(바이든)에 대한 감정온도. 차갑게 느낄수록 0에, 따뜻하게 느낄수록 100에 가까운 수치	대상 모름(-6) 느낌 모름(-8) 무응답(-9)
V083039b	FT_palin [연속형 변수]	공화당 부통령 후보자(페일린)에 대한 감정온도. 차갑게 느낄수록 0에, 따뜻하게 느낄수록 100에 가까운 수치	대상 모름(-6) 느낌 모름(-8) 무응답(-9)
V083044a	FT_Dparty [연속형 변수]	민주당에 대한 감정온도. 차갑게 느낄수록 0에, 따뜻하게 느낄수록 100에 가까운 수치	대상 모름(-6) 느낌 모름(-8) 무응답(-9)
V083044b	FT_Rparty [연속형 변수]	공화당에 대한 감정온도. 차갑게 느낄수록 0에, 따뜻하게 느낄수록 100에 가까운 수치	대상 모름(-6) 느낌 모름(-8) 무응답(-9)

V083029x	economy [연속형 변수]	현재 재직중인 대통령의 경제현안 대처 평가(4점척도). 1일수록 긍정적(approve strongly), 4일수록 부정적(disapprove strongly)	모름(-8) 무응답(-9)
V083031x	environ [연속형 변수]	현재 재직중인 대통령의 환경문제 대처 평가(4점척도). 1일수록 긍정적(approve strongly), 4일수록 부정적(disapprove strongly)	모름(-8) 무응답(-9)
V083103x	iraqworth [연속형 변수]	현재 재직중인 대통령의 이라크전쟁 평가(4점척도). 1일수록 긍정적(approve strongly), 4일수록 부정적(disapprove strongly)	모름(-8) 무응답(-9)
V083172	hopeBP [범주형 변수]	응답자가 흑인 대통령 선출을 희망하는지 여부. 희망하면 1, 아니면 0	모름(-8) 응답거부(-9)
V083173	readyBP [범주형 변수]	응답자가 볼 때 현재 미국사회가 흑인 대통령을 받아들일 것으로 생각하는지 여부. 준비가 되었다고 생각하면 1, 아니면 0	모름(-8) 응답거부(-9)

알림. †표시 변수는 오바마 후보가 대통령으로 당선된 이후 실시된 후속 설문조사에서 수집된 응답임.
†표시가 없는 변수들은 실제 선거 이전의 사전 설문조사에서 수집된 응답임.

3 실습을 위해 필요한 R 패키지 소개

결측데이터 분석기법 실습에 사용한 R 패키지들은 크게 4가지 유형으로 묶을 수 있습니다.

첫째, 2부에서 소개할 최대우도(ML, maximum likelihood) 결측데이터 분석기법을 적용하기 위한 패키지들입니다. 이 책에서는 `lavaan`(version 0.6-7)과 `semTools`(version 0.5-3) 패키지를 사용하였습니다. 물론 두 패키지 외에도 `openMX` 패키지와 같이 구조방정식 모형(SEM, structural equation model)을 추정할 수 있는 패키지라면 ML 결측데이터 분석기법을 적용할 수 있습니다.[3] 그러나 저자들이 아는 범위에서 R의 SEM 패키지들 중에서 가장 널리 사용되는 것은 `lavaan` 패키지이며, 무엇보다 보조변수(auxiliary variable)를 포함한 ML 결측데이터 분석을 원한다면 R의 다른 SEM 패키지들보다 `lavaan` 패키지를 사용하는 것이 훨씬 쉽고 간편합니다. `lavaan`, `semTools` 패키지는

3 꼭 R이 아니어도 상관없습니다. SEM을 추정할 수 있는 일반 상업용 패키지들, 이를테면 Mplus, LISREL, AMOS 등을 이용해도 ML 결측데이터 분석을 실시할 수 있습니다.

모두 CRAN에 등재되어 있기 때문에 R의 install.packages() 함수를 이용하여 설치할 수 있습니다.

둘째, 3부에서 소개할 다중투입(MI, multiple imputation) 결측데이터 분석기법을 적용하기 위한 패키지들입니다. 이 책에서는 mice(version 3.11.0)[4] 패키지를 중심으로 다루었고, miceadds(version 3.10-28) 패키지와 함께 설명하였습니다. MI 결측데이터 분석기법에는 다양한 종류가 있지만 반뷰렌(Van Buuren, 2018) 교수님의 mice 패키지가 가장 널리 사용되며, 또 쉽게 사용할 수 있습니다. mice, miceadds 패키지 모두 CRAN에 등재되어 있기 때문에 R의 install.packages() 함수를 이용해 설치할 수 있습니다.

셋째, 결측데이터 분석기법은 아니지만, 결측데이터를 점검하고 데이터에 나타나는 결측데이터 패턴(missing data pattern)을 이해하기 위한 편리한 함수들을 제공해주는 패키지들입니다. 이 책에서는 naniar(version 0.6.0), visdat(version 0.5.3), finalfit(version 1.0.2), BaylorEdPsych(version 0.5) 등 4개 패키지를 사용하였습니다. 앞의 3개 패키지(naniar, visdat, finalfit)의 경우 CRAN에 등재되어 있기 때문에 R의 install.packages() 함수를 이용해 설치할 수 있지만, BaylorEdPsych 패키지는 더 이상 업데이트가 되지 않아 수동으로 설치해야만 합니다. 나중에 다시 설명하겠지만, BaylorEdPsych 패키지는 '리틀의 MCAR 테스트(Little's MCAR test)'를 실시하기 위한 LittleMCAR() 함수를 사용하려는 분들만 설치하면 됩니다. BaylorEdPsych 패키지 설치방법에 대해서는 3장 후반부에 소개할 리틀의 MCAR 테스트를 설명하면서 구체적으로 안내하겠습니다.

마지막 유형의 패키지들은 결측데이터에 특화된 것은 아니지만 통상적인 데이터 분석에 사용되는 패키지들입니다. 예시사례에서 사용한 tidyverse(version 1.3.0), MASS(version 7.3-51.6), Hmisc(version 4.4-1), nnet(version 7.3-14) 패키지가 여기에 속합니다. 먼저 tidyverse 패키지는 R 기반 데이터 과학자들의 표준으로 자리잡고 있는 상위 패키지(umbrella package)입니다. tidyverse 패키지를 활용한 데이터 분석과 시

---

4 출간을 준비하는 시점(2021년 6월 기준)에서 mice 패키지는 version 3.13.0으로 업데이트되었습니다. 패키지 업데이트 이후 동일한 시드번호를 입력하더라도 결괏값이 본문에 제시된 결과와 다를 수 있습니다. 특히 mice 패키지 및 MI 기법은 lavaan 패키지 및 ML 기법과 달리 함수를 실행하기에 따라 매번 다른 결과가 나오므로, 패키지 업데이트 이후 결괏값에 크고 작은 차이가 발생할 수 있습니다. 만약 본문에 제시된 것과 동일한 결과를 원하는 독자분께서는 version 3.11.0을 다운로드받아 사용하시길 바랍니다.

각화 방법에 대해서는 위컴과 그롤문트(Wickham & Grolemund, 2017)나 백영민(2018b)을 참조하시기 바랍니다. 또한 MASS 패키지의 경우 다변량 정규분포를 가정한 시뮬레이션 데이터를 얻을 때[mvnorm() 함수]와 순위형 로지스틱 회귀모형을 추정할 때[polr() 함수] 사용하였으며, Hmisc 패키지는 변수들 사이의 상관계수를 계산할 때[rcorr() 함수], nnet 패키지는 다항 로지스틱 회귀모형을 추정할 때[multinom() 함수] 사용하였습니다. 마지막 유형에 속하는 4가지 패키지 모두 CRAN에 등재되어 있기 때문에 install.packages() 함수를 이용하면 문제없이 설치할 수 있습니다.

4 결측데이터 점검

모든 데이터 분석기법들이 그렇겠지만, 모형을 추정하기 전에 먼저 해야 하는 일은 데이터를 이해하고 점검하는 작업입니다. 결측데이터를 분석할 때도 마찬가지입니다. 결측데이터 분석기법을 적용하기 전에 먼저 결측값이 포함된 변수들을 살펴보면서 자신이 다루는 결측데이터를 이해하고 데이터에 익숙해져야 합니다.

결측데이터 점검을 위해 앞서 소개했던 ANES2008 데이터를 예시사례로 실습해보겠습니다. ANES2008 데이터(anes2008_example.csv 파일)를 불러옵시다.

```
> mydata = read_csv("anes2008_example.csv")
Parsed with column specification:
cols(
  female = col_double(),
  race3 = col_double(),
  ageyr = col_double(),
  educ = col_double(),
  hhinc = col_double(),
  voteplan = col_double(),
  votechoice = col_double(),
  FT_obama = col_double(),
  FT_mccain = col_double(),
  FT_biden = col_double(),
  FT_palin = col_double(),
```

```
  FT_Dparty = col_double(),
  FT_Rparty = col_double(),
  economy = col_double(),
  environ = col_double(),
  iraqwar = col_double(),
  hopeBP = col_double(),
  readyBP = col_double()
)
> mydata
# A tibble: 2,322 x 18
   female race3 ageyr educ hhinc voteplan votechoice FT_obama FT_mccain FT_biden FT_palin
    <dbl> <dbl> <dbl> <dbl> <dbl>    <dbl>      <dbl>    <dbl>     <dbl>    <dbl>    <dbl>
 1      0     2    35     4    24        2          2       25        60       15       90
 2      1     0    58     3    13        2         NA        0        70       50       70
 3      1     0    39     6    21        2          2       30        60       50       70
 4      0     0    50     3    21        2          0       55        70       NA       75
 5      0     0    72     6    19        2          2       30        70       50       85
 6      1     0    71     4    18        2         NA        0        85       50       60
 7      1     0    66     6    15        2          2       15        70       50       70
 8      0     0    56     5    20        2          2       30        70       15      100
 9      1     0    40     4    19        2          2       40        85       NA       60
10      0     1    55     5    19        1          1      100        50       60       15
# ... with 2,312 more rows, and 7 more variables: FT_Dparty <dbl>, FT_Rparty <dbl>,
#   economy <dbl>, environ <dbl>, iraqwar <dbl>, hopeBP <dbl>, readyBP <dbl>
```

위 데이터의 경우 모든 변수가 수치형[정확하게는 더블형(double)]으로 저장되어 있습니다. [표 3-2]에서 언급했듯 female, race3, voteplan, votechoice, hopeBP, readyBP 6개 변수들은 범주형 변수이기 때문에 더블형 변수가 아닌 요인형(factor) 변수로 변환시켜야 합니다.[5] 범주형 변수들을 요인형 변수로 바꾸는 과정은 다음과 같습니다.

---

5 결측데이터 분석기법에서는 수치형(numeric), 요인형(factor) 등 변수의 속성이 매우 중요하게 취급됩니다. 결측치 패턴을 확인할 때는 변수의 유형에 따라 다른 방식으로 점검할 필요가 있고, 결측치 분석기법을 실시할 때도 유형에 따라 다른 방법을 적용하게 됩니다. 일례로 이분변수를 수치형 변수로 잘못 투입하여 결측치 분석기법을 실시할 경우 함수가 실행되지 않을 수 있으며, 무엇보다 연구자의 분석모형과 다른 모형이 추정될 수 있습니다. 따라서 결측데이터 분석기법을 실시하기 전에는 반드시 변수들의 특성에 맞게 적절한 유형을 지정해주시기 바랍니다.

```
> mydata = mydata %>%
+ mutate_at(
+   vars(female,race3,voteplan,votechoice,hopeBP,readyBP),
+   ~(factor(.))
+ ) # 범주형 변수는 factor 변수로
> mydata
# A tibble: 2,322 x 18
   female race3 ageyr educ hhinc voteplan votechoice FT_obama FT_mccain FT_biden FT_palin
    <dbl> <dbl> <dbl> <dbl> <dbl>    <dbl>      <dbl>    <dbl>     <dbl>    <dbl>    <dbl>
 1      0     2    35     4    24        2          2       25        60       15       90
 2      1     0    58     3    13        2         NA        0        70       50       70
 3      1     0    39     6    21        2          2       30        60       50       70
 4      0     0    50     3    21        2          0       55        70       NA       75
 5      0     0    72     6    19        2          2       30        70       50       85
 6      1     0    71     4    18        2         NA        0        85       50       60
 7      1     0    66     6    15        2          2       15        70       50       70
 8      0     0    56     5    20        2          2       30        70       15      100
 9      1     0    40     4    19        2          2       40        85       NA       60
10      0     1    55     5    19        1          1      100        50       60       15
# ... with 2,312 more rows, and 7 more variables: FT_Dparty <dbl>, FT_Rparty <dbl>,
#   economy <dbl>, environ <dbl>, iraqwar <dbl>, hopeBP <fct>, readyBP <fct>
```

ANES2008 데이터의 변수 성격을 확정지었으니 이제 본격적으로 결측데이터를 점검해봅시다. 앞서 소개한 패키지들 중 CRAN에 등재된 naniar, visdat, finalfit 세 패키지를 설치한 후 library() 함수를 이용해서 R에 구동시킵시다.

```
> library(naniar)    # 결측데이터 분석
> library(visdat)    # 결측데이터 시각화
> library(finalfit)  # 결측데이터 시각화 및 분석
```

결측데이터 점검에는 크게 2가지 방식이 있습니다. 첫째는 수치적(numeric) 방식으로, 3개 패키지 중 naniar 패키지를 이용하면 결측데이터에 대한 요약통계치를 계산할 수 있습니다. 둘째는 시각화(visualization) 방식으로, visdat 패키지와 finalfit 패키지를 이용하면 다양한 시각화를 통해 결측데이터에 나타난 패턴들을 직접 확인해볼 수

있습니다. 또한 naniar 패키지의 요약통계치와 visdat 패키지와 finalfit 패키지의 시각화 결과를 적절히 조합하면 더욱 유용한 시각화 결과를 얻을 수도 있습니다.

먼저 naniar 패키지의 요약통계치를 통해 결측데이터를 점검해보겠습니다. 결측데이터 분석과 관련하여 가장 먼저 살펴볼 것은 분석하려는 데이터의 결측데이터 개수, 그리고 결측데이터가 차지하는 비중(proportion)입니다. 데이터를 R×C 행렬로 간주할 때 몇 개의 칸들(cells)에서 결측값과 실측값이 나타났는지를 살펴봅시다.

```
> # 결측값의 칸수, 실측값의 칸수
> n_miss(mydata); n_complete(mydata)
[1] 2579
[1] 39217
```

전체 칸수(2,597 + 39,217 = 41,814)를 분모로 설정한 후 결측값 발생 칸수의 비율과 실측값 발생 칸수의 비율을 아래와 같은 방식으로 계산할 수 있습니다. 전체 데이터 중 약 6.2%에서 결측값이 발생한 것을 확인할 수 있습니다.

```
> # 결측값의 칸수, 실측값의 칸수 비율
> prop_miss(mydata); prop_complete(mydata)
[1] 0.06170447
[1] 0.9382955
```

그러나 위의 통계치는 전체 데이터를 대상으로 얻은 것입니다. 변수별로 혹은 사례별로 결측데이터가 어떤 모습을 보이는지 살펴봅시다. 먼저 변수별로 결측데이터가 얼마나 발생했는지를 살펴볼 때는 miss_var_summary() 함수가 매우 유용합니다.

```
> # 변수별 결측데이터 요약통계치
> miss_var_summary(mydata)
# A tibble: 18 x 3
     variable  n_miss  pct_miss
        <chr>   <int>     <dbl>
1   FT_biden     614      26.4
2   FT_palin     375      16.1
3    environ     303      13.0
4 votechoice     249      10.7
```

```
5       hopeBP    242    10.4
6        hhinc    183    7.88
7      readyBP    120    5.17
8      economy     96    4.13
9    FT_Rparty     70    3.01
10     iraqwar     70    3.01
11   FT_Dparty     63    2.71
12    voteplan     56    2.41
13       ageyr     45    1.94
14   FT_mccain     39    1.68
15    FT_obama     29    1.25
16        educ     14   0.603
17       race3     11   0.474
18      female      0       0
```

위의 결과에서 흥미로운 점은 각 당의 부통령 후보들에 대한 감정온도 변수들의 결측치가 꽤 높다는 것입니다(각 당의 대통령 후보에 대한 감정온도 변수들의 결측치와 비교해보기 바랍니다). 즉 대통령 후보에 비해 인지도가 상대적으로 낮은 부통령 후보의 경우에는 응답자들이 후보의 이름을 인식하지 못하거나(-6), 응답자 자신이 어떤 감정을 느끼는지 잘 모르겠다고 밝히거나(-8), 혹은 응답을 거부할(-9) 가능성이 높습니다.

네 번째로 가장 많이 발생한 votechoice 변수의 경우 오바마 후보가 대통령으로 당선된 이후 실시된 후속 설문조사에서 수집된 응답입니다. 이를 통해 '표본마멸'에 따른 결측값이 어느 정도인지를 대략 가늠해볼 수 있습니다. 세 번째로 결측값이 많이 발생한 environ 변수의 경우도 흥미롭습니다. 왜냐하면 economy 변수나 iraqwar 변수에 비해 결측값 비율이 유독 높기 때문입니다. 이 결과는 일반대중이 경제이슈나 전쟁 등에 비해 환경이슈에 상대적으로 관심이 적다는 것을 암시하고 있습니다. 또한 다섯 번째로 결측값이 많이 발생한 hopeBP 변수도 흥미롭습니다. 흑인 대통령 선출에 대한 기대감과 관련하여 왜 10%에 달하는 응답자들이 모르겠다고(-8) 혹은 응답하기 싫다고(-9) 답했을까요? 물론 단언하기는 어렵지만, 아마도 이들 응답자들은 인종과 관련된 사안에 대해 자신의 의견을 표현하는 것을 꺼린 것 같습니다. 이들 변수를 뺀 나머지 변수들(female 변수 제외)의 경우도 결측값 발생비율이 10% 미만으로 그리 많다고 보기는 어렵지만, 리스트단위 결측제거 방법을 적용할 경우 표본손실을 야기할 수 있습니다.

변수별 결측데이터 패턴을 확인했으니 이제 사례별 결측데이터 패턴도 살펴봅시다. 사례별 결측데이터를 분석하면 결측값이 집중적으로 발생하는 (혹은 결측값이 발생하지 않는) 응답자들의 비중이 어떤지 살펴볼 수 있습니다. 사례별 결측데이터 분석에는 `miss_case_summary()` 함수를 이용하면 됩니다.

```
> # 사례별 결측데이터 요약통계치
> miss_case_summary(mydata)
# A tibble: 2,322 x 3
    case  n_miss  pct_miss
   <int>   <int>     <dbl>
 1   468      14      77.8
 2   619      14      77.8
 3   618      12      66.7
 4  1231      11      61.1
 5  1783      11      61.1
 6  2258      11      61.1
 7   441       9        50
 8  1416       9        50
 9  2141       9        50
10   102       8      44.4
# ... with 2,312 more rows
```

468번, 619번 응답자의 경우 총 18개 변수 중 14개 변수에서 결측값이 발견되었습니다(즉 전체변수 중 약 77.8%의 변수들에 대해 결측응답). 위의 결과를 이용하여 사례별 결측응답의 개수가 어떤 분포를 보이는지 히스토그램으로 확인할 수도 있습니다.

```
> miss_case_summary(mydata) %>%
+ ggplot(aes(x=n_miss))+
+ geom_histogram()+
+ scale_x_continuous(breaks=0:16)+
+ labs(x="Number of missing values per case",y="Frequency")+
+ theme_bw()
`stat_bin()` using `bins = 30`. Pick better value with `binwidth`.
```

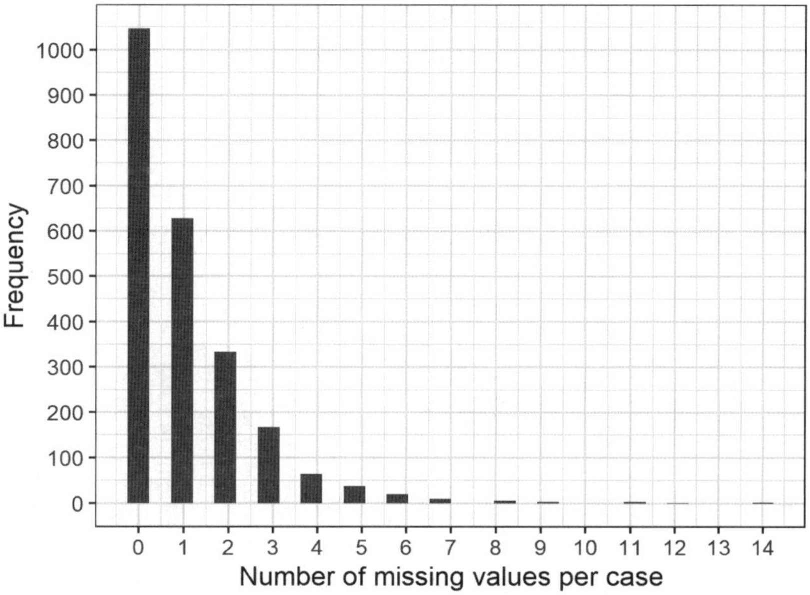

[그림 3-1] 사례별 결측값 개수 히스토그램

[그림 3-1]에서 알 수 있듯이 전체 2,322명 응답자 중에서 결측값이 전혀 존재하지 않는 응답자는 50%에도 못 미치는 1,050명 정도에 불과합니다. 만약 리스트단위 결측제거를 적용하여 분석을 실시한다면, 50% 이상의 응답자들을 분석에서 제외하게 되는 것입니다. 따라서 추정의 효율성과 표본의 대표성 측면에서 본다면, ANES 데이터에는 결측데이터 분석기법을 적용하는 것이 더욱 타당한 분석결과로 이어질 것이라고 기대할 수 있습니다.

지금까지 ① 전체 데이터의 칸에서 나타난 결측값 발생빈도 및 비율, ② 변수별 결측값 발생빈도 및 비율, ③ 사례별 결측값 발생빈도 및 비율을 어떻게 계산하는지 살펴보았습니다. 전체 데이터의 경우 `n_miss()` 함수와 `prop_miss()` 함수로 각각 결측값(또는 실측값)의 발생빈도와 비율을 계산할 수 있었습니다. 또한 `miss_var_summary()`, `miss_case_summary()` 함수를 이용하면 각각 변수별, 사례별 결과를 얻을 수 있음을 확인하였습니다.

두 번째로 시각화 방식을 살펴보겠습니다. 먼저 visdat 패키지의 vis_miss() 함수를 이용하면 데이터 전체에서 나타난 결측값 패턴을 한 장의 그림으로 나타낼 수 있습니다.

```
> # 한 장의 그림으로 요약
> vis_miss(mydata)+
+  theme(axis.text.x.top=element_text(angle=90)) # X축의 각도 조정
```

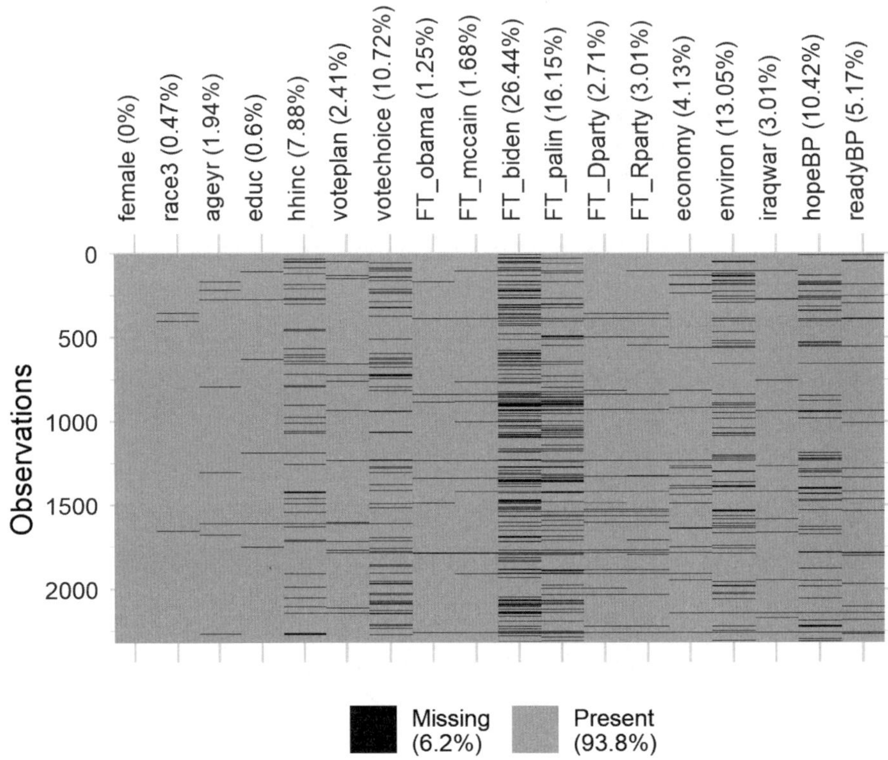

[그림 3-2] 데이터의 결측값 발생 시각화

위의 결과도 나쁘지 않지만, 변수별 결측값 발생빈도와 사례별 결측값 발생빈도 정보를 정리하여 제시하면 훨씬 더 이해하기 쉬운 그림을 그릴 수 있습니다. 이를 위해 naniar 패키지의 add_prop_miss() 함수와 시각화 결과를 조합해보겠습니다. 먼저 add_prop_miss() 함수를 이용하여 사례별 결측값 발생비율을 계산하고, 이 정보를 이용해 응답자들을 정렬하였습니다. 그런 다음 vis_miss() 함수의 sort_miss 옵션을

TRUE로 설정하여 변수별 결측값 발생빈도에 따라 변수들을 정렬한 데이터를 시각화하였습니다. 그 결과는 [그림 3-3]과 같습니다.

```
> #그림을 좀 더 보기 좋게 다듬으면
> mydata %>%
+  add_prop_miss() %>% #사례별 결측값 빈도 계산
+  arrange(prop_miss_all) %>%  #사례별 결측값 빈도별로 정렬
+  select(-prop_miss_all) %>%
+  vis_miss(sort_miss=T)+
+  theme(axis.text.x.top=element_text(angle=90))
```

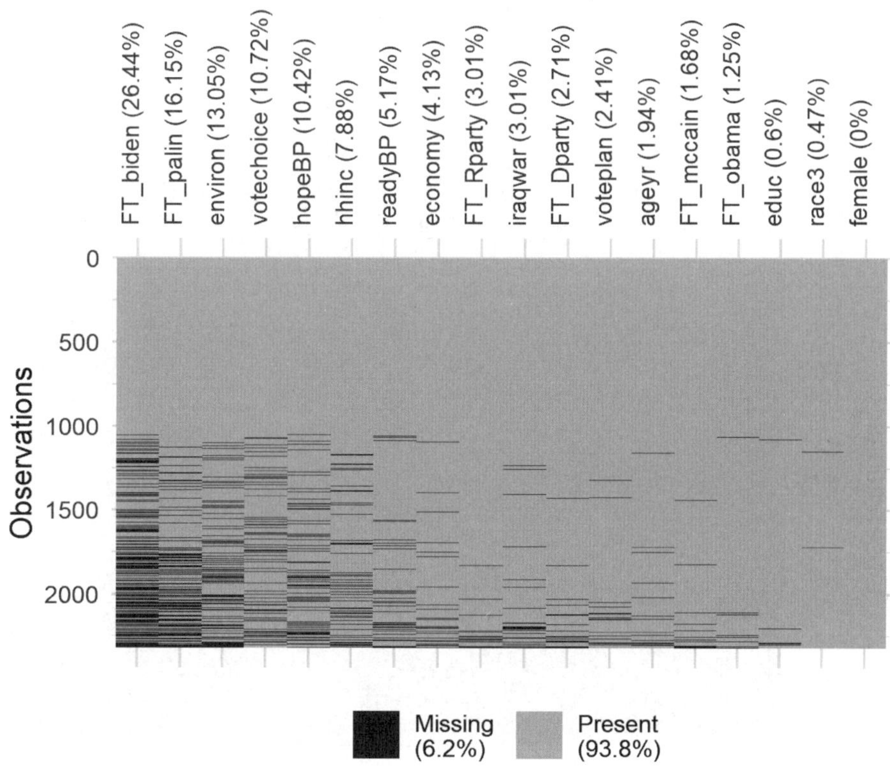

[그림 3-3] 데이터의 결측값 발생 시각화 (사례별, 변수별 결측비율에 따라 정렬)

만약 변수의 속성(이를테면 연속형 또는 범주형)이 중요하다면, vis_dat() 함수를 사용하면 됩니다. 사용 방법은 vis_miss() 함수와 동일합니다. 단, 변수별 결측값 발생빈도를 정렬할 수 있는 옵션이 없기 때문에 miss_var_summary() 함수의 결과를 활용하여 변수별 결측값 발생빈도에 따라 변수들을 정렬한 데이터를 이용해 시각화하였습니다.

```
> #변수의 속성구분
> mydata %>%
+ add_prop_miss() %>% #사례별 결측값 빈도 계산
+ arrange(prop_miss_all) %>% #사례별 결측값 빈도별로 정렬
+ select(miss_var_summary(mydata)$variable) %>% #변수별 결측값 발생빈도별로 정렬
+ vis_dat()+
+ theme(axis.text.x.top=element_text(angle=90),
+         legend.position="bottom")
```

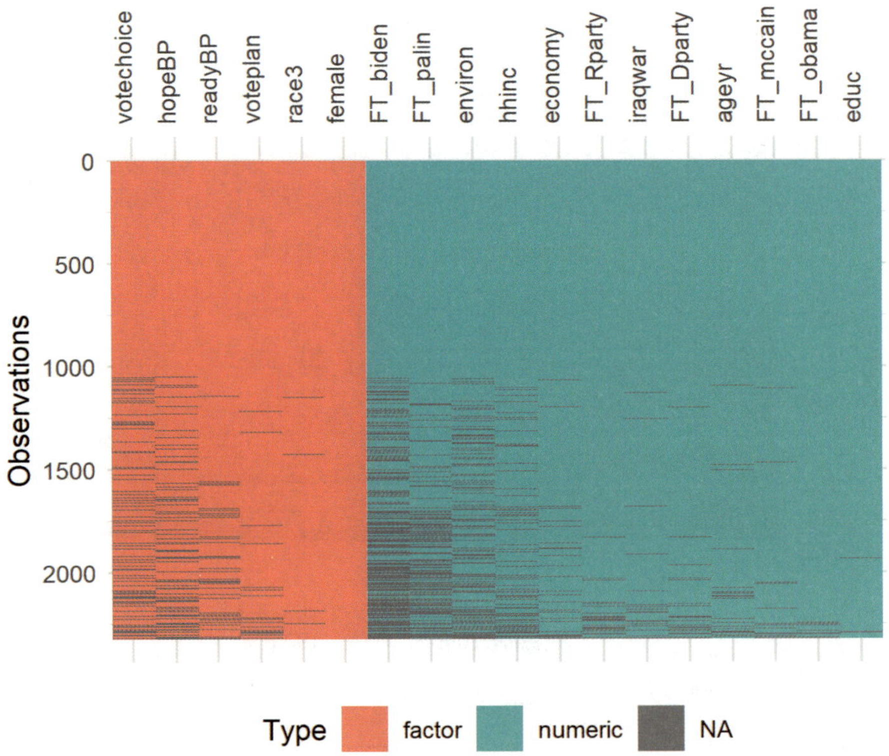

[그림 3-4] 데이터의 변수별 결측값 발생 시각화 (사례별, 변수별 결측비율에 따라 정렬)

지금까지 전체 데이터, 변수별, 사례별 결측값 발생을 시각화해보았습니다. 다음으로 분석하고자 하는 데이터의 결측값 발생 메커니즘을 추정해볼 수 있는 방법들을 살펴봅시다. 결측데이터 발생 메커니즘(MCAR, MAR, MNAR)을 판단하는 방법에는 크게 3가지가 있습니다.

첫째, 데이터가 다루는 현상에 대한 분과학문의 지식을 활용하는 것입니다. 예를 들어 hopeBP 변수(흑인 대통령을 희망하는지 여부)의 결측값은 인종에 따라, 보다 구체적으로는 백인들에게서 높게 나타날 것으로 가정할 수 있습니다(즉 마음속으로는 흑인 대통령을 원하지 않지만, 인종주의자라고 비난받을 것을 우려하여 모른다고 답하거나 응답하지 않는 경우). 혹은 부통령 후보들에 대한 감정온도 변수들(FT_biden, FT_palin)의 결측값은 교육수준이 낮을수록 더 많이 발생할 것으로 가정할 수 있습니다.

둘째, 분과학문의 지식과 함께 연구자가 확보한 데이터의 여러 변수에서 나타난 결측값들을 이리저리 탐색해보는 방법입니다. 즉 일반적 데이터 분석에서 널리 활용되는 탐색적 데이터 분석(exploratory data analysis)을 활용하는 것입니다.

셋째, 데이터에서 나타난 결측값이 MCAR을 따르는지 여부에 대해 통계적 유의도 테스트를 실시하는 것입니다. 관련하여 단변량 상황에서는 독립표본 티테스트를 활용하기도 하고, 다변량 상황에서는 리틀의 MCAR 테스트(Little, 1988)를 활용하기도 합니다.

일단 첫 번째 방법은 데이터에 따라, 즉 데이터가 다루는 현상에 따라 연구자의 판단이 다를 수밖에 없습니다. 따라서 여기서는 예시데이터와 관련해 두 번째 방법을 어떻게 응용할 수 있을지 몇몇 사례를 소개하고, 세 번째 방법으로 리틀의 MCAR 테스트를 실습해보겠습니다.

먼저 특정변수의 수준에 따라 하위표본을 구분하였을 때 데이터 패턴이 어떻게 다르게 나타나는지 탐색해봅시다. 앞서 살펴본 과정을 그대로 따르되 tidyverse 패키지의 group_by() 함수를 이용하면 매우 편리합니다. 예를 들어 응답자의 성별에 따라 변수별 결측값 패턴이 어떻게 다르게 나타나는지 살펴봅시다.

```
> # 결측데이터 탐색
> mydata %>%
+ group_by(female) %>%
+ miss_var_summary()
# A tibble: 34 x 4
# Groups:  female [2]
  female    variable  n_miss  pct_miss
   <fct>       <chr>   <int>     <dbl>
1      0    FT_biden     229      22.9
2      0    FT_palin     164      16.4
3      0      hopeBP     115      11.5
4      0  votechoice     108      10.8
5      0     environ      97      9.71
6      0       hhinc      73      7.31
7      0     readyBP      37      3.70
8      0     economy      26      2.60
9      0    voteplan      20      2.00
10     0   FT_Rparty      18      1.80
# ... with 24 more rows
```

위의 출력결과는 타이디데이터 원칙에 따라 '긴 데이터 형식(long data format)'으로 제시되었습니다. 즉 1개의 가로줄은 변수별 결측값 발생빈도 및 비율을 나타냅니다. 효과적인 성별 비교를 위해 '넓은 데이터 형식(wide data format)'으로 바꾸어보죠. 즉 1개의 가로줄에 성별("female")에 따른 변수별 결측값 비율("pct_miss")을 계산해 비교해보겠습니다.

```
> # 성별 비교 표
> mydata %>%
+ group_by(female) %>%
+ miss_var_summary() %>%
+ select(variable,pct_miss,female) %>%
+ arrange(female) %>%
+ pivot_wider(names_from="female",values_from="pct_miss")
```

```
# A tibble: 17 x 3
     variable     `0`    `1`
        <chr>   <dbl>  <dbl>
 1   FT_biden    22.9   29.1
 2   FT_palin    16.4   15.9
 3     hopeBP    11.5   9.60
 4 votechoice    10.8   10.7
 5    environ    9.71   15.6
 6      hhinc    7.31   8.31
 7    readyBP    3.70   6.27
 8    economy    2.60   5.29
 9   voteplan    2.00   2.72
10  FT_Rparty    1.80   3.93
11   iraqwar     1.60   4.08
12      ageyr    1.50   2.27
13  FT_mccain    1.50   1.81
14  FT_Dparty    1.50   3.63
15   FT_obama   0.901   1.51
16       educ   0.501  0.680
17      race3   0.300  0.605
```

위와 같은 표 형식이 아니라 그림 형식으로 제시하면 더 효율적일 것입니다.

```
> # 성별 비교 그래프
> mydata %>%
+ group_by(female) %>%
+ miss_var_summary() %>%
+ mutate(variable=fct_reorder(variable, n_miss)) %>%
+ ggplot(aes(x=variable,y=pct_miss,fill=female))+
+ geom_bar(stat='identity',position='dodge')+
+ coord_flip(ylim=c(0,40))+
+ scale_y_continuous(breaks=5*(0:8),expand=expansion(add=0))+
+ scale_fill_discrete(labels=c("Male","Female"))+
+ labs(x="variable",y="Percent of missing values per case",fill="Gender")+
+ theme_bw()+
+ theme(legend.position="bottom")
```

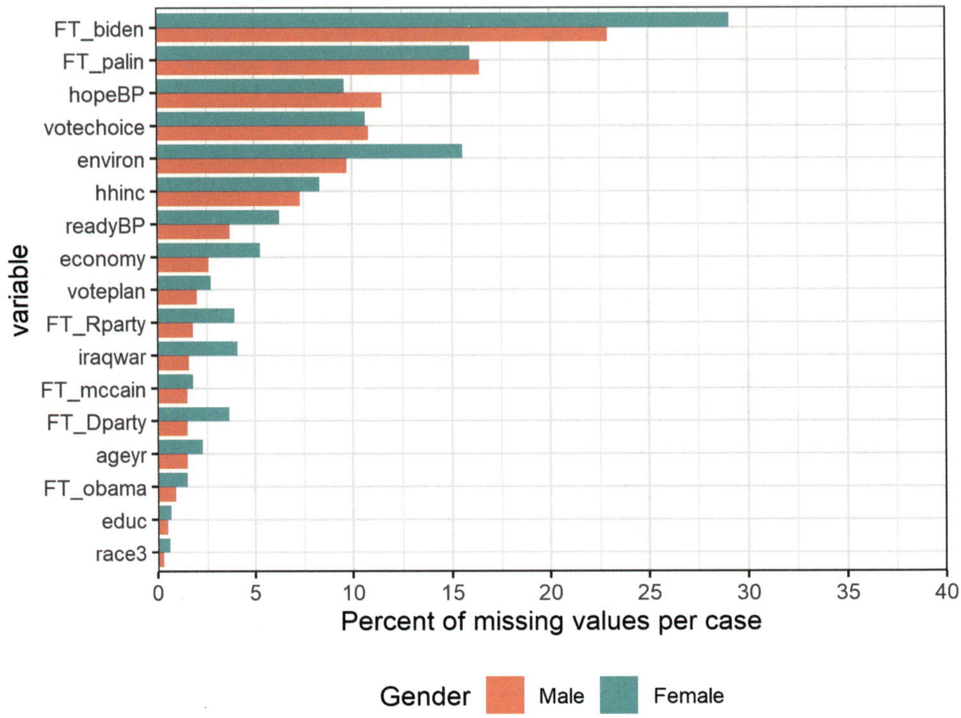

[그림 3-5] 남성과 여성의 변수별 결측값 발생비율

위 분석결과를 잘 활용하면, 어떤 변수의 결측값 발생비율이 응답자의 성별(female) 변수의 수준에 따라 달라지는지 파악할 수 있습니다. 즉 MAR 가정을 기반으로 한 결측 데이터 분석기법을 사용하고자 할 때, 성별 변수가 어떤 변수의 결측값 추정에 도움을 줄지 짐작해볼 수 있습니다. 물론 성별 외에도 다른 변수들에도 동일한 방식으로 적용하면 됩니다.

물론 데이터 전체에서 나타난 결측값 발생비율이 아니라, 특정 변수들에서 나타나는 패턴을 살펴볼 수도 있습니다. 이를 위해서는 데이터의 변수를 실측값과 결측값으로 일괄 이분화시키는 bind_shadow() 함수가 매우 유용합니다(naniar 패키지). 먼저 bind_shadow() 함수를 적용하면 어떤 결과가 나오는지 살펴보겠습니다.

```
> #변수를 실측값(!NA)/결측값(NA)으로 이분화
> mydata %>% bind_shadow()
# A tibble: 2,322 x 36
  female race3 ageyr educ hhinc voteplan votechoice FT_obama FT_mccain FT_biden FT_palin
   <dbl> <dbl> <dbl> <dbl> <dbl>    <dbl>      <dbl>    <dbl>     <dbl>    <dbl>    <dbl>
 1     0     2    35     4    24        2          2       25        60       15       90
 2     1     0    58     3    13        2         NA        0        70       50       70
 3     1     0    39     6    21        2          2       30        60       50       70
 4     0     0    50     3    21        2          0       55        70       NA       75
 5     0     0    72     6    19        2          2       30        70       50       85
 6     1     0    71     4    18        2         NA        0        85       50       60
 7     1     0    66     6    15        2          2       15        70       50       70
 8     0     0    56     5    20        2          2       30        70       15      100
 9     1     0    40     4    19        2          2       40        85       NA       60
10     0     1    55     5    19        1          1      100        50       60       15
# ... with 2,312 more rows, and 25 more variables: FT_Dparty <dbl>, FT_Rparty <dbl>,
#   economy <dbl>, environ <dbl>, iraqwar <dbl>, hopeBP <fct>, readyBP <fct>,
#   female_NA <fct>, race3_NA <fct>, ageyr_NA <fct>, educ_NA <fct>, hhinc_NA <fct>,
#   voteplan_NA <fct>, votechoice_NA <fct>, FT_obama_NA <fct>, FT_mccain_NA <fct>,
#   FT_biden_NA <fct>, FT_palin_NA <fct>, FT_Dparty_NA <fct>, FT_Rparty_NA <fct>,
#   economy_NA <fct>, environ_NA <fct>, iraqwar_NA <fct>, hopeBP_NA <fct>,
#   readyBP_NA <fct>
```

출력결과에서 몇몇 변수들에 _NA라는 표현이 붙은 것을 확인할 수 있습니다. bind_shadow() 함수가 바로 이 변수들을 생성시킨 것이며, 이들 변수는 _NA라는 표현의 앞쪽에 있는 변수들의 사례가 결측값인지(NA) 아니면 실측값인지(!NA)를 나타내는 요인형 변수입니다. 예를 들어 FT_obama_NA 변수와 hopeBP_NA 변수의 교차표를 그려봅시다. 즉 흑인 대통령 후보인 오바마에 대한 감정온도 변수에서의 결측값 여부(FT_obama_NA)가 흑인 대통령 희망 여부 변수에서의 결측값 여부(hopeBP_NA)와 어떤 관계를 맺고 있는지 살펴봅시다.

```
> #두 변수의 결측값 발생 여부 교차표
> mydata %>% bind_shadow() %>%
+   count(FT_obama_NA,hopeBP_NA)
```

```
# A tibble: 4 x 3
  FT_obama_NA  hopeBP_NA      n
        <fct>      <fct>  <int>
1         !NA        !NA   2061
2         !NA         NA    232
3          NA        !NA     19
4          NA         NA     10
```

위 결과는 상당히 흥미롭습니다. 왜냐하면 두 변수의 결측값 발생 여부가 비대칭적이기 때문입니다. 우선 흑인 대통령 후보에 대한 감정온도에 결측값이 나타났을 때, 흑인 대통령 희망 여부에 대한 실측값을 보인 응답자는 19명에 불과합니다(출력결과의 세 번째 가로줄). 반면 흑인 대통령 후보에 대한 감정온도에 대해 유효 응답을 했으나 흑인 대통령 희망 여부에 대한 결측값을 보인 응답자는 232명으로 꽤 많습니다(출력결과의 두 번째 가로줄). 다시 말해, 흑인 대통령을 희망하는지 여부에 대한 물음에 결측값을 보인 응답자의 속마음은 흑인 대통령 후보에 대한 감정점수를 통해 어느 정도 유추할 수 있습니다.

시각화를 이용하면 위의 결과를 더 효율적으로 점검할 수 있습니다. hopeBP_NA 변수의 수준(즉 결측값 대 실측값)에 따라 흑인 대통령 후보에 대한 감정온도의 패턴이 어떻게 다르게 나타나는지를 확률밀도분포를 비교하는 방식으로 살펴봅시다.

```
> # 확률밀도분포를 통해 시각화
> mydata %>% bind_shadow() %>%
+   ggplot(aes(x=FT_obama,fill=hopeBP_NA))+
+   geom_density(alpha=0.5)+
+   scale_x_continuous(breaks=10*(0:100),expand=expansion(mult=0,add=0))+
+   scale_y_continuous(breaks=0.002*(0:10),expand=expansion(mult=0,add=0))+
+   scale_fill_discrete(labels=c("Observed","Missing"))+
+   coord_cartesian(ylim=c(0,0.020))+
+   labs(x="Feeling thermometer for B. Obama",y="Density",
+        fill="Hoping black president question")+
+   theme_bw()+
+   theme(legend.position="top")
경고메시지(들):
Removed 29 rows containing non-finite values (stat_density).
```

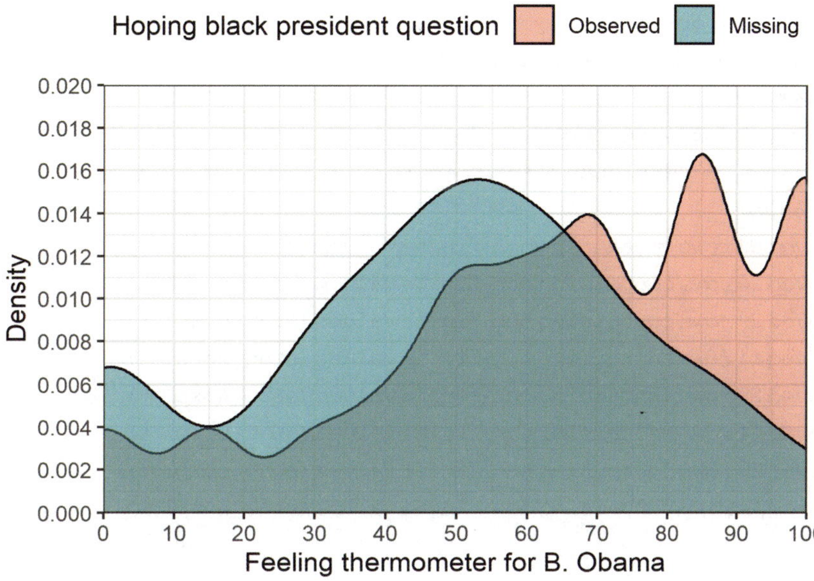

[그림 3-6] hopeBP 변수의 결측값/실측값 여부에 따른 FT_obama 변수의 확률밀도분포

시각화 과정에서 FT_obama 변수에서 결측값인 29개의 사례가 제거되었습니다. [그림 3-6]에서 잘 드러나듯, hopeBP 변수에서 결측값을 보인 사람들은 hopeBP 변수에서 실측값을 보인 사람들에 비해 흑인 대통령 후보에 대한 감정온도가 상대적으로 차갑습니다. 다시 말해 hopeBP 변수의 결측값 사례들은 오바마 후보에 대해 부정적인 태도를 보이고 있습니다. 물론 이들이 오바마 후보를 좋아하지 않는 이유가 '오바마 후보가 흑인이기 때문인지' 아니면 '다른 이유 때문인지'는 명확하지 않습니다만, hopeBP 변수의 성격을 생각해보면 아마도 전자에 가깝지 않을까 조심스레 추측할 수 있습니다.

만약 여러 변수의 결측값 발생패턴을 한 번에 비교하려 한다면, finalfit 패키지의 missing_pairs() 함수가 매우 유용합니다. 여기서는 FT_obama 변수를 중심으로 educ, race3, hopeBP 세 변수와의 실측값 및 결측값 발생패턴을 비교해보겠습니다. 더 많은 수의 변수를 넣을 수도 있는데 여기서 4개의 변수만 살펴본 것은 분석결과를 간단하게 제시하기 위해서입니다. missing_pairs() 함수에는 dependent, explanatory라는 두 옵션을 지정해야 합니다. 이는 이름에서 잘 드러나듯 각각 종속변수와 설명변수를 의미합니다.

```
> var_dep = "FT_obama"
> var_exp = c("educ","race3","hopeBP")
> mydata %>%
+  missing_pairs(dependent=var_dep,
+                explanatory=var_exp)
경고메시지(들):
1: Removed 29 rows containing non-finite values (stat_boxplot).
2: Removed 14 rows containing non-finite values (stat_boxplot).
3: Removed 29 rows containing non-finite values (stat_boxplot).
4: Removed 14 rows containing non-finite values (stat_boxplot).
5: Removed 29 rows containing non-finite values (stat_boxplot).
6: Removed 14 rows containing non-finite values (stat_boxplot).
7: Removed 29 rows containing non-finite values (stat_boxplot).
8: Removed 14 rows containing non-finite values (stat_boxplot).
```

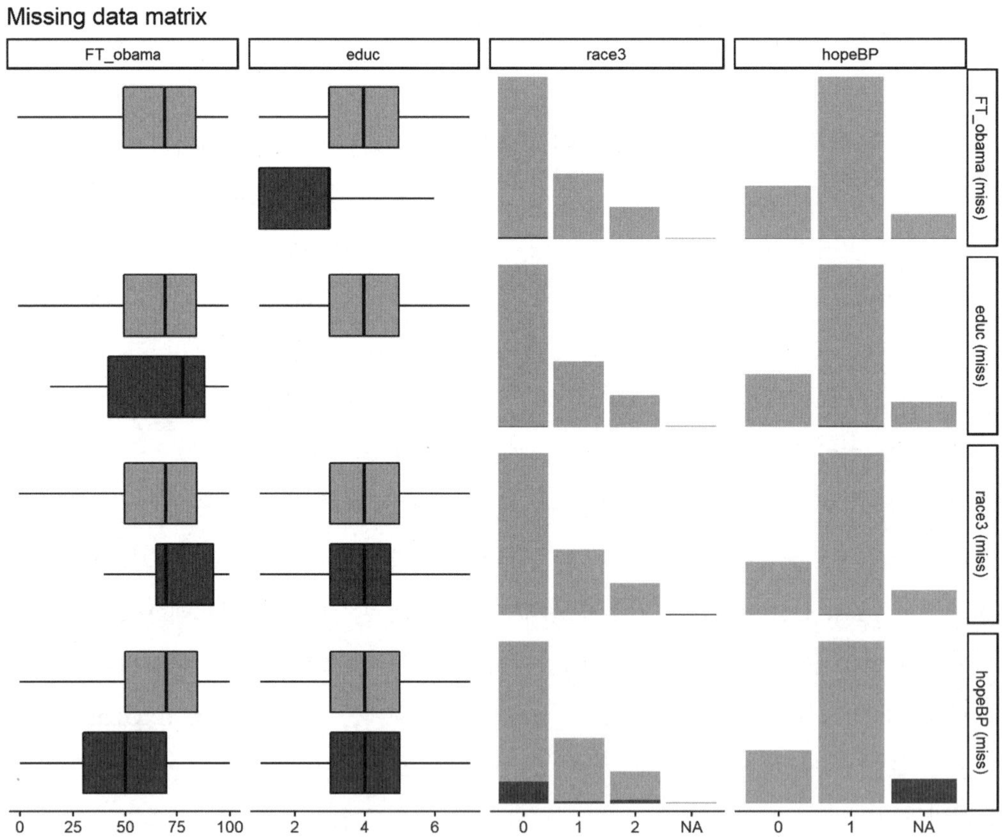

[그림 3-7] 네 변수의 결측값/실측값 동시비교

우선 가장 아랫줄을 보면, 앞서 제시한 확률밀도분포 그래프와 본질적으로 동일한 결과인 것을 확인할 수 있습니다. 즉 hopeBP 변수가 결측값인 응답자들에게서 FT_obama 변수가 전반적으로 부정적입니다(첫 번째 세로줄). 반면 hopeBP 변수가 결측값이든 실측값이든 응답자의 교육수준 분포는 별반 차이가 없는 것을 알 수 있습니다(두 번째 세로줄). 무엇보다 흥미로운 점은 race3 변수와 hopeBP 변수의 관계입니다(세 번째 세로줄). 즉 그래프의 마지막 가로줄과 세 번째 세로줄에서 잘 드러나듯, 백인인 경우 hopeBP 변수에서 결측값 발생비율이 두드러지게 나타납니다. 물론 이 경우에는 해석에 다소 주의를 기울여야 할 것입니다. 왜냐하면 백인 응답자들이 절대적으로 많기 때문에 hopeBP 변수의 결측값 비율이 높아 보일 수 있기 때문입니다. 즉 race3 변수와 같은 범주형 변수들이 포함된 경우라면 missing_pairs() 함수에서 position 옵션을 "fill"이라고 지정하는 것이 좋습니다. missing_pairs() 함수에서 position 옵션을 바꾼 후 그래프를 다시 그려보겠습니다.

```
> mydata %>%
+   missing_pairs(dependent=var_dep,
+                 explanatory=var_exp,
+                 position="fill")
경고메시지(들):
1: Removed 29 rows containing non-finite values (stat_boxplot).
2: Removed 14 rows containing non-finite values (stat_boxplot).
3: Removed 29 rows containing non-finite values (stat_boxplot).
4: Removed 14 rows containing non-finite values (stat_boxplot).
5: Removed 29 rows containing non-finite values (stat_boxplot).
6: Removed 14 rows containing non-finite values (stat_boxplot).
7: Removed 29 rows containing non-finite values (stat_boxplot).
8: Removed 14 rows containing non-finite values (stat_boxplot).
```

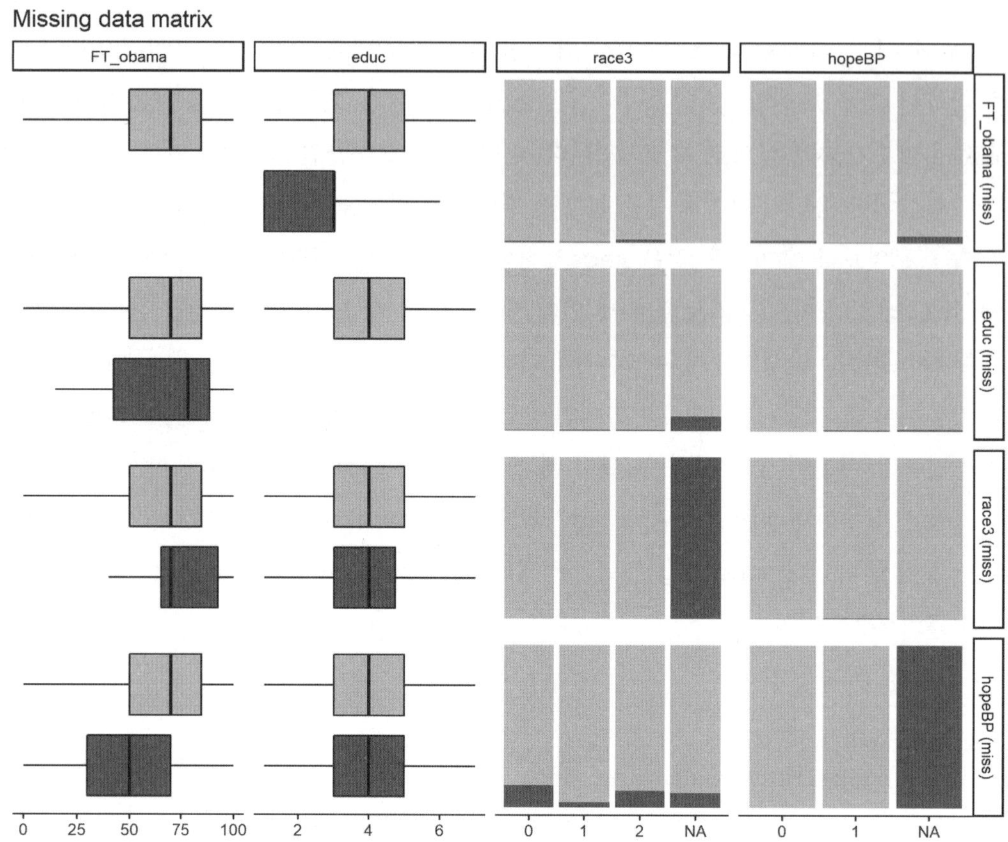

[그림 3-8] 네 변수의 결측값/실측값 동시비교 (범주형 변수의 경우 비율로 표시)

[그림 3-8]에서 나타나듯, 백인 응답자들의 경우 hopeBP 변수의 결측값 발생비율이 다른 인종들에 비해(특히 흑인 응답자들에 비해) 두드러지게 높은 것을 확인할 수 있습니다. 다른 변수들 사이의 관계 역시 비슷하게 해석해볼 수 있을 것입니다.

만약 그래프가 아닌 구체적인 수치를 원한다면, `finalfit` 패키지에서 `missing_compare()` 함수를 제공합니다. `missing_compare()` 함수는 `missing_pairs()` 함수와 사용방식이 비슷하며, 나중에 소개할 보조변수(auxiliary variable) 여부를 고려할 때 유용하게 사용할 수 있습니다. 다만 한 가지, 여기서 제시되는 통계적 유의도 테스트 결과를 너무 맹신하지 않기를 당부합니다. `missing_compare()` 함수에서 제공하는 통계적 유의도 테스트 결과의 경우 연속형 변수에서는 크루스칼-왈리스 테스트(Kruskal-Wallis test), 범주형 변수에서는 카이제곱 테스트 결과가 제공되는데, 널리 알려져 있듯 카이제곱 테스트로 얻은 통계적 유의도는 표본크기에 크게 좌우되기 때문입니다.

```
> # 수치 제시
> mydata %>%
+  missing_compare(dependent=var_dep,
+                  explanatory=var_exp)
 Missing data analysis: FT_obama      Not missing   Missing       p
                     educ Mean (SD)     4.0 (1.6)  2.8 (1.6)  <0.001
                       race3   0     1424 (98.8)   18 (1.2)   0.304
                               1      578 (99.1)    5 (0.9)
                               2      280 (97.9)    6 (2.1)
                      hopeBP   0      506 (98.4)    8 (1.6)   0.134
                               1     1555 (99.3    11 (0.7)
```

finalfit 패키지의 함수 가운데 변수들의 결측값 패턴을 살펴볼 수 있는 시각화 도구를 하나만 더 살펴보겠습니다. missing_pattern() 함수를 이용하면 변수들의 결측값 패턴이 어떤지 쉽게 시각화할 수 있습니다. 우선 응답자들의 감정온도 변수들을 대상으로 missing_pattern() 함수를 적용한 결과부터 살펴보겠습니다.

```
> # 결측값 패턴
> mydata %>%
+  missing_pattern(dependent=names(mydata %>% select(starts_with("FT_"))))
     FT_obama  FT_mccain  FT_Dparty  FT_Rparty  FT_palin  FT_biden
1581        1          1          1          1         1         1   0
320         1          1          1          1         1         0   1
92          1          1          1          1         0         1   1
223         1          1          1          1         0         0   2
4           1          1          1          0         1         1   1
2           1          1          1          0         1         0   2
4           1          1          1          0         0         1   2
3           1          1          1          0         0         0   3
4           1          1          0          1         1         1   1
1           1          1          0          1         1         0   2
2           1          1          0          1         0         1   2
7           1          1          0          0         1         1   2
13          1          1          0          0         1         0   3
3           1          1          0          0         0         1   3
12          1          1          0          0         0         0   4
3           1          0          1          1         1         1   1
2           1          0          1          1         1         0   2
```

```
1     1     0     1     1     0     1    2
10    1     0     1     1     0     0    3
3     1     0     1     0     0     0    4
3     1     0     0     0     0     0    5
6     0     1     1     1     1     1    1
2     0     1     1     1     0     0    3
1     0     1     0     1     1     0    3
3     0     1     0     0     0     0    5
1     0     0     1     1     1     0    3
1     0     0     1     1     0     1    3
1     0     0     1     1     0     0    4
1     0     0     0     1     0     0    5
2     0     0     0     0     1     0    5
11    0     0     0     0     0     0    6
     29    39    63    70   375   614 1190
```

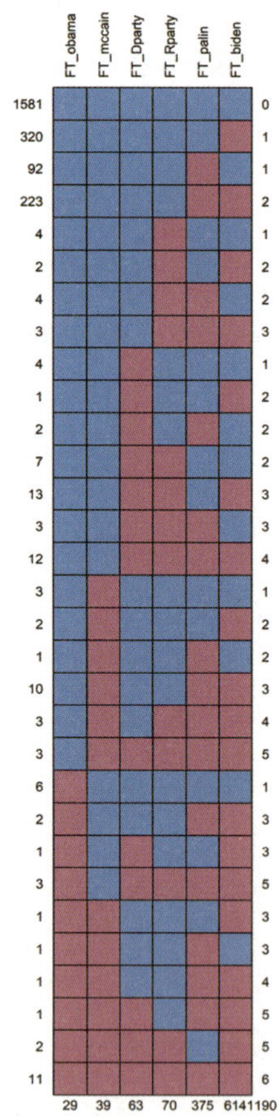

[그림 3-9] 감정온도 변수들에서 나타난 결측값 패턴

[그림 3-9] 자체를 이해하는 것은 그리 어렵지 않을 것입니다. 예를 들어 [그림 3-9]의 두 번째 가로줄에 제시된 6개 칸을 살펴보면 `FT_biden` 변수는 적색이지만, 나머지 변수들은 청색입니다. 이는 `FT_biden` 변수에서는 결측값이 나타났으나, `FT_biden` 변수가 아닌 다른 감정온도 변수들에서는 실측값이 나타났다는 것입니다. 또한 [그림 3-9] 왼편의 수치 320은 응답자 수를 나타내고, 오른편의 1이라는 수치는 전체 변수 중 1개 변수에서 결측값이 발견되었다는 것을 의미합니다. [그림 3-9]의 1~4번까지의 가로줄에서 나타나듯, 대부분의 응답자는 대통령 후보들(오바마 후보와 매캐인 후보)과 주요 정당(공화당과 민주당)에 대해서 유효응답을 했지만, 부통령 후보들(바이든 후보와 페일린 후보)에 대해서는 결측값을 보였습니다.

결측데이터 분석기법을 소개하는 문헌들에서 일반적으로 자주 발견되는 결측데이터 패턴 몇 가지를 소개하고 있습니다. 결측데이터가 독특한 패턴을 띨 경우, 결측데이터를 추정·대체하는 모형을 더욱 효과적이고 효율적으로 추정할 수 있습니다. 예를 들어 '표본마멸(attrition)' 현상의 경우 '단조패턴(monotone pattern)'의 결측데이터 패턴을 보이며, 1장에서 소개했던 계획적 결측데이터 설계(planned missing data design)를 따르는 경우 '계획된 결측패턴(planned missing pattern)'을 보입니다. 이처럼 특정 현상에서 전형적으로 나타나는 결측데이터 패턴을 알고 있다면 결측데이터 분석에 소요되는 시간을 대폭 감소시킬 수 있습니다(Enders, 2010; Little & Rubin, 2020; Van Buuren, 2018).

그러나 이 책의 독자분들은 일반적인 데이터, 즉 독특한 방식으로 체계화된 결측데이터 패턴을 보이지 않는 데이터를 접할 가능성이 클 것으로 생각합니다. 이러한 이유로 본서에서는 특정한 방식의 결측데이터 패턴을 모형화하는 사례는 소개하지 않았습니다. 만약 분석 데이터에서 어떤 체계적인 결측데이터 패턴이 나타나는 경우라면, 다른 문헌들을 살펴보시기 바랍니다(R을 통한 실습사례로는 다음을 참조: Van Buuren, 2018).

지금까지 `naniar`, `visdat`, `finalfit` 패키지의 함수들을 통해 결측데이터를 탐색하는 방법을 살펴보았습니다. 끝으로 데이터에서 나타난 결측값 발생 메커니즘을 추정하는 추리통계 기법들에 대해 살펴보겠습니다. 이 책에서는 ① `finalfit` 패키지의 `missing_compare()` 함수를 이용해 양변량(bivariate) 추리통계치를 얻는 방법과 ② `BaylorEdPsych` 패키지의 `LittleMCAR()` 함수를 이용해 리틀의 MCAR 테스트를 실시하는 방법을 소개하겠습니다.

먼저 missing_compare() 함수를 이용하면 두 변수 사이의 관계를 나타내는 양변량 추리통계치들을 얻을 수 있습니다. 다시 말해, 특정 변수의 결측값 발생 여부가 다른 어떤 변수들의 실측값과 어떤 관계를 맺고 있는지 통계적 테스트를 통해 확인해볼 수 있습니다. 예를 들어 FT_obama 변수의 결측값 발생 여부와 통계적으로 유의미하게 다른 실측값 패턴을 보이는 변수가 무엇인지 찾고자 한다면, 다음과 같은 방식으로 접근할 수 있습니다.

```
> # FT_obama 변수의 결측값 발생과 관련된 다른 변수들
> bivariate_stat=mydata %>%
+ missing_compare(dependent="FT_obama",
+                    explanatory=names(mydata %>% select(-FT_obama)))
경고메시지(들):
1: In chisq.test(race3, FT_obama) :
  Chi-squared approximation may be incorrect
2: In chisq.test(voteplan, FT_obama) :
  Chi-squared approximation may be incorrect
3: In chisq.test(voteobama, FT_obama) :
  Chi-squared approximation may be incorrect
4: In chisq.test(hopeBP, FT_obama) :
  Chi-squared approximation may be incorrect
> bivariate_stat %>%
+ as_tibble() %>%
+ mutate(
+  pvalue=ifelse(p=="<0.001","0.000",p),
+  pvalue=as.numeric(pvalue)
+ ) %>%
+ fill(pvalue) %>%
+ arrange(pvalue) %>% print(n=40)
# A tibble: 29 x 6
  `Missing data analysis: FT_obam~ ` `  `Not missing` Missing        p  pvalue
  <chr>                          <chr>         <chr>   <chr>    <chr>   <dbl>
 1 "ageyr"                   Mean (SD)   47.2 (17.3) 61.2 (18.~ "<0.00~      0
 2 "educ"                    Mean (SD)     4.0 (1.6)  2.8 (1.6) "<0.00~      0
 3 "voteplan"                        0    146 (96.7)    5 (3.3) "<0.00~      0
 4 ""                                1   1353 (99.6)    6 (0.4)      ""      0
 5 ""                                2    648 (98.5)   10 (1.5)      ""      0
 6 ""                                3     94 (95.9)    4 (4.1)      ""      0
 7 "economy"                 Mean (SD)     3.4 (0.9)  2.7 (1.3) "<0.00~      0
```

```
8 "votechoice"             0       521 (97.6)   13 (2.4)   "0.001"   0.001
9 ""                       1      1020 (99.5)    5 (0.5)        ""   0.001
10 ""                      2       510 (99.2)    4 (0.8)        ""   0.001
11 "hhinc"         Mean (SD)      13.7 (6.3)  10.0 (6.8)   "0.003"   0.003
12 "iraqwar"       Mean (SD)       3.3 (1.2)   2.8 (1.3)   "0.055"   0.055
13 "FT_biden"      Mean (SD)     57.2 (24.2)  40.0 (20.~   "0.061"   0.061
14 "FT_palin"      Mean (SD)     49.3 (28.9)  64.8 (35.~   "0.091"   0.091
15 "FT_Dparty"     Mean (SD)     63.1 (25.8)  50.9 (25.~   "0.118"   0.118
16 "hopeBP"                0       506 (98.4)    8 (1.6)   "0.134"   0.134
17 ""                      1      1555 (99.3)   11 (0.7)        ""   0.134
18 "FT_Rparty"     Mean (SD)     44.7 (26.0)  55.0 (29.~   "0.155"   0.155
19 "environ"       Mean (SD)       3.0 (1.1)   2.6 (1.3)   "0.196"   0.196
20 "female"                0       990 (99.1)    9 (0.9)   "0.261"   0.261
21 ""                      1      1303 (98.5)   20 (1.5)        ""   0.261
22 "FT_mccain"     Mean (SD)     48.5 (25.9)  56.8 (30.~   "0.275"   0.275
23 "race3"                 0      1424 (98.8)   18 (1.2)   "0.304"   0.304
24 ""                      1       578 (99.1)    5 (0.9)        ""   0.304
25 ""                      2       280 (97.9)    6 (2.1)        ""   0.304
26 "voteobama"             0       535 (99.3)    4 (0.7)   "0.779"   0.779
27 ""                      1      1020 (99.5)    5 (0.5)        ""   0.779
28 "readyBP"               0       769 (99.1)    7 (0.9)   "1.000"       1
29 ""                      1      1414 (99.2)   12 (0.8)        ""       1
```

만약 통상적인 통계적 유의도 수준(α = .05)을 적용한다면, FT_obama 변수에 대한 결측값 발생 여부와 연관된 변수는 ageyr, educ, voteplan, economy, votechoice 등일 것입니다. 다시 말해 FT_obama 변수의 결측값은 MCAR 가정을 따른다고 보기 어렵습니다. 왜냐하면 FT_obama 변수의 결측값은 ageyr, educ, voteplan, economy, votechoice 변수 등의 수준에 따라 통계적으로 유의미하게 다른 확률로 발생하고 있기 때문입니다. 만약 ageyr, educ, voteplan, economy, votechoice 변수를 제외한 다른 변수가 FT_obama 변수의 결측값 발생 여부에 연관되어 있지 않다고 가정할 수 있다면, ageyr, educ, voteplan, economy, votechoice 변수의 정보를 이용하여 MAR 가정을 따르는 FT_obama 변수의 결측데이터를 MCAR 가정을 따르도록 변환할 수도 있을지 모르겠습니다.

여기서 저희는 상당히 유보적인 표현을 사용하였습니다. 몇 가지 이유가 있습니다. 첫째, 널리 알려져 있듯 양변량 추리통계치는 표본크기에 쉽게 영향을 받습니다. 실제로 위의 사례에서 hopeBP 변수와 race3 변수에 대해 출력된 결과를 살펴보기 바랍니다. 둘째, 변수별로 실시한 양변량 추리통계치의 결과는 변수 전체에 대한 다변량 추리통계치와 등치될 수 없습니다. 두 번째 이유와 관련하여 흔히 '리틀의 MCAR 테스트(Little's MCAR test; Little, 1988)'가 언급되기도 합니다.

리틀의 MCAR 테스트를 R에서 어떻게 실시할 수 있는지 살펴본 후, 결측값 발생 메커니즘이 무엇인지 살펴보기 위한 추리통계 기법의 효용성에 대한 의견을 간단하게 언급하겠습니다. 리틀의 MCAR 테스트 결과를 원하면 BaylorEdPsych 패키지를 설치해야 합니다. 아쉽게도 해당 패키지는 더 이상 업데이트되지 않기 때문에(2021년 1월 기준) CRAN의 아카이브에서 다운로드한 후 수동으로 설치해야 합니다. 또한 BaylorEdPsych 패키지의 경우 mvnmle 패키지의 일부 함수들을 사용하는데, mvnmle 패키지 역시 업데이트되지 않아 수동으로 설치해야 합니다. 만약 리틀의 MCAR 테스트를 실시하고자 한다면, 각주로 제시된 URL을 방문한 뒤 패키지 파일들을 다운로드하길 바랍니다.[6] 다음으로 R Studio의 **Tools** 탭을 클릭하고, **Install Packages**를 클릭하면 아래와 같은 박스를 볼 수 있습니다.

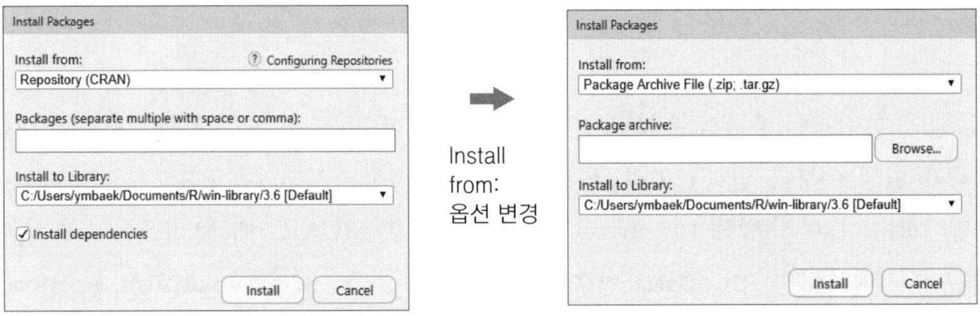

여기서 **Install from:**이라는 부분을 **Package Archive File (.zip; .tar.gz)**로 바꾼 후,

---

6 아래의 URL을 방문한 뒤 BaylorEdPsych 패키지의 경우 'BaylorEdPsych_0.5.tar.gz' 파일을, mvnmle 패키지의 경우 'mvnmle_0.1-11.1.tar.gz' 파일을 다운로드하길 바랍니다.

- BaylorEdPsych 패키지: https://cran.r-project.org/src/contrib/Archive/BaylorEdPsych/
- mvnmle 패키지: https://cran.r-project.org/src/contrib/Archive/mvnmle/

다운로드했던 'BaylorEdPsych_0.5.tar.gz' 또는 'mvnmle_0.1-11.1.tar.gz' 파일을 클릭하면 각각의 패키지를 수동으로 설치할 수 있습니다.

BaylorEdPsych 패키지와 mvnmle 패키지를 설치하는 데 성공했다면, 이제 BaylorEdPsych 패키지의 LittleMCAR() 함수를 이용해 리틀의 MCAR 테스트를 실시할 수 있습니다. LittleMCAR() 함수를 실행할 때 한 가지 주의해야 할 것은 입력되는 데이터의 사례는 반드시 최소 하나 이상의 실측값을 가져야 한다는 점입니다. 예를 들어 6개 변수로 구성된 데이터에서 나타난 결측발생 메커니즘이 MCAR 가정에 부합하는지 여부를 따지고자 할 때, 만약 어떤 사례(들)에서 6개의 결측값이 발생했다면 LittleMCAR() 함수가 작동하지 않습니다. 예를 들어 예시 데이터에서 감정온도 변수들 6개만 선별한 데이터를 대상으로 리틀의 MCAR 테스트를 실행해보면 다음과 같은 오류 메시지가 나타납니다.

```
> # 아래는 실행 불가
> BaylorEdPsych::LittleMCAR(mydata %>% select(starts_with("FT_")))
Loading required package: mvnmle
this could take a whileError in solve.default(cov) : 'a' is 0-diml
```

여기에 결측값이 전혀 없었던 female 변수를 추가하면 리틀의 MCAR 테스트를 실행할 수 있습니다. 결과는 아래와 같습니다.

```
> # 아래는 실행 가능
> BaylorEdPsych::LittleMCAR(mydata %>% select(female,starts_with("FT_")))
this could take a while$chi.square
[1] 273.4201

$df
[1] 126

$p.value
[1] 6.413758e-13

$missing.patterns
[1] 31
```

[이후의 결과는 분량 조절을 위해 제시하지 않음]

앞의 결과에서 알 수 있듯 리틀의 MCAR 테스트 결과 female, FT_obama, FT_mccain, FT_biden, FT_palin, FT_Dparty, FT_Rparty 변수들로 구성된 데이터의 결측값은 MCAR 가정에 부합하지 않습니다.

리틀의 MCAR 테스트는 과연 타당한 것일까요? 이를 확인하기 위해 이제는 현실데이터가 아니라 시뮬레이션 데이터를 이용하여 리틀의 MCAR 테스트를 실시해봅시다. 만약 리틀의 MCAR 테스트가 타당하다면, MCAR 가정에 기반해서 생성된 시뮬레이션 데이터의 경우 귀무가설을 수용하는 결과가 나와야 하고, MAR이나 MNAR 가정을 토대로 생성된 시뮬레이션 데이터의 경우 귀무가설을 기각하는 결과가 나와야 할 것입니다. 이를 살펴보기 위해 저희는 다음과 같은 개인함수를 설정한 후 리틀의 MCAR 테스트 결과를 살펴보았습니다.

```
> # 시뮬레이션 데이터를 이용하여 테스트
> Little_MCAR_test_function=function(testdata){
+  test_mcar = BaylorEdPsych::LittleMCAR(testdata)
+  str_c(
+   "X2=",
+   format(round(test_mcar$chi.square,3),nsmall=3),
+   ", df=",
+   test_mcar$df,
+   ", p=",
+   format(round(test_mcar$p.value,3),nsmall=3)
+  )
+ }
> Little_MCAR_test_function( read.csv("sim_MCAR.csv") )
Loading required package: mvnmle
this could take a while[1] "X2=5.172, df=6, p=0.522"
> Little_MCAR_test_function( read.csv("sim_MAR.csv") )
this could take a while[1] "X2=17.819, df=6, p=0.007"
> Little_MCAR_test_function( read.csv("sim_MNAR.csv") )
this could take a while[1] "X2=8.549, df=6, p=0.201"
```

앞에서 MCAR 가정에 기반하여 생성된 시뮬레이션 데이터의 경우 “MCAR 가정을 따른다”는 귀무가설을 수용하는 결과를 얻었습니다(p = .522). 반면 MAR 가정을 기반으로 생성한 시뮬레이션 데이터의 경우 “MCAR 가정을 따른다”는 귀무가설을 기각하는 결과를 얻었습니다(p = .007). 그러나 MNAR 가정에 따라 결측값을 생성한 시뮬레이션 데이터의 경우 황당하게도 “MCAR 가정을 따른다”는 귀무가설을 수용하는 결과를 얻었습니다(p = .201).

위 결과를 통해 리틀의 MCAR 테스트는 어느 정도 신뢰할 수 있는 테스트 기법이라고 볼 수 있습니다. 그러나 리틀의 MNAR 가정으로 시뮬레이션된 데이터에 대한 분석결과에서 알 수 있듯, MCAR 테스트 결과를 너무 신뢰하지는 말아야 합니다. 왜냐하면 이 테스트는 데이터에서 발견된 결측값이 다른 변수들의 수준에 따라 달라지는지를 테스트할 뿐, MNAR 가정을 따르는 데이터를 파악하지 못할 수 있기 때문입니다. 또한 해당 통계치는 카이제곱 통계치이며, 널리 알려져 있듯 카이제곱 테스트로 얻은 통계적 유의도는 표본크기에 크게 좌우되기 때문입니다. 예를 들어 MAR 가정을 기반으로 생성된 데이터에서 10%에 해당되는 데이터를 무작위로 추출해서 리틀의 MCAR 테스트를 진행하면 “MCAR 가정을 따른다”는 귀무가설을 수용하는 결과를 얻기 쉽습니다. 아래를 살펴보시죠.

```
> set.seed(1234)
> Little_MCAR_test_function(
+  read.csv("sim_MAR.csv")[sample(1:1000,size=100,replace=F),] )
this could take a while[1] "X2=7.989, df=6, p=0.239"
> Little_MCAR_test_function(
+  read.csv("sim_MAR.csv")[sample(1:1000,size=100,replace=F),] )
this could take a while[1] "X2=5.295, df=6, p=0.507"
> Little_MCAR_test_function(
+  read.csv("sim_MAR.csv")[sample(1:1000,size=100,replace=F),] )
this could take a while[1] "X2=6.273, df=6, p=0.393"
> Little_MCAR_test_function(
+  read.csv("sim_MAR.csv")[sample(1:1000,size=100,replace=F),] )
this could take a while[1] "X2=7.067, df=6, p=0.315"
> Little_MCAR_test_function(
+  read.csv("sim_MAR.csv")[sample(1:1000,size=100,replace=F),] )
this could take a while[1] "X2=3.974, df=6, p=0.680"
```

MAR 가정을 따르는 시뮬레이션 데이터에서 10%에 해당하는 100개 표본을 무작위 추출하여 리틀의 MCAR 테스트를 5회 실시하였습니다[이때 본문과 동일한 결과를 얻으려면 반드시 set.seed(1234) 함수를 실행해야 합니다]. 그 결과 5회 모두 귀무가설을 수용하는 결과를 얻었습니다.

정리하면 다음과 같습니다. 첫째, 양변량 추리통계치나 다변량 추리통계치를 이용하여 결측값 발생 메커니즘을 테스트하는 것은 상황에 따라 유용할 수 있습니다. 둘째, 그러나 통계적 유의도 테스트 결과를 너무 신뢰하지는 말아야 합니다. 셋째, 결측값이 MAR 가정 혹은 MNAR 가정을 따르는지에 대한 판단은 데이터 분석만으로 답할 수 있는 문제가 아닙니다. 단순한 통계적 유의도 테스트보다는 현상에 대한 과학적 지식이 더 유용하고 진실에 가까울 수 있습니다.

3장에서는 이 책에서 다룰 데이터(시뮬레이션 데이터와 현실데이터)와 결측데이터 분석을 위한 R 패키지들을 소개한 후, 분석하고자 하는 데이터에서 나타난 결측데이터를 어떻게 이해할 수 있는지 살펴보았습니다. 최대우도(ML) 결측데이터 분석기법이나 다중투입(MI) 결측데이터 분석기법을 보다 적절하게 사용하려면 결측데이터에 대한 탐색적 분석을 먼저 실시해보는 것이 큰 도움이 됩니다. 다음 4장에서는 시뮬레이션 데이터를 대상으로 전통적인 결측데이터 분석기법들을 적용하였을 때 어떤 결과가 나타나는지를 살펴보겠습니다.

4장
기존 결측데이터 분석기법과 문제점

이 책의 목적은 '최대우도(ML, maximum likelihood) 결측데이터 분석기법'과 '다중투입(MI, multiple imputation) 결측데이터 분석기법'을 소개하는 것입니다. 그러나 이 2가지 결측데이터 분석기법 이전에도 결측데이터에 대처하려는 시도들이 존재했습니다. 4장에서는 '최대우도 결측데이터 분석기법'과 '다중투입 결측데이터 분석기법'이 본격적으로 사용되기 이전에 제안되고 사용되던 결측기법들을 제시한 후 이 분석기법들의 잠재적 문제점을 살펴보겠습니다. 과거 결측데이터 분석기법들의 문제점을 이해하면, 이 책에서 집중적으로 소개할 '최대우도 결측데이터 분석기법'과 '다중투입 결측데이터 분석기법'이 왜 더 나은 결측데이터 분석기법인지 보다 쉽게 이해할 수 있을 것입니다.

4장에서는 기존 결측데이터 분석기법의 잠재적 문제점을 살펴보기 위해 MCAR, MAR, MNAR 3가지 결측값 발생 메커니즘에 따라 시뮬레이션한 데이터를 사용하였습니다. 또한 기존 결측데이터 분석기법의 타당성을 평가하기 위한 기준으로 결측값을 생성하기 이전의 완전데이터에서 얻은 분석결과를 사용하였습니다. 아울러 분석결과 비교를 위해 데이터의 각 변수별 '평균값의 95% 신뢰구간(CI, confidence interval)'과 종속변수(Y)를 세 독립변수(X1, X2, X3)로 추정한 회귀모형의 '절편과 회귀계수의 95% CI'를 비교하였습니다.

먼저 완전데이터를 이용해 기존 결측데이터 분석기법의 타당도를 평가하기 위한 기준이 될 분석결과를 살펴보겠습니다. 우선 완전데이터의 각 변수별 평균의 95% CI를 구해보겠습니다. 변수별 평균의 95% CI를 구하는 방법에는 여러 가지가 있겠지만, 저희는 다음과 같이 회귀모형에 각 변수를 종속변수로 투입한 후 절편만을 추정하는 방법을 사용하였습니다.

```
> # 데이터 불러오기
> library(tidyverse)
> df_comp=read_csv("sim_CD.csv")
Parsed with column specification:
cols(
 Y = col_double(),
 X1 = col_double(),
 X2 = col_double(),
 X3 = col_double()
)
> # 결측데이터가 전혀 없었을 경우(기준)
> lm(Y~1, df_comp) %>% confint()
                   2.5 %     97.5 %
(Intercept) -0.04680418  0.07758601
```

데이터의 변수별 평균의 95% CI를 구하는 과정은 앞으로 반복될 것이므로 아래와 같은 개인함수를 설정하였습니다. 즉 fun_95CI_M() 함수는 데이터와 변수위치, 그리고 데이터의 결측값 발생 메커니즘을 입력하면 해당 변수 평균의 95% CI가 출력되는 함수입니다.

```
> # 평균계산을 위한 개인함수
> fun_95CI_M=function(myloc,mydf,mytype){
+  lm(as.formula(str_c(names(df_comp)[myloc],"~1")),mydf) %>%
+   confint() %>% as_tibble() %>%
+   mutate(
+    source=names(df_comp)[myloc],
+    mech=mytype
+   ) %>%
+   rename(ll95=`2.5 %`,ul95=`97.5 %`) %>%
+   select(source,ll95,ul95,mech)
+ }
> fun_95CI_M(1,df_comp,"Complete")
# A tibble: 1 x 4
  source     ll95     ul95      mech
   <chr>    <dbl>    <dbl>     <chr>
1      Y  -0.0468   0.0776  Complete
```

fun_95CI_M() 함수를 이용하여 완전데이터의 변수별 평균의 95% CI를 계산하여 M_comp라는 이름의 오브젝트로 저장하였습니다. 즉 이 결과를 기준으로 기존 결측데이터 분석기법으로 얻은 변수별 평균의 95% CI에 어떤 잠재적 문제가 있는지 살펴볼 것입니다.

```
> # 평균값들
> M_comp=list()
> for (myloc in 1:4){
+  M_comp=bind_rows(M_comp,fun_95CI_M(myloc,df_comp,"Complete"))
+ }
> M_comp
# A tibble: 4 x 4
  source     ll95    ul95     mech
   <chr>    <dbl>   <dbl>    <chr>
1      Y  -0.0468  0.0776  Complete
2     X1  -0.0735  0.0539  Complete
3     X2  -0.0446  0.0807  Complete
4     X3  -0.0182   0.100  Complete
```

다음으로는 완전데이터에서 얻은 회귀모형 추정모수들의 95% CI입니다. 앞서 설명했듯 종속변수는 Y 변수이고 독립변수는 X1, X2, X3 변수입니다. 추정된 절편과 독립변수의 95% CI 값 역시 model_comp라는 이름의 오브젝트로 저장한 후, 기존 결측데이터 분석기법을 적용하여 얻은 회귀모형 추정모수들의 95% CI를 평가하는 기준으로 사용할 예정입니다.

```
> # 회귀모형 모수추정결과
> myformula="Y~X1+X2+X3"
> myformula=as.formula(myformula)
> ols_cd=lm(myformula,df_comp)
> model_comp=confint(ols_cd) %>%
+  as_tibble() %>%
+  mutate(
+   source=rownames(confint(ols_cd)),
+   ll95=`2.5 %`,ul95=`97.5 %`,
+   mech="Complete"
```

```
+ ) %>% select(source:mech)
> model_comp
# A tibble: 4 x 4
       source     l195    u195       mech
        <chr>    <dbl>   <dbl>      <chr>
1 (Intercept)  -0.0371  0.0518   Complete
2          X1    0.382   0.481   Complete
3          X2    0.213   0.314   Complete
4          X3    0.129   0.236   Complete
```

기존의 결측데이터 분석기법들을 적용해보기 전에 결측데이터를 불러온 후, 변수의 결측값 비율이 어떤지 살펴봅시다. 물론 저희는 시뮬레이션 조건을 알고 있지만, 앞서 배웠던 miss_var_summary() 함수를 복습해본다고 생각하면 좋을 듯합니다.

```
> # 데이터 불러오기
> df_mcar=read_csv("sim_MCAR.csv")
Parsed with column specification:
cols(
 Y = col_double(),
 X1 = col_double(),
 X2 = col_double(),
 X3 = col_double()
)
> df_mar=read_csv("sim_MAR.csv")
Parsed with column specification:
cols(
 Y = col_double(),
 X1 = col_double(),
 X2 = col_double(),
 X3 = col_double()
)
> df_mnar=read_csv("sim_MNAR.csv")
Parsed with column specification:
cols(
 Y = col_double(),
 X1 = col_double(),
 X2 = col_double(),
 X3 = col_double()
```

```
)
> # 데이터별 변수의 결측값 비율(시뮬레이션으로 알고 있지만 다시 확인)
> library(naniar)
> miss_var_summary(df_mcar)
# A tibble: 4 x 3
  variable  n_miss  pct_miss
     <chr>   <int>     <dbl>
1       X1     310        31
2       X2     286      28.6
3        Y       0         0
4       X3       0         0
> miss_var_summary(df_mar)
# A tibble: 4 x 3
  variable  n_miss  pct_miss
     <chr>   <int>     <dbl>
1       X2     304      30.4
2       X1     280       28.
3        Y       0         0
4       X3       0         0
> miss_var_summary(df_mnar)
# A tibble: 4 x 3
  variable  n_miss  pct_miss
     <chr>   <int>     <dbl>
1       X2     305      30.5
2       X1     288      28.8
3        Y       0         0
4       X3       0         0
```

MCAR, MAR, MNAR 3가지 조건에서 나타난 X1, X2 변수의 결측값 비율은 30%로 거의 엇비슷합니다. 이제 기존 결측데이터 분석기법을 이용하여 각 조건별로 생성된 결측데이터를 분석한 후 그 결과를 비교해봅시다.

1 리스트단위 결측제거

결측데이터에 대처하는 가장 일반적인 방법은 리스트단위 결측제거(listwise deletion)입니다. 리스트단위 결측제거를 적용하면, 데이터 사례 중 최소 하나 이상의 변수에서 결측값이 발견되면 분석에서 제거합니다. 리스트단위 결측제거를 적용한 분석을 다르게 표현하면 완전사례분석(complete case analysis), 즉 모든 변수에 대해 측정이 완전한 사례들만을 가지고 분석을 실시하는 것입니다.

먼저 리스트단위 결측제거를 실시할 경우 변수별 평균의 95% CI는 어떻게 되는지 계산해봅시다. tidyverse 패키지의 drop_na() 함수를 이용하면 리스트단위 결측제거를 적용한 데이터를 손쉽게 얻을 수 있습니다. 리스트단위 결측제거 후 fun_95CI_M() 함수를 이용하여 변수 평균의 95% CI를 계산하면 아래와 같습니다.

```
> # 평균값들(listwise deletion)
> M_lwd=list()
> for (myloc in 1:4){
+  M_lwd=bind_rows(M_lwd,bind_rows(
+    fun_95CI_M(myloc,df_mcar%>%drop_na(),"MCAR"),
+    fun_95CI_M(myloc,df_mar%>%drop_na(),"MAR"),
+    fun_95CI_M(myloc,df_mnar%>%drop_na(),"MNAR")
+  ))
+ }
> M_lwd
# A tibble: 12 x 4
   source      ll95     ul95  mech
    <chr>     <dbl>    <dbl> <chr>
1       Y   -0.0626    0.124  MCAR
2       Y    -0.129   0.0685   MAR
3       Y    -0.182   0.0197  MNAR
4      X1   -0.0603    0.127  MCAR
5      X1    -0.158   0.0439   MAR
6      X1    -0.200  0.00371  MNAR
7      X2   -0.0807    0.116  MCAR
8      X2    -0.211  -0.0111   MAR
9      X2    -0.194   0.0145  MNAR
10     X3  0.000669    0.181  MCAR
```

```
11    X3    -0.170    0.0122    MAR
12    X3    -0.0934   0.0997    MNAR
```

완전데이터 분석결과와 위의 결과를 하나하나 비교해보는 것은 쉬운 일이 아닐 것입니다. 이에 각 변수별 평균의 95% CI가 4가지 상황(완전데이터, MCAR, MAR, MNAR)에서 얻은 분석결과에 따라 어떻게 달라지는지 시각화를 통해 비교해봅시다.

```
> # 평균 95% CI 비교 시각화
> bind_rows(M_comp,M_lwd) %>%
+ mutate(mech=fct_reorder(mech,row_number())) %>%
+ ggplot()+
+ geom_errorbar(aes(x=source,ymin=ll95,ymax=ul95,colour=mech),
+               width=0.3,size=1,
+               position=position_dodge(width=0.3))+
+ coord_cartesian(ylim=c(-0.4,0.4))+
+ labs(x="Variable",
+      y="Confidence intervals for each variable's Mean",
+      colour="Mechanism")+
+ theme_bw()+
+ ggtitle("Mean comparison (Listwise deletion applied)")
```

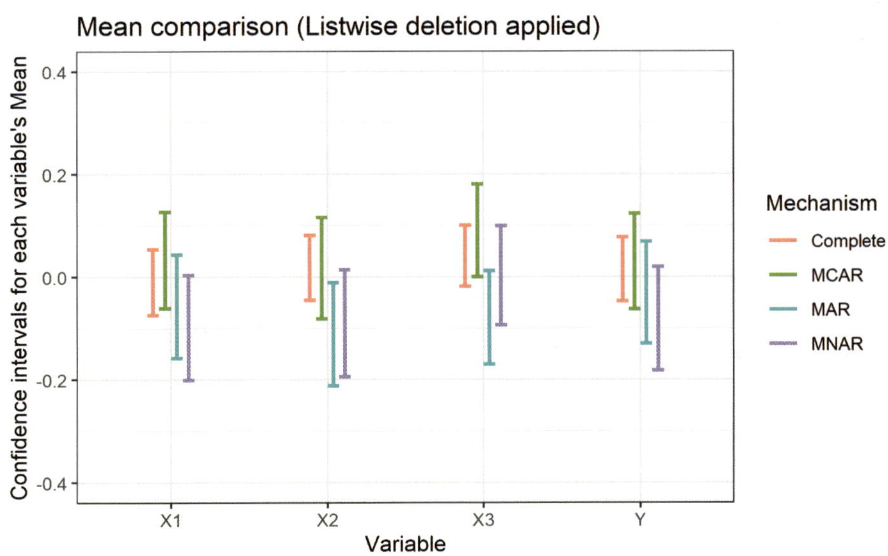

[그림 4-1] 상황별 리스트단위 결측제거 후 변수별 평균의 95% CI 비교

[그림 4-1]에서는 다음과 같은 특징을 발견할 수 있습니다. 첫째, 완전데이터를 대상으로 분석한 결과와 비교하였을 때(주황: Complete), 리스트단위 결측제거를 적용한 후 얻은 평균의 95% CI 값들의 폭(width)이 더 넓은 것을 발견할 수 있습니다. 이는 1장과 2장에서 살펴본 결과, 즉 표본손실로 인한 효율성의 감소를 나타낸 것입니다. 둘째, MCAR 상황에서 얻은 평균의 95% CI는 완전데이터를 분석해서 얻은 평균의 95% CI와 크게 벗어나지 않지만, MAR 혹은 MNAR 상황에서 얻은 평균의 95% CI는 완전데이터를 분석해서 얻은 평균의 95% CI에서 상당히 벗어나는 것을 확인할 수 있습니다. MAR 상황에서 얻은 95% CI의 경우 X2, X3 변수를 살펴보고, MNAR 상황에서 얻은 95% CI의 경우 X1, X2, Y 변수를 살펴보기 바랍니다.

다음으로 회귀모형의 모수추정값을 비교해봅시다.

```
> # 회귀모형 추정결과 비교
> ols_mcar=lm(myformula,df_mcar%>%drop_na())
> ols_mar=lm(myformula,df_mar%>%drop_na())
> ols_mnar=lm(myformula,df_mnar%>%drop_na())
> lwd_mss=rbind(confint(ols_mcar),
+     confint(ols_mar),
+     confint(ols_mnar))
> result_lwd=lwd_mss %>%
+  as_tibble() %>%
+  mutate(
+   source=rownames(lwd_mss),
+   ll95=`2.5 %`,ul95=`97.5 %`,
+   mech=rep(c("MCAR","MAR","MNAR"),each=4)
+  ) %>% select(source:mech)
> result_lwd
# A tibble: 12 x 4
        source      ll95    ul95   mech
         <chr>     <dbl>   <dbl>  <chr>
 1 (Intercept)   -0.0720  0.0656   MCAR
 2          X1     0.357   0.517   MCAR
 3          X2     0.180   0.333   MCAR
 4          X3    0.0756   0.247   MCAR
 5 (Intercept)   -0.0273   0.112    MAR
 6          X1     0.316   0.470    MAR
 7          X2     0.216   0.369    MAR
```

```
8          X3     0.141   0.313    MAR
9 (Intercept)   -0.0829  0.0550   MNAR
10         X1     0.396   0.549   MNAR
11         X2     0.166   0.314   MNAR
12         X3     0.117   0.277   MNAR
```

평균의 경우와 마찬가지로, 효과적인 비교를 위해 상황별 회귀모형 추정모수들의 95% CI를 시각화해보겠습니다.

```
> # 리스트단위 결측제거 후 분석결과와 완전데이터 모형추정결과 비교 시각화
> bind_rows(model_comp,result_lwd) %>%
+ mutate(mech=fct_reorder(mech,row_number())) %>%
+ ggplot()+
+ geom_errorbar(aes(x=source,ymin=ll95,ymax=ul95,colour=mech),
+               width=0.3,size=1,
+               position=position_dodge(width=0.3))+
+ labs(x="Intercept and Coefficients",
+      y="Confidence intervals for each estimate",
+      colour="Mechanism")+
+ theme_bw()+
+ ggtitle("Parameter estimates (Listwise deletion applied)")
```

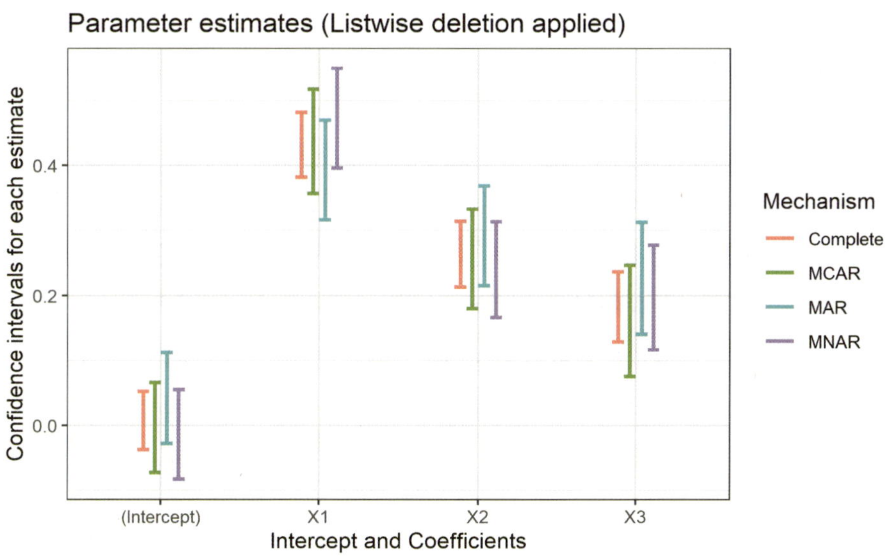

[그림 4-2] 상황별 리스트단위 결측제거 후 회귀모형 추정모수의 95% CI 비교

[그림 4-2]에서 주목할 부분들은 다음과 같습니다. 첫째, 완전데이터를 대상으로 분석한 결과와 비교하였을 때(주황: Complete), 추정모수의 95% CI가 훨씬 더 넓어졌습니다. 즉 리스트단위 결측제거를 적용한 후 얻은 회귀모형의 추정모수의 불확실성이 더 커진 것을 알 수 있습니다. 이는 표본손실로 인한 결과이며, 앞서 [그림 4-1]에서 살펴보았던 평균의 95% CI의 비교결과와 동일한 맥락에서 해석할 수 있습니다. 둘째, MCAR 상황에서 얻은 회귀모형의 추정모수는 전반적으로 완전데이터에서 얻은 추정모수와 거의 유사합니다. 그러나 MAR 혹은 MNAR 상황에서 얻은 추정모수는 완전데이터에서 얻은 추정모수와 비교할 때, 몇몇 추정모수들이 상당히 어긋난 것을 확인할 수 있습니다. 구체적으로 MAR 상황에서 얻은 절편과 `X3` 변수의 회귀계수와 MNAR 상황에서 얻은 `X1` 변수의 회귀계수를 살펴보기 바랍니다.

리스트단위 결측제거를 적용하여 결측데이터를 분석할 때의 잠재적 문제점은 다음과 같습니다. 첫째, 표본손실로 인하여 분석결과의 효율성이 감소합니다. 구체적으로 평균과 모형추정 후 얻은 추정모수의 95% CI가 넓어지면서 분석결과의 불확실성이 증가합니다. 둘째, 만약 결측값이 MCAR 상황에서 생성되었다면 분석결과의 효율성에만 영향을 주지만, MAR 상황이나 MNAR 상황에서 생성되었다면 분석결과의 불편향성이 훼손될 가능성이 커집니다.

2 쌍별 결측제거

쌍별 결측제거(pairwise deletion)는 공분산 행렬을 계산할 때 공분산 계산에 적용되는 두 변수에서 나타난 결측값만 제거하고, 다른 변수에서 나타난 결측값은 제거하지 않는 것입니다. 즉 리스트단위 결측제거와 비교할 때, 쌍별 결측제거를 적용하면 표본손실을 줄일 수 있습니다. 예를 들어 MCAR 상황의 결측데이터를 리스트단위 결측제거한 경우의 두 변수 간 표본 수와, 쌍별 결측제거를 하였을 경우의 두 변수 간 표본 수가 어떻게 다른지 먼저 간략하게 살펴봅시다. 이를 위해 저희는 `Hmisc` 패키지의 `rcorr()` 함수를 사용하였습니다.

```
> Hmisc::rcorr(df_mcar %>% drop_na() %>% as.matrix()) # listwise deletion
      Y    X1    X2    X3
Y   1.00  0.60  0.49  0.44
X1  0.60  1.00  0.36  0.39
X2  0.49  0.36  1.00  0.41
X3  0.44  0.39  0.41  1.00

n= 404


P
   Y  X1  X2  X3
Y      0   0   0
X1  0      0   0
X2  0  0       0
X3  0  0   0
> Hmisc::rcorr(df_mcar %>% as.matrix())        # pairwise deletion
      Y    X1    X2    X3
Y   1.00  0.63  0.52  0.47
X1  0.63  1.00  0.36  0.44
X2  0.52  0.36  1.00  0.42
X3  0.47  0.44  0.42  1.00

n
      Y    X1    X2    X3
Y   1000  690   714  1000
X1   690  690   404   690
X2   714  404   714   714
X3  1000  690   714  1000

P
   Y  X1  X2  X3
Y      0   0   0
X1  0      0   0
X2  0  0       0
X3  0  0   0
```

우선 두 출력결과에서 사례 수와 관련된 정보에 주목해봅시다. 리스트단위 결측제거를 적용한 경우의 사례 수와 두 변수 간 상관계수 계산에 사용된 사례 수는 모두 404입니다. 그러나 쌍별 결측제거가 사용된 경우는 적게는 404개의 사례 수가 사용되었지만, 많게는 1,000개 사례 수가 모두 사용되었습니다. 예를 들어 Y 변수와 X1 변수의 상관계수(즉 표준화된 공분산)를 계산할 때, 리스트단위 결측제거에 사용된 표본 수는 404이지만 쌍별 결측제거를 사용한 경우의 표본 수는 690으로, 쌍별 결측제거를 적용하였을 때 286개를 더 확보하였습니다.

즉 쌍별 결측제거를 적용하면 실측데이터에서 얻을 수 있는 최대한의 공분산 정보를 활용할 수 있다는 장점이 있습니다. 그러나 위의 결과에서 알 수 있듯, 두 변수 간 공분산 계산 시 사용된 사례 수는 제각각입니다. 즉 리스트단위 결측제거를 적용한 경우의 표본 수는 고정값을 갖지만, 쌍별 결측제거를 적용한 경우의 표본 수는 연구자의 재량에 따라 특정한 표본 수를 지정해야 합니다(다시 말해 연구자의 자의적 선택에 따라 분석의 효율성 수준이 달라질 수 있습니다). 표본 수를 어떻게 지정해야 할 것인가의 문제와 관련하여, 일반적으로는 표본 수가 가장 작은 변수 쌍(출력결과에서 X1 변수와 X2 변수)의 표본 수(출력결과에서 404)를 사용하는 것이 보통입니다. 즉 가장 보수적인 상황을 가정합니다.

이제 MCAR 상황의 시뮬레이션 결측데이터를 대상으로 쌍별 결측제거를 적용한 후의 변수별 평균의 95% CI와 회귀모형 추정모수들의 95% CI를 계산해봅시다. 앞서 설명했듯 쌍별 결측제거 방식은 변수들 사이의 공분산 행렬을 기반으로 추정합니다. 다시 말해 쌍별 결측제거를 실시하기 위해서는 공분산 행렬을 입력값으로 투입하는 데이터 분석기법을 사용해야 하며, 사회과학자들에게는 어느 정도 익숙한 '구조방정식 모형(SEM, structural equation model)'을 추정하는 패키지를 이용하면 쌍별 결측제거를 적용할 수 있습니다. 여기서는 `lavaan` 패키지를 활용하여 쌍별 결측제거를 실시하였습니다. 물론 `lavaan` 패키지가 아닌 다른 R 패키지(이를테면 `openMX` 패키지)를 사용해도 되며, 다른 상업용 SEM 패키지를 이용할 수도 있습니다. R의 `lavaan` 패키지를 이용하여 구조방정식 모형을 추정하는 보다 자세한 방법에 대해서는 백영민(2017)을 참조해주시기 바랍니다.

`lavaan` 패키지를 비롯한 SEM 패키지를 이용하여 쌍별 결측제거를 적용하려면 ①변수들의 평균, ②변수 간 공분산 행렬, ③표본크기 3가지를 입력해야 합니다. 먼저 '표본크기'의 경우 MCAR 상황의 데이터의 공분산 계산과정에서 나타난 가장 작은 표본 수인 404를 이용하였습니다. 또한 '변수들의 평균'은 `colMeans()` 함수를 이용해 계산하고, '변수 간 공분산 행렬'은 `cov()` 함수를 이용해 계산하였습니다.

```
> library(lavaan)   # SEM 패키지라면 무엇이든 가능
> mu = colMeans(df_mcar,na.rm=TRUE)
> cov = cov(df_mcar,use="pairwise")
```

이제 '변수들의 평균', '변수 간 공분산 행렬', '표본크기'의 세 입력값을 이용하여 쌍별 결측제거를 적용하였을 경우에 변수별 평균의 95% CI를 구해봅시다. 앞에서 사용한 방식과 동일하게 각 변수를 종속변수로 하되 절편값만 추정한 후, 각 변수의 절편값의 95% CI를 추정하는 방식을 사용하였습니다. lavaan 패키지의 sem() 함수를 기반으로 각 변수별 평균의 95% CI를 추정하면 다음과 같습니다.

```
> fit1 = sem("Y~1; X1~1; X2~1; X3~1",
+            sample.mean=mu,  # 변수들의 평균
+            sample.cov=cov,  # 변수 간 공분산 행렬
+            sample.nobs=404) # 표본크기(가장 보수적 상황)
```

이어서 쌍별 결측제거를 적용한 후 얻은 추정결과를 살펴보겠습니다. 추정결과는 parameterestimates() 함수를 이용하면 편리하게 얻을 수 있습니다.

```
> parameterestimates(fit1)
  lhs op rhs   est         se  z pvalue  ci.lower  ci.upper
1   Y ~1       0.015  0.050   0.309   0.757   -0.082   0.113
2  X1 ~1      -0.018  0.051  -0.362   0.718   -0.118   0.081
3  X2 ~1       0.019  0.050   0.380   0.704   -0.079   0.117
4  X3 ~1       0.041  0.047   0.864   0.388   -0.052   0.134
5   Y ~~   Y   1.002  0.071  14.213   0.000    0.864   1.140
6  X1 ~~  X1   1.035  0.073  14.213   0.000    0.893   1.178
7  X2 ~~  X2   1.018  0.072  14.213   0.000    0.878   1.159
8  X3 ~~  X3   0.906  0.064  14.213   0.000    0.781   1.031
```

위의 출력결과에서 1번 줄부터 4번 줄까지의 결과가 각 변수 평균입니다. 변수별 평균의 95% CI는 ci.lower 변수와 ci.upper 변수를 이용해 계산할 수 있습니다.

다음으로 MCAR 상황 시뮬레이션 데이터를 대상으로 쌍별 결측제거를 활용하여 회

귀모형 추정결과를 추정하면 아래와 같습니다. 마찬가지로 parameterestimates() 함수를 이용하면 회귀모형 추정결과를 쉽게 얻을 수 있습니다.

```
> fit2 = sem("Y~1+X1+X2+X3",
+           sample.mean=mu,
+           sample.cov=cov,
+           sample.nobs=404)
> parameterestimates(fit2)
   lhs  op  rhs    est            se  z pvalue  ci.lower   ci.upper
1    Y  ~1        0.012  0.035   0.332    0.74    -0.057      0.081
2    Y   ~   X1   0.448  0.039  11.446    0.00     0.371      0.524
3    Y   ~   X2   0.299  0.039   7.700    0.00     0.223      0.375
4    Y   ~   X3   0.152  0.043   3.510    0.00     0.067      0.237
5    Y  ~~    Y   0.497  0.035  14.213    0.00     0.428      0.565
6   X1  ~~   X1   1.035  0.000      NA      NA     1.035      1.035
7   X1  ~~   X2   0.343  0.000      NA      NA     0.343      0.343
8   X1  ~~   X3   0.428  0.000      NA      NA     0.428      0.428
9   X2  ~~   X2   1.018  0.000      NA      NA     1.018      1.018
10  X2  ~~   X3   0.397  0.000      NA      NA     0.397      0.397
11  X3  ~~   X3   0.906  0.000      NA      NA     0.906      0.906
12  X1  ~1       -0.018  0.000      NA      NA    -0.018     -0.018
13  X2  ~1        0.019  0.000      NA      NA     0.019      0.019
14  X3  ~1        0.041  0.000      NA      NA     0.041      0.041
```

위의 추정결과에서 1번째 줄부터 4번째 줄까지의 결과가 바로 절편 및 독립변수의 추정결과입니다. 참고로 5번째 줄의 값은 회귀모형의 $NID(0, \sigma^2)$에 해당하는 결과입니다. 다시 말해 쌍별 결측제거를 적용한 회귀모형의 결정계수는 1 – 0.497, 즉 $R^2 = .503$입니다.

위에서 추정한 변수별 평균의 95% CI, 회귀모형에서 얻은 절편, 회귀계수의 95% CI를 MAR, MNAR 상황의 시뮬레이션 데이터에 반복하여 적용하기 위해 다음과 같은 방식의 개인함수를 설정했습니다. 즉 fun_pwd_summary()는 회귀모형을 추정한 후, 추정한 절편 및 회귀계수의 95% CI를 리스트로 묶어 출력해주는 함수입니다.

```
> fun_pwd_summary = function(data_mss,mytype){
+  mu = colMeans(data_mss,na.rm=TRUE)
+  cov = cov(data_mss,use="pairwise")
```

```
+ fit1 = sem("Y~1; X1~1; X2~1; X3~1",
+           sample.mean=mu,
+           sample.cov=cov,
+           sample.nobs=min(Hmisc::rcorr(data_mss %>% as.matrix())$n))
+ M=parameterestimates(fit1) %>%
+  filter(op=="~1") %>%
+  mutate(ll95=ci.lower,ul95=ci.upper,source=lhs,mech=mytype) %>%
+  select(source,ll95,ul95,mech)
+ fit2 = sem("Y~1+X1+X2+X3",
+           sample.mean=mu,
+           sample.cov=cov,
+           sample.nobs=min(Hmisc::rcorr(data_mss %>% as.matrix())$n))
+ Coef=parameterestimates(fit2) %>%
+  filter(op!="~~"&!is.na(z)) %>%
+  mutate(
+   source=model_comp$source,
+   ll95=ci.lower,
+   ul95=ci.upper,
+   mech=mytype
+  ) %>% select(source:mech)
+ list(M,Coef)
+ }
```

먼저 각 상황별 시뮬레이션 데이터의 변수별 평균의 95% CI를 계산한 후, 시각화를 통해 완전데이터에서 얻은 결과와 비교해보겠습니다.

```
> # Mean and 95% CI
> M_pwd=bind_rows(
+ fun_pwd_summary(df_mcar,"MCAR")[[1]],
+ fun_pwd_summary(df_mar,"MAR")[[1]],
+ fun_pwd_summary(df_mnar,"MNAR")[[1]] )
> bind_rows(M_comp,M_pwd) %>%
+ mutate(mech=fct_reorder(mech,row_number())) %>%
+ ggplot()+
+ geom_errorbar(aes(x=source,ymin=ll95,ymax=ul95,colour=mech),
+               width=0.3,size=1,
+               position=position_dodge(width=0.3))+
+ coord_cartesian(ylim=c(-0.4,0.4))+
```

```
+ labs(x="Variable",
+        y="Confidence intervals for each variable's Mean",
+        colour="Mechanism")+
+ theme_bw()+
+ ggtitle("Mean comparison (Pairwise deletion applied)")
```

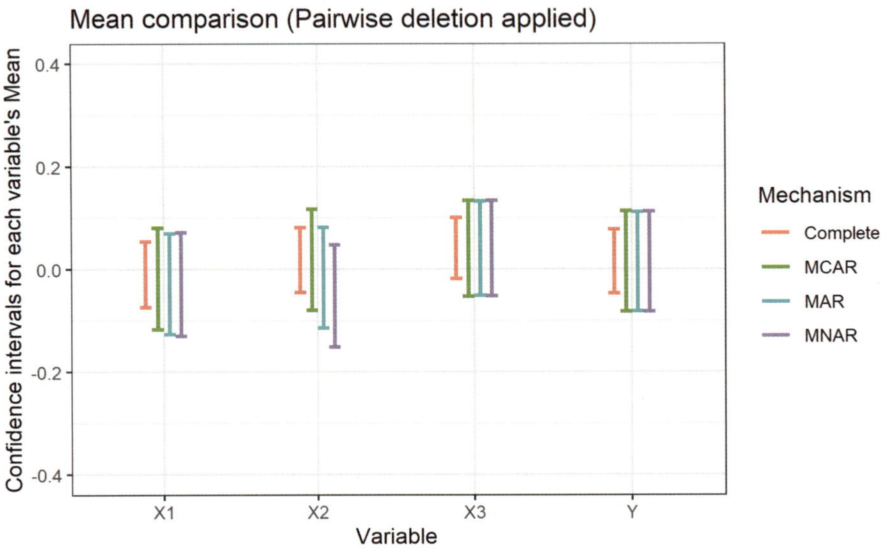

[그림 4-3] 상황별 쌍별 결측제거 후 변수별 평균의 95% CI 비교

[그림 4-3]을 통해 다음과 같은 특징들을 발견할 수 있습니다. 첫째, 완전데이터를 대상으로 분석한 결과와 비교하였을 때(주황: Complete), 쌍별 결측제거를 적용한 후 얻은 평균의 95% CI 값들의 폭(width)이 더 넓은 것을 발견할 수 있습니다. 이는 변수 간 공분산 행렬에서 나타난 가장 작은 사례 수를 표본크기로 넣었기 때문입니다. 즉 표본손실로 인해 95% CI의 폭이 더 넓어진 것입니다. 만약 변수 간 공분산 행렬에서 나타난 가장 큰 사례 수를 표본크기로 넣었다면, 95% CI의 폭이 완전데이터에서 얻은 95% CI와 유사하게 변할 것입니다(물론 이 경우 연구자는 가장 큰 사례 수를 넣은 이유가 무엇인지 밝혀야 할 것입니다). 둘째, 결측값이 전혀 나타나지 않았던 Y 변수와 X3 변수의 경우 평균추정에서 불편향성이 유지되었습니다(물론 이 두 변수의 경우도 95% CI가 넓게 나타나 결측값으로 인한 불확실성은 증가하였습니다). 셋째, MCAR 상황에서 얻은 평균의 95% CI는 완전데이터를 분석해서 얻은 평균의 95% CI와 크게 벗어나지 않지만, MAR 혹은 MNAR 상황에서

얻은 평균의 95% CI는 완전데이터를 분석해서 얻은 평균의 95% CI와 비교할 때 편향되어 있습니다(특히 X2 변수의 경우).

다음으로 회귀모형의 모수추정값을 비교해봅시다.

```
> #Regression estimates
> result_pwd=bind_rows(
+  fun_pwd_summary(df_mcar,"MCAR")[[2]],
+  fun_pwd_summary(df_mar,"MAR")[[2]],
+  fun_pwd_summary(df_mnar,"MNAR")[[2]] )
> #쌍별 결측제거 후 분석결과와 완전데이터 분석결과 비교
> bind_rows(model_comp,result_pwd) %>%
+  mutate(mech=fct_reorder(mech,row_number())) %>%
+  ggplot()+
+  geom_errorbar(aes(x=source,ymin=ll95,ymax=ul95,colour=mech),
+                width=0.3,size=1,
+                position=position_dodge(width=0.3))+
+  labs(x="Intercept and Coefficients",
+       y="Confidence intervals for each estimate",
+       colour="Mechanism")+
+  theme_bw()+
+  ggtitle("Parameter estimates (Pairwise deletion applied)")
```

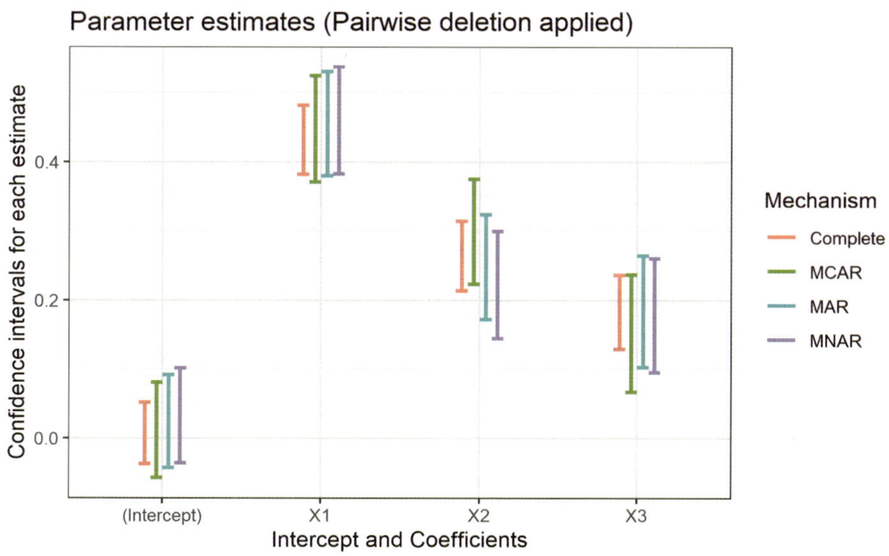

[그림 4-4] 상황별 쌍별 결측제거 후 회귀모형 추정모수의 95% CI 비교

[그림 4-4]에서 주목할 부분은 다음과 같습니다. 첫째, 완전데이터를 대상으로 분석한 결과와 비교하였을 때(주황: Complete), 추정모수의 95% CI가 훨씬 더 넓어졌습니다. 즉 표본손실로 인해 추정모수의 불확실성이 증가합니다. 둘째, 결측값이 MCAR 상황이 아닐수록, 다시 말해 결측값이 '무시 불가능(nonignorable)'할수록 추정모수가 완전데이터에서 얻은 추정모수에서 벗어나는 모습을 보이고 있습니다(절편 및 X1, X2 변수의 회귀계수).

쌍별 결측제거를 적용할 때의 잠재적 문제점을 정리해보겠습니다. 첫째, 표본크기가 일정하지 않은 문제가 발생합니다. 일반적으로 사용되는 표본크기 설정방법을 사용할 경우, 리스트단위 결측제거와 마찬가지로 표본손실로 인해 분석결과의 효율성이 감소합니다(즉 분석결과의 불확실성이 증가합니다). 둘째, 만약 결측값이 MCAR 상황에서 멀어질수록, 다시 말해 '무시 불가능'한 결측일수록, 분석결과의 불편향성이 훼손될 가능성이 커집니다.

끝으로 쌍별 결측제거의 문제점을 한 가지만 더 이야기하겠습니다. 저희가 예시로 사용한 시뮬레이션 데이터에서는 별문제가 없었지만, 쌍별 결측제거를 통해 얻은 공분산 행렬로 SEM 추정이 불가능한 상황이 종종 발생합니다. 추정 불가능한 공분산 행렬을 얻은 경우라면, 해당 결측데이터에 대해서는 쌍별 결측제거를 적용할 수 없습니다. 다시 말해 쌍별 결측제거는 적용 자체가 불가능한 상황도 종종 발생합니다.

3 평균대체

평균대체(mean substitution) 기법은 특정 변수에서 발견된 결측값을 해당 변수의 실측값들의 평균값으로 대체하는 결측데이터 분석기법입니다. 결론부터 말씀드리면 '평균대체' 기법은 기존 결측데이터 분석기법들 중 가장 좋지 않은 방법입니다. 물론 MCAR 가정이 타당하다면 평균대체 기법을 적용해서 얻은 분석결과의 불편향성은 확보될 수 있다고 합니다. 그러나 MCAR 상황에서조차 평균대체 기법을 적용할 경우 데이터의 분산-공분산 구조가 왜곡되는 심각한 문제는 발생합니다. 또한 MAR, MNAR 상황에서는 분산-공분산 문제가 발생하는 것은 물론이고 분석결과의 불편향성 역시 매우 크게 위협받게 됩니다.

시뮬레이션 데이터에 평균대체 기법을 적용하여 구체적으로 어떤 문제가 발생하는지 살펴보겠습니다. 먼저 MCAR 상황에서 평균대체 기법을 적용하였을 때 얻은 변수의 평균과 표준편차가 평균대체 기법을 적용하지 않은 경우(즉 리스트단위 결측제거함)와 비교하였을 때 어떻게 달라지는지 살펴봅시다. 결측데이터에 대해 평균대체 기법을 적용한 데이터를 df_temp_mcar라는 이름의 데이터로 저장한 후, 평균대체 적용 이전과 이후 4개 변수의 평균과 표준편차를 계산한 결과는 아래와 같습니다.

```
> df_temp_mcar = df_mcar %>%
+ mutate_all(
+   ~(ifelse(is.na(.),mean(.,na.rm=TRUE),.)) # mean substitution
+ )
> # 평균대체 적용 이전
> df_mcar %>%
+ summarise_all(.funs=c("mean","sd"),na.rm=TRUE)
# A tibble: 1 x 8
  Y_mean  X1_mean  X2_mean  X3_mean  Y_sd  X1_sd  X2_sd  X3_sd
   <dbl>    <dbl>    <dbl>    <dbl> <dbl>  <dbl>  <dbl>  <dbl>
1 0.0154  -0.0183   0.0191   0.0409  1.00   1.02   1.01  0.953
> # 평균대체 적용 이후
> df_temp_mcar %>%
+ summarise_all(.funs=c("mean","sd"))
# A tibble: 1 x 8
  Y_mean  X1_mean  X2_mean  X3_mean  Y_sd  X1_sd  X2_sd  X3_sd
   <dbl>    <dbl>    <dbl>    <dbl> <dbl>  <dbl>  <dbl>  <dbl>
1 0.0154  -0.0183   0.0191   0.0409  1.00  0.846  0.853  0.953
```

결측값이 발생한 두 변수(X1, X2)의 표준편차는 약 0.85 정도로, 이는 평균대체 기법을 적용하기 이전 상황의 표준편차인 약 1.00과 비교할 때 매우 낮은 편입니다. 사실 표준편차의 공식을 떠올려보면 왜 이와 같은 상황이 발생했는지 간단하게 이해할 수 있습니다. 분산(표준편차의 제곱)은 변수의 각 사례들의 실측값이 평균값에서 얼마나 벗어나 있는지를 계산하여 제곱한 후, 이를 사례 수로 나누어준 것입니다. 결측값을 평균값으로 대체하였기 때문에 분산 계산과정에서 평균값과의 차이가 '0'인 사례들이 대폭 증가하여 분산을 0에 가깝도록 끌어내린 것이죠.

더욱 심각한 문제는 분산-공분산 구조입니다. 상관계수 행렬(분산-공분산 행렬의 표준화 결과)이 평균대체 기법 적용 이후에 어떻게 바뀌는지 한번 살펴봅시다.

```
> # 평균대체 적용 이전
> df_mcar %>% as.matrix() %>%
+ Hmisc::rcorr()
      Y    X1    X2    X3
Y  1.00  0.63  0.52  0.47
X1 0.63  1.00  0.36  0.44
X2 0.52  0.36  1.00  0.42
X3 0.47  0.44  0.42  1.00

n
      Y    X1    X2    X3
Y  1000   690   714  1000
X1  690   690   404   690
X2  714   404   714   714
X3 1000   690   714  1000

P
   Y  X1  X2  X3
Y      0   0   0
X1 0       0   0
X2 0   0       0
X3 0   0   0
> # 평균대체 적용 이후
> df_temp_mcar %>% as.matrix() %>%
+ Hmisc::rcorr()
      Y    X1    X2    X3
Y  1.00  0.51  0.43  0.47
X1 0.51  1.00  0.19  0.37
X2 0.43  0.19  1.00  0.35
X3 0.47  0.37  0.35  1.00

n= 1000

P
   Y  X1  X2  X3
Y      0   0   0
X1 0       0   0
X2 0   0       0
X3 0   0   0
```

결측값이 발생한 두 변수(X1, X2)와 다른 변수들의 경우 상관계수들이 크게 달라진 것을 쉽게 발견할 수 있습니다. 결측값에 대해 평균대체를 실시하기 전후의 두 변수 X1, X2의 산점도와 회귀모형 예측선을 살펴보면, 평균대체 기법으로 인해 왜 상관계수가 급격하게 바뀌었는지를 쉽게 이해할 수 있습니다.

```
> # 시각화
> df_temp_mcar %>%
+ mutate(dum=!is.na(df_mcar$X1)&!is.na(df_mcar$X2)) %>%
+ ggplot(aes(x=X1,y=X2))+
+ geom_point(aes(colour=dum))+
+ geom_smooth(method="lm",colour="red")+
+ geom_smooth(data=df_mcar,aes(x=X1,y=Y),method="lm",colour="blue")+
+ labs(x="X1",y="X2",colour="Type")+
+ scale_colour_manual(values=c("red","blue"),labels=c("Missing","Observed"))+
+ coord_cartesian(xlim=c(-3,3),ylim=c(-3,3))+
+ theme_bw()
`geom_smooth()` using formula 'y ~ x'
`geom_smooth()` using formula 'y ~ x'
경고메시지(들):
Removed 310 rows containing non-finite values (stat_smooth).
```

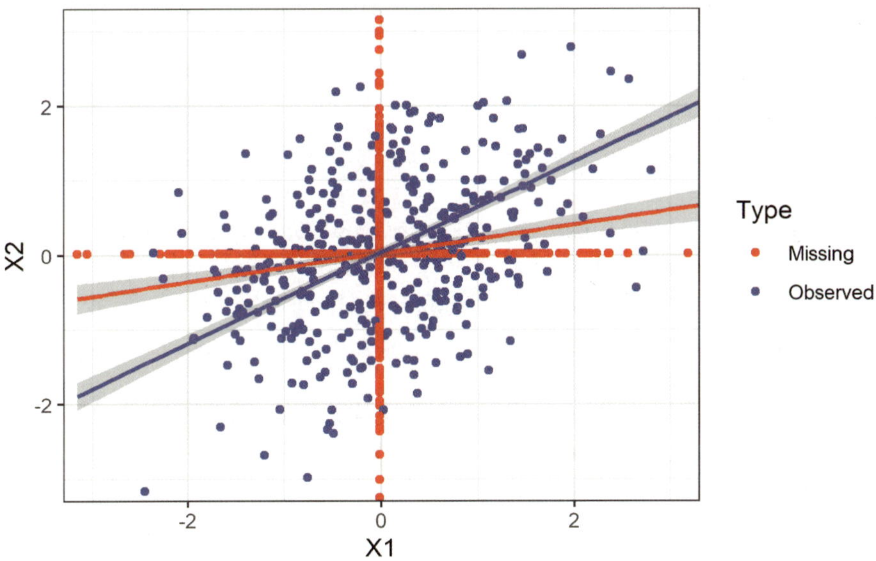

[그림 4-5] 평균대체 기법 적용 전후의 예측선 변화

즉 평균대체 기법은 MCAR 상황이더라도 결측데이터 분석기법으로 결코 바람직하지 않습니다. 그렇다면 MAR, MNAR 상황인 경우는 어떨까요? 우선은 결측데이터를 대상으로 평균대체 기법을 적용한 후 변수들의 평균과 표준편차가 어떻게 바뀌는지 살펴봅시다. 평균대체 기법을 적용하기 위해 개인함수 fun_mean_substitute()를 설정한 후, 이 함수로 평균대체를 적용한 데이터에 대해 변수들의 기술통계치를 구한 결과는 아래와 같습니다.

```
> # 평균대체를 위한 개인함수
> fun_mean_substitute = function(data_mss){
+  data_mss %>%
+   mutate_all(
+    ~(ifelse(is.na(.),mean(.,na.rm=TRUE),.))
+   )
+ }
> # 변수들의 평균, 표준편차 계산 및 비교
> M_ms=list()
> for (myloc in 1:4){
+  M_ms=bind_rows(M_ms,bind_rows(
+      fun_95CI_M(myloc,df_mcar%>%fun_mean_substitute(),"MCAR"),
+      fun_95CI_M(myloc,df_mar%>%fun_mean_substitute(),"MAR"),
+      fun_95CI_M(myloc,df_mnar%>%fun_mean_substitute(),"MNAR")
+  ))
+ }
> bind_rows(M_comp,M_ms) %>%
+  mutate(mech=fct_reorder(mech,row_number())) %>%
+  ggplot()+
+  geom_errorbar(aes(x=source,ymin=ll95,ymax=ul95,colour=mech),
+                 width=0.3,size=1,
+                 position=position_dodge(width=0.3))+
+  coord_cartesian(ylim=c(-0.4,0.4))+
+  labs(x="Variable",
+       y="Confidence intervals for each variable's Mean",
+       colour="Mechanism")+
+  theme_bw()+
+  ggtitle("Mean comparison (Mean substitution applied)")
```

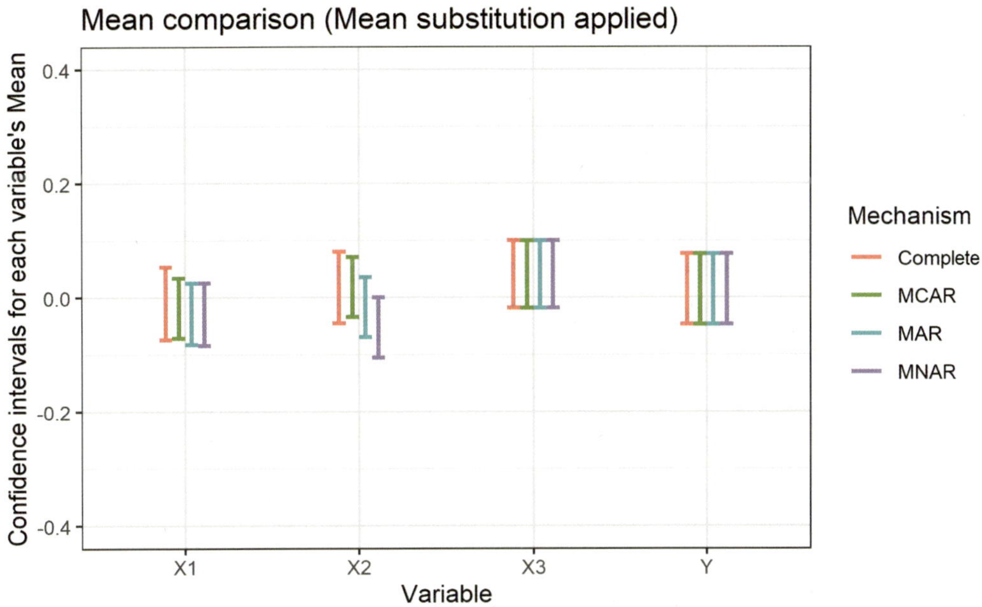

[그림 4-6] 상황별 평균대체 기법 적용 후 변수별 평균의 95% CI 비교

MAR, MNAR 상황의 경우 결측값이 발생한 두 변수(X1, X2) 평균의 95% 신뢰구간의 폭이 감소한 것과 함께, 평균값 역시 편향된 것을 발견할 수 있습니다(특히 X2 변수는 상황이 심각합니다).

다음으로 회귀모형 추정결과를 비교해보겠습니다.

```
> # 회귀모형 추정결과 비교
> ms_mcar=lm(myformula,df_mcar%>%fun_mean_substitute())
> ms_mar=lm(myformula,df_mar%>%fun_mean_substitute())
> ms_mnar=lm(myformula,df_mnar%>%fun_mean_substitute())
> ms_mss=rbind(confint(ms_mcar),
+              confint(ms_mar),
+              confint(ms_mnar))
> result_ms=ms_mss %>%
+  as_tibble() %>%
+  mutate(
+   source=rownames(ms_mss),
+   ll95=`2.5 %`,ul95=`97.5 %`,
```

```
+   mech=rep(c("MCAR","MAR","MNAR"),each=4)
+  ) %>% select(source:mech)
> # 평균대체 기법 적용 후 분석결과와 완전데이터 분석결과 비교
> bind_rows(model_comp,result_ms) %>%
+  mutate(mech=fct_reorder(mech,row_number())) %>%
+  ggplot()+
+  geom_errorbar(aes(x=source,ymin=ll95,ymax=ul95,colour=mech),
+                 width=0.3,size=1,
+                 position=position_dodge(width=0.3))+
+  labs(x="Intercept and Coefficients",
+       y="Confidence intervals for each estimate",
+       colour="Mechanism")+
+  theme_bw()+
+  ggtitle("Parameter estimates (Mean substitution applied)")
```

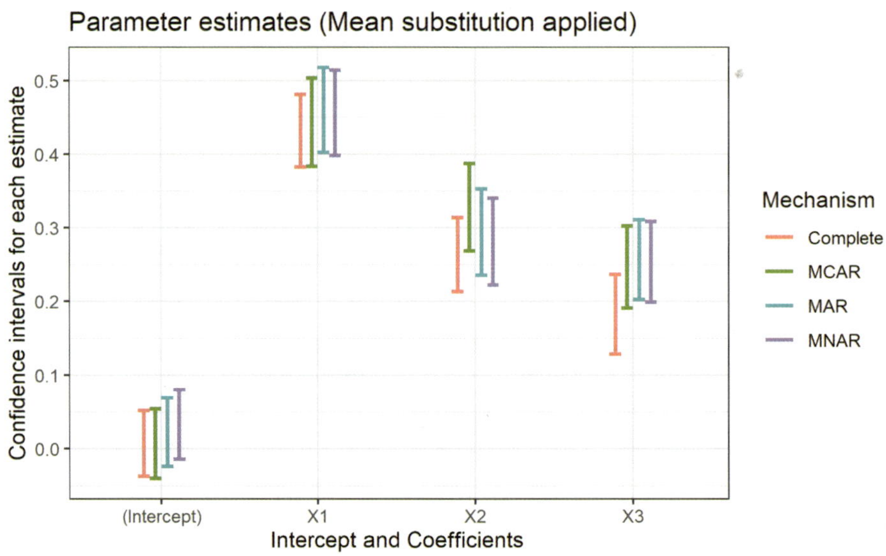

[그림 4-7] 상황별 평균대체 기법 적용 후 회귀모형 추정모수의 95% CI 비교

평균대체 기법의 경우 결측값이 발생한 사례들을 제거하지 않기 때문에 표본손실은 발생하지 않습니다. 따라서 절편과 회귀계수의 95% CI의 폭은 그리 큰 변동을 보이지 않지만, 결측값이 어떤 메커니즘에서 발생하듯 분석결과의 불편향성은 심각하게 훼손됩니다(특히 이번 사례의 경우 X3 변수의 회귀계수에 주목).

평균대체 기법을 적용할 때 발생할 수 있는 문제점은 다음과 같습니다. 첫째, MCAR 상황의 경우 변수별 평균값에는 별 영향을 미치지 않지만, 분산이 감소할 가능성이 높습니다. 둘째, 결측값 발생 메커니즘에 상관없이 결측값이 발생한 변수와 다른 변수의 상관계수가 뒤틀릴 가능성이 높습니다. 셋째, 결측값 발생 메커니즘에 상관없이 상관계수가 왜곡됨에 따라 회귀모형 추정결과 역시 왜곡될 가능성이 매우 높습니다. 결론적으로 결측값 발생 상황을 어떻게 가정하든 간에, 평균대체 기법을 적용하면 데이터의 분산-공분산 구조가 왜곡되기 쉽고, 따라서 분산-공분산 구조를 기반으로 하는 회귀모형 결과를 왜곡시킬 가능성이 매우 높습니다. 바로 이러한 이유로 평균대체 기법은 사용하지 않는 것이 낫습니다.

4 회귀투입

회귀투입(regression imputation) 기법은 이름에서 어느 정도 유추할 수 있듯, 결측데이터 분석기법에 회귀분석을 활용한 것입니다. 회귀투입 기법의 아이디어는 기본적으로 평균대체와 유사합니다. 평균대체 기법의 경우 MCAR 상황을 가정했을 때, 특정 변수의 결측값을 해당 변수의 평균으로 대체하는 것입니다. 회귀투입 기법은 특정 변수의 결측값을 추정·대체하기 위해 ①해당 변수의 실측값을 종속변수로 하고 다른 변수들을 독립변수로 하는 회귀모형을 추정한 후, ②회귀모형의 예측값을 해당 변수에서 나타난 결측값으로 간주하는 기법입니다. 결측값이 발생한 변수를 설명하기 위해 회귀모형을 추정하는 방식으로 다른 변수들의 정보를 활용하는 것입니다. 이는 앞서 소개한 3개의 결측치 발생 메커니즘 중 MAR 상황과 유사합니다. 즉 평균대체 기법이 MCAR 상황을 가정하는 것과 달리, 회귀투입 기법은 특정 변수의 결측값이 MAR 상황에서 나타난다는 것을 가정한다고 볼 수 있습니다. 그러나 회귀투입 기법은 평균대체 기법과 마찬가지 이유로 사용하지 않는 것이 좋습니다. 두 기법은 모두 결측값을 특정한 고정값(fixed value)으로 가정하며, 따라서 평균대체 기법의 결정적 약점인 분산-공분산 구조의 왜곡 현상이 회귀투입 기법에서도 동일하게 나타납니다.

이제 회귀투입 기법을 간단하게 소개하겠습니다. 우선 MAR 상황에서 시뮬레이션한 예시데이터를 대상으로 하되, 계산의 편의를 위해 X1, X2 2가지 결측변수 중에서 X2 변수는 없다고 가정하겠습니다. X1 변수의 결측값을 예측하고자 아래와 같이 X1 변수의 실측값이 X3, Y 변수들과 어떤 관계를 맺고 있는지를 모형화시킨 회귀모형을 추정하였습니다.

```
> # 회귀모형 추정
> ols_X1 = lm(X1~Y+X3,data=df_mar %>% drop_na(X1))
```

이렇게 추정한 회귀모형을 이용하여 X1 변수의 결측값을 예측해봅시다.

```
> # 결측값이 포함된 데이터의 X1 변수 예측값 계산 후 대체
> df_temp_mar1 = df_mar %>% filter(is.na(X1))
> df_temp_mar1$X1 = predict(ols_X1,df_temp_mar1)
```

이제 X1 변수의 결측값을 예측한 데이터를 X1 변수의 실측값으로 구성된 데이터와 합친 후, Y 변수를 종속변수로 하고 X1, X3 변수를 독립변수로 하는 회귀모형을 추정해봅시다. 추정된 회귀모형의 절편과 회귀계수의 95% CI는 아래와 같습니다.

```
> df_temp_mar_regimp = df_mar %>%
+   drop_na(X1) %>%
+   bind_rows(df_temp_mar1 %>% select(names(df_mar)))
> lm(Y~X1+X3,df_temp_mar_regimp) %>% confint()
                  2.5 %     97.5 %
(Intercept) -0.03583234 0.05261609
X1           0.58209077 0.68879368
X3           0.16295920 0.26689823
```

이 결과를 완전데이터에서 얻은 절편 및 회귀계수의 95% CI와 비교해봅시다.

```
> lm(Y~X1+X3,df_comp) %>% confint()
                  2.5 %    97.5 %
(Intercept) -0.03730213 0.0561238
X1           0.45231086 0.5526017
X3           0.21228692 0.3202983
```

회귀투입 기법을 적용하자 X1의 회귀계수는 상당히 증가한 반면, X3의 회귀계수는 상당히 감소한 것을 알 수 있습니다. 회귀계수들의 변화패턴을 조금 더 자세히 이해하기 위해 회귀투입 기법을 적용한 데이터의 경우 결측값이 발생했던 X1 변수와 다른 두 변수 사이의 상관계수가 완전데이터를 대상으로 얻은 상관계수와 어떻게 다른지 살펴봅시다.

```
> # 회귀투입 후 상관계수
> cor.test(~X1+Y,df_temp_mar_regimp)$estimate
      cor
0.6807404
> cor.test(~X1+X3,df_temp_mar_regimp)$estimate
     cor
0.451343
> # 완전데이터를 대상으로 얻은 상관계수
> cor.test(~X1+Y,df_comp)$estimate
      cor
0.6211749
> cor.test(~X1+X3,df_comp)$estimate
      cor
0.4213536
```

회귀투입을 통해 얻은 상관계수가 전반적으로 상승한 것을 확인할 수 있습니다. X1 변수의 회귀계수는 X3 변수가 Y에 미치는 효과를 통제한 것이며, X3 변수의 회귀계수는 X1 변수가 Y에 미치는 효과를 통제한 것입니다. 이제 X1 변수와 X3 변수의 회귀계수가 왜 변했는지 이해할 수 있을 것입니다. 즉 X1 변수의 결측치에 대한 회귀투입 이후 X1 변수와 다른 두 변수(X3, Y 변수) 사이의 상관계수가 모두 증가했으며, 그에 따라 X1 변수의 회귀계수는 증가한 한편, 상대적으로 X3 변수의 회귀계수는 감소한 것입니다.

위와 같은 방식으로 수동으로 회귀투입 기법을 사용하는 것은 회귀투입 기법의 적용과정을 이해하는 데 도움이 되지만, 결측값이 발생한 변수가 2개 이상인 경우에는 매우 번잡한 일입니다. 3부에서 소개할 다중투입(multiple imputation) 기법을 사용하기 위한 mice 패키지의 mice() 함수의 method 옵션을 "norm.predict"으로 설정하면 결측값 발생변수가 여럿인 경우의 회귀투입 기법을 쉽게 사용할 수 있습니다. 물론 결측데이터에 대해 회귀투입 기법을 사용하는 것은 매우 권장되지 않기 때문에, 이것이 mice 패키지 개발자들이 권장하는 방법은 결코 아니라는 점을 반드시 명심하시길 바랍니다. 아무튼 다음과 같은 방식을 이용하면, 이전의 lm() 함수를 이용한 방식과 정확하게 동일한 결과를 얻을 수 있습니다.

```
> # mice() 함수 이용: 권장되는 방법은 아님
> # 위의 과정을 반복(replication)하기 위해 X2 변수는 제거
> library(mice)
> regimp = mice(df_mar %>% select(-X2),method="norm.predict",m=1,print=FALSE)
> df_mar_ri = complete(regimp)  # 결측값을 회귀예측값으로 대체하여 완전데이터처럼 변환
> lm(Y~X1+X3,df_mar_ri) %>% confint()
                  2.5 %      97.5 %
(Intercept)  -0.03583234  0.05261609
X1            0.58209077  0.68879368
X3            0.16295920  0.26689823
```

이제 X1, X2, X3 세 변수를 모두 고려하고 다른 결측값 발생 상황을 가정한 후, 시뮬레이션한 예시데이터들을 대상으로 회귀투입 기법을 적용해보겠습니다. 이전과 마찬가지로, 추정한 변수별 평균의 95% CI와 회귀모형 분석결과의 95% CI를 살펴봅시다. 위에서 소개한 method="norm.predict"를 지정한 mice() 함수를 이용해 회귀투입 기법을 적용한 후, 변수별 평균과 추정된 회귀모형의 절편과 회귀계수의 95% CI를 구하는 개인함수는 아래와 같습니다. 즉 fun_regimp() 함수는 회귀투입 기법을 적용한 추정치들의 95% CI를 돌려줍니다.

```
> # 개인함수 설정
> fun_regimp=function(df_mss,myseed,mymethod,mytype){
+  # 결측값 발생 변수가 2개이기 때문에 seed 옵션에 특정한 값을 넣어야 함
+  # 넣지 않으면 적용 시마다 결과가 조금씩 바뀜
+  df_regimp=mice(df_mss,method=mymethod,
+      seed=myseed,m=1,maxit=1,print=FALSE) %>%
+   complete()
+  M_regimp=list()
+  for (myloc in 1:4){
+   M_regimp=bind_rows(M_regimp,bind_rows(
+     fun_95CI_M(myloc,df_mss,mytype)
```

```
+   ))
+  } #평균의 95% CI
+  result=lm(myformula,data=df_regimp) %>%
+   confint()
+  reg_regimp=result %>% as_tibble() %>%
+   mutate(
+    source=rownames(result),
+    ll95=`2.5 %`,ul95=`97.5 %`,
+    mech=mytype
+   ) %>% select(source:mech) #절편과 회귀계수의 95%CI
+  list(M_regimp,reg_regimp)
+ }
```

데이터의 변수별 평균의 95% CI를 계산한 후 완전데이터에서 얻은 결과와 비교한 결과는 다음 [그림 4-8]과 같습니다.

```
> #Mean and 95% CI
> M_regimp=bind_rows(
+  fun_regimp(df_mcar,123,"norm.predict","MCAR")[[1]],
+  fun_regimp(df_mar,123,"norm.predict","MAR")[[1]],
+  fun_regimp(df_mnar,123,"norm.predict","MNAR")[[1]] )
> bind_rows(M_comp,M_regimp) %>%
+  mutate(mech=fct_reorder(mech,row_number())) %>%
+  ggplot()+
+  geom_errorbar(aes(x=source,ymin=ll95,ymax=ul95,colour=mech),
+                 width=0.3,size=1,
+                 position=position_dodge(width=0.3))+
+  coord_cartesian(ylim=c(-0.4,0.4))+
+  labs(x="Variable",
+       y="Confidence intervals for each variable's Mean",
+       colour="Mechanism")+
+  theme_bw()+
+  ggtitle("Parameter estimates (Regression imputation applied)")
```

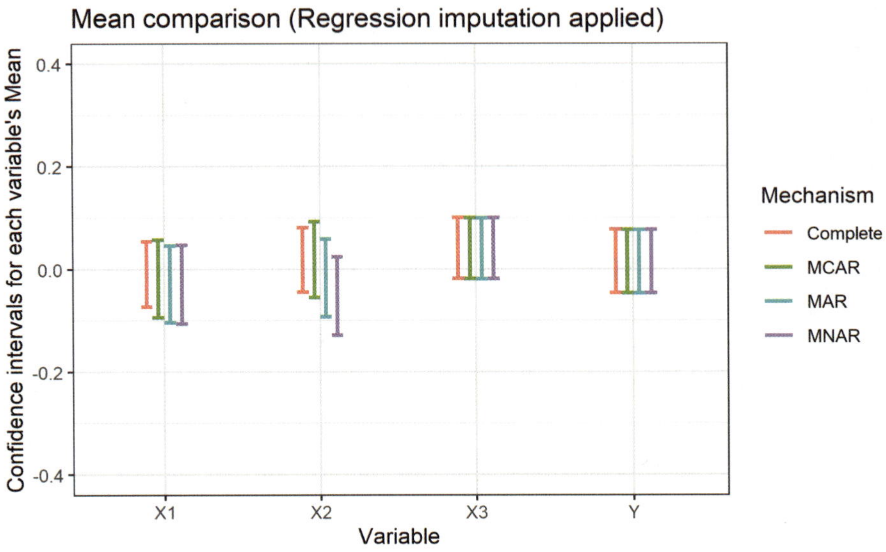

[그림 4-8] 상황별 회귀투입 기법 적용 후 변수별 평균의 95% CI 비교

[그림 4-8]에서 잘 드러나듯, 회귀투입을 통해 결측값이 발생한 변수의 평균을 추정할 경우에 95% CI의 폭이 미미하게 넓게 나타나 효율성이 다소 감소합니다. 또한 결측값을 '무시 불가능'한 MNAR 상황의 경우에는 평균의 불편향성이 훼손될 가능성이 높습니다(특히 X2 변수).

이제는 추정된 회귀모형의 절편과 회귀계수의 95% CI를 살펴봅시다.

```
> # Regression estimates
> result_regimp=bind_rows(
+  fun_regimp(df_mcar,1,"norm.predict","MCAR")[[2]],
+  fun_regimp(df_mar,1,"norm.predict","MAR")[[2]],
+  fun_regimp(df_mnar,1,"norm.predict","MNAR")[[2]] )
> # 회귀투입 후 분석결과와 완전데이터 분석결과 비교
> bind_rows(model_comp,result_regimp) %>%
+  mutate(mech=fct_reorder(mech,row_number())) %>%
+  ggplot()+
+  geom_errorbar(aes(x=source,ymin=ll95,ymax=ul95,colour=mech),
+                width=0.3,size=1,
+                position=position_dodge(width=0.3))+
```

```
+ labs(x="Intercept and Coefficients",
+       y="Confidence intervals for each estimate",
+       colour="Mechanism")+
+ theme_bw()+
+ ggtitle("Parameter estimates (Regression imputation applied)")
```

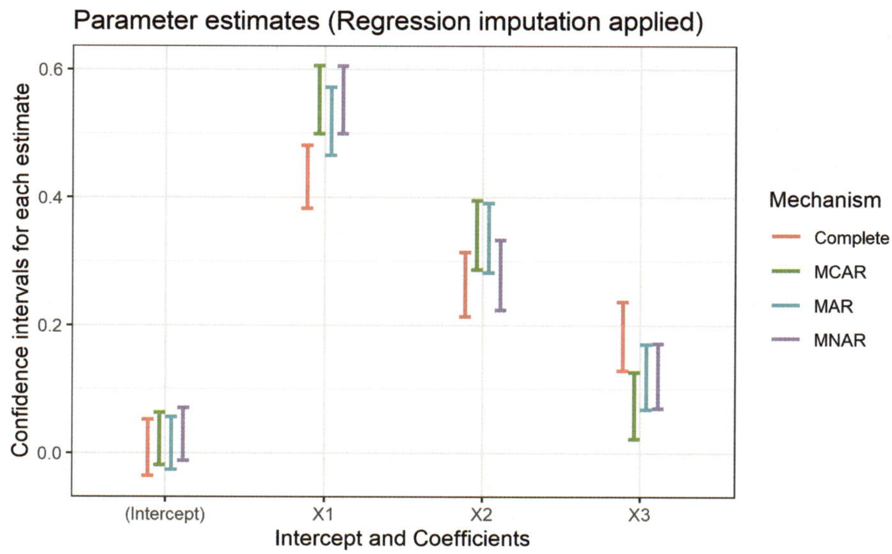

[그림 4-9] 상황별 회귀투입 기법 적용 후 회귀모형 추정모수의 95% CI 비교

[그림 4-9]에서 잘 드러나듯, 회귀투입 기법을 적용한 결측데이터를 기반으로 회귀모형을 추정했을 때는 상당히 심각한 문제가 발생할 수 있습니다. 3가지 결측값 발생 메커니즘을 가정한 데이터 모두에서 불편향성이 매우 훼손된 결과를 얻을 수 있습니다. 심지어 '무시 가능'한 결측값 발생조건인 MCAR 상황에서조차 회귀모형 추정모수의 95% CI는 상당히 편향된 추정결과를 보여줍니다.

회귀투입 기법으로 결측데이터를 분석한 결과를 정리해봅시다. 첫째, 회귀투입 기법을 적용할 경우 결측값이 발생한 사례를 버리지 않고 회귀모형을 활용한 고정값을 활용했다는 점에서 표본손실이 발생하지 않습니다. 즉 분석결과의 효율성이 크게 낮아지지 않습니다. 둘째, 만약 결측값이 발생한 특정 변수의 결측값에 영향을 미치는 다른 변수들을 알고 있다면, 변수의 평균 추정치는 불편향성 문제에서 어느 정도 자유로울 수 있습니다. 그러나 결측값이 발생한 특정 변수의 결측값에 영향을 미치는 변수들을 알지 못하거나 제대로 파악하지 못할 경우, 불편향성 문제는 얼마든지 발생할 수 있습니다. 셋째, 회귀투입 기법을 이용하면 데이터의 분산-공분산 구조가 왜곡되며, 따라서 회귀모형 추정결과의 불편향성을 훼손할 가능성이 높습니다. 다시 말해 두 번째와 세 번째 이유를 감안한다면(특히 세 번째), 회귀투입 기법을 이용해 결측데이터를 분석하는 것은 권장되지 않습니다.

5 확률적 회귀투입

확률적 회귀투입(stochastic regression imputation) 기법은 회귀투입 기법의 잠재적 문제점을 완화시킨 기법입니다. 구체적으로 확률적 회귀투입은 회귀투입 기법을 통해 얻은 예측값에 오차(noise)를 섞어 변동성(variability)을 반영한 것입니다. 예측값에 오차를 섞는다는 것이 좀 이상하게 들릴 수도 있습니다. 그러나 오차를 섞는 것은 잘못된 것이 아닙니다. 앞서 회귀투입에서 살펴본 예를 들어보죠. X1 변수에서 실측값이 나타난 사례들만 추출하여 회귀모형 추정결과를 살펴보겠습니다.

```
> # 회귀모형 추정
> ols_X1 = lm(X1~Y+X3,data=df_mar %>% drop_na(X1))
> summary(ols_X1)

Call:
lm(formula = X1 ~ Y + X3, data = df_mar %>% drop_na(X1))

Residuals:
     Min       1Q   Median       3Q      Max
-2.81219 -0.56223  0.04384  0.50056  2.15547

Coefficients:
            Estimate Std. Error t value Pr(>|t|)
(Intercept) -0.01811    0.02930  -0.618    0.537
Y            0.55705    0.03208  17.366  < 2e-16 ***
X3           0.16430    0.03467   4.739 2.59e-06 ***
---
```

```
Signif. codes: 0 '***' 0.001 '**' 0.01 '*' 0.05 '.' 0.1 ' ' 1

Residual standard error: 0.7859 on 717 degrees of freedom
Multiple R-squared: 0.4126,    Adjusted R-squared: 0.4109
F-statistic: 251.8 on 2 and 717 DF, p-value: < 2.2e-16
```

위 출력결과에서 $R^2 = .41$로 나타났습니다. 다시 말해 Y 변수와 X3 변수 2가지의 값을 알아도 X1 변수의 분산의 41%가량을 설명할 수 있을 뿐, 나머지 59%는 설명할 수 없다는 말입니다. 즉 X1 변수의 결측값이 Y 변수와 X3 변수와 연관되어 있다고 가정하더라도 우리가 위의 회귀모형으로 예측한 X1 변수의 결측값은 고정된 예측값과 아울러 오차값의 합으로 간주하는 것이 합당합니다. 이처럼 확률적 투입기법에서는 결측값을 대체하는 데 있어 '예측값(prediction)'과 '불확실성(uncertainty)'을 모두 고려합니다.

앞서 말씀드렸듯 회귀투입 기법(평균대체 기법도 마찬가지)의 문제점은 분산-공분산 구조의 왜곡입니다. 변동성을 반영하면 표본손실로 인해 효율성 감소를 막을 수 있으며, 동시에 결측값을 고정값으로 대체하면서 발생하는 분산-공분산 구조의 왜곡을 막는 것도 가능합니다. 물론 오차값은 다양한 값을 가질 수 있는데, 확률적 회귀투입 기법에서는 우연히 생성된 단 하나의 오차값만을 투입한다는 점은 명백한 문제점입니다. 이러한 확률적 회귀투입 기법의 문제점은 나중에 소개할 다중투입(multiple imputation) 기법에서 보완됩니다(다시 말해 확률적 회귀투입 기법은 다중투입 기법의 단순한 사례라고 할 수 있습니다). 우선은 확률적 회귀투입 기법부터 먼저 살펴봅시다. 회귀투입 기법과 마찬가지로 먼저 수동으로 확률적 회귀투입 기법을 실시한 후, mice() 함수의 method 옵션을 조정하는 방법을 택하겠습니다.

확률적 회귀투입 기법을 진행하는 과정은 회귀투입 기법을 진행하는 과정과 비슷하지만, 다음의 밑줄 그은 부분에서 확인할 수 있듯 회귀모형 추정값에 오차를 섞어주는 것이 다릅니다. 여기서는 앞서 회귀모형에서 추정한 잔차의 표준오차인 0.7859를 이용해(이전의 출력결과에서 Residual standard error: 0.7859 부분 주목), 정규분포 $NID(0, \sigma^2)$를 따르는 오차를 랜덤하게 생성하였습니다. 이처럼 확률적 회귀투입 기법에서는 랜덤하게 오차항을 생성하므로 함수를 실행할 때마다 다른 결과가 나올 수 있습니다. 만약 본문과 동일한 결과를 얻고자 한다면 반드시 set.seed(1234) 함수를 실행하기 바랍니다(즉 실행하지 않거나 다른 시드넘버를 입력할 경우 결과가 다르게 나올 것입니다).

```
> # 결측값이 포함된 데이터의 X1 변수 예측값 계산하고 오차를 더함
> df_temp_mar1 = df_mar %>% filter(is.na(X1))
> set.seed(1234)
> df_temp_mar1$X1 = predict(ols_X1,df_temp_mar1) + rnorm(length(df_temp_mar1$X1),0,0.78)
> df_temp_mar_storegimp = df_mar %>%
+   drop_na(X1) %>%
+   bind_rows(df_temp_mar1 %>% select(names(df_mar)))
```

이제 Y 변수를 종속변수로 하고 X1, X3 변수를 독립변수로 하는 회귀모형을 추정한 뒤, 완전데이터를 분석해서 얻은 결과와 확률적 회귀투입 기법을 적용해 얻은 결과를 비교해봅시다.

```
> lm(Y~X1+X3,df_temp_mar_storegimp) %>% confint()
                   2.5 %       97.5 %
(Intercept) -0.04387096  0.04971861
X1           0.45373243  0.55517634
X3           0.22869078  0.33571562
> lm(Y~X1+X3,df_comp) %>% confint()
                   2.5 %      97.5 %
(Intercept) -0.03730213  0.0561238
X1           0.45231086  0.5526017
X3           0.21228692  0.3202983
```

확률적 회귀투입 전후를 비교했을 때 절편 및 회귀계수의 95% CI가 매우 유사합니다. 회귀투입 기법으로 얻은 결과와 비교해보면, 확률적 회귀투입이 왜 더 나은 결측데이터 분석기법인지 이해할 수 있을 것입니다. 그렇다면 결측값이 발생한 변수(X1)와 다른 변수들(X3, Y)과의 상관계수는 어떨지도 한번 비교해봅시다.

```
> # 회귀투입 후 상관계수
> cor.test(~X1+Y,df_temp_mar_storegimp)$estimate
     cor
0.6129348
> cor.test(~X1+X3,df_temp_mar_storegimp)$estimate
```

```
   cor
 0.3985274
> # 완전데이터를 대상으로 얻은 상관계수
> cor.test(~X1+Y,df_comp)$estimate
   cor
 0.6211749
> cor.test(~X1+X3,df_comp)$estimate
   cor
 0.4213536
```

위의 결과를 보면 동일하지는 않아도 매우 유사한 결과라는 것을 알 수 있습니다.

이제 3가지 결측값 발생 메커니즘을 가정한 후 시뮬레이션한 데이터들을 대상으로 확률적 회귀투입 기법을 적용했을 때 얻을 수 있는 변수별 평균의 95% CI와 추정된 회귀모형의 절편, 회귀계수의 95% CI를 비교해봅시다. 앞서 회귀투입 기법에서 사용했던 개인함수인 `fun_regimp()` 함수를 그대로 사용하되 `mice()` 함수의 `method` 옵션을 `"norm.nob"`으로 바꾸면 확률적 회귀투입 기법을 사용할 수 있습니다.[1]

```
> fun_stochastic_regimp=fun_regimp
> # Mean and 95% CI
> M_stoc_regimp=bind_rows(
+  fun_stochastic_regimp(df_mcar,1,"norm.nob","MCAR")[[1]],
+  fun_stochastic_regimp(df_mar,1,"norm.nob","MAR")[[1]],
+  fun_stochastic_regimp(df_mnar,1,"norm.nob","MNAR")[[1]] )
> bind_rows(M_comp,M_stoc_regimp) %>%
+  mutate(mech=fct_reorder(mech,row_number())) %>%
+  ggplot()+
+  geom_errorbar(aes(x=source,ymin=ll95,ymax=ul95,colour=mech),
+                 width=0.3,size=1,
+                 position=position_dodge(width=0.3))+
+  coord_cartesian(ylim=c(-0.4,0.4))+
+  labs(x="Variable",
```

---

1 `mice` 패키지의 `mice()` 함수에서는 앞서 살펴본 회귀투입 기법에서의 `"norm.predict"`, 확률적 회귀투입 기법에서의 `"norm.nob"` 옵션을 비롯해 매우 다양한 옵션을 제공하고 있습니다. `mice()` 함수의 옵션들에 대해서는 3부에서 조금 더 자세하게 소개하겠습니다.

```
+        y="Confidence intervals for each variable's Mean",
+        colour="Mechanism")+
+ theme_bw()+
+ ggtitle("Mean comparison (Stochastic regression imputation applied)")
```

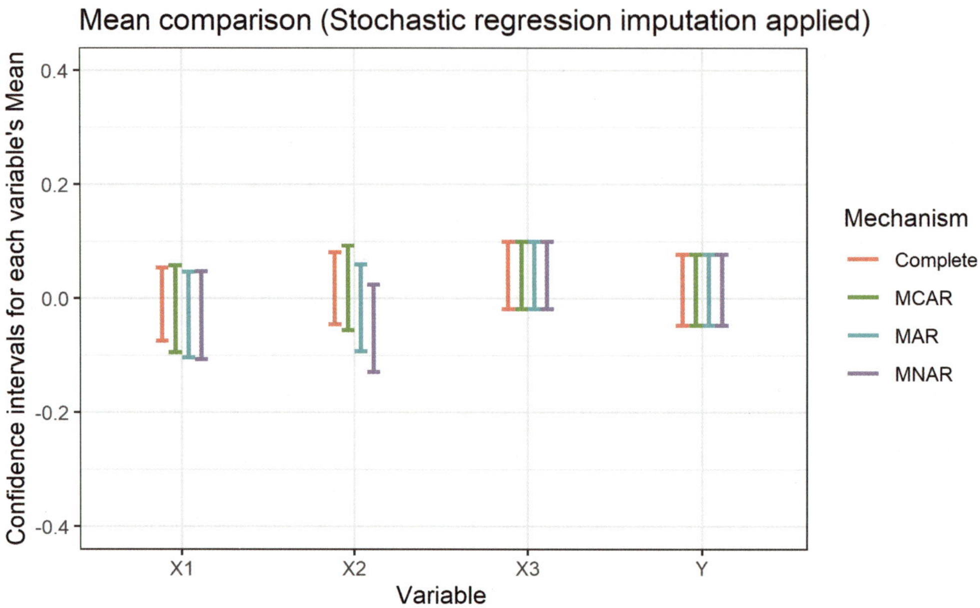

[그림 4-10] 상황별 확률적 회귀투입 기법 적용 후 변수별 평균의 95% CI 비교

[그림 4-10]에서 얻을 수 있는 결론은 2가지입니다. 첫째, 결측값을 추정하는 과정에서 오차를 섞어주었기 때문에 확률적 회귀투입 기법을 적용한 후 얻은 평균의 95% CI 폭이 증가했습니다. 즉 불확실성의 증가, 다시 말해 분석결과의 효율성이 다소 감소합니다. 둘째, MNAR 상황이 아니라면 추정된 평균의 불편향성은 훼손되지 않습니다. 그러나 MNAR 상황, 다시 말해 '무시 불가능'한 결측값에 대해서는 편향된 결과로 이어질 수 있습니다.

다음으로 회귀모형 추정결과를 비교해보겠습니다.

```
> # Regression estimates
> result_stoc_regimp=bind_rows(
+  fun_stochastic_regimp(df_mcar,1,"norm.nob","MCAR")[[2]],
+  fun_stochastic_regimp(df_mar,1,"norm.nob","MAR")[[2]],
```

```
+ fun_stochastic_regimp(df_mnar,1,"norm.nob","MNAR")[[2]] )
> # 확률적 회귀투입 후 분석결과와 완전데이터 분석결과 비교
> bind_rows(model_comp,result_stoc_regimp) %>%
+ mutate(mech=fct_reorder(mech,row_number())) %>%
+ ggplot()+
+ geom_errorbar(aes(x=source,ymin=ll95,ymax=ul95,colour=mech),
+               width=0.3,size=1,
+               position=position_dodge(width=0.3))+
+ labs(x="Intercept and Coefficients",
+      y="Confidence intervals for each estimate",
+      colour="Mechanism")+
+ theme_bw()+
+ ggtitle("Parameter estimates (Stochastic regression imputation applied)")
```

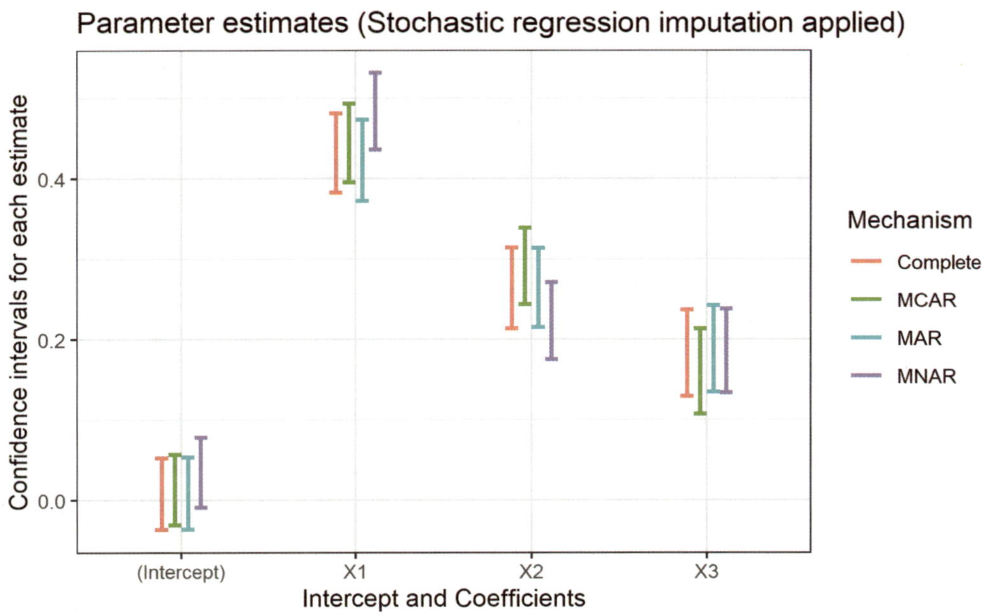

[그림 4-11] 상황별 확률적 회귀투입 기법 적용 후 회귀모형 추정모수의 95% CI 비교

전반적으로 나쁘지는 않습니다. 그러나 [그림 4-11]은 결과가 안정적이지 않습니다. 즉 시드넘버를 다르게 설정하면 위 결과와 다른 결과를 얻게 됩니다. fun_stochastic_regimp() 함수에서 두 번째 입력값인 시드넘버를 다르게 넣어보고 동일한 과정을 반복해 보면, 어떤 경우에는 회귀모형 분석결과가 매우 크게 달라지는 것을 발견하게 될 것입니다.

불안정성 문제에 대처하고자 저희는 시드넘버를 바꾸는 방식으로 확률적 회귀투입 기법을 총 1,000번 실시한 후, 각 상황별 결측데이터에서 얻은 절편과 회귀계수가 완전데이터에서 얻은 절편과 회귀계수에 비해 편차(deviation)가 얼마나 발생하는지를 살펴보았습니다. 아래의 fun_storegimp() 함수는 확률적 회귀투입 기법을 결측데이터에 적용하여 얻은 절편 및 회귀계수와 완전데이터에서 얻은 절편 및 회귀계수의 차이를 계산하기 위한 개인함수입니다.

```
> # 개인함수: 각 상황별 편차발생 계산
> fun_storegimp=function(df_mss,myseed,mytype){
+  df_storegimp=mice(df_mss,method="norm.nob",
+         seed=myseed,m=1,maxit=1,print=FALSE) %>%
+   complete()
+  standard_estimate=lm(myformula, df_comp) %>%
+   coef()
+  result_temp=lm(myformula,data=df_storegimp) %>%
+   coef()
+  (result_temp-standard_estimate) %>%
+   as_tibble() %>%
+   mutate(
+    source=c("(Intercept)",str_c("X",1:3)),
+    mech=mytype,seedNo = myseed
+   )
+ }
```

fun_storegimp() 함수를 이용하여 상황별 시뮬레이션 데이터를 대상으로 1,000개의 상이한 시드넘버를 설정한 후 반복계산한 과정을 정리하면 아래와 같습니다.

```
> # 상황별로 1000회
> result_stochastic_regimp1000 = list()
> for (mytrial in 1:1000){
+  result_stochastic_regimp1000 =
+   bind_rows(result_stochastic_regimp1000,
+             bind_rows(
+               fun_storegimp(df_mcar,mytrial,"MCAR"),
+               fun_storegimp(df_mar,mytrial,"MAR"),
```

```
+                fun_storegimp(df_mnar,mytrial,"MNAR") ))
+ }
```

위의 결과에서 하위 25번째(하위 2.5%)부터 상위 975번째(상위 97.5%) 값의 범위와 가운데의 500번째(중위수) 값을 요약하여 제시하면 다음과 같습니다.[2]

```
> # 상황별로 1000회 반복한 결과 요약
> summary_result_stochastic_regimp1000 = result_stochastic_regimp1000 %>%
+ mutate(
+   mech=fct_relevel(mech,"MCAR","MAR"),
+   source=fct_relevel(source,"(Intercept)",str_c("X",1:3)),
+ ) %>%
+ group_by(source,mech) %>%
+ summarise(
+   loc025=quantile(value,prob=0.025),
+   loc500=quantile(value,prob=0.5),
+   loc975=quantile(value,prob=0.975)
+ )
`summarise()` regrouping output by 'source' (override with `.groups` argument)
> summary_result_stochastic_regimp1000
# A tibble: 12 x 5
# Groups:   source [4]
  source        mech    loc025    loc500   loc975
  <fct>        <fct>     <dbl>     <dbl>    <dbl>
1 (Intercept)  MCAR   -0.00600   0.00872   0.0241
2 (Intercept)   MAR   -0.00952   0.00465   0.0186
3 (Intercept)  MNAR    0.00257    0.0164   0.0306
4 X1           MCAR    -0.0125    0.0123   0.0365
5 X1            MAR    -0.0238   0.00163   0.0267
6 X1           MNAR    0.00189    0.0256   0.0486
7 X2           MCAR   -0.00433    0.0268   0.0572
8 X2            MAR    -0.0138    0.0167   0.0461
```

2 2021년 6월 기준 mice 패키지는 version 3.13.0으로 업데이트되었습니다. 패키지 업데이트 이후 동일한 시드번호를 입력하더라도 결괏값이 본문에 제시된 결과와 다를 수 있습니다. 만약 본문에 제시된 것과 동일한 결과를 원하는 독자분께서는 version 3.11.0을 다운로드받아 사용하시길 바랍니다.

```
 9 X2            MNAR   -0.0503    -0.0186    0.0107
10 X3            MCAR   -0.0546    -0.0333   -0.0119
11 X3             MAR   -0.0218  -0.000987    0.0177
12 X3            MNAR   -0.0224   -0.00270    0.0166
```

효과적인 비교를 위해 위의 결과를 시각화해보죠.

```
> summary_result_stochastic_regimp1000 %>%
+  ggplot(aes(x=source,y=loc500,colour=mech))+
+  geom_errorbar(aes(ymin=loc025,ymax=loc975),
+                width=0.3,position=position_dodge(width=0.3))+
+  geom_hline(yintercept=0,color="darkviolet",lty=2)+
+  labs(x="Intercept and Coefficients",
+       y="Estimate obtained via stochastic reg. imp.
+       - that obtained from complete data",
+       colour="Mechanism")+
+  theme_bw()
```

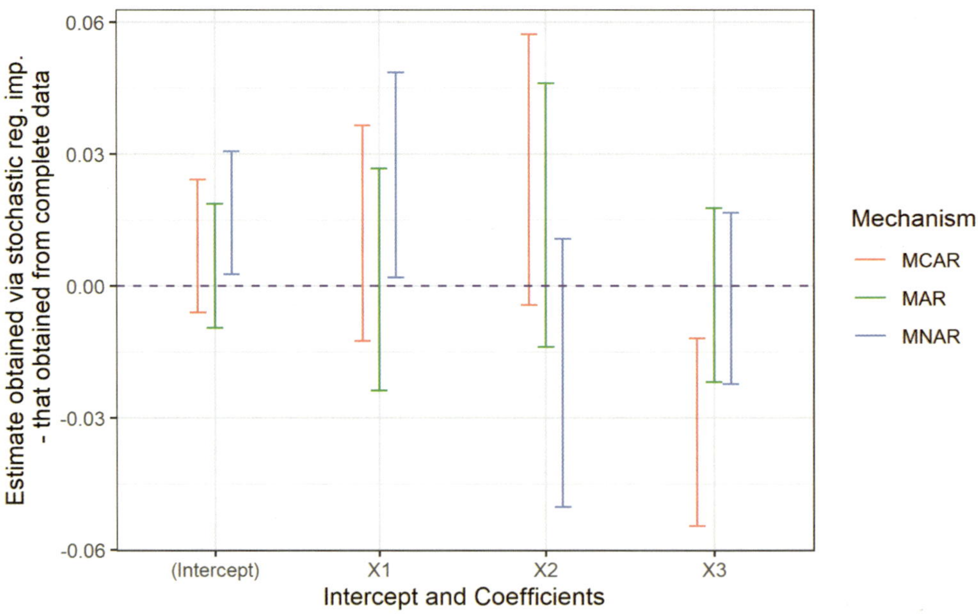

[그림 4-12] 확률적 회귀투입 기법 적용 후 완전데이터에서 얻은 회귀모형 분석결과의 차이 비교 (시드넘버를 상이하게 부여하여 1,000번 반복)

[그림 4-12]에서 알 수 있듯 MAR 상황에서 생성된 결측데이터의 경우 확률적 회귀모형은 전반적으로 매우 좋은 결과를 보여줍니다. 그러나 MCAR 상황 혹은 MNAR 상황인 경우에는 확률적 회귀투입 기법으로 얻은 결과가 그리 좋다고 보기 어렵습니다. 여기서 MNAR 상황인 경우는 완벽하지는 않아도 사실 고무적이라고 볼 수 있습니다(왜냐하면 MNAR 상황의 결측값은 '무시 불가능'한 결측값이기 때문). 그러나 직관적으로 이해하기 어려운 것은 MCAR 상황의 결측데이터에 대한 결과입니다. MCAR은 MNAR 상황보다는 작지만 MAR 상황에 비해 비교적 큰 편차를 보이고 있으며, 심지어 X3 변수에 대해서는 MNAR 상황보다도 더 편향된 결과로 나타났습니다. 이러한 패턴은 앞서 [그림 4-11]에서 회귀투입 기법을 적용한 결과와 유사합니다(특히 X3 변수의 경우 MCAR 상황에서 완전데이터에 비해 회귀계수 추정값이 작음). 즉 확률적 회귀투입 기법에서 오차항을 평균이 0인 정규분포에서 생성한 이상, 서로 독립적으로 1,000번 반복계산한 결과는 회귀투입 기법을 적용한 경우에 가까워집니다(즉 평균으로의 회귀). 그리고 앞서 회귀투입 기법에서는 결측값이 발생한 변수(X1, X2)와 결측값 예측에 활용한 변수들(특히 종속변수인 Y) 사이에 상관계수가 높아지면서 상대적으로 결측값이 발생하지 않은 변수(X3)의 회귀계수는 작아지는(attenuated) 경향을 보인 바 있습니다. 이러한 결과는 확률적 투입기법에서 오차항을 1회만 생성하는 것에 한계가 있음을 시사합니다. 다시 말해, 추정의 편향을 개선하기 위해서는 변동성을 더 안정적으로 설명해낼 필요가 있습니다.

불안정성의 문제가 존재하지만, 확률적 회귀투입 기법은 2가지 점에서 매우 중요합니다. 첫째, 확률적 회귀투입 기법은 결측데이터를 변동성을 고려한 데이터로 간주할 필요가 있다는 사실을 잘 보여줍니다. 이전에 살펴본 회귀투입 기법 등은 '예측값'과 '변동성' 중 '예측값'만을 고려한 기법들이며, 이로 인해 특히 분산-공분산 구조가 왜곡되는 문제가 발생하였습니다. 반면 확률적 회귀투입 기법은 변동성을 고려함으로써 추정의 불편향성을 개선하고, 심지어 MNAR 상황에서도 추정치의 편차를 크게 줄일 수 있다는 것을 확인하였습니다. 둘째, 확률적 회귀투입 기법의 불안정성은 변동성을 1회만 고려했기 때문에 발생하며, 이를 보완하기 위해서는 변동성을 여러 차례 고려해줄 필요가 있다는 점을 암시합니다. 두 번째 사항은 다음에 소개할 다중투입(multiple imputation) 기법의 개념적 토대를 형성합니다.

6 결측데이터 분석기법들로 얻은 분석결과 비교

지금까지 일반적으로 널리 활용되는 '리스트단위 결측제거' 기법을 시작으로 '쌍별 결측제거', '평균대체', '회귀투입', '확률적 회귀투입' 기법들을 MCAR, MAR, MNAR 상황의 결측데이터에 각각 적용한 후 분석결과를 비교해보았습니다.

그렇다면 이러한 기존 결측데이터 분석기법들과 비교하였을 때, 이 책에서 소개할 2가지 결측데이터 분석기법[최대우도(ML, maximum likelihood), 다중투입(MI, multiple imputation) 기법]으로 얻은 결측데이터 분석결과는 얼마나 더 타당할까요? 한 가지 명심해야 할 사항은 최대우도 기법이든 다중투입 기법이든 기존 결측데이터 분석기법들과 마찬가지로 완벽하지는 않다는 사실입니다. 분석결과의 효율성과 불편향성이라는 점에서 최대우도 기법과 다중투입 기법은 기존의 결측데이터 분석기법들에 비해 상대적으로 더 낫지만, 결코 완벽할 수는 없습니다. 그렇다면 어느 정도나 낫다고 할 수 있을까요? 이를 위해 저희는 3가지 결측데이터를 대상으로 기존 결측데이터 분석기법 5가지와 앞으로 소개할 최대우도 기법과 다중투입 기법 2가지의 회귀모형 추정결과를 다음의 [그림 4-13]에 정리하여 제시하였습니다. [그림 4-13]을 얻는 과정에 대해서는 2부와 3부에서 보다 자세히 설명할 예정이기 때문에 R코드 작성에 대한 설명은 생략하겠습니다. 독자 여러분들이 2부와 3부를 학습한 후 다시 돌아와 살펴본다면 크게 어렵지 않을 것으로 생각합니다.

```
> # 최대우도(Maximum likelihood)
> fun_ml_estimate=function(df_mss,mytype){
+  fiml_fit = sem("Y~X1+X2+X3",df_mss,
+    fixed.x=FALSE,missing="FIML",meanstructure=T)
+  parameterestimates(fiml_fit) %>%
+   filter(lhs=="Y") %>%
+   filter(op!="~~") %>%
+   mutate(
+    source=str_c("X",1:4),
+    source=ifelse(source=="X4","(Intercept)",source),
+    source=fct_relevel(source,"(Intercept)",str_c("X",1:3)),
+    ll95=ci.lower,ul95=ci.upper,mech=mytype
+   ) %>% select(source,ll95,ul95,mech) %>% as_tibble()
+ }
```

```
> result_ML=bind_rows(fun_ml_estimate(df_mcar,"MCAR"),
+                     fun_ml_estimate(df_mar,"MAR"),
+                     fun_ml_estimate(df_mnar,"MNAR"))
> #다중투입(Multiple imputation)
> fun_mi_estimate=function(df_mss,mytype){
+  imp_sim = mice(df_mss,seed=1234,m=20,maxit=1,print=FALSE)
+  fit_sim = with(imp_sim, lm(Y~X1+X2+X3))
+  pool_sim = pool(fit_sim)
+  CI95 = summary(pool_sim,conf.int=T) %>%
+   data.frame() %>%
+   mutate(ll95=X2.5..,ul95=X97.5..,
+          source=as.character(term),
+          mech=mytype) %>%
+   select(source,ll95,ul95,mech)
+  CI95 %>% as_tibble()
+ }
> result_MI=bind_rows(
+  fun_mi_estimate(df_mcar,"MCAR"),
+  fun_mi_estimate(df_mar,"MAR"),
+  fun_mi_estimate(df_mnar,"MNAR"))
> #전체 비교
> bind_rows(bind_rows(model_comp,result_lwd) %>% mutate(case="Listwise deletion"),
+   bind_rows(model_comp,result_pwd) %>% mutate(case="Pairwise deletion"),
+   bind_rows(model_comp,result_ms) %>% mutate(case="Mean substitution"),
+   bind_rows(model_comp,result_regimp) %>% mutate(case="Regression imputation"),
+   bind_rows(model_comp,result_stoc_regimp) %>% mutate(case="Stochastic reg. imputation"),
+   bind_rows(model_comp,result_ML) %>% mutate(case="Maximum likelihood"),
+   bind_rows(model_comp,result_MI) %>% mutate(case="Multiple imputation")) %>%
+  mutate(
+   mech=fct_relevel(mech,"Complete","MCAR","MAR"),
+   case=fct_reorder(case,row_number())) %>%
+  ggplot()+
+  geom_errorbar(aes(x=source,ymin=ll95,ymax=ul95,colour=mech),
+                width=0.3,size=1,
+                position=position_dodge(width=0.3))+
+  labs(x="Intercept and Coefficients",
+       y="Confidence intervals for each estimate",
+       colour="Mechanism")+
+  theme_bw()+theme(legend.position="top")+
+  facet_grid(~case)
```

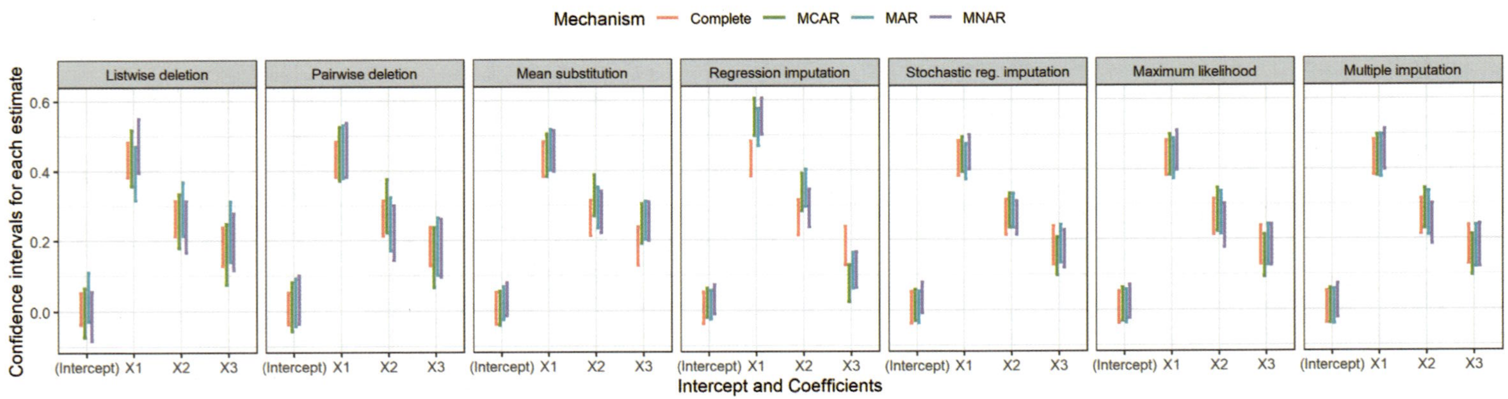

[그림 4-13] 상황별 결측데이터 분석기법으로 얻은 회귀모형 추정모수의 95% CI 비교

아마도 독자들은 '확률적 회귀투입'보다 왼쪽에 놓인 기존 결측데이터 분석기법으로 얻은 결과와 비교할 때, 최대우도(ML) 기법이나 다중투입(MI) 기법으로 추정한 절편과 회귀계수가 완전데이터의 분석결과와 훨씬 더 가깝다고 느낄 것입니다. 물론 방금 이야기했듯 2가지 최신 결측데이터 분석기법으로 얻은 결과 역시 완벽하지 않습니다. 전반적으로 추정모수들의 95% CI는 조금 더 넓고, 점추정치 역시도 조금씩 다릅니다. 그러나 전반적으로 2가지 최신 결측데이터 분석기법으로 얻은 분석결과가 기존 결측데이터 분석기법들에 비해 완전데이터 분석결과와 더 가깝습니다. 물론 [그림 4-13]에서 '확률적 회귀투입'으로 얻은 결과가 최대우도 기법이나 다중투입 기법으로 얻은 결과와 상당히 비슷해 보이지만, '확률적 회귀투입'으로 얻은 결과는 시드넘버를 어떻게 설정하는가에 따라 모형추정결과가 불안정한 문제가 있다는 점을 고려하여야 합니다.

최대우도 기법과 다중투입 기법이 기존 결측데이터 분석기법들보다 낫다는 것을 이해했다면, 이제 각 기법을 2부와 3부에서 보다 구체적으로 살펴보겠습니다.

2부

최대우도 결측데이터 분석기법

현재 결측데이터 분석기법으로 가장 많이 사용되는 2가지 기법은 '최대우도(ML, maximum likelihood) 결측데이터 분석기법'과 '다중투입(MI, multiple imputation) 결측데이터 분석기법'입니다. 2부에서는 최대우도 결측데이터 분석기법(이하 'ML 기법')을 소개하고, 3부에서는 다중투입 결측데이터 분석기법(이하 'MI 기법')을 소개할 예정입니다.

ML 기법과 MI 기법은 서로 다른 확률적 관점에서 비롯된 기법입니다. 먼저 ML 기법은 빈도주의 접근(frequentist approach)에서 관측한 데이터의 확률(즉 우도)을 최대화하는 추정방식을 사용합니다. 반면 MI 기법은 관측값들에 대해서도 추가적인 불확실성(randomness)을 가정하는 접근, 즉 베이지안 접근(Bayesian approach)에 그 기반을 두고 있습니다. 접근방식이 다르기에 두 기법은 여러 가지 면에서 다릅니다. 여기서는 핵심적인 차이점 2가지를 말씀드리겠습니다.

첫째는 분포 가정입니다. ML 기법에서는 분포 가정을 필요로 하는 반면, MI 기법에서는 분포 가정을 필요로 하지 않습니다. ML 기법에서 '최대우도'를 얻기 위해서는 일단 우도(likelihood)를 계산해낼 수 있어야 하며, 우도는 확률밀도함수의 다른 표현인 만큼 변수들에 대한 특정한 확률분포를 가정해야 합니다. 그리고 ML 기법에서 필요로 하는 분포 가정은 통계학의 근간인 정규분포, 구체적으로 다변량 정규분포(multivariate distribution)입니다. 단순화해서 말하면 '정규분포를 따른다고 가정할 수 있는 연속형 변수들'에 대해서만 ML 기법을 적용할 수 있고, 이분변수나 횟수형 변수 등 연속형이 아닌 변수들에 대해서는 ML 기법을 적용할 수 없습니다. 반면 MI 기법은 분포가정으로부터 상대적으로 자유롭습니다. 즉 연속형이 아닌 변수들에 대해서도 MI 기법은 적용할 수 있습니다.

둘째는 계산 횟수입니다. MI 기법은 그 이름에서도 알 수 있듯, 결측치 투입을 여러 번(multiple) 실시합니다. 다른 베이지안 방법과 마찬가지로 많은 양의 반복계산을 통해 결측데이터 분석을 실시하는 것이 바로 MI 기법의 특징입니다. 즉 ML 기법에서는 가정한 분포를 추정의 기반으로 삼는다면, MI 기법에서는 여러 번 계산한 결과를 추정의 기반으로 삼고 있습니다. 3부에서 자세히 살펴보겠지만, MI 기법을 적용할 때는 계산 횟수나 결측치 투입 횟수 등을 지정할 수 있고, 설정한 값에 따라 여러 개의 결측치 투입결과를 얻게 됩니다.

이제 본격적으로 ML 기법과 MI 기법에 대해 살펴보겠습니다. 2부에서는 먼저 ML 기법을 소개하겠습니다.

5장
ML 기법 개요

1 최대우도 추정

최대우도 결측데이터 분석기법(ML 기법)을 이해하기 위해서는 간단하게라도 최대우도 추정(maximum likelihood, ML, estimation)을 살펴보는 것이 좋습니다. ML 추정의 핵심목표는 어떤 데이터가 주어졌을 때(즉 표본), 주어진 데이터로부터 가장 '그럴듯한' 모수값(즉 모집단 특성, 이를테면 모집단 평균)을 추정하는 것입니다. 달리 표현하면 특정 데이터를 생성해낼 수 있는 확률(또는 가능성, 즉 우도)이 가장 높은 값으로 모수를 추정하는 것입니다.

논의가 좀 추상적일 수 있으니 구체적 사례를 들어봅시다. 예를 들어 200개 사례로 구성된 어떤 표본의 변수가 추출된 모집단의 평균과 표준편차가 각각 3과 1인 정규분포를 따른다고 가정해봅시다. 이 표본의 변수(y)는 다음과 같습니다.

```
> library(tidyverse)
> set.seed(123)
> y = rnorm(200,3,1)
> y
 [1] 2.4395244  2.7698225  4.5587083  3.0705084  3.1292877  4.7150650  3.4609162  1.7349388
 [9] 2.3131471  2.5543380  4.2240818  3.3598138  3.4007715  3.1106827  2.4441589  4.7869131
                    [이후의 출력결과는 분량 조절을 위해 제시하지 않음]
```

만약 우리가 표본을 얻은 과정에 대해서 전혀 모르고 있다고 가정해보면 어떨까요? 다시 말해 첫째, 무작위표집으로 표본을 수집했고, 둘째, 수집된 표본의 변수 y가 정규분포를 띤다는 것을 알고 있을 뿐 '평균'과 '표준편차'를 전혀 모르는 상황이라고 가정해봅시다. 이 경우 다음과 같은 방식으로 모집단의 평균과 표준편차를 '추정(estimation)'합니다.

```
> mean(y); sd(y)
[1] 2.99143
[1] 0.9431599
```

다시 말해 우리는 $\mu \approx 2.99$, $\sigma \approx 0.94$의 정보를 이용하여 정규분포를 따르는 변수 y를 재생산해낼 수 있습니다. 즉 표집방법과 변수의 분포를 알고 있다면, 충분히 큰 데이터를 통해 추정된 모집단 모수를 이용하여 표본이 생성된 방식과 동일한 데이터를 생성할 수 있습니다.

이제 y 변수에서 50개 사례가 무작위로 결측되었다고, 즉 50개의 결측값이 MCAR 메커니즘을 따라 생성되었다고 가정해봅시다. MCAR 메커니즘을 따랐다면, 당연히 실측값의 평균과 표준편차는 결측값의 평균과 표준편차와 동일하다고 가정할 수 있습니다. 다시 말해 실측데이터에서 얻은 모수들을 이용하면 결측데이터의 모수들을 추정하는 것이 가능합니다. 앞서 1부에서 살펴본 시뮬레이션을 통해서도 이러한 논리는 충분히 이해할 수 있을 것입니다. 구체적으로 예를 들자면 다음과 같습니다.

```
> # 무작위로 50개의 결측값 생성
> MCAR_NA = sample(1:200,size=200,replace=FALSE)<51
> mean(y[MCAR_NA]); sd(y[MCAR_NA]) # 결측값인 경우
[1] 3.102558
[1] 0.9921875
> mean(y[!MCAR_NA]); sd(y[!MCAR_NA]) # 실측값인 경우
[1] 2.954387
[1] 0.9267099
> # 실측값의 평균과 표준편차를 이용하여 50개 결측값의 평균과 표준편차를 갖는 데이터를 생성할 경우
> tibble(y2=rnorm(50,mean(y[MCAR_NA]),sd(y[MCAR_NA]))) %>%
+ summarise(mean(y2),sd(y2))
```

```
# A tibble: 1 x 2
  `mean(y2)` `sd(y2)`
       <dbl>    <dbl>
1       3.00     1.07
```

즉 MCAR 메커니즘 상황에서는 실측값의 평균과 표준편차를 활용하면 모집단의 평균과 표준편차에서 크게 벗어나지 않는 평균과 표준편차를 갖는 결측값을 얻을 수 있습니다. ML 기법은 위와 같은 방법으로 ML 추정을 결측데이터 상황에 적용한 것입니다. 물론 이 사례는 정규분포를 따르는 단일변수 데이터를 기반으로 한 것입니다. 만약 여러 변수가 모형에 투입될 경우에는 데이터에 대해 다변량 정규분포(multivariate normal distribution)를 가정한 후 위와 같은 방식으로 ML 기법을 적용합니다.

ML 기법으로 결측데이터 분석을 실시하기 위해서는 "반드시 데이터가 정규분포 혹은 다변량 정규분포를 기반으로 하며, 결측데이터는 MCAR 혹은 MAR 메커니즘 상황에서 생성되었다고 가정할 수 있어야 합니다." 물론 방금 소개한 사례는 MCAR 사례를 대상으로 한 것이지만, 앞서 1부에서 설명했듯이 MAR 상황의 경우에는 특정 변수의 결측값 발생 여부에 영향을 미치는 다른 변수들을 활용하여 MCAR 상황을 MAR 상황으로 변환할 수 있습니다.

정리하자면, ML 기법은 다변량 정규분포를 가정할 수 있는 결측데이터의 분산-공분산, 다시 말해 변수들의 평균과 표준편차, 상관계수를 실측데이터와 MAR 상황에 대한 모형을 통해 추정합니다. 따라서 ML 기법은 분석모형에 다변량 정규분포를 가정한 분산-공분산 행렬을 투입할 수 있는 데이터 분석기법에서 쉽게 활용할 수 있습니다. 이 책에서는 사회과학 연구에서 널리 연구되고 있는 '구조방정식 모형(SEM, structural equation model)'을 이용하여 ML 기법을 소개하겠습니다.

2 ML 기법을 이용한 기술통계분석

ML 기법을 이용하여 데이터의 변수별 평균과 표준편차를 구해봅시다. 말씀드렸듯 SEM을 추정할 수 있는 패키지를 이용하면 어렵지 않게 ML 기법을 활용할 수 있습니다. 이 책에서는 R lavaan 패키지의 sem() 함수를 이용해 ML 기법을 적용하였습니다. 2부의 목적이 ML 기법으로 결측데이터를 분석하는 방법을 소개하는 것이라는 점에서 lavaan 패키지에 대한 포괄적인 설명은 제시하지 않았습니다. lavaan 패키지를 이용해 SEM을 다양하게 활용하는 방법에 대해 알고 싶다면 (그리고 영문을 읽는 데 불편함이 없다면) lavaan 패키지 책임개발자인 이브스 로쎌(Yves Rosseel)이 관리하는 홈페이지[1]를 참조하기 바랍니다. 만약 한국어로 된 소개서를 원한다면 졸저(백영민, 2017)를 참고하기 바랍니다.

먼저 ML 기법 적용을 위해 시뮬레이션을 통해 생성한 4가지 데이터를 불러옵니다.

```
> # 데이터 불러오기
> df_comp = read_csv("sim_CD.csv")
Parsed with column specification:
cols(
 Y = col_double(),
 X1 = col_double(),
 X2 = col_double(),
 X3 = col_double()
)
> df_mcar = read_csv("sim_mcar.csv")
Parsed with column specification:
cols(
 Y = col_double(),
 X1 = col_double(),
 X2 = col_double(),
 X3 = col_double()
)
```

1 https://lavaan.ugent.be/

```
> df_mar = read_csv("sim_mar.csv")
Parsed with column specification:
cols(
 Y = col_double(),
 X1 = col_double(),
 X2 = col_double(),
 X3 = col_double()
)
> df_mnar = read_csv("sim_mnar.csv")
Parsed with column specification:
cols(
 Y = col_double(),
 X1 = col_double(),
 X2 = col_double(),
 X3 = col_double()
)
```

lavaan 패키지의 sem() 함수를 이용하여 ML 기법을 적용하기 위해서는 다음의 5가지 입력값을 투입해야 합니다.

```
sem(model, data, missing="FIML", fixed.x=TRUE, meanstructure=FALSE)
```

- **model 옵션**: 연구자가 추정하고자 하는 분석모형을 투입합니다. 이때 분석모형은 lavaan 패키지 문법에 따라 문자형(character) 자료로 입력하면 됩니다. lavaan 패키지에서 분석모형을 정의하는 방법에 대해서는 조금 후에 구체적으로 살펴보겠습니다.

- **data 옵션**: 분석모형을 적용할 데이터를 입력합니다.

- **missing 옵션**: 결측데이터에 대한 추정방법을 정의합니다. ML 기법으로 결측데이터를 추정할 때는 "FIML", "ML", "direct" 중 하나를 투입하면 되고, 모두 '완전정보 최

대우도(FIML, full information maximum likelihood)'[2]를 뜻합니다(3가지 선택지는 동일한 분석기능의 다른 이름임). 즉 `missing` 옵션을 지정함으로써 ML 결측데이터 분석기법을 실시할 수 있습니다. 한편 `missing="listwise"`를 투입한다면 리스트단위 결측제거를 적용하는 것과 같습니다.

- **`fixed.x` 옵션**: 관측된 독립변수(observed independent variable)[3]의 결측값 발생시 제거여부를 결정합니다. 즉 `fixed.x=TRUE`를 지정하면 독립변수에 결측값이 발생하는 경우 결측데이터를 ML 방식으로 추정할 수 있습니다. `sem()` 함수의 `fixed.x` 옵션 디폴트값은 `FALSE`이므로 ML 결측데이터 분석기법을 적용할 경우 `TRUE`값으로 재지정해야 합니다.

- **`meanstructure` 옵션**: SEM 추정결과의 평균값 출력 여부를 지정합니다. ML 결측데이터 분석기법을 적용할 경우에는 반드시 `TRUE`값을 지정해야 합니다. `missing` 옵션을 `"FIML"` 등으로 지정할 경우 `meanstructure=FALSE`인 경우는 모형추정이 불가능합니다.

이제 모든 데이터 분석의 첫 단계라고 할 수 있는 기술통계분석을 실시해봅시다. 4가지 시뮬레이션 데이터 중 MAR 상황에서 생성된 데이터를 먼저 분석해보겠습니다. `sem()` 함수에서 평균과 표준편차를 추정하는 방법을 이해하기 위해서는 분석모형을 정의하는 방법을 숙지해야 합니다. `sem()` 함수의 `model` 옵션에 투입되는 모수추정 오퍼레이터의 종류와 의미를 살펴보겠습니다.[4]

---

2 FIML은 ML 추정의 다른 표현입니다. 즉 ML 추정은 사례별로 주어지는 모든 정보를 활용한다는 점에서 '완전정보' 최대우도를 이용하는 것이라고 할 수 있습니다. ML 또는 FIML 추정과 구별되는 개념으로 REML(restricted maximum likelihood, 제한적 최대우도) 추정이 있으며, 이는 다층모형과 같이 랜덤효과와 고정효과를 함께 추정하는 상황에서 사용됩니다. 다층데이터와 결측데이터 분석기법에 대해서는 4부 18장에서 소개할 예정입니다.

3 `lavaan` 패키지 개발자는 외생관측공변량(exogeneous observed covariates)이라는 용어를 사용합니다.

[표 5-1] sem() 함수에 투입되는 모수추정 오퍼레이터의 종류 및 의미

모수추정 공식	종류	의미
y ~ x 예1) y ~ 1 예2) y ~ x1+x2 예3) y ~ x1+x2+x1:x2 (2원 상호작용효과 추정)	~ 오퍼레이터	y를 종속변수로, x를 독립변수로 하는 회귀모형의 정의. '~'의 왼쪽에는 종속변수를, 오른쪽에는 독립변수를 투입함. R base의 lm() 함수나 glm() 함수의 공식지정 방법과 동일함
x1 ~~ x2 예1) x1 ~~ x2+x3	~~ 오퍼레이터	x1 변수와 x2 변수의 공분산 추정. '~~'의 오른쪽에는 하나 이상의 변수를 지정할 수 있음
y =~ y1+y2+y3	=~ 오퍼레이터	관측된 세 변수 y1, y2, y3를 예측하는 잠재변수 y를 추정. '~'의 왼쪽에는 잠재변수를, 오른쪽에는 관측변수(들)를 투입함
y ~ beta1*x 예1) x1 ~~ 0*x2 예2) y ~ beta*x1+beta*x2	* 오퍼레이터	y ~ x 회귀모형에서 x의 회귀계수를 별도의 오브젝트 beta1로 저장함. 특정 숫자 또는 변수명을 지정하여 추정모수에 대한 제약을 부여할 수 있음
myparameter := gamma1*beta1	:= 오퍼레이터	추정모수 gamma1, beta1를 이용하여 새로운 모수 myparameter를 생성함

알림. 역치(threshold)를 정의하는 '|' 오퍼레이터, 인자 척도화(scaling factor)를 위한 '~*~' 오퍼레이터, 그리고 '형성인자(formative factor)' 형태의 잠재변수를 지정하는 '<~' 오퍼레이터 등은 소개하지 않았음.

- y ~ x : '~'는 회귀모형을 정의하는 오퍼레이터로, R의 lm() 함수나 glm() 함수와 동일한 방식을 따릅니다. 즉 y ~ x 공식은 y를 종속변수로, x를 독립변수로 투입한다는 의미입니다. '~'의 오른쪽에 독립변수를 전혀 지정하지 않을 경우(즉 y~1) 절편만 추정한다는 의미이며, y ~ x1+x2....과 같은 방식으로 여러 독립변수들을 동시에 추정할 수도 있습니다. 그러나 독립변수들의 상호작용효과를 추정할 경우 lm() 함수나 glm() 함수에

4 역치(threshold)를 정의하는 '|' 오퍼레이터와 인자 척도화(scaling factor)를 위한 '~*~' 오퍼레이터, 그리고 본문에서 소개한 '=~' 오퍼레이터를 이용한 '반영인자(reflexive factor)' 형태의 잠재변수가 아닌 '형성인자(formative factor)' 형태의 잠재변수를 지정하는 '<~' 오퍼레이터는 소개하지 않았습니다. 이 오퍼레이터들은 연구목적에 따라 유용하게 사용될 수 있지만, 적어도 ML 결측데이터 기법에서는 활용이 불가능하기 때문입니다. 우선 | 오퍼레이터와 ~*~ 오퍼레이터의 경우 분석모형에 범주형 변수가 투입될 때 활용할 수 있지만, 앞서 말씀드렸듯 ML 기법을 적용하기 위해서는 다변량 정규분포를 가정할 수 있어야 하기 때문에, 범주형 변수를 분석할 때 활용될 이들 오퍼레이터들은 사용이 불가능합니다. 그리고 <~ 오퍼레이터가 적용되는 형성인자의 경우 분산이 0으로 가정되는데, 이 역시 다변량 정규분포를 기반으로 하는 ML 기법의 가정과 맞지 않습니다. 각주로 다룬 3가지 오퍼레이터들의 활용방법에 대해서는 이브스 로셀(Yves Rosseel)의 홈페이지(https://lavaan.ugent.be/) 혹은 lavaan 패키지 매뉴얼(model.syntax 항), 백영민(2017)을 참고하시기 바랍니다.

서 사용할 수 있는 '*'을 사용할 수는 없습니다. 예를 들어 x1 변수와 x2 변수의 상호작용효과를 추정하고자 한다면, y ~ x1+x2+x1:x2와 같은 방식으로 주효과항들을 투입한 후 ':'을 추가로 사용해야 합니다.

- x1 ~~ x2 : '~~' 오퍼레이터로는 x1 변수와 x2 변수의 공분산을 추정합니다. 만약 x1 변수의 분산을 추정하고자 할 경우 x1 ~~ x1과 같은 방식을 사용하면 됩니다. 공분산을 추정할 때 '~~'의 왼쪽에는 하나의 변수를 지정해야 하며, '~~'의 오른쪽에는 하나 혹은 그 이상의 변수들을 지정할 수 있습니다. 예를 들어 x1 ~~ x2+x3와 같이 지정할 경우 x1 변수와 x2 변수의 공분산, x1 변수와 x3 변수의 공분산을 추정할 수 있습니다.

- y =~ y1+y2+y3 : 관측된 세 변수 y1, y2, y3를 예측하는 잠재변수 y를 추정할 때는 '=~' 오퍼레이터를 사용합니다. 만약 분석모형에 잠재변수를 고려하지 않는다면 '=~' 오퍼레이터를 사용할 필요는 없습니다. 잠재변수를 고려한 ML 기법의 경우 6장에서 소개하겠습니다.

- y ~ beta1*x : 변수 앞에 myname*과 같은 표시를 부여하면 해당 추정모수의 값을 myname이라는 오브젝트로 별도 저장한다는 뜻입니다. 만약 추정모수에 특정한 값을 부여하고 싶을 경우에는 myname 자리에 연구자가 원하는 수치를 지정하면 됩니다. 예를 들어 x1 변수와 x2 변수의 공분산을 0으로 강제하고 싶다면 x1 ~~ 0*x2와 같이 표시하면 됩니다. 또한 여러 추정모수들을 동일하게 가정한 후 모형을 추정하고 싶다면 동일한 이름을 원하는 추정모수의 자리에 부여하면 됩니다. 예를 들어 x1 변수와 x2 변수가 y 변수에 미치는 효과를 동일하다고 가정한 후 모형을 추정하고 싶다면, y ~ beta*x1+beta*x2와 같이 표현하면 됩니다.

- myparameter := gamma1*beta1 : 변수 앞에 myname*과 같은 표시를 통해 저장한 추정모수들을 이용하여 새로운 모수를 설정하고자 한다면 ':=' 오퍼레이터를 사용하면 됩니다. := 오퍼레이터의 활용방법은 연구목적에 따라 다양합니다. 여기서는 사회과학 연구논문에서 자주 활용되는 매개효과 테스트를 위하여 := 오퍼레이터를 활용하였습니다. 예를 들어 x1 변수가 y 변수에 미치는 효과가 x2 변수를 매개하는지를 테

스트하는 방법은 다음과 같습니다. 첫째, x2~gamma1*x1을 통해 x1 변수가 x2 변수에 미치는 효과 gamma1을 추출합니다. 둘째, y~x1+beta1*x2를 통해 x2 변수가 y 변수에 미치는 효과 beta1을 추출합니다. 셋째, 추출된 두 회귀계수를 곱한 새로운 모수 myparameter를 := 오퍼레이터를 통해 새로 생성한 후, H_0: myparameter = 0에 대한 통계적 유의도 테스트를 실시하여 매개효과를 테스트합니다.

이제 sem() 함수의 model 옵션에 들어갈 분석모형을 정의해봅시다. 여기서 저희가 얻고자 하는 기술통계치는 네 변수의 평균과 표준편차입니다. 이를 위해서는 네 변수 각각을 종속변수로 하되, 절편과 오차항의 분산만 추정하면 됩니다. 왜냐하면 독립변수가 전혀 고려되지 않았기 때문에 추정된 절편은 각 변수의 평균값이며, 추정된 오차항의 분산은 표준편차의 제곱이기 때문입니다. 이를 위해 정의된 분석모형은 다음과 같습니다.

```
> # ML기법을 이용한 기술통계분석
> # 시뮬레이션 데이터를 이용한 실습
> # 평균과 표준편차 추정
> library(lavaan)
> mynull="
+ Y~1
+ X1~1
+ X2~1
+ X3~1
+ "
```

[표 5-1]에 제시된 모수추정 오퍼레이터 '~'를 사용하여 분석모형을 문자열 형태(""로 저장)로 생성하였습니다. 이제 sem() 함수에 정의된 분석모형을 입력한 후, 앞서 설명한 data, missing, fixed.x, meanstructure 옵션을 추정하고자 하는 데이터와 ML 기법의 가정에 맞도록 정의한 다음, ML 기법 적용 결과를 fit_mar라는 이름의 오브젝트로 저장하겠습니다.

```
> fit_mar=sem(model=mynull,
+              data=df_mar,missing="FIML",
+              fixed.x=FALSE, # 독립변수가 없으므로 평균/표준편차를 구할 때라면 지정하지 않아도 무방
+              meanstructure=TRUE)
```

추정된 결과를 통해 평균과 분산(즉, 표준편차의 제곱)을 살펴봅시다. 우선 R 사용자라면 익숙하게 사용할 수 있는 summary() 함수를 사용해보겠습니다. 여기서 저희는 평균과 분산의 95% 신뢰구간을 확인하기 위해서 ci=TRUE 옵션을 추가하였습니다.

```
> summary(fit_mar,ci=TRUE)
lavaan 0.6-7 ended normally after 13 iterations

  Estimator                                         ML
  Optimization method                           NLMINB
  Number of free parameters                          8

  Number of observations                          1000
  Number of missing patterns                         3

Model Test User Model:

  Test statistic                               893.247
  Degrees of freedom                                 6
  P-value (Chi-square)                           0.000

Parameter Estimates:

  Standard errors                             Standard
  Information                                 Observed
  Observed information based on                Hessian

Intercepts:
      Estimate  Std.Err  z-value  P(>|z|) ci.lower ci.upper
  Y      0.015    0.032    0.486    0.627   -0.047    0.077
  X1    -0.028    0.038   -0.741    0.459   -0.103    0.046
  X2    -0.016    0.039   -0.418    0.676   -0.092    0.060
  X3     0.041    0.030    1.358    0.175   -0.018    0.100
```

```
Variances:
      Estimate  Std.Err  z-value  P(>|z|)  ci.lower  ci.upper
   Y     1.004    0.045   22.361    0.000     0.916     1.091
   X1    1.047    0.055   18.974    0.000     0.939     1.155
   X2    1.050    0.056   18.655    0.000     0.940     1.160
   X3    0.907    0.041   22.361    0.000     0.828     0.987
```

출력결과 첫 줄(Estimator)을 보면 sem() 함수에서 지정한 ML 기법을 사용했다는 것을 알 수 있습니다. 다음으로 제시된 Optimization method는 ML 추정 시 우도(가능도, likelihood)를 최적화시키기 위한 방법을 의미합니다. 일반적 이용자라면 특별하게 주목할 필요는 없을 것입니다. Number of free parameters는 모형에서 추정된 모수의 개수입니다. 4개 변수의 평균과 분산을 추정했으니 추정된 모수는 총 8개입니다.

여기서 주목할 결과는 Number of observations의 내용입니다. 1000, 즉 결측값이 포함된 전체 사례 수가 보고되어 있습니다. 다음으로 제시된 Number of missing patterns은 데이터에서 나타난 결측데이터의 패턴을 의미합니다. 총 3가지 방식의 결측값 패턴이 나타났다는 것을 알 수 있습니다(여기서는 X1에서만 결측값이 나타난 경우, X2에서만 결측값이 나타난 경우, X1과 X2에서 모두 결측값이 나타난 경우의 3가지 결측값 패턴이 발견되었다는 뜻입니다).

Model Test User Model: 결과는 추정되지 않은 모수들이 몇 개이며, 이 모수들을 추정할 경우 어느 정도의 테스트 통계치(Test statistic, 여기서는 카이제곱)값을 얻을 수 있으며, 또 테스트 통계치의 통계적 유의도는 어떠한지 보여줍니다. 추가적으로 추정할 수 있는 모수들이 총 6개인 것을 알 수 있습니다. 6개인 이유는 총 4개의 변수를 이용해 평균과 분산-공분산 행렬을 추정하면 총 14개의 모수를 얻을 수 있는데(4개의 평균, 4개의 분산, 6개의 공분산), 현재 추정된 모수가 총 8개(4개의 평균과 4개의 분산)이기 때문입니다.

Parameter Estimates: 결과는 추정된 모형의 표준오차(standard error)를 어떻게 계산하였는지를 보여주며, 관측된 헤시안 행렬(Hessian matrix)을 기반으로 모수를 추정했다는 것을 보고하고 있습니다. 표준적인 모형추정과정에서 흔히 등장하는 기법이기 때

문에 일반적 이용자라면 특별하게 주목할 필요는 없을 듯합니다.[5]

본격적인 모형추정결과는 Intercepts:와 Variances: 부분에서 찾을 수 있습니다. 각 변수의 평균은 Intercepts:의 Estimate이며, 표준편차는 Variances:의 Estimate에 제곱근을 취하면 얻을 수 있습니다. 만약 평균의 95% 신뢰구간을 추정하고자 한다면 ci.lower와 ci.upper를 확인해보면 됩니다. 다음과 같이 parameterestimates() 함수를 이용하면 모형추정결과를 데이터 형식으로 추출할 수 있습니다.

```
> parameterestimates(fit_mar)
  lhs op rhs    est    se       z  pvalue  ci.lower  ci.upper
1   Y ~1       0.015 0.032   0.486   0.627    -0.047     0.077
2  X1 ~1      -0.028 0.038  -0.741   0.459    -0.103     0.046
3  X2 ~1      -0.016 0.039  -0.418   0.676    -0.092     0.060
4  X3 ~1       0.041 0.030   1.358   0.175    -0.018     0.100
5   Y ~~   Y   1.004 0.045  22.361   0.000     0.916     1.091
6  X1 ~~  X1   1.047 0.055  18.974   0.000     0.939     1.155
7  X2 ~~  X2   1.050 0.056  18.655   0.000     0.940     1.160
8  X3 ~~  X3   0.907 0.041  22.361   0.000     0.828     0.987
```

parameterestimates() 함수 출력결과는 데이터프레임 형식이기 때문에 ML 기법을 적용하여 각 변수의 표준편차를 다음과 같이 쉽게 계산할 수 있습니다.

```
> parameterestimates(fit_mar) %>%
+ filter(op=="~~") %>% #분산부분만 선택
+ mutate(SD=sqrt(est))
  lhs op rhs    est    se       z  pvalue  ci.lower  ci.upper    SD
1   Y ~~   Y  1.004 0.045  22.361       0     0.916     1.091 1.002
2  X1 ~~  X1  1.047 0.055  18.974       0     0.939     1.155 1.023
3  X2 ~~  X2  1.050 0.056  18.655       0     0.940     1.160 1.025
4  X3 ~~  X3  0.907 0.041  22.361       0     0.828     0.987 0.952
```

5 물론 데이터 구조가 특수하거나 복잡한 경우, 또는 sem() 함수의 estimator 옵션을 다르게 지정하는 경우라면 눈여겨볼 필요가 있겠지만 적어도 지금은 그럴 필요가 없을 것 같습니다.

위에서 진행한 과정을 개인함수로 저장한 후 시뮬레이션된 다른 데이터의 기술통계치도 계산해보겠습니다. 즉 fun_ML_descriptive_statistics() 함수는 분석모형(mymodel)과 분석데이터(mydata)를 입력값으로 받은 후 ML 기법을 이용해 SEM을 추정하는 데 사용됩니다.

```
> # 위의 과정을 개인함수로
> fun_ML_descriptive_statistics = function(mymodel, mydata){
+ mylavaan_object=sem(model=mymodel,data=mydata,missing="FIML",
+                          fixed.x=FALSE,meanstructure=TRUE)
+ result_M = parameterestimates(mylavaan_object) %>%
+  filter(op=="~1") %>%
+  mutate(
+   vars=lhs,
+   type="Mean",
+   pest=est,
+   ll95=ci.lower,
+   ul95=ci.upper
+  ) %>% select(vars:ul95)
+ result_SD = parameterestimates(mylavaan_object) %>%
+  filter(op=="~~") %>%
+  mutate(
+   vars=lhs,
+   type="SD",
+   pest=sqrt(est),
+   ll95=sqrt(ci.lower),
+   ul95=sqrt(ci.upper)
+  ) %>% select(vars:ul95)
+ bind_rows(result_M,result_SD)
+ }
```

이제 4가지 시뮬레이션 데이터를 대상으로 기술통계치를 구해보겠습니다. 위의 개인함수에 완전데이터(df_comp 데이터)를 입력한 것은 결측데이터를 분석하기 위한 목적보다는 분석결과의 출력양식을 통일시키기 위한 것입니다. 다시 말해 완전데이터의 경우 굳이 sem() 함수를 사용하지 않고 그냥 mean(), sd() 함수를 사용해도 동일한 결과가 나옵니다.

```
> # 4가지 시뮬레이션 데이터에 적용
> mymodel = "Y~1;X1~1;X2~1;X3~1"
> Descriptives_ML=bind_rows(
+  fun_ML_descriptive_statistics(mymodel,df_comp) %>% mutate(mech="Complete"),
+  fun_ML_descriptive_statistics(mymodel,df_mcar) %>% mutate(mech="MCAR"),
+  fun_ML_descriptive_statistics(mymodel,df_mar) %>% mutate(mech="MAR"),
+  fun_ML_descriptive_statistics(mymodel,df_mnar) %>% mutate(mech="MNAR")
+  ) %>%
+  mutate_at(
+   vars(vars,type,mech),
+   ~(fct_reorder(., row_number() ))
+  ) %>% print()
   vars  type   pest    ll95   ul95      mech
1     Y  Mean  0.015  -0.047  0.077  Complete
2    X1  Mean -0.010  -0.073  0.054  Complete
3    X2  Mean  0.018  -0.044  0.081  Complete
4    X3  Mean  0.041  -0.018  0.100  Complete
5     Y    SD  1.002   0.957  1.045  Complete
6    X1    SD  1.026   0.980  1.070  Complete
7    X2    SD  1.009   0.964  1.052  Complete
8    X3    SD  0.952   0.910  0.993  Complete
9     Y  Mean  0.015  -0.047  0.077      MCAR
10   X1  Mean -0.018  -0.094  0.058      MCAR
11   X2  Mean  0.019  -0.055  0.093      MCAR
12   X3  Mean  0.041  -0.018  0.100      MCAR
13    Y    SD  1.002   0.957  1.045      MCAR
14   X1    SD  1.018   0.963  1.070      MCAR
15   X2    SD  1.010   0.956  1.061      MCAR
16   X3    SD  0.952   0.910  0.993      MCAR
17    Y  Mean  0.015  -0.047  0.077       MAR
18   X1  Mean -0.028  -0.103  0.046       MAR
19   X2  Mean -0.016  -0.092  0.060       MAR
20   X3  Mean  0.041  -0.018  0.100       MAR
21    Y    SD  1.002   0.957  1.045       MAR
22   X1    SD  1.023   0.969  1.075       MAR
23   X2    SD  1.025   0.969  1.077       MAR
24   X3    SD  0.952   0.910  0.993       MAR
25    Y  Mean  0.015  -0.047  0.077      MNAR
26   X1  Mean -0.029  -0.106  0.047      MNAR
27   X2  Mean -0.052  -0.128  0.024      MNAR
```

```
28  X3   Mean   0.041  -0.018  0.100      MNAR
29   Y     SD   1.002   0.957  1.045      MNAR
30  X1     SD   1.043   0.987  1.096      MNAR
31  X2     SD   1.022   0.967  1.074      MNAR
32  X3     SD   0.952   0.910  0.993      MNAR
```

비교를 위해 결측데이터 생성 상황별 데이터를 대상으로 ML 기법을 이용해 추정한 평균과 표준편차를 시각화한 결과는 아래와 같습니다.

```
> # 시각화
> fig_ML_M=Descriptives_ML %>%
+  filter(type=="Mean") %>%
+  ggplot(aes(x=vars,y=pest,colour=mech))+
+  geom_point(size=2,position=position_dodge(width=0.3))+
+  geom_errorbar(aes(ymin=ll95,ymax=ul95),width=0.3,position=position_dodge(width=0.3))+
+  labs(x="Variables",y="Mean estimates with 95% CI",colour="Missing mechanism")+
+  theme_bw()+theme(legend.position="top")
> fig_ML_SD=Descriptives_ML %>%
+  filter(type=="SD") %>%
+  ggplot(aes(x=vars,y=pest,colour=mech))+
+  geom_point(size=2,position=position_dodge(width=0.3))+
+  geom_errorbar(aes(ymin=ll95,ymax=ul95),width=0.3,position=position_dodge(width=0.3))+
+  labs(x="Variables",y="SD estimates with 95% CI",colour="Missing mechanism")+
+  theme_bw()+theme(legend.position="top")
> gridExtra::grid.arrange(fig_ML_M,fig_ML_SD,ncol=1)
```

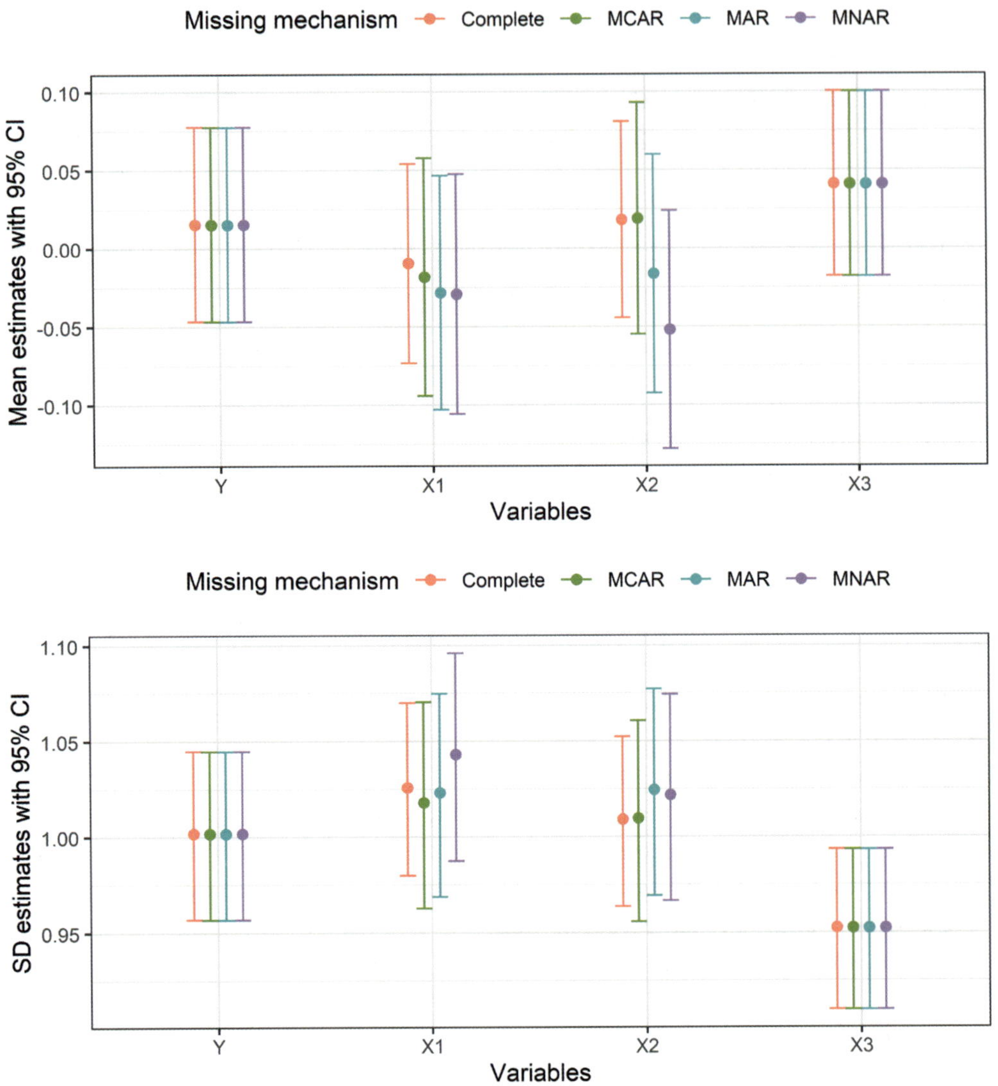

[그림 5-1] ML 기법을 적용하여 추정한 결측데이터 변수의 평균과 표준편차

[그림 5-1]에서 잘 드러나듯, 완전데이터에서 얻은 모수추정결과와 비교할 때 MCAR 상황에서 발생한 결측값의 경우 큰 문제가 없고, MNAR 상황에서 발생한 결측값의 경우는 상당히 어긋나 있습니다. 반면 MAR 상황의 결측데이터의 경우는 MNAR 상황에서의 추정결과보다는 낫지만, MCAR 상황에서의 추정결과보다는 떨어지는 결과를 보여 줍니다.

3 ML 기법을 이용한 상관관계분석

다음으로 ML 기법을 적용하여 데이터의 변수들 간 상관계수 행렬을 구해봅시다. 이전의 기술통계분석과는 2가지가 다릅니다. 첫째, 분석모형을 상관계수 행렬에 맞도록 조정하여 입력합니다. 둘째, 상관계수를 얻기 위해 분석모형 추정결과를 표준화시킨 결과를 확인합니다[summary() 함수에서 standard 옵션을 TRUE로 설정]. ML 기법을 적용하여 MAR 상황에서 시뮬레이션된 결측데이터의 변수들 간 상관계수를 얻는 과정은 다음과 같습니다.

```
> # 상관관계 추정
> mycorr = "
+ Y ~~ X1+X2+X3
+ X1 ~~ X2+X3
+ X2 ~~ X3
+ "
> fit_mar=sem(model=mycorr,data=df_mar,missing="FIML",
+             fixed.x=FALSE, # 독립변수가 없기 때문에 평균/표준편차를 구할 때라면 지정하지 않아도 무방
+             meanstructure=TRUE)
> summary(fit_mar,standard=TRUE) # 표준화된 결과도 같이 출력
lavaan 0.6-7 ended normally after 25 iterations

  Estimator                                         ML
  Optimization method                           NLMINB
  Number of free parameters                         14

  Number of observations                          1000
  Number of missing patterns                         3

Model Test User Model:

  Test statistic                                 0.000
  Degrees of freedom                                 0

Parameter Estimates:
```

```
Standard errors                        Standard
Information                            Observed
Observed information based on           Hessian

Covariances:
          Estimate  Std.Err  z-value  P(>|z|)  Std.lv  Std.all
 Y ~~
  X1         0.632    0.040   15.630    0.000   0.632    0.621
  X2         0.539    0.041   13.140    0.000   0.539    0.526
  X3         0.448    0.033   13.450    0.000   0.448    0.470
 X1 ~~
  X2         0.410    0.045    9.186    0.000   0.410    0.395
  X3         0.399    0.036   10.982    0.000   0.399    0.412
 X2 ~~
  X3         0.394    0.037   10.555    0.000   0.394    0.404

Intercepts:
          Estimate  Std.Err  z-value  P(>|z|)  Std.lv  Std.all
  Y          0.015    0.032    0.486    0.627   0.015    0.015
  X1        -0.001    0.036   -0.026    0.979  -0.001   -0.001
  X2        -0.012    0.037   -0.329    0.742  -0.012   -0.012
  X3         0.041    0.030    1.358    0.175   0.041    0.043

Variances:
          Estimate  Std.Err  z-value  P(>|z|)  Std.lv  Std.all
  Y          1.004    0.045   22.361    0.000   1.004    1.000
  X1         1.032    0.053   19.589    0.000   1.032    1.000
  X2         1.047    0.055   18.972    0.000   1.047    1.000
  X3         0.907    0.041   22.361    0.000   0.907    1.000
```

출력결과 중에 기술통계치를 계산할 때 얻었던 결과와 다른 부분이 있습니다. 여기서 추정된 모수는 총 14개이며, 14는 데이터의 평균과 분산-공분산 구조에서 추정할 수 있는 모든 모수의 개수입니다. 모든 모수를 추정했기 때문에 Test statistic의 값이 0.000이고, Degrees of freedom 값이 0으로 나타난 것을 확인할 수 있습니다.

Covariances: 부분에서 맨 오른쪽 세로줄의 Std.all의 결과가 바로 상관계수입니다(여기서 Std.lv와 혼동하지 마세요). 예를 들어 X2 변수와 X3 변수의 상관계수는 0.404입니다.

그러나 summary() 함수를 사용하는 것보다는, 아래와 같이 표준화시킨 모수추정결과를 데이터 형태로 제시하는 standardizedsolution() 함수를 사용하는 것이 훨씬 더 편합니다.

```
> standardizedsolution(fit_mar)
   lhs  op  rhs  est.std     se       z  pvalue  ci.lower  ci.upper
1    Y  ~~   X1    0.621  0.022  28.468   0.000     0.578     0.664
2    Y  ~~   X2    0.526  0.027  19.423   0.000     0.473     0.579
3    Y  ~~   X3    0.470  0.025  19.075   0.000     0.422     0.518
4   X1  ~~   X2    0.395  0.036  10.908   0.000     0.324     0.466
5   X1  ~~   X3    0.412  0.030  13.952   0.000     0.354     0.470
6   X2  ~~   X3    0.404  0.031  13.104   0.000     0.344     0.464
7    Y  ~~    Y    1.000  0.000      NA      NA     1.000     1.000
8   X1  ~~   X1    1.000  0.000      NA      NA     1.000     1.000
9   X2  ~~   X2    1.000  0.000      NA      NA     1.000     1.000
10  X3  ~~   X3    1.000  0.000      NA      NA     1.000     1.000
11   Y  ~1         0.015  0.032   0.486   0.627    -0.047     0.077
12  X1  ~1        -0.001  0.035  -0.026   0.979    -0.070     0.068
13  X2  ~1        -0.012  0.036  -0.329   0.742    -0.083     0.059
14  X3  ~1         0.043  0.032   1.357   0.175    -0.019     0.105
```

standardizedsolution() 출력결과 역시 데이터프레임 형식이기 때문에 아래와 같은 방식으로 사전처리를 하면 상관계수 행렬 형태의 데이터로 전환할 수 있습니다.

```
> standardizedsolution(fit_mar) %>%
+  filter(op=="~~") %>% #상관계수 부분만 선별
+  select(lhs,rhs,est.std) %>%
+  pivot_wider(names_from=rhs,values_from=est.std) %>%
+  select(lhs,Y,X1,X2,X3)
# A tibble: 4 x 5
  lhs       Y     X1     X2     X3
  <chr> <dbl>  <dbl>  <dbl>  <dbl>
1 Y         1  0.621  0.526  0.470
2 X1       NA      1  0.395  0.412
3 X2       NA     NA      1  0.404
4 X3       NA     NA     NA      1
```

이제 4가지 시뮬레이션 데이터를 대상으로 ML 기법을 적용한 상관계수 행렬을 구해 보겠습니다. 방법은 기술통계치를 구했을 때와 동일합니다. 먼저 위에서 제시한 과정을 아래와 같이 개인함수 형태로 저장한 후, 정의된 개인함수를 이용하여 4가지 데이터에서 상관계수 행렬을 얻은 후 합치는 방식을 택했습니다.

```
> # 위의 과정을 개인함수로
> fun_ML_correlation_statistics = function(mymodel,mydata,mydigit){
+ mylavaan_object=sem(model=mymodel,data=mydata,missing="FIML",meanstructure=TRUE)
+  cor_mat = standardizedsolution(mylavaan_object) %>%
+   filter(op=="~~") %>%
+   mutate(
+    mystar=cut(pvalue,c(-Inf,0.001,0.01,0.05,0.10,Inf),
+                labels=c("***","**","*","+","")) %>% as.character(),
+    mystar=ifelse(est.std==1,"",mystar),
+    Cor=str_c(format(round(est.std,mydigit),nsmall=mydigit),mystar)) %>%
+   select(lhs,rhs,Cor) %>%
+   pivot_wider(names_from=rhs,values_from=Cor) %>%
+   rename(vars=lhs)
+  cor_mat %>% select(vars,cor_mat$vars)}
> # 4가지 시뮬레이션 데이터에 적용
> mymodel="Y ~~ X1+X2+X3;X1 ~~ X2+X3;X2 ~~ X3"
> Correlations_ML=bind_rows(
+  fun_ML_correlation_statistics(mymodel,df_comp,3) %>% mutate(mech="Complete"),
+  fun_ML_correlation_statistics(mymodel,df_mcar,3) %>% mutate(mech="MCAR"),
+  fun_ML_correlation_statistics(mymodel,df_mar,3) %>% mutate(mech="MAR"),
+  fun_ML_correlation_statistics(mymodel,df_mnar,3) %>% mutate(mech="MNAR")
+ ) %>%
+  mutate_at(
+   vars(vars,mech),
+   ~(fct_reorder(., row_number() ))
+  ) %>% print()
# A tibble: 16 x 6
    vars  Y      X1        X2        X3        mech
    <fct> <chr>  <chr>     <chr>     <chr>     <fct>
 1  Y     1.000  0.621***  0.514***  0.470***  Complete
 2  X1    NA     1.000     0.399***  0.421***  Complete
 3  X2    NA     NA        1.000     0.415***  Complete
 4  X3    NA     NA        NA        1.000     Complete
 5  Y     1.000  0.630***  0.532***  0.470***  MCAR
```

```
6   X1    NA      1.000      0.398***   0.441***   MCAR
7   X2    NA      NA         1.000      0.434***   MCAR
8   X3    NA      NA         NA         1.000      MCAR
9   Y     1.000   0.621***   0.526***   0.470***   MAR
10  X1    NA      1.000      0.395***   0.412***   MAR
11  X2    NA      NA         1.000      0.404***   MAR
12  X3    NA      NA         NA         1.000      MAR
13  Y     1.000   0.642***   0.499***   0.470***   MNAR
14  X1    NA      1.000      0.401***   0.427***   MNAR
15  X2    NA      NA         1.000      0.389***   MNAR
16  X3    NA      NA         NA         1.000      MNAR
```

상관계수의 경우 완전데이터에서 얻은 추정값을 기준으로 살펴볼 때, 상황별 결측데이터에서 얻은 값들에 다소의 차이가 있습니다. 그러나 뚜렷하게 두드러진 차이가 나타났다고 보기는 어려울 듯합니다.

4 ML 기법을 이용한 회귀모형추정

다음으로는 ML 기법을 이용하여 회귀모형을 추정해보겠습니다. Y 변수를 종속변수로, 다른 세 변수를 독립변수로 투입한 회귀모형을 추정하는 방법 역시 앞서 살펴본 기술통계분석이나 상관관계분석과 비슷합니다. 한 가지 주의할 점은 ML 기법을 이용하여 회귀모형을 추정할 때는 `fixed.x` 옵션을 반드시 FALSE로 설정해야 한다는 점입니다. 만약 `fixed.x=TRUE`로 설정할 경우 독립변수의 결측값을 배제한 데이터를 기반으로 분석모형이 추정됩니다.[6] 그러나 `fixed.x` 옵션을 제외한 다른 부분은 모두 동일합니다.

---

6 `fixed.x` 옵션은 그 이름에서 알 수 있듯, 공변량 x가 고정된(fixed) 값을 갖는지 아닌지를 지정하는 옵션입니다. 만약 `fixed.x=TRUE`를 설정할 경우, x 변수의 평균이나 분산 등이 '관측된' 고정값을 통해서만 계산됩니다. 이 경우 x 변수는 고정된 값이기 때문에 관측되지 않은 값(즉 결측값)을 갖는다고 가정될 수는 없습니다. 다시 말해 x 변수에 결측치가 발생하였으며, 이러한 결측치 발생 상황을 모형추정에 반영하기 위해서는 x 변수가 랜덤(random)하다고 가정되어야만 합니다. 따라서 x 변수를 투입한 분석모형을 ML기법을 이용해 추정하기 위해서는 `fixed.x=FALSE` 옵션을 반드시 지정해야 합니다. 물론, 기술통계분석 상황과 같이 분석모형에 종속변수 외에 어떤 다른 변수도 투입되지 않았다면(예를 들어 `Y ~ 1` 상황), `fixed.x` 옵션을 별도로 지정하지 않아도 무방할 것입니다.

```
> # ML OLS 회귀모형 추정
> myregress="
+ Y~X1+X2+X3
+ "
> fit_mar=sem(model=myregress, data=df_mar,missing="FIML",
+               fixed.x=FALSE, # 여기서는 반드시 fixed.x=FALSE 옵션 지정
+               meanstructure=TRUE)
> summary(fit_mar,ci=TRUE,standard=TRUE)
lavaan 0.6-7 ended normally after 18 iterations

  Estimator                                         ML
  Optimization method                           NLMINB
  Number of free parameters                         14

  Number of observations                          1000
  Number of missing patterns                         3

Model Test User Model:

  Test statistic                                 0.000
  Degrees of freedom                                 0

Parameter Estimates:

  Standard errors                             Standard
  Information                                 Observed
  Observed information based on                Hessian

Regressions:
    Estimate  Std.Err  z-value  P(>|z|)  ci.lower  ci.upper  Std.lv  Std.all
  Y ~
   X1     0.431    0.029   14.848    0.000     0.374     0.488   0.431    0.437
   X2     0.276    0.031    9.003    0.000     0.216     0.337   0.276    0.282
   X3     0.185    0.029    6.283    0.000     0.127     0.243   0.185    0.176

Covariances:
    Estimate  Std.Err  z-value  P(>|z|)  ci.lower  ci.upper  Std.lv  Std.all
  X1 ~~
   X2     0.410    0.045    9.186    0.000     0.323     0.498   0.410    0.395
   X3     0.399    0.036   10.982    0.000     0.327     0.470   0.399    0.412
```

```
 X2 ~~
  X3     0.394     0.037    10.555    0.000      0.321      0.467    0.394    0.404

Intercepts:
       Estimate  Std.Err  z-value  P(>|z|)  ci.lower   ci.upper  Std.lv   Std.all
  .Y     0.012     0.024    0.486    0.627     -0.035      0.058    0.012    0.012
  X1    -0.001     0.036   -0.026    0.979     -0.071      0.069   -0.001   -0.001
  X2    -0.012     0.037   -0.329    0.742     -0.085      0.060   -0.012   -0.012
  X3     0.041     0.030    1.358    0.175     -0.018      0.100    0.041    0.043

Variances:
       Estimate  Std.Err  z-value  P(>|z|)  ci.lower   ci.upper  Std.lv   Std.all
  .Y     0.499     0.025   19.974    0.000      0.450      0.548    0.499    0.497
  X1     1.032     0.053   19.589    0.000      0.929      1.136    1.032    1.000
  X2     1.047     0.055   18.972    0.000      0.938      1.155    1.047    1.000
  X3     0.907     0.041   22.361    0.000      0.828      0.987    0.907    1.000
```

위의 추정결과를 해석하는 것은 어렵지 않습니다. 우선 추정된 회귀방정식을 정리하여 표현하면 다음과 같습니다. 절편은 `Intercepts:`의 `.Y`에서 찾을 수 있으며, 각 변수의 회귀계수는 `Regressions:`에서 찾을 수 있습니다. 그리고 오차항의 분산(σ^2)에 대한 추정값 0.499는 `Variances:`의 `.Y`에서 찾을 수 있습니다. 해석하는 방법은 통상적인 OLS 회귀모형 추정결과와 동일합니다. 예를 들어 X1 변수의 회귀계수인 0.431은 "다른 변수들이 Y 변수에 미치는 효과를 통제하였을 때, X1 변수가 1단위 증가하면 Y 변수는 0.431 단위 증가한다"고 해석하면 됩니다.

$$Y_i = 0.012 + 0.131X_{1i} + 0.276X_{2i} + 0.185X_{3i} + e_i$$

$$e_i \sim NID(0, 0.499)$$

만약 표준화 회귀계수를 구하고 싶다면 `Regressions:`의 `Std.all` 세로줄의 결과를 보면 됩니다. 예를 들어 X2 변수의 표준화 회귀계수는 0.282인데, 이는 "다른 변수들이 Y 변수에 미치는 효과를 통제하였을 때, X2 변수가 1 표준편차 증가하면 Y 변수는 0.282 표준편차만큼 증가한다"고 해석할 수 있습니다.

마찬가지로 위의 추정결과 역시 parameterestimates() 함수(비표준화 회귀계수와 절편의 경우)나 standardizedsolution() 함수(표준화 회귀계수의 경우)를 이용하여 데이터프레임 형태로 저장할 수 있습니다.

```
> parameterestimates(fit_mar)
   lhs op rhs    est    se      z pvalue ci.lower ci.upper
1    Y  ~  X1  0.431 0.029 14.848  0.000    0.374    0.488
2    Y  ~  X2  0.276 0.031  9.003  0.000    0.216    0.337
3    Y  ~  X3  0.185 0.029  6.283  0.000    0.127    0.243
4    Y ~~   Y  0.499 0.025 19.974  0.000    0.450    0.548
5   X1 ~~  X1  1.032 0.053 19.589  0.000    0.929    1.136
6   X1 ~~  X2  0.410 0.045  9.186  0.000    0.323    0.498
7   X1 ~~  X3  0.399 0.036 10.982  0.000    0.327    0.470
8   X2 ~~  X2  1.047 0.055 18.972  0.000    0.938    1.155
9   X2 ~~  X3  0.394 0.037 10.555  0.000    0.321    0.467
10  X3 ~~  X3  0.907 0.041 22.361  0.000    0.828    0.987
11   Y ~1      0.012 0.024  0.486  0.627   -0.035    0.058
12  X1 ~1     -0.001 0.036 -0.026  0.979   -0.071    0.069
13  X2 ~1     -0.012 0.037 -0.329  0.742   -0.085    0.060
14  X3 ~1      0.041 0.030  1.358  0.175   -0.018    0.100
>standardizedsolution(fit_mar)
   lhs op rhs est.std    se      z pvalue ci.lower ci.upper
1    Y  ~  X1   0.437 0.028 15.511  0.000    0.382    0.493
2    Y  ~  X2   0.282 0.031  9.027  0.000    0.221    0.344
3    Y  ~  X3   0.176 0.028  6.310  0.000    0.121    0.230
4    Y ~~   Y   0.497 0.025 19.930  0.000    0.448    0.546
5   X1 ~~  X1   1.000 0.000     NA     NA    1.000    1.000
6   X1 ~~  X2   0.395 0.036 10.908  0.000    0.324    0.466
7   X1 ~~  X3   0.412 0.030 13.952  0.000    0.354    0.470
8   X2 ~~  X2   1.000 0.000     NA     NA    1.000    1.000
9   X2 ~~  X3   0.404 0.031 13.104  0.000    0.344    0.464
10  X3 ~~  X3   1.000 0.000     NA     NA    1.000    1.000
11   Y ~1       0.012 0.024  0.486  0.627   -0.035    0.058
12  X1 ~1      -0.001 0.035 -0.026  0.979   -0.070    0.068
13  X2 ~1      -0.012 0.036 -0.329  0.742   -0.083    0.059
14  X3 ~1       0.043 0.032  1.357  0.175   -0.019    0.105
```

마찬가지로 개인함수를 이용하여 4가지 시뮬레이션 데이터를 대상으로 회귀모형을 동일하게 반복하여 추정해봅시다. 위 과정을 개인함수 fun_ML_regress_statistics()로 설정하면 다음과 같습니다.

```
> # 위의 과정을 개인함수로
> fun_ML_regress_statistics = function(mymodel,mydependent,mydata){
+  mylavaan_object=sem(model=mymodel,data=mydata,fixed.x=FALSE,
+                          missing="FIML", meanstructure=TRUE)
+  parameterestimates(mylavaan_object) %>%
+   filter(lhs==mydependent) %>% filter(lhs!=rhs) %>%
+   mutate(
+    vars=ifelse(rhs=="","(Intercept)",rhs),
+    pest=est,
+    ll95=ci.lower,
+    ul95=ci.upper
+   ) %>% select(vars:ul95)
+ }
> # 4가지 시뮬레이션 데이터에 적용
> mymodel = "Y~X1+X2+X3"
> Regression_ML=bind_rows(
+  fun_ML_regress_statistics(mymodel,"Y",df_comp) %>% mutate(mech="Complete"),
+  fun_ML_regress_statistics(mymodel,"Y",df_mcar) %>% mutate(mech="MCAR"),
+  fun_ML_regress_statistics(mymodel,"Y",df_mar) %>% mutate(mech="MAR"),
+  fun_ML_regress_statistics(mymodel,"Y",df_mnar) %>% mutate(mech="MNAR")
+  ) %>%
+  mutate_at(
+   vars(vars,mech),
+   ~(fct_reorder(., row_number() ))
+  ) %>% print()
           vars   pest    ll95   ul95      mech
1            X1  0.432   0.382  0.481  Complete
2            X2  0.263   0.213  0.314  Complete
3            X3  0.183   0.129  0.236  Complete
4   (Intercept)  0.007  -0.037  0.052  Complete
5            X1  0.442   0.384  0.500      MCAR
6            X2  0.285   0.223  0.346      MCAR
7            X3  0.153   0.093  0.212      MCAR
8   (Intercept)  0.016  -0.031  0.063      MCAR
9            X1  0.431   0.374  0.488       MAR
10           X2  0.276   0.216  0.337       MAR
```

```
11          X3  0.185   0.127  0.243       MAR
12 (Intercept)  0.012  -0.035  0.058       MAR
13          X1  0.454   0.398  0.510      MNAR
14          X2  0.239   0.177  0.300      MNAR
15          X3  0.184   0.127  0.241      MNAR
16 (Intercept)  0.024  -0.023  0.071      MNAR
```

추정모수를 시각화해 ML 기법을 적용하여 결측데이터를 분석한 결과를 살펴봅시다.

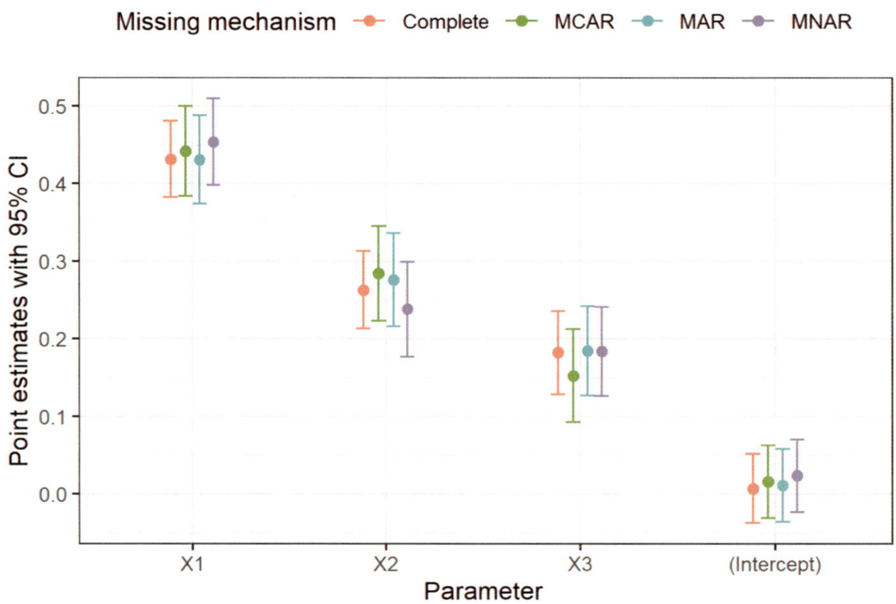

[그림 5-2] ML 결측데이터 분석기법을 적용하여 얻은 모수추정결과 비교

[그림 5-2]를 보면 완전데이터를 기반으로 얻은 모수추정결과를 기준으로 판단할 때, MAR 상황의 시뮬레이션 데이터를 대상으로 얻은 모수추정결과가 상당히 좋은 것을 쉽게 확인할 수 있습니다.

지금까지 시뮬레이션 데이터들을 대상으로 ML 기법을 적용하여 어떻게 결측데이터를 분석할 수 있는지 살펴보았습니다. MCAR, MAR 상황에서 생성된 결측데이터는 완전데이터를 기반으로 얻은 모수추정결과와 상당히 비슷한 결과를 내지만, MNAR 상황에서 생성된 결측데이터의 경우에는 적지 않게 다른 결과를 내는 것을 확인할 수 있었습니다.

5 현실데이터 대상 ML 기법 적용 예시

현실데이터를 대상으로 지금까지 살펴보았던 과정들, 즉 결측데이터를 대상으로 ML 기법을 이용하여 기술통계치, 변수 간 상관계수 행렬, 회귀모형을 추정하는 과정들을 적용해봅시다. ML 기법 실습을 위해 ANES2008 데이터에서 다음과 같은 변수들을 선별하였습니다. 또한 아래의 변수들로 구성된 데이터의 결측데이터들은 'MAR 가정'을 따르며, 무엇보다 다변량 정규분포를 따른다고 '가정'하였습니다.[7]

- `FT_mccain`: 2008년 미국대통령 선거에서 공화당 후보였던 존 매케인(John McCain)에 대한 응답자들의 감정점수. 이 변수는 회귀모형에서 종속변수로 사용되었음.
- `female`: 응답자의 성별(더미변수)
- `race3`: 응답자의 인종(3수준 범주형 변수). 분석에 투입하기 위해 백인 응답자(race3 변수가 0의 값을 갖는 응답자)를 기준집단으로 하여, `black` 더미변수(race3이 1의 값을 가지면 1, 아니면 0)와 `others` 더미변수(race3이 2의 값을 가지면 1, 아니면 0)를 새로 생성.
- `ageyr`: 응답자의 연령(연속형 변수)
- `educ`: 응답자의 교육수준(연속형 변수)
- `hhinc`: 응답자의 가계소득수준(연속형 변수)
- `readyBP`: 2008년 현재 미국사회가 흑인 대통령을 받아들일 준비가 되어 있다고 생각하는지 여부(더미변수; 준비가 되어 있다고 응답한 경우는 1, 아니면 0)
- `economy`: 현직 대통령인 조지 W. 부시 대통령의 경제분야 직무수행 평가(연속형 변수; 수치가 클수록 부정적으로 평가).

7 여러 차례 말씀드렸듯, ML 기법은 결측데이터가 다변량 정규분포를 따른다는 가정을 필요로 합니다. 즉 ML 기법을 적용하기 위해서는 모형에 투입된 변수들이 연속형이어야 하며, 범주형(즉 문자형이나 팩터형) 변수들이 포함되는 경우에는 `sem()` 함수 추정이 '불가능'합니다. 따라서 저희는 실습을 위해 범주형 변수(이를테면 응답자의 인종)를 더미화하는 방식을 택했습니다. 그러나 이렇게 리코딩한 변수들이 다변량 정규분포를 따르리라고 가정하는 것은 비현실적일 수 있습니다. 더미변수들은 0 또는 1의 값만을 가지므로 정규분포를 따른다고 보기 어렵기 때문입니다. 결론적으로 연구자는 ML 결측데이터 분석기법을 적용하기 이전에 다변량 정규분포 가정이 타당한지, 그보다 본질적으로 분석하고자 하는 데이터가 ML 기법을 적용하기 적절한지 등을 충분히 고민해야 할 것입니다.

- `environ`: 현직 대통령인 조지 W. 부시 대통령의 환경분야 직무수행 평가(연속형 변수; 수치가 클수록 부정적으로 평가).
- `iraqwar`: 현직 대통령인 조지 W. 부시 대통령의 이라크전쟁수행 평가(연속형 변수; 수치가 클수록 부정적으로 평가).

먼저 데이터를 불러온 후, ML 결측데이터 분석기법을 이용하여 위에서 정의한 변수들의 기술통계치를 산출해보겠습니다.

```
> # 현실 데이터를 이용한 실습
> mydata = read_csv("anes2008_example.csv")
Parsed with column specification:
cols(
  female = col_double(),
  race3 = col_double(),
  ageyr = col_double(),
  educ = col_double(),
  hhinc = col_double(),
  voteplan = col_double(),
  votechoice = col_double(),
  FT_obama = col_double(),
  FT_mccain = col_double(),
  FT_biden = col_double(),
  FT_palin = col_double(),
  FT_Dparty = col_double(),
  FT_Rparty = col_double(),
  economy = col_double(),
  environ = col_double(),
  iraqwar = col_double(),
  hopeBP = col_double(),
  readyBP = col_double()
)
> # 인종변수 더미변수로
> df_ML = mydata %>%
+  mutate(
+    black=ifelse(race3==1,1,0),others=ifelse(race3==2,1,0)
+  ) # race3 더미변수 2개 생성
```

분석모형에서 각 변수를 종속변수로 설정한 후 절편만 추정하는 방식으로 평균과 표준편차를 구해보겠습니다. 앞서 정의한 개인함수 fun_ML_descriptive_statistics()를 이용하면 매우 간편하게 평균과 표준편차를 구할 수 있습니다.

```
> #평균/표준편차
> mynull="FT_mccain~1;
+ female~1;black~1;others~1;ageyr~1;educ~1;hhinc~1;readyBP~1
+ economy~1;environ~1;iraqwar~1"
> fun_ML_descriptive_statistics(mynull,df_ML)
        vars type   pest   ll95   ul95
1  FT_mccain Mean 48.589 47.525 49.653
2     female Mean  0.570  0.550  0.590
3      black Mean  0.252  0.235  0.270
4     others Mean  0.124  0.110  0.137
5      ageyr Mean 47.369 46.655 48.083
6       educ Mean  3.938  3.874  4.001
7      hhinc Mean 13.700 13.434 13.967
8    readyBP Mean  0.648  0.628  0.668
9    economy Mean  3.436  3.397  3.476
10   environ Mean  3.003  2.953  3.053
11   iraqwar Mean  3.285  3.237  3.332
12 FT_mccain   SD 25.937 25.174 26.679
13    female   SD  0.495  0.481  0.509
14     black   SD  0.434  0.422  0.447
15    others   SD  0.329  0.320  0.339
16     ageyr   SD 17.376 16.864 17.873
17      educ   SD  1.558  1.512  1.602
18     hhinc   SD  6.287  6.096  6.473
19   readyBP   SD  0.478  0.463  0.492
20   economy   SD  0.947  0.919  0.975
21   environ   SD  1.139  1.103  1.173
22   iraqwar   SD  1.154  1.120  1.187
경고메시지(들):
In lav_data_full(data = data, group = group, cluster = cluster,  :
  lavaan WARNING: some observed variances are (at least) a factor 1000 times
larger than others; use varTable(fit) to investigate
```

기술통계치를 구하는 과정에서 경고메시지가 나타납니다. 위의 경고문구를 잘 읽어보면 분석모형을 추정하는 과정에서 특정 변수의 분산이 다른 변수들에 비해 과도하게 크게 나타났다는 것을 알 수 있습니다. ML 기법에서는 데이터의 분산-공분산 구조를 활용하는데, 이 과정에서 변수들의 분산차이가 너무 커지면 추정모형의 수렴(convergence)에 실패하는 경우도 종종 발생합니다. 이러한 문제를 막는 가장 간단한 방법은 변수들의 단위(unit)를 조정하는 것입니다. 앞의 출력결과에서 쉽게 알 수 있듯 FT_mccain 변수의 표준편차가 다른 변수들에 비해 상당히 큽니다. 여기서 저희는 아래와 같이 FT_mccain 변수에 0.10을 곱하는 방식으로 단위를 조정하였습니다. 마찬가지로 ageyr, hhinc 변수들 역시도 0.10을 곱하여 단위를 조정하였습니다. 아래에서 볼 수 있듯 FT_mccain, ageyr, hhinc 변수의 측정단위를 조정하자 경고메시지가 사라지는 것을 확인할 수 있습니다.

```
> # 변수의 측정단위가 너무 다르지 않도록 조정
> df_ML = df_ML %>%
+  mutate_at(vars(FT_mccain,ageyr,hhinc),~(0.1*(.)))
> # 아래의 경우 경고메시지가 나타나지 않음
> fun_ML_descriptive_statistics(mynull,df_ML)
        vars  type  pest  ll95  ul95
1  FT_mccain  Mean 0.486 0.475 0.497
2     female  Mean 0.570 0.550 0.590
3      black  Mean 0.252 0.235 0.270
4     others  Mean 0.124 0.110 0.137
5      ageyr  Mean 4.737 4.666 4.808
6       educ  Mean 3.938 3.874 4.001
7      hhinc  Mean 0.137 0.134 0.140
8    readyBP  Mean 0.648 0.628 0.668
9    economy  Mean 3.436 3.397 3.476
10   environ  Mean 3.003 2.953 3.053
11   iraqwar  Mean 3.285 3.237 3.332
12 FT_mccain    SD 0.259 0.252 0.267
13    female    SD 0.495 0.481 0.509
14     black    SD 0.434 0.422 0.447
15    others    SD 0.329 0.320 0.339
16     ageyr    SD 1.738 1.686 1.787
17      educ    SD 1.558 1.512 1.602
18     hhinc    SD 0.063 0.061 0.065
```

```
19    readyBP    SD   0.478   0.463   0.492
20    economy    SD   0.947   0.919   0.975
21    environ    SD   1.139   1.103   1.173
22    iraqwar    SD   1.154   1.120   1.187
```

다음으로는 변수들 사이의 상관계수 행렬을 구해보겠습니다. 분석되는 변수가 많으면 프로그래밍이 다소 고될 수 있습니다.

```
> #상관계수 행렬
> mycorr="FT_mccain~~female+black+others+ageyr+educ+hhinc+readyBP+economy+
environ+iraqwar
+ female~~black+others+ageyr+educ+hhinc+readyBP+economy+environ+iraqwar
+ black~~others+ageyr+educ+hhinc+readyBP+economy+environ+iraqwar
+ others~~ageyr+educ+hhinc+readyBP+economy+environ+iraqwar
+ ageyr~~educ+hhinc+readyBP+economy+environ+iraqwar
+ educ~~hhinc+readyBP+economy+environ+iraqwar
+ hhinc~~readyBP+economy+environ+iraqwar
+ readyBP~~economy+environ+iraqwar
+ economy~~environ+iraqwar
+ environ~~iraqwar
+ "
> fun_ML_correlation_statistics(mycorr,df_ML,3)
# A tibble: 11 x 12
  vars     FT_mccain female  black  others  ageyr  educ   hhinc  readyBP  economy  environ  iraqwar
  <chr>    <chr>     <chr>   <chr>  <chr>   <chr>  <chr>  <chr>  <chr>    <chr>    <chr>    <chr>
1 FT_mc~   " 1.000"  "-0.04~ "-0.2~ "-0.03~ " 0.0~ " 0.0~ " 0.~  "-0.09~  "-0.42~  "-0.42~  "-0.52~
2 female   NA        " 1.00~ " 0.0~ "-0.02~ " 0.0~ " 0.0~ "-0.~  "-0.07~  " 0.02~  " 0.05~  " 0.07~
3 black    NA        NA      " 1.0~ "-0.21~ "-0.0~ "-0.1~ "-0.~  " 0.10~  " 0.21~  " 0.19~  " 0.27~
4 others   NA        NA      NA     " 1.00~ "-0.1~ "-0.0~ "-0.~  "-0.04~  " 0.01~  " 0.02~  " 0.04~
5 ageyr    NA        NA      NA     NA      " 1.0~ "-0.0~ "-0.~  " 0.04~  "-0.06~  " 0.00~  "-0.07~
6 educ     NA        NA      NA     NA      NA     " 1.0~ " 0.~  " 0.06~  "-0.01~  "-0.00~  "-0.10~
7 hhinc    NA        NA      NA     NA      NA     NA     " 1.~  " 0.00~  "-0.06~  "-0.11~  "-0.18~
8 ready~   NA        NA      NA     NA      NA     NA     NA     " 1.00~  " 0.05~  " 0.05~  " 0.03~
9 econo~   NA        NA      NA     NA      NA     NA     NA     NA       " 1.00~  " 0.48~  " 0.51~
10 envir~  NA        NA      NA     NA      NA     NA     NA     NA       NA       " 1.00~  " 0.50~
11 iraqw~  NA        NA      NA     NA      NA     NA     NA     NA       NA       NA       " 1.00~
```

[표 5-2] ML 결측데이터 분석기법을 적용하여 얻은 기술통계치와 상관계수 행렬

변수	평균	표준편차	female	black	others	ageyr	educ	hhinc	readyBP	economy	environ	iraqwar
FT_mccain	4.859	2.594	−0.049*	−0.280***	−0.031	0.086***	0.067**	0.146***	−0.099***	−0.426***	−0.426***	−0.521***
female	0.570	0.495	1.000	0.027	−0.021	0.027	0.007	−0.094***	−0.072***	0.029	0.051*	0.079***
black	0.252	0.434		1.000	−0.218***	−0.025	−0.125***	−0.250***	0.103***	0.212***	0.193***	0.276***
others	0.124	0.329			1.000	−0.118***	−0.046*	−0.009	−0.049*	0.016	0.029	0.045*
ageyr	4.737	1.738				1.000	−0.074***	−0.055*	0.043*	−0.063**	0.000	−0.070***
educ	3.938	1.558					1.000	0.429***	0.065**	−0.010	−0.007	−0.101***
hhinc	1.370	0.629						1.000	0.009	−0.069**	−0.116***	−0.186***
readyBP	0.648	0.478							1.000	0.054*	0.059**	0.034
economy	3.436	0.947								1.000	0.488***	0.519***
environ	3.003	1.139									1.000	0.508***
iraqwar	3.285	1.154										1.000

알림. $^{*}p < .05$, $^{**}p < .01$, $^{***}p < .001$. lavaan 패키지(version 0.6-7)의 sem( ) 함수를 이용하여 ML 결측데이터 분석기법을 적용하였음.

결측값이 포함된 ANES2008 데이터에 ML 기법을 적용하여 얻은 기술통계치와 상관계수 행렬을 표로 보기 편하게 정리한 결과는 앞의 [표 5-2]와 같습니다.

다음으로는 회귀분석을 실시해보겠습니다. FT_mccain 변수를 종속변수로, 나머지 변수들을 독립변수로 투입하는 회귀모형을 실시한 결과는 아래와 같습니다. 회귀모형 추정을 위해 앞서 정의한 개인함수인 fun_ML_regress_statistics()를 이용하였습니다.

```
> myregress="FT_mccain~female+black+others+ageyr+educ+hhinc+readyBP+econom
y+environ+iraqwar"
> fun_ML_regress_statistics(myregress,"FT_mccain",df_ML)
          vars   pest   l195   u195
1       female -0.069 -0.246  0.107
2        black -0.726 -0.948 -0.503
3       others -0.254 -0.529  0.021
4        ageyr  0.080  0.029  0.131
5         educ  0.022 -0.040  0.085
6        hhinc  0.102 -0.063  0.267
7      readyBP -0.346 -0.534 -0.159
8      economy -0.409 -0.524 -0.294
9      environ -0.372 -0.471 -0.273
10     iraqwar -0.705 -0.803 -0.607
11 (Intercept)  9.565  9.015 10.115
```

추정결과를 해석하는 것은 어렵지 않습니다. 예를 들어 black의 회귀계수인 -0.747은 다른 변수들의 효과를 통제하였을 때, 백인 응답자에 비해 흑인 응답자가 느끼는 존 매케인 후보에 대한 감정점수(여기서의 감정점수는 0-100점에 0.10을 곱하여 0-10점의 범위를 가짐)가 약 0.726점 낮으며, 이는 통계적으로 유의미한 차이라고 해석할 수 있습니다. 그러나 위 분석결과는 (Intercept) 값에서 나타나듯 현실적이지 않습니다. 왜냐하면 매케인 후보에 대한 감정점수는 0-10점의 범위를 갖는데, 추정된 모형에서 얻은 절편은 9.565로 비현실적으로 높은 값이 나왔기 때문입니다. 이러한 결과가 나온 이유는 여기서 얻은 절편값 9.565는 모든 독립변수들의 값이 0일 때의 예측된 FT_mccain 변수값이기 때문입니다. 더미변수들을 제외한 다른 연속형 변수들의 경우 최솟값이 0보다 큰 값을 가지며, 따라서 모든 독립변수들의 값이 0이라는 것은 현실적으로 나타나기 어려운 불가능한 조건입니다.

보다 타당한 절편값을 얻기 위한 한 가지 방법은 연속형 변수들을 평균중심화 변환(mean-centering)시키는 것입니다. 즉 절편이 더미변수들의 값이 0이고 연속형 변수들이 실측데이터의 평균값이라고 가정할 때의 FT_mccain 변수의 예측값이 되도록 회귀모형을 추정하는 것입니다. 연속형 변수들을 평균중심화 변환을 적용한 후, ML 기법으로 회귀모형을 재추정한 결과는 아래와 같습니다.

```
> df_ML_MC = df_ML %>%
+ mutate_at(
+   vars(ageyr,educ,hhinc,economy,environ,iraqwar),
+   ~(.-mean(.,na.rm=TRUE)
+ )) # 평균중심화 변환(mean-centering)
> fun_ML_regress_statistics(myregress,"FT_mccain",df_ML_MC) %>%
+ mutate(
+   significance=ifelse(ll95*ul95<0,"Insig","Sig")
+ )
          vars   pest   ll95   ul95 significance
1       female -0.069 -0.246  0.107        Insig
2        black -0.726 -0.948 -0.503          Sig
3       others -0.254 -0.529  0.021        Insig
4        ageyr  0.080  0.029  0.131          Sig
5         educ  0.022 -0.040  0.085        Insig
6        hhinc  0.102 -0.063  0.267        Insig
7      readyBP -0.346 -0.534 -0.159          Sig
8      economy -0.409 -0.524 -0.294          Sig
9      environ -0.372 -0.471 -0.273          Sig
10     iraqwar -0.705 -0.803 -0.607          Sig
11 (Intercept)  5.334  5.137  5.530          Sig
```

이상으로 MAR 가정이 적용 가능한 결측데이터에 대해 어떻게 ML 기법을 적용할 수 있는지 살펴보았습니다. 5장에서 살펴본 예시들을 통해 ML 기법을 어떻게 적용할 수 있을지 이해하였을 것으로 생각합니다. 6장부터는 보다 심층적으로 ML 기법을 적용해보겠습니다.

6장
ML 기법 기반 경로모형, 확증적 인자분석, 구조방정식 모형

5장에서는 구조방정식 모형(SEM)을 기반으로 ML 기법을 소개하였습니다. 6장에서는 여러 사회과학 분과들에서 널리 활용되는 SEM 관련 모형들이 적용되는 데이터에 결측값이 있는 경우 어떻게 ML 기법을 활용할 수 있을지 소개하겠습니다.

6장에서는 '경로모형(path model)', '확증적 인자분석(CFA, confirmatory factor analysis)', 잠재변수와 인과관계 추정을 동시에 실시하는 '구조방정식 모형(SEM)'의 3가지 SEM 유형을 살펴볼 예정입니다. 여기서는 잠재변수를 고려하지 않은 채 변수들 사이의 인과관계를 추정하는 SEM을 '경로모형', 구성타당도(construct validity) 관점에서 잠재변수들과 관측변수들의 관계를 추정하는 SEM을 '확증적 인자분석', 확증적 인자분석과 경로모형이 동시에 추정되는 SEM을 '구조방정식 모형'이라고 지칭하였습니다.

1 경로모형: 잠재변수 미포함

인자구조(factor structure)를 고려하지 않은, 다시 말해 측정오차(measurement error)를 고려하지 않은 채 변수들 사이의 인과관계를 추정하는 SEM 기법인 경로모형을 가장 먼저 살펴보겠습니다. 즉 경로모형은 오로지 관측변수로만 구성됩니다.

5장에서는 결측데이터를 대상으로 ML 기법을 활용하여 어떻게 OLS 회귀모형을 추정하는지를 살펴보았습니다. 그러나 연구목적에 따라 개별 회귀모형이 아닌 여러 회귀모형들을 동시에 추정할 필요가 있습니다. 몇 가지 상황을 예로 들어보겠습니다. [그림 6-1]은 각 사례를 경로모형 관점에서 시각화시킨 결과입니다.

- **사례1**: 독립변수가 영향을 미치는 종속변수가 2개 이상이며, 종속변수의 오차항들의 상관관계를 고려할 경우
- **사례2**: 매개변수가 독립변수와 종속변수의 관계를 매개하는지 여부를 테스트할 경우
- **사례3**: 변수와 변수 사이의 상호인과관계(reciprocal causal relationship)를 테스트하는 경우

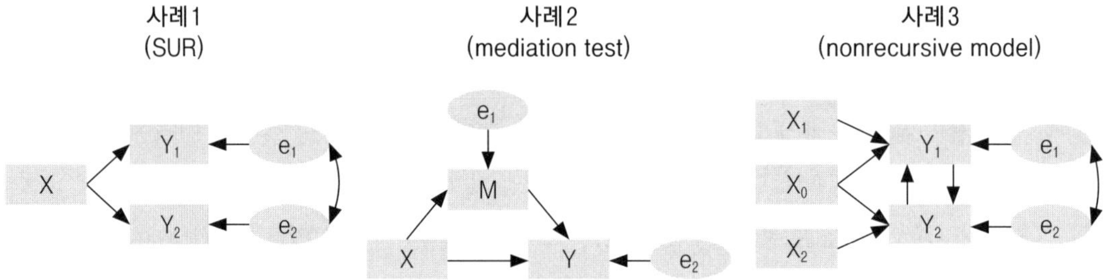

[그림 6-1] 경로모형 사례들

'사례1'의 상황에서는 흔히 '오차상관통제 회귀(SUR, seemingly unrelated regression)'가 사용됩니다. 경로모형 관점에서 SUR을 실시해보겠습니다. 2008년 미국 대통령 선거 당시 민주당의 오바마 후보에 대한 감정점수(FT_obama)와 공화당의 매케인 후보에 대한 감정점수(FT_mccain)를 종속변수로 하고, 1장에서 살펴본 독립변수들을 그대로 사용하겠습니다(female, race3을 흑인과 기타 인종의 두 더미변수들로 리코딩한 black과 others, educ, hhinc, readyBP, economy, environ, iraqwar). 분석에 투입될 변수들의 경우 1장에서 적용했던 사전처리를 그대로 적용했습니다. 첫째, 변수들의 측정단위 차이로 인해 분산비율이 너무 커지는 것을 막기 위해 0-100점의 범위를 갖는 감정점수 변수들에 대해서는 모두 0.10을 곱하였습니다. 둘째, 더미변수가 아닌 독립변수들의 경우 모두 평균중심화 변환을 실시했습니다. 데이터를 불러온 후 변수들에 대한 사전처리 과정은 구체적으로 다음과 같습니다.

```
> # 패키지 구동 & 데이터 불러오기
> library(tidyverse)
> library(lavaan)
> # 현실 데이터를 이용한 실습
> mydata = read_csv("anes2008_example.csv")
Parsed with column specification:
cols(
 female = col_double(),
 race3 = col_double(),
 ageyr = col_double(),
 educ = col_double(),
 hhinc = col_double(),
 voteplan = col_double(),
 votechoice = col_double(),
 FT_obama = col_double(),
 FT_mccain = col_double(),
 FT_biden = col_double(),
 FT_palin = col_double(),
 FT_Dparty = col_double(),
 FT_Rparty = col_double(),
 economy = col_double(),
 environ = col_double(),
 iraqwar = col_double(),
 hopeBP = col_double(),
 readyBP = col_double()
)
> df_ML_MC = mydata %>%
+  mutate(
+   black=ifelse(race3==1,1,0),others=ifelse(race3==2,1,0)
+  ) %>%
+  mutate_at(vars(starts_with("FT_"),ageyr,hhinc),~(0.1*(.))) %>%
+  mutate_at(
+   vars(ageyr,educ,hhinc,economy,environ,iraqwar),
+   ~(.-mean(.,na.rm=TRUE)
+   ))
```

이제 두 후보자에 대한 감정점수를 종속변수로 투입하되, 두 종속변수 오차항의 상관계수를 추정하는 경로모형을 추정해봅시다. 먼저 분석모형을 설정하면 다음과 같습니다.

```
> # 사례1: SUR
> mypath_sur = "
+ # 각 종속변수에 대한 독립변수들의 효과추정
+ FT_mccain~female+black+others+ageyr+educ+hhinc+readyBP+economy+environ+iraqwar
+ FT_obama~female+black+others+ageyr+educ+hhinc+readyBP+economy+environ+iraqwar
+ # 오차항 상관계수 추정
+ FT_mccain ~~ FT_obama
+ "
```

여기서 핵심은 종속변수들 사이의 공분산, 보다 정확하게는 종속변수의 오차항들의 공분산을 추정하는 것입니다. 물론 분석모형에 FT_mccain ~~ FT_obama와 같은 내용을 지정하지 않아도 sem() 함수에서는 자동으로 두 오차항 사이의 공분산을 추정해주지만, 여기서는 SUR을 추정한다는 것을 명확하게 보여주기 위해 FT_mccain ~~ FT_obama를 작성한 후 입력하였습니다. 이제는 ML 기법을 이용하여 분석모형을 추정해봅시다.

```
> fit_sur = sem(model=mypath_sur,data=df_ML_MC,
+               missing="FIML",
+               fixed.x=FALSE,meanstructure=TRUE)
> summary(fit_sur,ci=TRUE,standard=TRUE)
lavaan 0.6-7 ended normally after 126 iterations

  Estimator                                         ML
  Optimization method                           NLMINB
  Number of free parameters                         90

  Number of observations                          2322
  Number of missing patterns                        82

Model Test User Model:
```

```
  Test statistic                                 0.000
  Degrees of freedom                                 0

Parameter Estimates:

  Standard errors                             Standard
  Information                                 Observed
  Observed information based on                Hessian

Regressions:
              Estimate  Std.Err  z-value  P(>|z|) ci.lower ci.upper  Std.lv  Std.all
  FT_mccain ~
    female      -0.073    0.090   -0.812    0.417   -0.250    0.103  -0.073   -0.014
    black       -0.724    0.113   -6.385    0.000   -0.946   -0.502  -0.724   -0.121
    others      -0.248    0.140   -1.772    0.076   -0.523    0.026  -0.248   -0.032
    ageyr        0.079    0.026    3.011    0.003    0.027    0.130   0.079    0.053
    educ         0.023    0.032    0.727    0.467   -0.039    0.086   0.023    0.014
    hhinc        0.100    0.084    1.193    0.233   -0.064    0.265   0.100    0.024
    readyBP     -0.339    0.096   -3.551    0.000   -0.527   -0.152  -0.339   -0.063
    economy     -0.409    0.059   -6.978    0.000   -0.524   -0.294  -0.409   -0.149
    environ     -0.370    0.050   -7.337    0.000   -0.469   -0.271  -0.370   -0.162
    iraqwar     -0.708    0.050  -14.218    0.000   -0.806   -0.611  -0.708   -0.314
  FT_obama ~
    female       0.317    0.094    3.368    0.001    0.133    0.502   0.317    0.055
    black        1.813    0.118   15.343    0.000    1.581    2.044   1.813    0.278
    others       0.691    0.147    4.696    0.000    0.402    0.979   0.691    0.080
    ageyr       -0.130    0.027   -4.750    0.000   -0.184   -0.077  -0.130   -0.080
    educ         0.014    0.034    0.420    0.675   -0.052    0.080   0.014    0.008
    hhinc       -0.261    0.088   -2.955    0.003   -0.434   -0.088  -0.261   -0.058
    readyBP      1.217    0.100   12.133    0.000    1.020    1.413   1.217    0.205
    economy      0.243    0.062    3.937    0.000    0.122    0.364   0.243    0.081
    environ      0.333    0.053    6.290    0.000    0.229    0.437   0.333    0.133
    iraqwar      0.648    0.052   12.387    0.000    0.545    0.750   0.648    0.263

Covariances:
              Estimate  Std.Err  z-value  P(>|z|) ci.lower ci.upper  Std.lv  Std.all
 .FT_mccain ~~
   .FT_obama    -0.902    0.099   -9.083    0.000   -1.097   -0.708  -0.902   -0.196
```

[분량 조절을 위해 이 부분의 출력결과는 생략]

```
Intercepts:
               Estimate  Std.Err  z-value  P(>|z|) ci.lower ci.upper  Std.lv  Std.all
   .FT_mccain     5.327    0.100   53.201    0.000    5.131    5.524   5.327    2.054
   .FT_obama      4.913    0.105   46.889    0.000    4.708    5.119   4.913    1.734
                        [분량 조절을 위해 이 부분의 출력결과는 생략]
Variances:
               Estimate  Std.Err  z-value  P(>|z|) ci.lower ci.upper  Std.lv  Std.all
   .FT_mccain     4.394    0.131   33.557    0.000    4.137    4.651   4.394    0.653
   .FT_obama      4.830    0.144   33.534    0.000    4.548    5.112   4.830    0.601
                        [분량 조절을 위해 이 부분의 출력결과는 생략]
```

가장 앞에 나오는 출력결과의 경우 5장에서 이미 설명한 바 있습니다. 한 가지 주의할 것은 특별히 연구자가 의도한 경우가 아니라면, 경로모형을 추정할 경우 테스트 통계치(카이제곱 통계치, Test statistic)와 자유도(Degrees of freedom)가 모두 0이 나오는 것이 정상입니다. 만약 자유도가 0보다 큰 정수값으로 나타났다면 추정하지 않은 어떤 모수가 있다는 의미이며, 만약 연구목적상 의도한 것이 아니라면 분석모형을 제대로 입력했는지를 다시금 확인해볼 필요가 있습니다.

아무튼 연구목적상 중요한 결과는 Regressions: 부분이며, 여기서 각각의 독립변수가 2가지 종속변수에 미치는 효과가 어떤지 확인할 수 있습니다. 다음으로 Covariances:의 첫 줄(즉 .FT_mccain ~~ .FT_obama)이 종속변수 오차항의 공분산 추정결과이며, 맨 마지막의 Std.all 세로줄의 출력결과인 -0.201은 종속변수 오차항의 상관계수입니다. 결과에서 잘 드러나듯, 두 종속변수의 오차항 상관계수는 통계적으로 유의미합니다($p < .001$). 또한 Intercepts: 부분의 결과에서 각 종속변수의 '절편'을 추정할 수 있고, Variances: 부분의 결과에서 각 종속변수의 오차항 분산을 통해 R^2값을 추정해낼 수 있습니다. 예를 들어 위의 출력결과에 따르면 오바마 후보에 대한 감정점수를 예측한 회귀모형의 오차항 분산은 4.830이고, 이를 표준화시키면 약 0.601입니다. 다시 말해 오바마 후보에 대한 감정점수의 전체분산을 1이라고 한다면, 독립변수들에 의해 설명되는 분산은 $R^2 = 0.399$가 됩니다. '사례1'에 해당되는 모형추정결과를 정리하면 [표 6-1]과 같습니다.

[표 6-1] 오차상관통제 회귀모형 추정결과

독립변수	매케인 후보 감정점수: FT_mccain	오바마 후보 감정점수: FT_obama
절편: (Intercept)	5.327*** (0.100)	4.913*** (0.105)
성별(남성 기준): female	-0.073 (0.090)	0.317*** (0.094)
인종(백인 응답자 기준)		
인종=흑인: black	-0.724*** (0.113)	1.813*** (0.118)
인종=기타: others	-0.248 (0.140)	0.691*** (0.147)
연령: ageyr	0.079** (0.026)	-0.130*** (0.027)
교육수준: educ	0.023 (0.032)	0.014 (0.034)
소득수준: hhinc	0.100 (0.084)	-0.261** (0.088)
미국사회의 흑인 대통령 수용여부(미수용 기준): readyBP	-0.339*** (0.096)	1.217*** (0.100)
부시대통령의 경제수행 부정평가: economy	-0.409*** (0.059)	0.243*** (0.062)
부시대통령의 환경문제수행 부정평가: environ	-0.370*** (0.050)	0.333*** (0.053)
부시대통령의 이라크전쟁수행 부정평가: iraqwar	-0.708*** (0.050)	0.648*** (0.052)
R^2	0.347	0.399
오차항 상관계수 오바마 후보 감정점수: FT_obama	-0.196***	

알림. *p 〈 .05, **p 〈 .01, ***p 〈 .001. lavaan 패키지(version 0.6-7)의 sem() 함수를 이용하여 ML 결측데이터 분석 기법을 적용하였음.

다음으로 '사례2', 즉 매개효과 테스트를 실시해보겠습니다. '사례1'의 SUR 상황과 비슷하게 매개효과를 테스트하기 위해서는 매개변수를 종속변수로 설정하는 회귀모형과 최종 결과변수를 종속변수로 설정하는 회귀모형을 동시에 추정해야 합니다. 여기서 저희는 2008년 대통령 선거 당시 현직 대통령이었던 조지 W. 부시 대통령(공화당 소속) 평가와 관련된 세 변수를 매개변수로, 공화당과 민주당 후보였던 매케인 후보와 오바마 후보에 대한 감정점수를 종속변수로, 소득수준 변수를 독립변수로 하는 매개효과 테스트 모형을 설정했습니다(나머지 변수들, 성별, 인종, 교육수준, 미국사회의 흑인 대통령 수용여부 변수들은 통제변수로 가정하였습니다). 매개효과 테스트 모형을 시각화하면 [그림 6-2]와 같습니다.

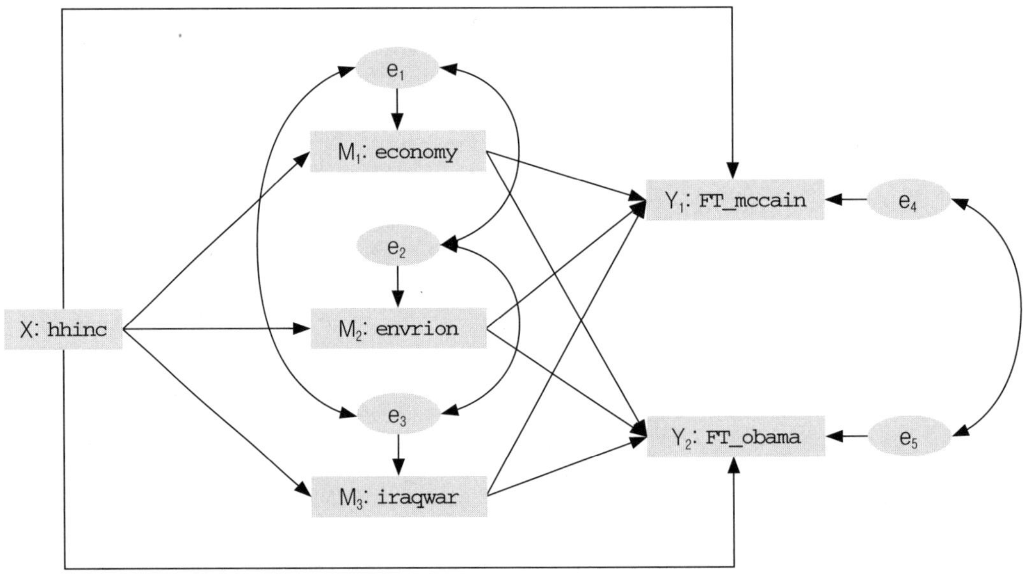

[그림 6-2] 매개효과 테스트 모형

알림. 통제변수들은 제시하지 않았음.

매개효과에 대한 테스트를 실시하기 전에 [그림 6-2]의 모형만 먼저 추정해보겠습니다. 매개변수 3개와 최종 결과변수 2개를 종속변수로 설정한 회귀방정식 5가지를 동시에 추정하는 분석모형을 설정하면 다음과 같습니다.

```
> # 사례2: Mediation test
> # 3가지 매개변수를 설정한 경로모형
> mypath_mediate="
+ economy~female+black+others+ageyr+educ+readyBP+hhinc
+ environ~female+black+others+ageyr+educ+readyBP+hhinc
+ iraqwar~female+black+others+ageyr+educ+readyBP+hhinc
+ FT_mccain~female+black+others+ageyr+educ+readyBP+hhinc+economy+environ+iraqwar
+ FT_obama~female+black+others+ageyr+educ+readyBP+hhinc+economy+environ+iraqwar
+ FT_mccain~~FT_obama
+ economy~~environ+iraqwar
+ environ~~iraqwar
+ "
```

sem() 함수를 이용하여 위의 분석모형을 추정하는 과정은 아래와 같습니다. 또한 ML 결측데이터 분석기법을 적용하여 분석모형을 추정한 결과는 [표 6-2]에 정리되어 있습니다.

```
> fit_mediate=sem(model=mypath_mediate,data=df_ML_MC,
+                 missing="FIML",
+                 fixed.x=FALSE,meanstructure=TRUE)
> summary(fit_mediate,ci=TRUE,standard=TRUE)
                [분량 조절을 위해 이 부분의 출력결과는 본문의 표로 대체]
```

[표 6-2] 경로모형 추정결과

	economy	environ	iraqwar	FT_mccain	FT_obama
(Intercept)	−0.225*** (0.044)	−0.280*** (0.054)	−0.346*** (0.051)	5.327*** (0.100)	4.913*** (0.105)
female	0.049 (0.040)	0.093+ (0.049)	0.156*** (0.046)	−0.073 (0.090)	0.317*** (0.094)
black	0.469*** (0.048)	0.497*** (0.060)	0.689*** (0.056)	−0.724*** (0.113)	1.813*** (0.118)
others	0.175** (0.061)	0.268*** (0.076)	0.332*** (0.072)	−0.248 (0.140)	0.691*** (0.147)
ageyr	−0.028* (0.012)	0.007 (0.014)	−0.041** (0.014)	0.079** (0.026)	−0.130*** (0.027)
educ	0.015 (0.014)	0.041* (0.017)	−0.019 (0.017)	0.023 (0.032)	0.014 (0.034)
readyBP	0.073+ (0.042)	0.103* (0.052)	0.055 (0.050)	−0.339*** (0.096)	1.217*** (0.100)
hhinc	−0.040 (0.037)	−0.156*** (0.046)	−0.193*** (0.043)	0.100 (0.084)	−0.261** (0.088)
economy				−0.409*** (0.059)	0.243*** (0.062)
environ				−0.370*** (0.050)	0.333*** (0.053)
iraqwar				−0.708*** (0.050)	0.648*** (0.052)
R^2	0.054	0.053	0.108	0.347	0.399
오차항 상관계수					
environ	0.462***				
iraqwar	0.487***	0.475***			
FT_obama				−0.196***	

알림. *p 〈 .05, **p 〈 .01, ***p 〈 .001. lavaan 패키지(version 0.6-7)의 sem() 함수를 이용하여 ML 결측데이터 분석기법을 적용하였음.

다음으로 [표 6-2]의 추정결과를 바탕으로 매개효과를 테스트해보겠습니다. 매개효과가 발생하는 경로들은 다음 6가지입니다.

- hhinc → economy → FT_mccain
- hhinc → envrion → FT_mccain
- hhinc → iraqwar → FT_mccain

- hhinc → economy → FT_obama
- hhinc → envrion → FT_obama
- hhinc → iraqwar → FT_obama

매개효과 테스트는 위의 6가지 경로에 해당되는 회귀계수들을 별도의 모수로 지정한 후, 매개효과(간접효과)를 나타내는 새로운 모수를 생성한 다음, 이를 대상으로 통계적 유의도 테스트를 실시해보겠습니다. 독립변수가 매개변수에 미치는 효과를 나타내는 회귀계수들을 각각 a1, a2, a3라는 이름의 모수로 저장하였으며, 매개변수가 종속변수에 미치는 회귀계수를 br1, br2, br3(공화당 후보인 존 매케인에 대한 감정점수), bd1, bd2, bd3(민주당 후보인 버락 오바마에 대한 감정점수)라는 이름의 모수로 저장하였습니다. 아울러 총효과 추정을 위하여 독립변수가 각각의 종속변수에 미치는 효과를 cr, cd라는 이름의 모수로 저장하였습니다. 새로운 모수를 생성하여 매개효과와 총효과를 추정하는 방법은 아래의 분석모형 설정에서 밑줄 그은 부분을 참조하기 바랍니다.

```
> #매개효과(간접효과) 테스트
> mypath_medtest="
+ economy~female+black+others+ageyr+educ+readyBP+a1*hhinc
+ environ~female+black+others+ageyr+educ+readyBP+a2*hhinc
+ iraqwar~female+black+others+ageyr+educ+readyBP+a3*hhinc
+ FT_mccain~female+black+others+ageyr+educ+readyBP+cr*hhinc+br1*economy+
  br2*environ+br3*iraqwar
+ FT_obama~female+black+others+ageyr+educ+readyBP+cd*hhinc+bd1*economy+
  bd2*environ+bd3*iraqwar
+ FT_mccain~~FT_obama
+ economy~~environ+iraqwar
+ environ~~iraqwar
+ # Indirect effect : Republican candidate
+ IEr1 := a1*br1
+ IEr2 := a2*br2
+ IEr3 := a3*br3
+ IEr123 := IEr1+IEr2+IEr3
+ # Indirect effect : Democratic candidate
+ IEd1 := a1*bd1
+ IEd2 := a2*bd2
+ IEd3 := a3*bd3
+ IEd123 := IEd1+IEd2+IEd3
```

```
+ # Total effect : Republican candidate
+ TEr := IEr123+cr
+ # Total effect : Democratic candidate
+ TEd := IEd123+cd
+ "
> fit_medtest=sem(model=mypath_medtest,data=df_ML_MC,
+                  missing="FIML",
+                fixed.x=FALSE,meanstructure=TRUE)
> summary(fit_medtest,ci=TRUE,standard=TRUE)
```

[분량 조절을 위해 이 부분의 출력결과는 생략]

```
Defined Parameters:
          Estimate  Std.Err  z-value  P(>|z|)  ci.lower  ci.upper  Std.lv  Std.all
  IEr1       0.016    0.015    1.059    0.290    -0.014     0.046   0.016    0.004
  IEr2       0.058    0.019    3.106    0.002     0.021     0.094   0.058    0.014
  IEr3       0.136    0.032    4.280    0.000     0.074     0.199   0.136    0.033
  IEr123     0.210    0.051    4.093    0.000     0.110     0.311   0.210    0.051
  IEd1      -0.010    0.009   -1.033    0.302    -0.028     0.009  -0.010   -0.002
  IEd2      -0.052    0.017   -3.014    0.003    -0.086    -0.018  -0.052   -0.012
  IEd3      -0.125    0.030   -4.228    0.000    -0.183    -0.067  -0.125   -0.028
  IEd123    -0.186    0.044   -4.269    0.000    -0.272    -0.101  -0.186   -0.041
  TEr        0.311    0.097    3.208    0.001     0.121     0.500   0.311    0.075
  TEd       -0.447    0.097   -4.617    0.000    -0.637    -0.257  -0.447   -0.099
```

summary() 함수의 출력결과 맨 하단에 매개효과와 총효과를 나타내는 모수들에 대한 통계적 유의도 결과를 확인할 수 있습니다. 예를 들어 소득이 현 대통령의 이라크전쟁 수행에 대한 평가를 경유하여 공화당 후보인 존 매케인에 대한 감정점수에 미치는 매개효과는 IEr3=0.136이며, 이는 통계적으로 유의미한 효과입니다($p < .001$). 보다 구체적으로 소득이 1단위 증가할수록 부시 대통령의 이라크전쟁수행에 대한 평가를 경유하여 존 매케인 후보에 대한 감정점수는 약 1.35점 증가하며(분석모형에 사용된 데이터의 경우 0-100점의 변수에 0.10을 곱하였는데 이를 원점수로 환원한 것), 이는 통계적으로 유의미한 증가분입니다.

만약 부트스트래핑 기법을 이용하여 매개효과 테스트를 실시하고 싶다면 bootstrapLavaan() 함수를 사용하면 됩니다. 그러나 이 경우 부트스트래핑을 실시하는 방식으로 type="parametric"을, 즉 '모수 부트스트래핑(parametric bootstrap)' 기법을 지정하여야 합니다. 왜냐하면 ML 기법은 다변량 정규분포를 가정하며, 부트스트래핑 기법들 중 모수 부트스트래핑 기법만이 다변량 정규분포 가정에 부합하기 때문입니다.

아무튼 부트스트래핑 기법을 실시하기 위해서는 다음과 같은 과정을 진행하면 됩니다. 제일 먼저 할 일은 lavaan 오브젝트의 모수의 추정치를 저장하는 개인함수를 설정하는 것입니다. 아래와 같은 fun_estimate() 함수를 설정하지 않는다면, 부트스트래핑 과정에서 회귀계수와 평균, 분산과 공분산 등의 모수들은 저장되지만, 매개효과와 총효과 추정을 위해서 새로 정의된 모수들은 저장되지 않습니다.

```
> # 부트스트래핑 기반 매개효과 테스트
> # 새로 정의된 모수들을 저장하기 위한 함수
> fun_estimate = function(object_lavaan){
+  return(parameterestimates(object_lavaan)$est)
+ }
```

이제 부트스트래핑을 실시해봅시다. 저희는 일반적으로 권장되는 재표집 횟수들 중 가장 작은 값인 1,000을 사용하였습니다. 시간이 꽤 많이 소요되니, 부트스트래핑 기법으로 매개효과를 테스트하고자 하는 분들은 유념하시기 바랍니다.

```
> set.seed(1234) # 동일한 결과를 얻기 위해
> obj_boot = bootstrapLavaan(fit_medtest,R=1000,
+                            type="parametric",  # 다변량 정규분포 가정
+                            FUN="fun_estimate")
> # 부트스트래핑 결과를 데이터 형식으로
> result_boot = as_tibble(obj_boot)
> # 모수의 이름을 부여
> names(result_boot) = parameterestimates(fit_medtest)$lhs
```

1,000번의 재표집을 통해 추정한 매개효과와 총효과 추정결과의 데이터는 아래와 같습니다. 이를 기반으로 부트스트래핑 기반 95% 신뢰구간을 추정하면 다음과 같습니다.

```
> # 데이터 형태 확인
> result_boot %>% select(IEr1:TEd)
# A tibble: 1,000 x 10
     IEr1    IEr2   IEr3  IEr123      IEd1     IEd2    IEd3  IEd123   TEr    TEd
    <dbl>   <dbl>  <dbl>   <dbl>     <dbl>    <dbl>   <dbl>   <dbl> <dbl>  <dbl>
1  0.0192  0.0316  0.137   0.188  -0.00937  -0.0353  -0.119  -0.163 0.215 -0.589
```

```
2   0.0385  0.0747  0.165   0.279  -0.0249   -0.0772  -0.143   -0.245  0.365  -0.385
3-0.00110   0.0484  0.165   0.213  0.000752  -0.0484  -0.141   -0.189  0.265  -0.573
4  0.00414  0.0428  0.124   0.171  -0.00255  -0.0376  -0.117   -0.157  0.314  -0.347
5   0.0372  0.0564  0.155   0.249  -0.0176   -0.0604  -0.137   -0.215  0.376  -0.510
6   0.0136  0.0514  0.0755  0.141  -0.0118   -0.0350  -0.0774  -0.124  0.301  -0.442
7  -0.0149  0.0460  0.102   0.133  0.00878   -0.0347  -0.113   -0.139  0.312  -0.454
8   0.0180  0.0472  0.104   0.169  -0.0105   -0.0463  -0.0931  -0.150  0.223  -0.442
9   0.0313  0.0925  0.184   0.308  -0.0159   -0.0875  -0.164   -0.268  0.297  -0.697
10  0.0246  0.0794  0.171   0.275  -0.0123   -0.0768  -0.153   -0.242  0.308  -0.534
# ... with 990 more rows
> # 매개효과/총효과의 부트스트래핑 기반 95% 신뢰구간 추정
> result_boot %>% select(IEr1:TEd) %>%
+  pivot_longer(cols=IEr1:TEd) %>%
+  group_by(name) %>%
+  summarise(
+    ll95=quantile(value,probs=0.025),
+    ul95=quantile(value,probs=0.975)
+  )
`summarise()` ungrouping output (override with `.groups` argument)
# A tibble: 10 x 3
     name      ll95     ul95
     <chr>    <dbl>    <dbl>
1    IEd1   -0.0279  0.00907
2  IEd123   -0.268   -0.102
3    IEd2   -0.0892  -0.0207
4    IEd3   -0.184   -0.0685
5    IEr1   -0.0145  0.0459
6  IEr123    0.107   0.308
7    IEr2    0.0235  0.0943
8    IEr3    0.0741  0.199
9     TEd   -0.636   -0.266
10    TEr    0.125   0.502
```

부트스트래핑을 기반으로 얻은 95% 신뢰구간과 앞서 새로 추정한 모수의 테스트 통계치를 기반으로 얻은 95% 신뢰구간을 비교해보면 거의 엇비슷한 것을 알 수 있습니다.

이제 ML 결측데이터 분석기법을 활용한 경로모형의 마지막 사례로 순환모형(nonrecursive model)을 살펴보겠습니다. 개인적인 입장에서 순환모형을 이용하여 두 변

수 간 상호인과관계를 테스트하는 것에 그리 호의적이지는 않지만, 연구목적과 학문분과의 관례에 따라서는 유용하게 사용될 수 있을 것입니다. 아무튼 여기서 추정하고자 하는 순환모형을 경로모형으로 나타내면 [그림 6-3]과 같습니다.

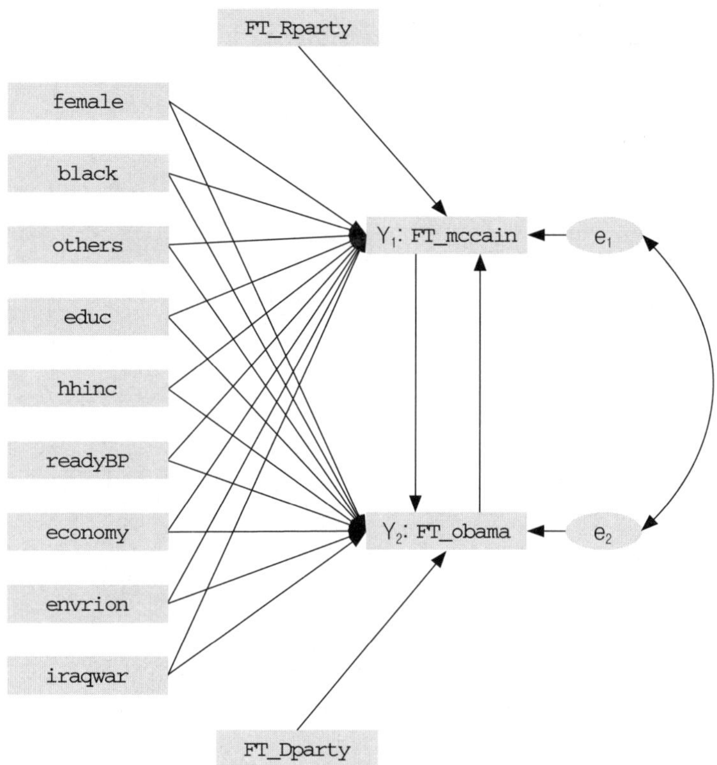

[그림 6-3] 순환모형

[그림 6-3]을 분석모형으로 정의한 후 순환모형을 추정한 결과는 아래와 같습니다.

```
> # 사례3: Nonrecursive model
> mypath_nonrecur="
+ FT_mccain~female+black+others+ageyr+educ+hhinc+readyBP+economy+environ+
  iraqwar+FT_Rparty
+ FT_obama~female+black+others+ageyr+educ+hhinc+readyBP+economy+
  environ+iraqwar+FT_Dparty
+ FT_obama ~~ FT_mccain
+ # reciprocal causal relations
+ FT_mccain ~ FT_obama
```

```
+ FT_obama ~ FT_mccain
+ "
> fit_nonrecur=sem(model=mypath_nonrecur,data=df_ML_MC,
+                  missing="FIML",
+                  fixed.x=FALSE,meanstructure=TRUE)
> summary(fit_nonrecur,ci=TRUE,standard=TRUE)
lavaan 0.6-7 ended normally after 129 iterations

  Estimator                                         ML
  Optimization method                           NLMINB
  Number of free parameters                        119

  Number of observations                          2322
  Number of missing patterns                       106

Model Test User Model:

  Test statistic                                 0.000
  Degrees of freedom                                 0

Parameter Estimates:

  Standard errors                             Standard
  Information                                 Observed
  Observed information based on                Hessian

Regressions:
              Estimate  Std.Err  z-value  P(>|z|) ci.lower ci.upper  Std.lv  Std.all
  FT_mccain ~
    female      -0.146    0.075   -1.936    0.053   -0.294    0.002  -0.146   -0.028
    black       -0.262    0.111   -2.371    0.018   -0.479   -0.045  -0.262   -0.044
    others      -0.029    0.118   -0.247    0.805   -0.261    0.202  -0.029   -0.004
    ageyr        0.053    0.022    2.394    0.017    0.010    0.096   0.053    0.035
    educ         0.090    0.027    3.406    0.001    0.038    0.142   0.090    0.054
    hhinc        0.020    0.070    0.287    0.774   -0.116    0.156   0.020    0.005
    readyBP     -0.030    0.089   -0.336    0.737   -0.203    0.144  -0.030   -0.005
    economy     -0.145    0.049   -2.949    0.003   -0.242   -0.049  -0.145   -0.053
    environ     -0.075    0.044   -1.716    0.086   -0.160    0.011  -0.075   -0.033
    iraqwar     -0.310    0.046   -6.724    0.000   -0.400   -0.219  -0.310   -0.137
    FT_Rparty    0.528    0.018   28.601    0.000    0.492    0.564   0.528    0.529
  FT_obama ~
```

```
  female      0.093   0.080    1.162  0.245    -0.064    0.249  0.093    0.016
  black       1.018   0.104    9.792  0.000     0.814    1.222  1.018    0.156
  others      0.277   0.125    2.220  0.026     0.032    0.522  0.277    0.032
  ageyr      -0.137   0.023   -5.858  0.000    -0.183   -0.091 -0.137   -0.084
  educ        0.069   0.028    2.415  0.016     0.013    0.124  0.069    0.038
  hhinc      -0.019   0.075   -0.254  0.799    -0.167    0.129 -0.019   -0.004
  readyBP     0.901   0.086   10.476  0.000     0.733    1.070  0.901    0.152
  economy     0.020   0.054    0.376  0.707    -0.085    0.126  0.020    0.007
  environ     0.174   0.047    3.714  0.000     0.082    0.265  0.174    0.069
  iraqwar     0.203   0.050    4.037  0.000     0.104    0.301  0.203    0.082
  FT_Dparty   0.522   0.019   26.877  0.000     0.484    0.560  0.522    0.475
 FT_mccain ~
  FT_obama   -0.114   0.034   -3.382  0.001    -0.179   -0.048 -0.114   -0.124
 FT_obama ~
  FT_mccain  -0.175   0.035   -5.003  0.000    -0.243   -0.106 -0.175   -0.160

Covariances:
           Estimate Std.Err z-value P(>|z|) ci.lower ci.upper Std.lv Std.all
 .FT_mccain ~~
  .FT_obama   0.640   0.172    3.719  0.000     0.303    0.978  0.640    0.200
                     [분량 조절을 위해 이 부분의 출력결과는 생략]
Intercepts:
           Estimate Std.Err z-value P(>|z|) ci.lower ci.upper Std.lv Std.all
  .FT_mccain  3.388   0.228   14.884  0.000     2.942    3.834  3.388    1.306
  .FT_obama   3.045   0.254   11.985  0.000     2.547    3.543  3.045    1.075
                     [분량 조절을 위해 이 부분의 출력결과는 생략]
Variances:
           Estimate Std.Err z-value P(>|z|) ci.lower ci.upper Std.lv Std.all
  .FT_mccain  2.992   0.090   33.329  0.000     2.816    3.168  2.992    0.445
  .FT_obama   3.438   0.104   33.008  0.000     3.234    3.642  3.438    0.429
                     [분량 조절을 위해 이 부분의 출력결과는 생략]
```

순환모형 추정결과 중 상호인과관계에 대한 부분을 보면 흥미로운 점이 보입니다. 각 후보에 대한 호의적인 감정이 상대 후보에 대한 비호의적 감정으로 이어진다는 점은 동일합니다. 물론 오바마 후보에 대한 호의적인 감정이 매케인 후보에 대한 비호의적 감정으로 전이되는 효과인 –0.114와 비교할 때, 매케인 후보에 대한 호의적 감정이 오바마 후보에 대한 비호의적 감정으로 전이되는 효과는 –0.175로 상대적으로 강해 보입니다. 그러나 아래와 같은 방식으로 2가지 회귀계수를 비교해보면 잘 드러나듯, 두 회귀계수는 뚜렷하게 다르다고 보기 어렵습니다[$\chi^2(1) = 1.650$, $p = .199$].

```
> # 동등성 제약(equality constraint)
> mypath_nonrecur_equal="
+ FT_mccain~female+black+others+ageyr+educ+hhinc+readyBP+economy+environ+i
raqwar+FT_Rparty
+ FT_obama~female+black+others+ageyr+educ+hhinc+readyBP+economy+environ+ir
aqwar+FT_Dparty
+ FT_obama ~~ FT_mccain
+ # reciprocal causal relations
+ FT_mccain ~ b*FT_obama
+ FT_obama ~ b*FT_mccain
+ "
> fit_nonrecur_equal=sem(model=mypath_nonrecur_equal,data=df_ML_MC,
+                     missing="FIML",
+                     fixed.x=FALSE,meanstructure=TRUE)
> fit_nonrecur_equal
lavaan 0.6-7 ended normally after 127 iterations

  Estimator                                         ML
  Optimization method                           NLMINB
  Number of free parameters                        119
  Number of equality constraints                     1

  Number of observations                          2322
  Number of missing patterns                       106

Model Test User Model:

  Test statistic                                 1.650
  Degrees of freedom                                 1
  P-value (Chi-square)                           0.199
```

이상으로 결측데이터에 ML 기법을 적용하여 경로모형을 추정하는 방법들을 살펴보았습니다. 지금까지 제시된 방식의 경로모형들만 이해하여도 여기에 제시된 경로모형이 아닌 다른 방식의 경로모형들도 연구목적에 따라 추정할 수 있을 것입니다.

2 확증적 인자분석: 잠재변수 포함

앞서 살펴본 경로모형에서는 관측변수를 생성시키는 잠재변수가 가정되어 있지 않습니다. 여기서는 공통성(commonality)을 지닌다고 가정되는 여러 관측변수들을 예측할 수 있는 잠재변수를 가정한 후, 측정모형(measurement model) 관점에서 잠재변수들과 관측변수들의 관계를 추정하는 확증적 인자분석(CFA, confirmatory factor analysis)을 실시해 보겠습니다.

ANES2008 데이터에서 저희는 총 9개의 변수를 CFA 모형 추정에 사용할 예정입니다. 9개의 관측변수는 크게 두 종류로 구분할 수 있습니다. 첫째, FT_로 시작하는 6개의 감정점수 변수들은 총 2가지의 잠재변수를 이용해 설명할 수 있습니다. 감정점수 변수들은 미국 정치지형의 정파성에 따라 '공화당파 감정점수'와 '민주당파 감정점수'로 구분할 수 있습니다. 즉 공화당파 감정점수를 이용하여 '공화당에 대한 감정점수', '공화당 대통령 후보에 대한 감정점수', '공화당 부통령 후보에 대한 감정점수' 3가지 관측변수를 예측하는 것이 가능하며, 민주당파 감정점수를 이용하여 '민주당에 대한 감정점수', '민주당 대통령 후보에 대한 감정점수', '민주당 부통령 후보에 대한 감정점수' 3가지 관측변수를 예측할 수 있습니다. 둘째, economy, environ, iraqwar의 세 관측변수는 선거 당시 현직 대통령인 '부시 대통령의 직무수행평가'라는 잠재변수로 설명할 수 있습니다. 이와 같이 총 3개의 잠재변수로 9개의 관측변수를 설명하는 CFA 모형을 정의하면 아래와 같습니다.

```
> # 확증적 인자분석(CFA)
> mycfa = "
+ FT_rep =~ FT_Rparty+FT_mccain+FT_palin
+ FT_dem =~ FT_Dparty+FT_obama+FT_biden
+ Eval_Bush =~ economy+environ+iraqwar
+ "
```

이제 지정된 CFA 모형을 분석모형으로 지정한 후의 추정결과를 살펴봅시다. sem() 함수에 투입되는 옵션들은 경로모형과 동일합니다.

```
> fit_cfa=sem(model=mycfa,data=df_ML_MC,
+              missing="FIML",
+              fixed.x=FALSE, #관측된 독립변수가 없기에 지정하지 않아도 무방
+              meanstructure=TRUE)
```

추정된 결과를 살펴보기 위해 summary() 함수를 사용합니다. 일반적으로 CFA 모형 추정결과의 '인자적재치(factor loading)'를 평가할 때는 표준화 계수를 활용하기 때문에 standard 옵션을 TRUE로 바꾸었습니다. 그러나 무엇보다 중요한 것은 CFA 모형과 다음에 살펴볼 구조방정식 모형(SEM)과 같이 잠재변수를 고려할 경우에는 다양한 모형 적합도를 살펴볼 수 있도록 fit 옵션을 TRUE로 설정하는 것입니다.

```
> summary(fit_cfa,
+           standard=TRUE, #표준화 계수들(적재치와 상관계수)
+           fit=TRUE)    #모형적합도 지수들
lavaan 0.6-7 ended normally after 53 iterations

  Estimator                                         ML
  Optimization method                           NLMINB
  Number of free parameters                         30

                                                  Used       Total
  Number of observations                          2318        2322
  Number of missing patterns                        84

Model Test User Model:

  Test statistic                               139.737
  Degrees of freedom                                24
  P-value (Chi-square)                           0.000

Model Test Baseline Model:

  Test statistic                              9096.742
  Degrees of freedom                                36
```

```
  P-value                                        0.000

User Model versus Baseline Model:

  Comparative Fit Index (CFI)                    0.987
  Tucker-Lewis Index (TLI)                       0.981

Loglikelihood and Information Criteria:

  Loglikelihood user model (H0)             -35712.600
  Loglikelihood unrestricted model (H1)     -35642.732

  Akaike (AIC)                               71485.200
  Bayesian (BIC)                             71657.654
  Sample-size adjusted Bayesian (BIC)        71562.338

Root Mean Square Error of Approximation:

  RMSEA                                          0.046
  90 Percent confidence interval - lower         0.038
  90 Percent confidence interval - upper         0.053
  P-value RMSEA <= 0.05                          0.828

Standardized Root Mean Square Residual:

  SRMR                                           0.023

Parameter Estimates:

  Standard errors                             Standard
  Information                                 Observed
  Observed information based on                Hessian

Latent Variables:
                 Estimate  Std.Err  z-value  P(>|z|)   Std.lv  Std.all
  FT_rep =~
    FT_Rparty       1.000                               2.108    0.811
    FT_mccain       1.054    0.025   42.718    0.000    2.222    0.857
    FT_palin        1.079    0.028   38.787    0.000    2.275    0.798
  FT_dem =~
    FT_Dparty       1.000                               2.014    0.782
```

```
   FT_obama       1.239     0.034    36.157    0.000    2.496     0.881
   FT_biden       0.824     0.027    30.890    0.000    1.660     0.703
  Eval_Bush =~
   economy        1.000                                 0.633     0.668
   environ        1.207     0.047    25.715    0.000    0.763     0.673
   iraqwar        1.424     0.050    28.426    0.000    0.901     0.782

Covariances:
                 Estimate   Std.Err   z-value   P(>|z|)  Std.lv   Std.all
  FT_rep ~~
   FT_dem        -2.625     0.133   -19.728    0.000   -0.618    -0.618
   Eval_Bush     -1.022     0.050   -20.507    0.000   -0.766    -0.766
  FT_dem ~~
   Eval_Bush      0.850      .046    18.589    0.000    0.667     0.667

Intercepts:
                 Estimate   Std.Err   z-value   P(>|z|)  Std.lv   Std.all
   .FT_Rparty     4.475     0.054    82.266    0.000    4.475     1.722
   .FT_mccain     4.856     0.054    89.804    0.000    4.856     1.873
   .FT_palin      4.902     0.062    79.345    0.000    4.902     1.721
   .FT_Dparty     6.298     0.054   116.812    0.000    6.298     2.444
   .FT_obama      6.417     0.059   108.690    0.000    6.417     2.265
   .FT_biden      5.723     0.054   106.036    0.000    5.723     2.422
   .economy      -0.009     0.020    -0.456    0.649   -0.009    -0.010
   .environ      -0.002     0.025    -0.064    0.949   -0.002    -0.001
   .iraqwar      -0.006     0.024    -0.245    0.807   -0.006    -0.005
   FT_rep         0.000                                 0.000     0.000
   FT_dem         0.000                                 0.000     0.000
   Eval_Bush      0.000                                 0.000     0.000

Variances:
                 Estimate   Std.Err   z-value   P(>|z|)  Std.lv   Std.all
   .FT_Rparty     2.313     0.098    23.614    0.000    2.313     0.342
   .FT_mccain     1.784     0.091    19.614    0.000    1.784     0.265
   .FT_palin      2.945     0.126    23.388    0.000    2.945     0.363
   .FT_Dparty     2.583     0.116    22.347    0.000    2.583     0.389
   .FT_obama      1.797     0.135    13.348    0.000    1.797     0.224
   .FT_biden      2.827     0.114    24.785    0.000    2.827     0.506
   .economy       0.497     0.019    26.825    0.000    0.497     0.554
   .environ       0.704     0.028    25.558    0.000    0.704     0.547
   .iraqwar       0.515     0.025    20.991    0.000    0.515     0.388
```

```
FT_rep        4.445      0.201     22.116    0.000    1.000      1.000
FT_dem        4.057      0.201     20.203    0.000    1.000      1.000
Eval_Bush     0.400      0.025     16.075    0.000    1.000      1.000
```

맨 위의 결과들 중에서 Number of observations의 결과에 주목해봅시다. 이 결과에서 알 수 있듯 전체 2,322명의 응답자 중에서 2,318명을 기반으로 CFA 모형이 추정되었습니다. 즉 분석에서 4명의 응답자가 배제되었는데, 이들 응답자들이 9개 관측변수 모두에 대해 무응답했기 때문입니다.

다음으로 모형적합도 지수들을 살펴보겠습니다. 우선 Model Test User Model: 부분에서 확인할 수 있듯, 현재의 CFA 모형의 경우 24개의 모수를 추가로 추정할 수 있으며, 테스트 통계치 결과에서 나타나듯 정의된 CFA 모형과 데이터는 통계적으로 유의미하게 달라서[$\chi^2(24) = 139.737$, $p < .001$], CFA 모형은 데이터에 부적합하다고 판단할 수 있습니다. 그러나 일반적으로 표본크기가 클수록 카이제곱 통계치는 귀무가설을 기각시키는 결과로 이어지기 쉽습니다. 이러한 카이제곱 통계치의 문제점에 대처하기 위해 다양한 대안적 모형적합도 지수들이 개발되었습니다. 일반적으로 CFI와 TLI는 0.95보다 클 경우 설정된 CFA 모형이나 SEM 모형이 데이터에 부합한다고 평가되며, SRMR이나 RMSEA는 0.05보다 작을 경우 CFA 모형이나 SEM 모형이 적합하다고 평가됩니다. CFA, SEM에서 사용되는 대안적 모형적합도 지수들에 대한 보다 구체적인 설명은 구조방정식을 설명하는 관련 문헌(백영민, 2017; Kline, 2016)을 참고하시기 바랍니다. 위의 분석결과에서 잘 나타나듯, 비록 통계적으로 유의미한 카이제곱 통계치에도 불구하고 CFI = 0.987, TLI = 0.981, RMSEA = 0.046 (90% CI: 0.038, 0.053), SRMR = 0.023으로 지정된 CFA 모형은 데이터에 부합한다고 보는 것이 적절합니다.

지정된 CFA 모형이 적합하다고 판단했다면 구체적인 분석결과를 살펴봅시다. Latent Variables:라는 부분의 결과는 CFA 모형의 인자적재치 추정결과입니다. Std.all 세로줄의 결과에서 잘 나타나듯, 추정된 잠재변수와 관측변수 사이의 표준화된 인자적재치는 작게는 0.668, 크게는 0.881로 상당히 높은 편입니다. 즉 잠재변수가 관측변수를 매우 잘 설명한다고 볼 수 있습니다. 또한 Covariances: 부분의 Std.all에 보고된 값을 통해 잠재변수 사이의 상관계수를 계산할 수 있습니다. 공화당 출신 부시 대통령 직무수행 평가 잠재변수는 공화당파 감정점수 잠재변수와는 양의 상관계수를 보인 반면(.667), 민주당파 감정점수 잠재변수와는 음의 상관계수(−0.766)를 보여주고 있습니다.

끝으로 각 잠재변수의 신뢰도 지수를 계산해보겠습니다. CFA 모형에서 가정된 잠재변수의 신뢰도를 평가하는 지수들로는 '크론바흐의 알파(Cronbach's α)', '복합신뢰도(CR, composite reliability)', '평균추출분산(AVE, averaged variance extracted)' 3가지가 일반적으로 많이 활용됩니다. 확정된 기준은 아니지만, 일반적으로 크론바흐의 알파와 복합신뢰도(CR)의 경우 0.70(혹은 0.80)을 넘을 때, 그리고 평균추출분산(AVE)의 경우 0.50(혹은 0.65)을 넘을 때 '만족스럽다'는 평가를 내립니다.

이 지수들은 CFA 모형에서 추출된 모수들을 활용하여 수계산할 수도 있지만, semTools 패키지의 reliability() 함수를 이용하면 쉽게 얻을 수 있습니다. semTools 패키지는 다음 7장에서 소개할 보조변수를 활용한 결측데이터 분석에서도 사용할 예정입니다. 아무튼 각 잠재변수의 신뢰도 지수들을 계산한 결과는 아래와 같습니다.

```
> # 잠재변수의 신뢰도 지수들 계산
> semTools::reliability(fit_cfa)
          FT_rep     FT_dem    Eval_Bush
alpha    0.8596344  0.8334852  0.7490423
omega    0.8610215  0.8408371  0.7545372
omega2   0.8610215  0.8408371  0.7545372
omega3   0.8629622  0.8325812  0.7530014
avevar   0.6739666  0.6441081  0.5111408
```

출력된 결과에서 첫 번째 가로줄의 결과(alpha)가 '크론바흐의 알파'이며, 두 번째부터 네 번째 가로줄 결과(omega, omega2, omega3)가 복합신뢰도(CR) 지수이고, 마지막 가로줄 결과(avevar)가 평균추출분산(AVE) 지수입니다. 복합신뢰도(CR) 지수를 나타내는 오메가(ω)의 경우 CFA 모형의 관측변수 오차항들의 공분산(상관계수)을 추정하지 않을 때 ω_1(omega)을 사용하며, 관측변수 오차항들의 공분산(상관계수)을 추정할 경우에는 ω_2(omega2)나 ω_3(omega3)를 사용합니다. 일반적으로 ω_3가 가장 보수적인 추정결과를 나타냅니다.

위의 결과에서 잘 나타나듯, 크론바흐의 알파, 복합신뢰도(CR) 지수, 평균추출분산 3가지 모두 만족스러운 수치를 보여주고 있습니다. 즉 여기서 저희가 설정한 CFA 모형은 ANES2008 데이터에 잘 부합하며, 구성타당도와 신뢰도를 만족한다고 볼 수 있습니다.

3 구조방정식 모형: 잠재변수 포함

끝으로 결측데이터를 대상으로 잠재변수를 포함하는 인과모형을 ML 기법을 적용하여 추정한 구조방정식 모형을 살펴봅시다. 앞서 추정한 CFA 모형의 세 잠재변수 중 FT_rep와 FT_dem의 두 잠재변수를 결과변수로, Eval_Bush 잠재변수를 매개변수로 하고, 응답자의 가계소득(hhinc)을 독립변수로 하되 매개효과 모형을 추정해봅시다(여기서 female, black, others, educ, readyBP[1] 변수들은 통제변수로 모형에 투입). 앞서 말씀드렸듯 구조방정식 모형은 경로모형(인과관계 추정)과 CFA 모형(측정모형)을 통합한 모형이라고 정의하였습니다.

```
> # 구조방정식 모형
> mysem = "
+ # measurement model
+ FT_rep =~ FT_Rparty+FT_mccain+FT_palin
+ FT_dem =~ FT_Dparty+FT_obama+FT_biden
+ Eval_Bush =~ economy+environ+iraqwar
+ # structural (causal) model
+ Eval_Bush ~ female+black+others+ageyr+educ+hhinc
+ FT_rep~female+black+others+ageyr+educ+hhinc+readyBP+Eval_Bush
+ FT_dem~female+black+others+ageyr+educ+hhinc+readyBP+Eval_Bush
+ "
```

이제 지정된 분석모형을 sem() 함수에 투입한 후 구조방정식 모형을 추정해봅시다. 경로모형과 CFA 모형을 추정했을 때의 절차와 동일합니다. summary() 출력결과의 경우 분량을 절약하기 위해 [표 6-3]에 정리하여 제시하였습니다. 구체적인 결과는 독자 여러분이 직접 확인해보길 바랍니다.

---

1 readyBP 변수의 경우 최종 결과변수 2개에만 영향을 미친다고 가정하였습니다(즉 매개변수에는 영향을 미치지 않음).

```
> fit_sem=sem(model=mysem,data=df_ML_MC,
+             missing="FIML",
+             fixed.x=FALSE,meanstructure=TRUE)
> summary(fit_sem,ci=TRUE,
+         standard=TRUE, #표준화 계수들(적재치와 상관계수)
+         fit=TRUE)    #모형적합도 지수들
```

[분량 조절을 위해 이 부분의 출력결과는 본문의 표로 대체]

[표 6-3] 구조방정식 모형 추정결과

	현직 대통령(부시) 직무수행 평가: Eval_Bush	공화당파 감정점수: FT_rep	민주당파 감정점수: FT_dem
성별(남성 기준): female	0.081** (0.029)	0.142 (0.078)	0.279*** (0.072)
인종(백인 응답자 기준)			
인종=흑인: black	0.466*** (0.037)	−0.270** (0.102)	1.198*** (0.095)
인종=기타: others	0.213*** (0.045)	−0.097 (0.122)	0.519*** (0.113)
연령: ageyr	−0.020* (0.008)	0.042 (0.023)	−0.041 (0.021)
교육수준: educ	0.006 (0.010)	−0.051 (0.028)	−0.014 (0.025)
미국사회 흑인 대통령 수용여부(미수용 기준): readyBP		−0.327*** (0.080)	0.847*** (0.076)
소득수준: hhinc	−0.110*** (0.027)	0.067 (0.073)	−0.202** (0.068)
현직 대통령(부시) 직무수행 평가: Eval_Bush		−2.488*** (0.109)	1.717*** (0.092)
오차항 상관계수			
공화당파 감정점수: FT_rep			−0.195***

알림. $^{*}p < .05$, $^{**}p < .01$, $^{***}p < .001$. 모형적합도 지수들은 $\chi^2(68)=417.410$, $p < .001$, CFI = 0.965, TLI = 0.949, RMSEA = 0.047 (90% CI: 0.043, 0.051), SRMR = 0.025로 추정된 모형은 적합한 것으로 나타났음. lavaan 패키지(version 0.6-7)의 sem() 함수를 이용하여 ML 결측데이터 분석기법을 적용하였음.

경로모형에서 제시하였던 매개효과 테스트 기법은 구조방정식 모형에서도 적용할 수 있습니다. 예를 들어 소득수준을 독립변수, 현직 대통령의 직무수행 평가 잠재변수(Eval_Bush)를 매개변수, 각 정파별 감정점수 잠재변수(FT_rep, FT_dem)를 결과변수로 설정하는 매개효과와 총효과를 테스트하는 방법은 아래와 같습니다.

```
> # 매개효과 테스트
> mysem_medtest = "
+ # measurement model
+ FT_rep =~ FT_Rparty+FT_mccain+FT_palin
+ FT_dem =~ FT_Dparty+FT_obama+FT_biden
+ Eval_Bush =~ economy+environ+iraqwar
+ # structural (causal) model
+ Eval_Bush ~ female+black+others+ageyr+educ+a*hhinc
+ FT_rep~female+black+others+ageyr+educ+cr*hhinc+readyBP+br*Eval_Bush
+ FT_dem~female+black+others+ageyr+educ+cd*hhinc+readyBP+bd*Eval_Bush
+ # Indirect effect for Republicans
+ IEr := a*br
+ # Total effect for Republicans
+ TEr := IEr+cr
+ # Indirect effect for Democrats
+ IEd := a*bd
+ # Total effect for Democrats
+ TEd := IEd+cd
+ "
> fit_sem_medtest=sem(model=mysem_medtest,data=df_ML_MC,
+                     missing="FIML",
+                     fixed.x=FALSE,meanstructure=TRUE)
> # Defined Parameters: 부분만
> parameterestimates(fit_sem_medtest) %>%
+  filter(op==":=")
  lhs op     rhs label    est    se      z pvalue ci.lower ci.upper
1 IEr :=    a*br   IEr  0.273 0.068  4.021      0    0.140    0.406
2 TEr := IEr+cr   TEr  0.340 0.085  3.990      0    0.173    0.507
3 IEd :=    a*bd   IEd -0.188 0.047 -3.994      0   -0.281   -0.096
4 TEd := IEd+cd   TEd -0.390 0.074 -5.277      0   -0.535   -0.245
```

경로모형과 마찬가지로 부트스트래핑 기법을 이용하여 매개효과를 테스트할 수도 있습니다. bootstrapLavaan() 함수를 이용하여 매개효과와 총효과의 부트스트래핑 기법 95% 신뢰구간을 추정하는 방법은 아래와 같습니다. 부트스트래핑 기법(1,000번의 재표집)을 기반으로 얻은 매개효과 테스트 결과 역시 크게 다르지 않은 것을 발견할 수 있습니다.

```
> # 부트스트래핑 기반 매개효과 테스트
> set.seed(1234) # 동일한 결과를 얻기 위해
> obj_boot = bootstrapLavaan(fit_sem_medtest,R=1000,
+                              type="parametric", # 다변량 정규분포 가정
+                              FUN="fun_estimate")
> # 부트스트래핑 결과를 데이터 형식으로
> result_boot = as_tibble(obj_boot)
> names(result_boot) = parameterestimates(fit_sem_medtest)$lhs
> # 매개효과/총효과의 부트스트래핑 기반 95% 신뢰구간 추정
> result_boot %>% select(IEr:TEd) %>%
+  pivot_longer(cols=IEr:TEd) %>%
+  group_by(name) %>%
+  summarise(
+   ll95=quantile(value,probs=0.025),
+   ul95=quantile(value,probs=0.975)
+  )
`summarise()` ungrouping output (override with `.groups` argument)
# A tibble: 4 x 3
   name    ll95     ul95
  <chr>   <dbl>    <dbl>
1   IEd  -0.291  -0.0992
2   IEr   0.143   0.407
3   TEd  -0.535  -0.241
4   TEr   0.187   0.490
```

지금까지 구조방정식 모형 맥락에서 ML 기법을 이용해 결측데이터를 분석하는 방법들을 몇 가지 살펴보았습니다. 구조방정식 모형에 익숙한 분들이라면 '다변량 정규분포'를 가정할 수 있는 결측데이터를 대상으로 ML 기법이 얼마나 다양하게 활용될 수 있는지 쉽게 이해하실 것입니다.

7장
보조변수를 포함한 ML 기법

다변량 정규분포를 가정할 수 있는 결측데이터에 ML 기법을 적용하여 타당한 모형추정 결과를 얻기 위해서는 결측데이터의 발생 메커니즘이 MAR 상황을 따른다고 가정할 수 있어야 합니다. 이번 장에서 소개할 '보조변수(auxiliary variable)'는 연구자가 분석하는 결측데이터의 결측값 발생 메커니즘이 MAR 가정에 보다 부합하게 만들어주기 위해 모형 추정과정에서 추가로 투입하는 변수를 의미합니다. 이번 장에서는 보조변수의 의미와 역할이 무엇인지 구체적으로 알아보고, ML 기법에서는 보조변수를 어떻게 투입하는지 예시데이터를 통해 살펴보겠습니다.

1 보조변수의 의미와 역할

MAR 가정의 핵심은 특정 변수의 결측값 발생 여부가 다른 변수의 수준과 관련되어 있다는 것입니다. 결측값 발생 여부를 설명할 수 있는 변수들을 고려한다면 MAR 상황에서 생성된 결측데이터는 MCAR 상황에서 생성된 결측데이터 상황에서의 모수 추정값, 다시 말해 불편향성이 확보된 모수 추정값을 얻을 수 있다고 가정하는 것입니다. 여기서 다음과 같은 한 가지 질문을 던져볼 수 있습니다. 만약 연구자의 분석모형을 구성하는 변수의 결측값 발생 여부와 관련을 맺고 있지만, 연구자가 밝히고자 하는 연구문제와는 무관한 변수가 존재한다면 이 변수를 어떻게 처리해야 할까요?

보조변수는 바로 이러한 변수입니다. 보다 구체적으로 정의하자면 "보조변수란 연구자가 연구모형을 통해 답하고자 하는 연구문제에 대한 보조적 정보를 제공하며, 연구모형에 포함된 변수에서 나타나는 결측값 발생 여부 혹은 결측값이 발생한 변수와 연관성이 높은 변수(an auxiliary variable is one that is anciliary to the substantive research questions but is a potential correlate of missingness or a correlate of the missing variable)"(Enders, 2010, p. 128)입니다. 아울러 분석모형에 보조변수를 추가로 투입하는 결측데이터 분석기법들은 '보조변수 포함 분석방법(inclusive analysis strategy)'이라고 부르며, 보조변수를 배제한 채 분석모형에 투입된 변수들로만 결측데이터를 분석하는 기법들은 '보조변수 불포함 분석방법(exclusive analysis strategy)'이라고 부릅니다(Collins et al., 2001; Graham, 2003; Van Buuren, 2018).

결측데이터 분석기법을 소개하는 문헌들에서는 대체적으로 보조변수 포함 분석방법을 권장합니다. 그렇다면 왜 보조변수를 포함시키는 것이 결측데이터 분석기법으로 얻은 모형추정결과에 도움이 될까요? 일반적으로 언급되는 이유는 모형추정결과의 '편향성 제거(reduction in bias)'와 '통계적 검증력 증진(improving power)' 2가지입니다.

먼저 모형추정결과의 편향성이 제거되는 이유부터 살펴봅시다. 보조변수를 고려하지 않았을 때 나타나는 모형추정결과의 편향성을 이해하는 가장 좋은 방법은 '누락변수편향(omitted variable bias)'입니다. 분석모형을 통해 두 변수 X, Y의 관계를 추정한다고 가정해보겠습니다. 그리고 변수 Y의 결측값 발생비율이 보조변수 A 수준에 따라 다르게 나타났다고 가정해보겠습니다. 만약 보조변수 A를 고려하지 않은 채 두 변수 X와 Y의 관계를 추정한다면, 당연히 추정결과는 편향될 것입니다. 즉 보조변수 A를 누락시킨 채 X, Y 변수의 관계를 추정할 경우 누락변수편향이 발생하며, 이런 상황에서 추정한 X, Y 변수의 상관관계는 허위관계(spurious relationship)일 가능성이 높아집니다.

또한 보조변수를 고려하면 통계적 검증력 역시 증진될 가능성이 높습니다. 누락변수가 존재할 경우 X, Y 변수의 상관계수는 참값에서 멀어질 가능성이 높습니다. 그러나 적절한 보조변수와 X, Y 변수의 상관계수를 모형추정과정에서 '통제(control)'할 경우, 참값에 보다 가까운 X, Y 변수의 상관관계를 추정할 수 있습니다.

그렇다면 '어떤 보조변수를 투입해야 추정결과의 편향성을 제거하고 통계적 검증력을 증진'시킬 수 있을까요? 이 질문과 관련하여 콜린스 등(Collins et al., 2001)의 시뮬레이션 연구의 주요 결과들을 정리하면 다음과 같습니다.

- 첫째, 연구문제를 다루는 핵심변수와 상관관계를 갖는다면 어떠한 보조변수라도 분석 모형을 추정할 때 고려하는 것이 좋다(Collins et al., 2001, p. 348).[1]

- 둘째, MAR 가정을 따르는 결측데이터의 경우, 결측값 발생비율이 25%를 넘고, 연구문제를 다루는 핵심변수와 보조변수의 상관계수가 0.40을 넘는 경우, 보조변수를 고려하지 않은 추정결과는 편향성을 초래할 수 있다(Collins et al., 2001, p. 347).[2]

- 셋째, 그러나 결측데이터 발생조건에 따라, 결측값 발생비율이 25% 미만이거나 연구문제를 다루는 핵심변수와 보조변수의 상관계수가 0.40 미만이라고 하더라도 추정결과가 편향될 수 있다(Collins et al., 2001, p. 347).[3]

- 넷째, 만약 어떤 보조변수가 결측값이 나타난 변수와 상관관계를 가질 뿐 결측값 발생을 설명하지 못할 경우, 추정결과의 편향성을 제거하는 데는 실패해도 통계적 검증력은 증진시킬 수 있다(Collins et al., 2001, p. 349).[4]

콜린스 등(Collins et al., 2001)도 언급하듯, 현실 데이터 분석상황과 시뮬레이션 데이터 분석상황은 매우 다릅니다. 다시 말해 결측데이터가 어떤 조건에서 발생하였는지를 알고 있는 시뮬레이션 데이터 분석상황과 달리, 현실 데이터 분석 상황에서는 결측데이터가 어떻게 발생했는지 확신하기 어렵습니다. 따라서 연구모형의 핵심변수들의 결측값 발생을

---

1 Our results indicate that far from being harmful, the inclusion of these variables (즉 보조변수) is at worst neutral, and at best extremely beneficial.

2 Generally, we found that when missingness does not exceed 25% and the correlation between the cause of missingness and the variable subject to missingness was .4, missing the cause of missingness from the analysis had a negligible effect;

3 Estimation of means was disrupted most by the MAR-linear missing data mechanism, and suffered even in the 25% missingness, low correlation condition. By contrast, estimation of variances, regression weights, and correlations was disrupted most by the MAR-convex and MAR-sinister mechanisms.

4 …… Category b variable (i.e., variables that are correlated with Y but not a cause of missingness) …… our results indicate that adding a Category b variable when missingness is ignorable has no effect on bias but offers pronounced benefits in terms of reduced confidence interval width, which translates directly to improved statistical power.

설명하며 어느 정도의 상관관계를 보이는 변수라면, 결측데이터 분석과정에서 보조변수로 활용하는 것이 좋습니다. 즉 통계학자 루빈의 말처럼 결측데이터를 분석할 때는 "최대한 많은 보조변수들을 포함(include as many variables as possible)"(Rubin, 1996, p. 479)시키는 것이 좋습니다.

2 보조변수 포함 분석방법: 포화상관모형

결측데이터 분석과정에서 보조변수의 의미와 역할이 무엇인지 살펴보았으니, 이제 보조변수를 어떻게 ML 기법에 활용할 수 있을지 살펴보겠습니다. ML 기법 맥락에서 가장 널리 사용되는 보조변수 활용기법은 '포화상관모형(saturated correlates model)'입니다(Graham, 2003).[5] 포화상관모형에서는 독립변수와 보조변수의 상관관계, 그리고 종속변수의 오차항과 보조변수의 상관관계를 추가로 추정하는 방식으로 보조변수를 활용합니다.

먼저 MAR 가정을 따르는 시뮬레이션 데이터(`sim_mar.csv`)를 이용하여 포화상관모형을 간단하게 소개하겠습니다. `sim_mar.csv` 데이터를 구성하는 네 변수를 [그림 7-1]과 같은 방식으로 모형화했다고 가정해봅시다. 즉 연구자의 주요 연구관심사는 `X1`과 `X2`가 `Y`에 미치는 효과를 살펴보는 것이며, `X3`는 보조변수라고 설정되었습니다.

---

5 ML 기법에 기반한 다른 보조변수 활용 결측데이터 분석기법으로는 '추가 종속변수 모형(extra dependent variable model)'과 '강건한 2단계 ML(robust two-stage ML) 기법'을 언급할 수 있습니다. 그러나 이 책에서는 추가 종속변수 모형과 강건한 2단계 ML 기법에 대해서는 소개하지 않았습니다.

먼저 추가 종속변수 모형을 언급하지 않은 이유는 3가지입니다. 첫째, 보조변수가 1개인 경우에는 추가 종속변수 모형의 분석모형을 지정하는 것이 그렇게 번거롭지 않지만, 보조변수가 여러 개일 경우에는 분석모형을 지정하는 것이 꽤 번거롭습니다. 둘째, 포화상관모형의 경우 `semTools` 패키지의 `sem.auxiliary()` 함수를 사용하면 비교적 간단하지만, 추가 종속변수 모형의 경우 간단하게 활용할 수 있는 함수가 없는 것으로 저희들은 알고 있습니다. 셋째, 시뮬레이션 연구에 따르면 포화상관모형이 추가 종속변수 모형보다 더 낫기 때문입니다(Graham, 2003).

강건한 2단계 ML 기법 개발자들(Savalei & Bentler, 2009; Savalei & Falk, 2014)에 따르면, 강건한 2단계 ML 기법은 포화상관모형이나 추가 종속변수 모형과 같은 ML 기법들과 달리 2단계에 걸쳐 모형을 추정합니다(1단계: 포화모형을 기반으로 평균과 분산-공분산을 추출, 2단계: 추출된 평균과 분산-공분산 정보를 이용하여 모형을 추정한 후 강건한 표준오차를 적용). 강건한 2단계 ML 기법은 보조변수의 수가 아무리 많아도 모형추정이 가능하며, '강건한(robust)'이라는 용어에서 알 수 있듯 정규분포 가정에서 벗어난 데이터에도 적용할 수 있다는 매력이 있지만, 무엇보다 절차가 복잡합니다.

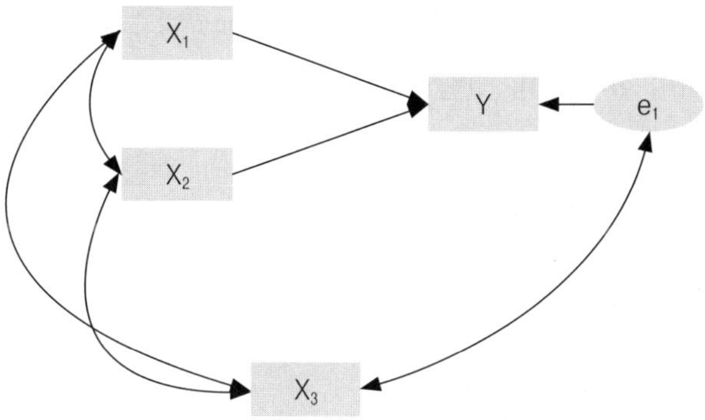

[그림 7-1] 포화상관모형 예시

[그림 7-1]의 포화상관모형을 분석모형으로 정의하면 아래와 같습니다.

```
> # 시뮬레이션 데이터를 이용한 실습
> library(tidyverse)
> library(lavaan)
> df_mar = read_csv("sim_mar.csv")
Parsed with column specification:
cols(
 Y = col_double(),
 X1 = col_double(),
 X2 = col_double(),
 X3 = col_double()
)
> # 포화상관모형
> mymar_scm = "
+ Y~X1+X2
+ X3~~X1+X2
+ X3~~Y
+ X1~~X2
+ "
```

앞의 모형을 추정한 결과는 다음과 같습니다. sem() 함수의 옵션들을 지정하는 방법은 5장과 6장에서 이미 설명한 바 있습니다.

```
> fit_mar_scm=sem(model=mymar_scm,data=df_mar,
+  missing="FIML",
+  fixed.x=FALSE,meanstructure=TRUE)
> summary(fit_mar_scm,
+          ci=TRUE,standard=TRUE)
                    [분량 조절을 위해 이 부분의 출력결과는 생략]
Regressions:
    Estimate  Std.Err  z-value  P(>|z|)  ci.lower  ci.upper  Std.lv  Std.all
 Y ~
  X1   0.483    0.028   17.015    0.000     0.427     0.539   0.483    0.490
  X2   0.326    0.030   10.941    0.000     0.267     0.384   0.326    0.333

Covariances:
    Estimate  Std.Err  z-value  P(>|z|)  ci.lower  ci.upper  Std.lv  Std.all
 X1 ~~
  X3   0.399    0.036   10.982    0.000     0.327     0.470   0.399    0.412
 X2 ~~
  X3   0.394    0.037   10.555    0.000     0.321     0.467   0.394    0.404
 .Y ~~
  X3   0.128    0.022    5.846    0.000     0.085     0.171   0.128    0.185
 X1 ~~
  X2   0.410    0.045    9.186    0.000     0.323     0.498   0.410    0.395

Intercepts:
    Estimate  Std.Err  z-value  P(>|z|)  ci.lower  ci.upper  Std.lv  Std.all
 .Y    0.020    0.025    0.801    0.423    -0.029     0.068   0.020    0.020
                    [분량 조절을 위해 이 부분의 출력결과는 생략]
Variances:
    Estimate  Std.Err  z-value  P(>|z|)  ci.lower  ci.upper  Std.lv  Std.all
 .Y    0.523    0.027   19.472    0.000     0.470     0.575   0.523    0.521
                    [분량 조절을 위해 이 부분의 출력결과는 생략]
```

포화상관모형의 핵심은 Covariances: 부분의 출력결과입니다. 보조변수인 X3는 X1, X2와 각각 0.412, 0.404의 상관관계를 보여주며, 종속변수 Y의 오차항과는 0.185의 상관계수를 보여주고 있습니다. 포화상관모형은 이 3가지 상관관계를 추가로 추정하는 방식으로 보조변수의 정보를 활용하여 X1과 X2 변수가 Y 변수에 미치는 효과를 추정하는 모형입니다.

이제 현실데이터를 대상으로 포화상관모형을 추정해봅시다. 시뮬레이션 데이터의 경우 잠재변수를 고려하지 않았으나, 현실데이터를 대상으로 포화상관모형을 추정할 때는 잠재변수를 고려하겠습니다. 잠재변수를 고려한 SEM의 포화상관모형은 조금 복잡하기는 하지만 크게 다르지는 않습니다. 먼저 ANES2008 데이터를 불러온 후 인종 관련 더미변수들을 생성하고(흑인인 경우 black, 백인이나 흑인이 아닌 인종의 경우 others), 감정점수 변수들에 0.10을 곱하여 다른 변수들과의 측정단위가 너무 다르지 않도록 조정하였습니다.

```
> # 현실 데이터를 이용한 실습
> mydata = read_csv("anes2008_example.csv")
                              [분량 조절을 위해 변수정보는 제시하지 않음]
> df_ML_MC = mydata %>%
+  mutate(
+   black=ifelse(race3==1,1,0),others=ifelse(race3==2,1,0)
+  ) %>%
+  mutate_at(vars(starts_with("FT_"),hhinc),~(0.1*(.))) %>%
+  mutate_at(
+   vars(educ,hhinc,economy,environ,iraqwar),
+   ~(.-mean(.,na.rm=TRUE)
+   ))
```

다음으로 응답자의 성별(female), 인종(black, others), 교육수준(educ), 가계소득수준(hhinc), 미국사회의 흑인 대통령 수용여부 평가(readyBP), 현 대통령의 직무수행 평가(economy, environ, iraqwar) 변수들을 독립변수로 하고, 민주당 부통령 후보인 조 바이든(Joe Biden)에 대한 감정평가 변수(FT_biden)를 종속변수로 하는 회귀모형을 추정하겠습니다. 우선 보조변수를 전혀 고려하지 않은, 다시 말해 '보조변수 불포함 분석방법(exclusive analysis strategy)'을 적용해보겠습니다. ML 기법을 적용한 결측데이터 분석결과는 나중에 한꺼번에 논의하도록 하겠습니다.

```
> # 보조변수 투입 없이 추정(보조변수 불포함 분석방법)
> mypath_no_aux = "
+ FT_biden~female+black+others+educ+hhinc+readyBP+economy+environ+iraqwar
+ "
> fit_no_aux=sem(model=mypath_no_aux,data=df_ML_MC,
+                 missing="FIML",
+                 fixed.x=FALSE,meanstructure=TRUE)
> summary(fit_no_aux,ci=TRUE,standard=TRUE)
                    [분량 조절을 위해 이 부분의 출력결과는 생략]
Model Test User Model:

 Test statistic                      0.000
 Degrees of freedom                      0
                    [분량 조절을 위해 이 부분의 출력결과는 생략]
Regressions:
         Estimate  Std.Err  z-value  P(>|z|)  ci.lower  ci.upper  Std.lv  Std.all
 FT_biden ~
  female    0.362    0.104    3.497    0.000     0.159     0.565   0.362    0.074
  black     1.247    0.132    9.479    0.000     0.989     1.505   1.247    0.225
  others    0.432    0.172    2.518    0.012     0.096     0.768   0.432    0.059
  educ      0.057    0.036    1.571    0.116    -0.014     0.129   0.057    0.037
  hhinc    -0.017    0.099   -0.177    0.859    -0.211     0.176  -0.017   -0.005
  readyBP   0.755    0.112    6.763    0.000     0.536     0.974   0.755    0.150
  economy   0.211    0.068    3.091    0.002     0.077     0.345   0.211    0.083
  environ   0.266    0.059    4.489    0.000     0.150     0.383   0.266    0.126
  iraqwar   0.374    0.057    6.532    0.000     0.262     0.486   0.374    0.179
                    [분량 조절을 위해 이 부분의 출력결과는 생략]
Intercepts:
         Estimate  Std.Err  z-value  P(>|z|)  ci.lower  ci.upper  Std.lv  Std.all
 .FT_biden  4.664    0.117   39.767    0.000     4.434     4.894   4.664    1.937
                    [분량 조절을 위해 이 부분의 출력결과는 생략]
Variances:
         Estimate  Std.Err  z-value  P(>|z|)  ci.lower  ci.upper  Std.lv  Std.all
 .FT_biden  4.430    0.152   29.109    0.000     4.132     4.729   4.430    0.764
                    [분량 조절을 위해 이 부분의 출력결과는 생략]
```

일반적으로 미국의 대통령 선거에서 부통령 후보는 그리 인지도가 높지 않으며, 대통령 후보의 인기도나 이미지에 따라 평가가 달라집니다. 이러한 점을 고려하여 2008년 대통령 선거에서 민주당 대통령 후보였던 버락 오바마에 대한 감정점수(FT_obama) 변수를 보조변수로 투입해보았습니다. FT_obama 변수를 보조변수로 투입한 포화상관모형을 구성하는 방법은 다음과 같습니다. 언뜻 보면 복잡해 보이지만, 사실 [그림 7-1]에서 제시한 것과 동일한 방식입니다.

```
> # 보조변수(FT_obama) 활용: 보조변수 포함 분석방법, 포화상관모형
> mypath_ys_aux = "
+ FT_biden~female+black+others+educ+hhinc+readyBP+economy+environ+iraqwar
+ # Correlations between auxiliary variable and variables of interest
+ FT_obama~~FT_biden+female+black+others+educ+hhinc+readyBP+economy+environ+iraqwar
+ # Correlations between predictors
+ female ~~ black+others+educ+hhinc+readyBP+economy+environ+iraqwar
+ black ~~ others+educ+hhinc+readyBP+economy+environ+iraqwar
+ others ~~ educ+hhinc+readyBP+economy+environ+iraqwar
+ educ ~~ hhinc+readyBP+economy+environ+iraqwar
+ hhinc ~~ readyBP+economy+environ+iraqwar
+ readyBP ~~ economy+environ+iraqwar
+ economy ~~ environ+iraqwar
+ environ ~~ iraqwar
+ "
> fit_ys_aux=sem(model=mypath_ys_aux,data=df_ML_MC,
+                missing="FIML",
+                fixed.x=FALSE,meanstructure=TRUE)
> summary(fit_ys_aux,ci=TRUE,standard=TRUE)
                     [분량 조절을 위해 이 부분의 출력결과는 생략]
Model Test User Model:

  Test statistic                 0.000
  Degrees of freedom                 0
                     [분량 조절을 위해 이 부분의 출력결과는 생략]
Regressions:
          Estimate  Std.Err  z-value  P(>|z|)  ci.lower  ci.upper  Std.lv  Std.all
  FT_biden ~
   female    0.351    0.100    3.495    0.000     0.154     0.547   0.351    0.073
   black     1.258    0.127    9.900    0.000     1.009     1.507   1.258    0.229
   others    0.496    0.164    3.025    0.002     0.174     0.817   0.496    0.068
```

```
   educ       0.052    0.035    1.470   0.142    -0.017     0.121   0.052    0.034
   hhinc     -0.041    0.095   -0.428   0.668    -0.228     0.146  -0.041   -0.011
   readyBP    0.800    0.108    7.419   0.000     0.588     1.011   0.800    0.160
   economy    0.194    0.066    2.947   0.003     0.065     0.324   0.194    0.077
   environ    0.259    0.057    4.511   0.000     0.146     0.371   0.259    0.123
   iraqwar    0.307    0.056    5.524   0.000     0.198     0.416   0.307    0.149
Covariances:
           Estimate  Std.Err  z-value  P(>|z|)  ci.lower  ci.upper  Std.lv  Std.all
 .FT_biden ~~
   FT_obama   2.373    0.121   19.641   0.000     2.136     2.610   2.373    0.397
  female ~~
   FT_obama   0.113    0.029    3.858   0.000     0.056     0.171   0.113    0.081
  black ~~
   FT_obama   0.508    0.028   18.333   0.000     0.454     0.563   0.508    0.413
  others ~~
   FT_obama   0.033    0.020    1.692   0.091    -0.005     0.071   0.033    0.035
  educ ~~
   FT_obama  -0.285    0.093   -3.079   0.002    -0.467    -0.104  -0.285   -0.065
  hhinc ~~
   FT_obama  -0.347    0.039   -8.869   0.000    -0.423    -0.270  -0.347   -0.194
  readyBP ~~
   FT_obama   0.331    0.030   11.132   0.000     0.273     0.389   0.331    0.244
  economy ~~
   FT_obama   0.978    0.060   16.162   0.000     0.859     1.096   0.978    0.364
  environ ~~
   FT_obama   1.235    0.074   16.598   0.000     1.089     1.381   1.235    0.384
  iraqwar ~~
   FT_obama   1.564    0.076   20.598   0.000     1.415     1.713   1.564    0.479
```

[분량 조절을 위해 이 부분의 출력결과는 생략]

```
Intercepts:
           Estimate  Std.Err  z-value  P(>|z|)  ci.lower  ci.upper  Std.lv  Std.all
   .FT_biden  4.605    0.113   40.710   0.000     4.383     4.827   4.605    1.932
```

[분량 조절을 위해 이 부분의 출력결과는 생략]

```
Variances:
           Estimate  Std.Err  z-value  P(>|z|)  ci.lower  ci.upper  Std.lv  Std.all
   .FT_biden  4.443    0.152   29.319   0.000     4.146     4.739   4.443    0.782
```

[분량 조절을 위해 이 부분의 출력결과는 생략]

Covariances: 출력결과에서 나타나듯, 보조변수인 FT_obama 변수는 종속변수 FT_biden의 오차항과 0.397의 상관관계($p < .001$)를 보이고 있으며, 독립변수들의 경우 응답자의 인종(black 변수) 및 현 대통령에 대한 평가 변수와 강한 상관관계를 보이고 있습니다(0.364~0.479). 전반적으로 FT_obama 변수는 보조변수에 적합한 것을 알 수 있습니다. 모형추정결과에 대해서는 나중에 다시 논의하겠습니다.

이제 하나의 보조변수가 아니라 둘 이상의 여러 보조변수를 투입해보죠. 구체적으로 FT_obama 변수와 아울러 다른 감정점수 변수들(FT_mccain, FT_palin, FT_RParty, FT_Dparty)도 보조변수로 지정한 포화상관모형을 추정해봅시다. 보조변수가 여럿인 경우 분석모형에 추가모수들을 수동으로 지정하는 것은 매우 번거로운 일입니다. 이때는 semTools 패키지의 sem.auxiliary() 함수를 이용하면 매우 편리합니다. 아래의 예시에서 알 수 있듯, sem.auxiliary() 함수의 경우 aux 옵션을 제외한 다른 옵션들은 sem() 함수의 옵션들과 동일합니다. aux 옵션의 경우 분석자가 투입하고자 하는 보조변수들의 이름을 벡터 형식으로 지정하면 됩니다(보조변수가 하나뿐인 경우도 가능합니다).

```
> # 여러 보조변수들이 투입되는 경우 프로그래밍이 매우 번잡함
> # semTools 패키지의 sem.auxiliary() 함수를 이용하면 편리함
> library(semTools)
> aux_vars = c('FT_obama','FT_mccain','FT_palin','FT_Rparty','FT_Dparty')
> fit_ys_auxS = sem.auxiliary(model=mypath_no_aux,aux=aux_vars,
+                              data=df_ML_MC,missing="FIML",
+                              fixed.x=FALSE,meanstructure=TRUE)
> aux_vars = c('FT_obama','FT_mccain','FT_palin','FT_Rparty','FT_Dparty')
> fit_ys_auxS = sem.auxiliary(model=mypath_no_aux,aux=aux_vars,
+                              data=df_ML_MC,missing="FIML",
+                              fixed.x=FALSE,meanstructure=TRUE)
> summary(fit_ys_auxS,ci=TRUE,standard=TRUE)
                    [분량 조절을 위해 이 부분의 출력결과는 생략]
Model Test User Model:

  Test statistic                  0.000
  Degrees of freedom                  0
                    [분량 조절을 위해 이 부분의 출력결과는 생략]
```

```
Regressions:
          Estimate  Std.Err  z-value  P(>|z|)  ci.lower  ci.upper  Std.lv  Std.all
 FT_biden ~
  female     0.318    0.100    3.186    0.001     0.122     0.514   0.318    0.066
  black      1.253    0.126    9.912    0.000     1.005     1.500   1.253    0.229
  others     0.484    0.163    2.975    0.003     0.165     0.803   0.484    0.067
  educ       0.059    0.035    1.682    0.093    -0.010     0.128   0.059    0.039
  hhinc     -0.048    0.095   -0.503    0.615    -0.233     0.138  -0.048   -0.013
  readyBP    0.802    0.107    7.480    0.000     0.592     1.012   0.802    0.161
  economy    0.186    0.066    2.835    0.005     0.057     0.315   0.186    0.074
  environ    0.259    0.057    4.546    0.000     0.147     0.370   0.259    0.123
  iraqwar    0.304    0.055    5.494    0.000     0.195     0.412   0.304    0.147
                       [분량 조절을 위해 이 부분의 출력결과는 생략]
Covariances:
          Estimate  Std.Err  z-value  P(>|z|)  ci.lower  ci.upper  Std.lv  Std.all
                       [분량 조절을 위해 이 부분의 출력결과는 생략]
FT_obama ~~
  FT_mccain -3.435    0.169  -20.290    0.000    -3.767    -3.103  -3.435   -0.468
  FT_palin  -3.871    0.192  -20.208    0.000    -4.247    -3.496  -3.871   -0.481
  FT_Rparty -3.220    0.168  -19.145    0.000    -3.550    -2.891  -3.220   -0.437
  FT_Dparty  4.958    0.184   26.896    0.000     4.597     5.319   4.958    0.679
 FT_mccain ~~
  FT_palin   5.062    0.191   26.494    0.000     4.688     5.436   5.062    0.687
  FT_Rparty  4.705    0.172   27.303    0.000     4.368     5.043   4.705    0.698
  FT_Dparty -2.843    0.152  -18.684    0.000    -3.141    -2.544  -2.843   -0.426
 FT_palin ~~
  FT_Rparty  4.697    0.188   25.038    0.000     4.329     5.064   4.697    0.636
  FT_Dparty -2.782    0.169  -16.462    0.000    -3.113    -2.451  -2.782   -0.380
 FT_Rparty ~~
  FT_Dparty -2.744    0.152  -18.093    0.000    -3.041    -2.447  -2.744   -0.410
 FT_obama ~~
  .FT_biden  2.362    0.120   19.629    0.000     2.126     2.598   2.362    0.395
 FT_mccain ~~
  .FT_biden -0.331    0.105   -3.161    0.002    -0.536    -0.126  -0.331   -0.060
 FT_palin ~~
  .FT_biden -0.467    0.120   -3.876    0.000    -0.703    -0.231  -0.467   -0.078
 FT_Rparty ~~
  .FT_biden -0.501    0.107   -4.687    0.000    -0.711    -0.292  -0.501   -0.091
 FT_Dparty ~~
  .FT_biden  1.964    0.114   17.197    0.000     1.740     2.188   1.964    0.362
                       [분량 조절을 위해 이 부분의 출력결과는 생략]
```

```
FT_obama ~~
  hhinc       -0.345     0.039   -8.831   0.000     -0.422     -0.268  -0.345   -0.193
 FT_mccain ~~
[ getOption("max.print") 에 도달했습니다 -- 47 행들을 생략합니다 ]
                   [분량 조절을 위해 이 부분의 출력결과는 생략]
Intercepts:
            Estimate  Std.Err  z-value  P(>|z|)  ci.lower  ci.upper  Std.lv  Std.all
  .FT_biden    4.619    0.112   41.070    0.000     4.398     4.839   4.619    1.942
                   [분량 조절을 위해 이 부분의 출력결과는 생략]
Variances:
            Estimate  Std.Err  z-value  P(>|z|)  ci.lower  ci.upper  Std.lv  Std.all
  .FT_biden    4.448    0.151   29.384    0.000     4.151     4.745   4.448    0.786
                   [분량 조절을 위해 이 부분의 출력결과는 생략]
```

Covariances: 출력결과를 보면, 설정된 보조변수들 사이의 상관관계와 보조변수와 종속변수의 오차항, 그리고 독립변수들과의 상관관계 추정결과들이 엄청나게 길게 제시되어 있습니다. 특별하게 옵션을 지정하지 않을 경우 "[getOption("max.print")에 도달했습니다 -- 47 행들을 생략합니다]"와 같이 일부 상관관계들의 추정결과가 생략되기도 합니다. 전체 Covariances: 출력결과를 원할 때에는 summary() 함수의 옵션을 조정하거나, parameterestimates() 함수를 이용하여 생략된 Covariances: 출력결과를 확인하면 됩니다. 그러나 앞서 설명했듯이 보조변수는 결측데이터 추정결과의 편향성을 감소시키고 효율성을 증진시키기 위해 '보조적으로 사용되는 변수'일 뿐입니다. 즉 분석모형 추정결과라는 관점에서 생략된 Covariances: 출력결과는 특별한 경우가 아니라면 연구자가 눈여겨볼 부분은 없을 것입니다.

지금까지 ML 결측데이터 분석기법을 적용하여 ① '보조변수 불포함 분석', ② '단일 보조변수(FT_obama) 포함 분석', ③ '복수 보조변수(FT_obama, FT_mccain, FT_palin, FT_Rparty, FT_Dparty) 포함 분석', 3가지 모형을 추정하였습니다. 그렇다면 보조변수 투입으로 인해서 어떤 변화가 일어났는지 살펴봅시다. 3가지 모형의 추정결과를 비교하기 쉽게 정리하면 [표 7-1]과 같습니다.

[표 7-1] 보조변수 포함 전후의 모형추정결과 비교

	보조변수 포함 이전	보조변수 포함 이후	
	보조변수 불포함	단일 보조변수 포함	복수 보조변수 포함
(Intercept)	4.664*** (0.117)	4.605*** (0.113)	4.619*** (0.112)
female	0.362*** (0.104)	0.351*** (0.100)	0.318** (0.100)
black	1.247*** (0.132)	1.258*** (0.127)	1.253*** (0.126)
others	0.432* (0.172)	0.496** (0.164)	0.484** (0.163)
educ	0.057 (0.036)	0.052 (0.035)	0.059 (0.035)
hhinc	-0.017 (0.099)	-0.041 (0.095)	-0.048 (0.095)
readyBP	0.755*** (0.112)	0.800*** (0.108)	0.802*** (0.107)
economy	0.211** (0.068)	0.194** (0.066)	0.186** (0.066)
environ	0.266*** (0.059)	0.259*** (0.057)	0.259*** (0.057)
iraqwar	0.374*** (0.057)	0.307*** (0.056)	0.304*** (0.055)
R^2	0.236	0.218	0.214

알림. *p < .05, **p < .01, ***p < .001. '단일 보조변수 포함' 분석은 FT_obama 변수 하나만 보조변수로 활용한 포화상관모형 분석결과이며, '복수 보조변수 포함' 분석은 FT_obama, FT_FT_mccain, FT_palin, FT_Rparty, FT_Dparty 5개 변수를 보조변수로 활용한 포화상관모형 분석결과임. lavaan 패키지(version 0.6-7)의 sem() 함수와 semTools 패키지(version 0.5-3)의 sem.auxiliary() 함수를 이용하여 ML 결측데이터 분석기법을 적용하였음.

[표 7-1]이 잘 보여주듯, 3가지 모형추정결과는 거의 엇비슷합니다. 그러나 결과를 자세히 살펴보면 전체적으로 미미하지만 뚜렷한 패턴을 확인할 수 있습니다. 첫째, 2008년 미국 대통령 선거의 핵심적 화두였던 '인종'과 관련된 변수들(black, others, readyBP)의 회귀계수는 보조변수를 투입할 때 그 값이 커지는 것을 확인할 수 있습니다. 둘째, '인종'과 무관한 변수들, 이를테면 성별이나 현 대통령의 직무수행 평가와 관련된 변수들

(female, economy, environ, iraqwar)의 회귀계수와 절편은 보조변수를 투입할 때 그 값이 작아지는 패턴을 확인할 수 있습니다. 셋째, 보조변수를 투입한 이후에 모형설명력(R^2)이 감소한 것을 발견할 수 있습니다. 끝으로 넷째는 가장 중요한 패턴으로, 보조변수를 투입한 후 모든 회귀계수의 표준오차(SE)의 값이 조금씩 감소한 것을 확인할 수 있습니다.

첫 번째부터 세 번째로 정리한 사항은 2008년 미국 대통령 선거 상황에서의 민주당 부통령 후보 평가의 특성을 보여줍니다. 앞서 보조변수의 의미와 역할을 설명할 때 '누락변수편향'을 예로 들어 설명한 바 있습니다. 당시 선거의 핵심 인물인 흑인 대통령 후보인 '오바마 후보'에 대한 유권자 평가를 고려하는 것이 그의 러닝메이트인 바이든 후보에 대한 유권자 평가를 이해할 때 매우 중요하며, [표 7-1]의 결과는 보조변수 불포함 분석결과는 일종의 '누락변수편향'과 비슷한 결과로 이어질 가능성이 높다는 것을 보여줍니다.

적어도 결측데이터 분석기법이라는 점에 집중할 때, 주목해서 보아야 하는 결과는 마지막에 정리한 결과입니다. 표준오차 감소는 모형추정결과의 불확실성 감소를 의미합니다. 다시 말해 이 결과는 보조변수 포함 분석방법을 통해 모형추정결과의 효율성(통계적 검증력)이 증가하고 있다는 것을 잘 보여줍니다.

현실적으로 [표 7-1]에서 제시된 추정결과와 비슷하게, 보조변수 포함 여부에 따라 모형추정결과가 극적으로 바뀌는 경우는 여간해서 발생하지 않습니다. 그러나 콜린스 등(Collins et al., 2001)의 시뮬레이션 결과에서 나타나듯, 결측값 발생비율이 매우 높은 변수(들)가 존재하는데 MAR 가정을 확보하기 위해 중요한 변수를 확보하지 못할 때는 모형추정결과가 극적으로 바뀔 수도 있습니다. 여러 문헌(Collins et al., 2001; Enders, 2010; Graham, 2003; Rubin, 1996; Van Buuren, 2018)에서 권고하듯, 결측데이터 분석과정에서 보조변수를 투입하는 것이 결코 '손해 보는 장사'는 아닙니다. 왜냐하면 별 도움이 되지 않는 보조변수라 하더라도 투입해서 얻는 이익이 적을 뿐 상황을 악화시키지는 않기 때문입니다.

3 잠재변수 포함 시 포화상관모형 추정

앞서 살펴본 ML 기법으로 추정한 연구모형에는 '관측변수'들만 고려하였습니다. 다음으로 잠재변수가 포함된 연구모형, 즉 구조방정식 모형(SEM)에 대한 포화상관모형을 추정하는 방법에 대해 알아보겠습니다. SEM 추정과정에서 보조변수를 투입한 포화상관모형을 추정하는 과정은 아래와 같습니다. 이해의 편의를 위해 [그림 7-2]와 보조변수를 단 하나만 고려한 아주 간단한 모형부터 살펴보겠습니다.

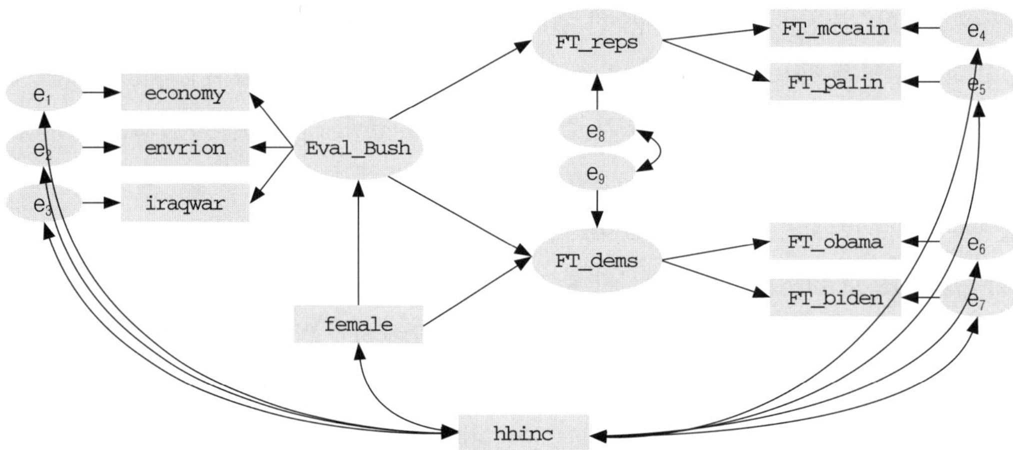

[그림 7-2] 잠재변수가 포함된 분석모형에 1개의 보조변수를 투입한 포화상관모형

보조변수를 포함하는 ML 결측데이터 분석기법을 적용하여 관측변수들로만 구성된 인과모형을 추정하는 과정과 본질적으로 비슷합니다. 첫째, [그림 7-2]의 `female`, `hhinc` 변수에서와 같이 보조변수와 독립변수의 상관계수를 추정합니다. 둘째, 잠재변수가 설명하는 일련의 관측변수들의 오차항들과 보조변수의 상관계수를 추정합니다. 잠재변수를 구성하는 관측변수들의 수가 많을수록 분석모형의 상관계수 모수들을 지정하는 것이 번거로울 수 있습니다. 그러나 앞서 소개한 `sem.auxiliary()` 함수를 사용하면 보조변수를 추가한 포화상관모형을 간단하게 추정할 수 있습니다.

우선 보조변수가 없는 분석모형을 정의하겠습니다. 잠재변수-관측변수의 관계, 즉 측정모형을 지정하는 방법에 대해서는 6장에서 이미 설명한 바 있습니다.

```
> #보조변수 불포함 SEM분석모형
> mysem_no_aux = "
+ #Measurement model
+ FT_reps =~ FT_mccain+FT_palin
+ FT_dems =~ FT_obama+FT_biden
+ Eval_Bush =~ economy+environ+iraqwar
+ #Structural model
+ Eval_Bush ~ female
+ FT_reps ~ Eval_Bush+female
+ FT_dems ~ Eval_Bush+female
+ "
```

이제 sem.auxiliary() 함수의 aux 옵션에 hhinc를 지정한 후, 포화상관모형을 추정해보겠습니다. sem.auxiliary() 함수를 사용하면 아래와 같이 매우 간단하게 포화상관모형을 추정할 수 있습니다.

```
> #보조변수 포함 SEM
> fit_sem_ys_aux1=sem.auxiliary(model=mysem_no_aux,
+                              aux=c('hhinc'),
+                              data=df_ML_MC,missing="FIML",
+                              fixed.x=FALSE,meanstructure=TRUE)
> summary(fit_sem_ys_aux1,ci=TRUE,standard=TRUE,fit=TRUE)
                        [분량 조절을 위해 이 부분의 출력결과는 생략]
Model Test User Model:

  Test statistic                                62.093
  Degrees of freedom                                15
  P-value (Chi-square)                           0.000

Model Test Baseline Model:

  Test statistic                              5690.054
  Degrees of freedom                                28
  P-value                                        0.000

User Model versus Baseline Model:

  Comparative Fit Index (CFI)                    0.992
  Tucker-Lewis Index (TLI)                       0.984
```

```
Loglikelihood and Information Criteria:

  Loglikelihood user model (H0)              -30325.560
  Loglikelihood unrestricted model (H1)      -30294.514

  Akaike (AIC)                                60729.121
  Bayesian (BIC)                              60953.378
  Sample-size adjusted Bayesian (BIC)         60829.467

Root Mean Square Error of Approximation:

  RMSEA                                           0.037
  90 Percent confidence interval - lower          0.028
  90 Percent confidence interval - upper          0.046
  P-value RMSEA <= 0.05                           0.988

Standardized Root Mean Square Residual:

  SRMR                                            0.014
```

[분량 조절을 위해 이 부분의 출력결과는 생략]

```
Latent Variables:
              Estimate  Std.Err  z-value  P(>|z|) ci.lower ci.upper  Std.lv  Std.all
```

[분량 조절을 위해 이 부분의 출력결과는 생략]

```
Regressions:
              Estimate  Std.Err  z-value  P(>|z|) ci.lower ci.upper  Std.lv  Std.all
  Eval_Bush ~
   female        0.101    0.031    3.289    0.001    0.041    0.160   0.159    0.079
  FT_reps ~
   Eval_Bush    -2.643    0.110  -23.965    0.000   -2.859   -2.427  -0.765   -0.765
   female        0.125    0.086    1.454    0.146   -0.044    0.294   0.057    0.028
  FT_dems ~
   Eval_Bush     2.625    0.119   22.046    0.000    2.392    2.858   0.601    0.601
   female        0.204    0.105    1.939    0.053   -0.002    0.410   0.074    0.037

Covariances:
              Estimate  Std.Err  z-value  P(>|z|) ci.lower ci.upper  Std.lv  Std.all
 .FT_reps ~~
  .FT_dems      -0.753    0.114   -6.614    0.000   -0.977   -0.530  -0.243   -0.243
 hhinc ~~
  .FT_mccain     0.227    0.036    6.380    0.000    0.158    0.297   0.227    0.258
```

```
  .FT_palin    0.199    0.041    4.846   0.000     0.119     0.279  0.199   0.194
  .FT_obama   -0.327    0.039   -8.382   0.000    -0.403    -0.250 -0.327  -0.787
  .FT_biden   -0.150    0.036   -4.160   0.000    -0.220    -0.079 -0.150  -0.133
  .economy    -0.044    0.013   -3.322   0.001    -0.069    -0.018 -0.044  -0.098
  .environ    -0.082    0.016   -5.102   0.000    -0.114    -0.051 -0.082  -0.155
  .iraqwar    -0.126    0.016   -7.981   0.000    -0.157    -0.095 -0.126  -0.282
  female      -0.028    0.007   -4.192   0.000    -0.041    -0.015 -0.028  -0.091

Intercepts:
             Estimate  Std.Err  z-value  P(>|z|) ci.lower ci.upper Std.lv Std.all
  .FT_mccain   4.937    0.080   61.920   0.000     4.781     5.094  4.937   1.904
  .FT_palin    4.984    0.088   56.460   0.000     4.811     5.157  4.984   1.748
  .FT_obama    6.154    0.090   68.650   0.000     5.978     6.329  6.154   2.171
  .FT_biden    5.557    0.067   82.818   0.000     5.426     5.689  5.557   2.336
  .economy    -0.066    0.026   -2.508   0.012    -0.118    -0.014 -0.066  -0.070
  .environ    -0.069    0.032   -2.148   0.032    -0.133    -0.006 -0.069  -0.061
  .iraqwar    -0.087    0.035   -2.509   0.012    -0.155    -0.019 -0.087  -0.075
                      [분량 조절을 위해 이 부분의 출력결과는 생략]
Variances:
             Estimate  Std.Err  z-value  P(>|z|) ci.lower ci.upper Std.lv Std.all
                      [분량 조절을 위해 이 부분의 출력결과는 생략]
  .FT_reps     1.987    0.142   13.975   0.000     1.708     2.265  0.418   0.418
  .FT_dems     4.818    0.358   13.441   0.000     4.115     5.520  0.634   0.634
  .Eval_Bush   0.395    0.025   15.853   0.000     0.346     0.444  0.994   0.994
                      [분량 조절을 위해 이 부분의 출력결과는 생략]
```

모형적합도 출력결과에서 나타나듯[$\chi^2(15) = 62.093$, $p < .001$, CFI = 0.992, TLI = 0.984, RMSEA(90% CI) = 0.037 (0.028, 0.046), SRMR = 0.014], [그림 7-2]에서 설정된 포화상관모형은 데이터와 매우 잘 부합되는 것을 알 수 있습니다. 또한 `Covariances:` 출력결과에서 확인할 수 있듯, 보조변수와 독립변수의 상관관계 및 보조변수와 잠재변수가 설명하는 관측변수 오차항의 상관계수들이 모두 추정된 것을 알 수 있습니다. `Regressions:` 출력결과를 해석하는 방법은 구조방정식 모형을 해석하는 방법과 동일하기 때문에 따로 설명하지 않겠습니다.

만약 보조변수를 추가로 넣고 싶다면, `sem.auxiliary()` 함수의 `aux` 옵션에 더 많은 변수들을 지정하면 됩니다. 예를 들어 `hhinc` 변수와 함께 `educ` 변수도 보조변수로 투입한다면 다음과 같은 방식을 시도해보면 됩니다.

```
> # 여러 보조변수인 경우
> fit_sem_ys_aux2=sem.auxiliary(model=mysem_no_aux,
+                               aux=c('hhinc','educ'),
+                               data=df_ML_MC,missing="FIML",
+                               fixed.x=FALSE,meanstructure=TRUE)
> summary(fit_sem_ys_aux2,ci=TRUE,standard=TRUE,fit=TRUE)
```

[분량 조절을 위해 출력결과는 생략]

그러나 잠재변수가 포함된 분석모형에 보조변수를 투입하여 추정할 때, 다음과 같은 경고메시지를 접하기 쉽습니다. 경고메시지의 의미에 대해 설명하기에 앞서 어떤 경고메시지인지 먼저 살펴봅시다. [그림 7-2]와 같은 분석모형에서 hhinc 변수 대신 FT_Dparty 변수를 보조변수로 바꾸어 투입해보죠.

```
> # 보조변수 포함 SEM
> fit_sem_ys_aux_problem=sem.auxiliary(model=mysem_no_aux,
+                                      aux=c('FT_Dparty'),
+                                      data=df_ML_MC,missing="FIML",
+                                      fixed.x=FALSE,meanstructure=TRUE)
경고메시지(들):
In lav_object_post_check(object) :
 lavaan WARNING: the covariance matrix of the residuals of the observed
       variables (theta) is not positive definite;
       use lavInspect(fit, "theta") to investigate.
```

데이터에 따라 다를 수 있습니다만, 저희가 알고 있는 범위에서 말씀드리면 크게 2가지 경우에 위와 같은 경고메시지가 나타납니다. 첫 번째는 분산-공분산 구조를 추정할 때, 구체적으로 Variances: 출력부분 모수를 추정할 때, 분산이 음의 값(negative value)을 보이는, 흔히 '헤이우드 상황(Heywood case)'이라고 불리는 경우입니다. 분산은 제곱값이기 때문에 음의 값이 나올 수가 없는데, 모형 추정과정에서 음의 값을 갖는 분산이 나오는 경우가 바로 헤이우드 상황에 해당됩니다. 헤이우드 상황이 발생하는 이유는 여러 가지가 있지만, 모형을 잘못 확정하는 경우가 대부분입니다. 두 번째는 분산-공분산 구조를 추정할 때, 구체적으로 Covariances: 출력부분 모수를 추정할 때, 표준화된 공분산(즉 상관계수)의 값이 비정상적으로 추정되는 경우입니다. 상관계수의 절댓값은

1보다 작은 것이 보통인데, 모형 추정과정에서 상관계수가 +1.00 이상이거나 –1.00 이하인 경우에 위와 같은 경고메시지가 출력됩니다. 사회과학자들에게 친숙한 '공선성 문제(collinearity problem)'가 두 번째 경우에 해당됩니다.

이번 장 앞부분에서는 보조변수의 의미와 역할에 대해 설명하였습니다. 결측데이터 분석에 투입되는 보조변수의 조건에 대해 설명하면서 '좋은 보조변수'는 분석모형의 결측값 발생여부, 혹은 결측값이 발생한 변수와 높은 상관관계를 갖는다고 말했습니다. 잠재변수가 포함된 분석모형에 보조변수를 포함시켜 ML 결측데이터 분석기법을 적용할 때, 위와 같은 경고메시지가 나타나는 이유는 역설적이게도 투입된 보조변수가 '좋은 보조변수'이기 때문인 경우가 많습니다. 연구모형의 핵심변수와 보조변수의 상관관계가 높기 때문에, 앞서 말한 두 번째 상황, 즉 일종의 공선성 문제가 상당히 빈번하게 등장하는 것입니다. 경고메시지를 얻기는 했지만, summary() 함수를 이용해서 모형추정결과를 출력해봅시다.

```
> summary(fit_sem_ys_aux_problem,standard=TRUE)
                    [논의와 직접 연관되지 않기 때문에 이 부분의 출력결과는 생략]
Covariances:
               Estimate  Std.Err  z-value  P(>|z|)   Std.lv  Std.all
 .FT_reps ~~
  .FT_dems       -0.769    0.114   -6.752    0.000   -0.247   -0.247
 FT_Dparty ~~
  .FT_mccain     -2.887    0.151  -19.183    0.000   -2.887   -0.796
  .FT_palin      -2.775    0.168  -16.559    0.000   -2.775   -0.662
  .FT_obama       4.905    0.183   26.839    0.000    4.905    3.069
  .FT_biden       3.401    0.154   22.058    0.000    3.401    0.733
  .economy        0.868    0.052   16.579    0.000    0.868    0.477
  .environ        0.965    0.064   15.000    0.000    0.965    0.445
  .iraqwar        1.324    0.067   19.687    0.000    1.324    0.722
  female          0.134    0.027    5.040    0.000    0.134    0.105
                    [논의와 직접 연관되지 않기 때문에 이 부분의 출력결과는 생략]
Variances:
               Estimate  Std.Err  z-value  P(>|z|)   Std.lv  Std.all
  .FT_mccain      1.983    0.128   15.521    0.000    1.983    0.295
  .FT_palin       2.647    0.153   17.315    0.000    2.647    0.326
  .FT_obama       0.385    0.311    1.241    0.215    0.385    0.048
  .FT_biden       3.245    0.148   21.962    0.000    3.245    0.576
  .economy        0.500    0.019   26.527    0.000    0.500    0.557
  .environ        0.710    0.028   25.318    0.000    0.710    0.552
```

```
.iraqwar      0.508    0.025    20.139    0.000    0.508    0.383
.FT_reps      1.988    0.142    14.005    0.000    0.419    0.419
.FT_dems      4.881    0.362    13.469    0.000    0.638    0.638
.Eval_Bush    0.395    0.025    15.848    0.000    0.994    0.994
female        0.245    0.007    34.073    0.000    0.245    1.000
FT_Dparty     6.629    0.196    33.743    0.000    6.629    1.000
```

먼저 출력결과 하단의 Variances: 출력부분, 관측변수들의 분산을 살펴봅시다. 잠재변수가 설명하는 모든 관측변수들의 오차항 분산은 0보다 큰 값을 보이고 있습니다. 다시 말해 적어도 이 분석결과에서는 헤이우드 상황이 발생하지는 않은 듯합니다.

그러나 Covariances: 출력부분, 구체적으로 잠재변수가 설명하는 관측변수들의 오차항과 보조변수의 상관계수 부분의 결과를 살펴보면 유독 이상한 부분이 눈에 띕니다. FT_Dparty 변수와 FT_obama 변수의 오차항과의 상관계수가 3.069라는 엄청나게 비현실적인 값이 도출되었습니다. 이제 경고메시지가 왜 발생했는지 이해할 수 있습니다. 이유는 간단합니다. FT_Dparty 변수가 너무 좋은 보조변수이기 때문에 모형추정과정에서 상당히 비현실적인 값이 나타났던 것입니다.

바로 이러한 점이 ML 기법을 이용하여 보조변수 포함 결측데이터 분석기법을 적용할 때의 문제점입니다. 경로모형, 즉 잠재변수를 설정하지 않은 모형의 경우 포화상관모형을 추정할 때 별문제가 발생하지 않지만, 잠재변수를 설정할 경우에는 sem.auxiliary() 함수를 이용하여 비교적 간단하게 포화상관모형을 추정하기 어려운 상황이 빈번하게 발생합니다. 나중에 정리할 예정입니다만, 보조변수의 활용이라는 점에서 3부에서 소개할 MI 기법이 2부에서 소개하는 ML보다 낫다는 의견이 많은 이유는 바로 이 때문입니다(이를테면 Collins et al., 2001; Van Buuren, 2018).

위와 같은 경고메시지로 인해 모형추정결과를 신뢰하기 어렵다고 판단될 때, 연구자가 고려해볼 수 있는 방법들은 다음과 같습니다. 첫째, 모형을 재구성합니다. 상관관계가 매우 높은 보조변수라면 분석모형의 핵심변수로 바꾸는 것이 나을 수 있습니다. 위의 사례를 예로 들어 말하면, FT_Dparty 변수를 잠재변수 FT_dems에 의해 설명되는 관측변수라고 간주한 후 분석모형을 바꾸어 재추정하는 것입니다. 위의 사례의 경우, 적어도 제 생각에는 FT_dems =~ FT_obama+FT_biden보다는 FT_dems =~ FT_Dparty+FT_obama+FT_biden이 훨씬 더 나은 측정모형인 것 같습니다. 물론 모형을 재구성하는 것이 이론적으로 타당한가에 대한 비판이 나올 수 있고, 연구자는 이에 대한 이론적 반론을 준비해야 할 것입니다.

둘째, 문제가 되는 분산-공분산 구조의 추정모수를 특정한 값으로 고정시킨(fix) 후, 분석모형을 재추정하는 것입니다. 이를테면 문제가 되는 부분인 `FT_Dparty` 변수와 `FT_obama`(그리고 아마도 `FT_biden`) 변수 오차항의 공분산을 데이터에서 추정하는 것이 아니라, 연구자가 받아들일 수 있는(예를 들면 상관계수 0.80) 특정한 값을 강제로 부여한 후 모형을 추정하는 것입니다. 개인적으로 두 번째 방법은 적절하지 않을 것 같습니다. 이유는 2가지입니다. 첫째, 특정한 값으로 추정모수를 고정하는 것은 대부분의 경우 연구자의 매우 자의적인 판단일 가능성이 높습니다. 둘째, 이를 위해서는 `sem.auxiliary()` 함수를 사용할 수 없습니다. 즉 분석자가 수동으로 추정모수를 지정하고, 포화상관모형의 추가 추정모수들을 설정해주어야 합니다. 모형이 간단하다면 모르겠지만, 분석모형이 복잡할 경우 수동으로 포화상관모형의 추정모수들을 지정하는 것은 매우 번잡한 일입니다.

세 번째 방법은 MI 기법을 활용하여 보조변수를 처리한 후, MI 기법으로 얻은 다중투입 데이터를 기반으로 잠재변수가 포함된 모형을 추정하는 것입니다. 다시 말해 ML 기법이 아닌 MI 기법을 적용하여 구조방정식 모형을 추정하는 방법입니다. 즉 엄밀히 말하자면 이 방법은 ML 결측데이터 분석기법으로 보기 어렵습니다. MI 기법으로 얻은 다중투입 데이터를 기반으로 구조방정식 모형을 추정할 경우 `semTools` 패키지의 `runMI()` 함수를 이용하면 매우 유용합니다. 이 세 번째 방법을 적용하기 위해서는 3부에서 설명할 MI 기법에 대해 이해하는 것이 우선일 것입니다.

7장에서 소개한 내용을 정리하면 다음과 같습니다. 첫째, 연구자의 연구모형과는 직접 관련되지 않지만 연구모형의 핵심변수 혹은 핵심변수에서 나타난 결측값 발생여부와 상관관계가 높은 변수를 흔히 '보조변수'라고 부릅니다. 결측데이터 분석과정에 보조변수를 투입하면 모형추정결과의 편향성을 감소시키고 분석결과의 통계적 검증력을 증가시킬 수 있습니다. 둘째, ML 기법을 기반으로 보조변수를 활용하는 가장 널리 알려진 방법은 '포화상관모형'입니다. 보조변수를 투입한 후 관측변수들 사이의 인과관계를 추정하는 포화상관모형의 경우, 보조변수와 독립변수의 상관계수를 추정하고, 보조변수와 종속변수의 오차항과의 상관계수를 추가로 추정합니다. 한편 잠재변수가 투입된 포화상관모형의 경우에는 보조변수와 독립변수의 상관계수를 추정하고, 보조변수와 잠재변수가 설명하는 관측변수의 오차항과의 상관계수를 추가로 추정합니다.

8장
다차항 및 상호작용효과항이 투입된 ML 기법

사회과학에서 다루는 연구문제의 상당수는 다차항(2차 혹은 2차 이상) 효과나 상호작용효과를 다루고 있습니다. 비선형 효과는 독립변수와 종속변수의 관계가 ∪형태 혹은 ∩형태를 보이는 경우를 의미하며, 흔히 다항 회귀모형(polynomial regression model)을 통해 테스트합니다. 예를 들어 메시지의 공포수준이 설득효과에 미치는 효과의 경우 ∩형태, 즉 메시지가 공포심을 더 많이 일으킬수록 설득효과가 증가하지만 과도하게 공포심을 자극하는 메시지의 설득효과는 도리어 감소하는 모습을 보일 수 있습니다. 상호작용효과는 어떤 독립변수와 종속변수의 관계가 다른 변수의 수준에 따라 달라지는 효과를 의미합니다. 상호작용효과 테스트는 두 변수의 곱하기 항(product term)을 투입하는 방식으로 진행하며, 일반적으로 상호작용효과항에 투입되는 연속형 변수의 경우 해석의 편의를 위해 평균중심화 변환(mean-centering)을 실시합니다.

이번 장에서는 ML 기법을 적용하여 결측데이터를 분석할 때 다차항이나 상호작용효과항이 투입된 모형을 어떻게 추정할 것인지 예시데이터를 통해 살펴보겠습니다.

1 다차항 추정 실습

다차항을 투입한 다항 회귀모형을 추정하기 위해서는 다차항으로 투입되는 변수가 다음의 조건들을 충족해야 합니다. 첫째, 다차항으로 투입되는 변수는 연속형 변수여야 합니다. 둘째, 2차항으로 투입하기 위해서는 연속형 변수의 측정수준이 3수준 이상이어야 합니다(3차항 이상의 다차항을 테스트하는 경우라면 연속형 변수의 측정수준이 더 다양해야 합니다). 셋째, 다차항으로 투입되는 변수는 적절한 방식으로 변환되어야 합니다(가급적 평균중심화 변환을 권장합니다). 변수변환 없이 다차항을 구성하면, 상황에 따라 1차항과 2차항 사이의 상관계수가 지나치게 높게 나와 간혹 모형추정이 되지 않는 경우가 발생할 수 있기 때문입니다.

보다 구체적으로 ML 결측데이터 분석기법을 적용하여 다항 회귀모형을 추정해봅시다. ANES2008 데이터를 불러온 후, 유권자의 소득과 오바마 후보에 대한 감정점수의 관계를 다항 회귀모형을 이용해 살펴보겠습니다. 우선은 현실데이터를 불러온 후, 소득변수를 어떠한 변환과정도 거치지 않은 채 2차항을 만들어 모형에 투입해보겠습니다.

```
> # 데이터 불러오기
> library(tidyverse)
> library(lavaan)
> # 현실 데이터를 이용한 실습
> mydata = read_csv("anes2008_example.csv")
                    [분량 조절을 위해 이 부분의 출력결과는 생략]
> df_ML = mydata %>%
+  mutate(
+   black=ifelse(race3==1,1,0),others=ifelse(race3==2,1,0)
+  ) %>%
+  mutate_at(vars(starts_with("FT_"),hhinc),~(0.1*(.))) %>%
+  mutate(
+   hhinc2=hhinc^2 # 소득변수의 2차항
+  )
```

응답자의 성별(female), 인종(black, others), 교육수준(educ), 미국사회의 흑인 대통령 수용여부(readyBP), 현 대통령의 직무수행 평가(economy, envrion, iraqwar) 변수들을 통제한 후 가계소득의 1차항과 2차항(hhinc, hhinc2)을 투입한 다항 회귀모형을 ML 결측데이터 분석기법을 이용해 추정하는 방법은 아래와 같습니다. lavaan 패키지를 이용할 경우 아쉽게도 I(hhinc^2)와 같은 방식으로 다차항 테스트를 진행할 수는 없습니다.

```
> # 다차항 추정
> mypolynomial_raw="
+ FT_obama~female+black+others+educ+readyBP+economy+environ+iraqwar+hhinc+hhinc2
+ "
> fit_polynom_raw=sem(model=mypolynomial_raw,data=df_ML,
+                    missing="FIML",
+                    fixed.x=FALSE,meanstructure=TRUE)
> summary(fit_polynom_raw,
+          ci=TRUE,standard=TRUE)
> summary(fit_polynom_raw,
+          ci=TRUE,standard=TRUE)
                    [분량 조절을 위해 이 부분의 출력결과는 생략]
Model Test User Model:

  Test statistic                  0.000
  Degrees of freedom                  0
                    [분량 조절을 위해 이 부분의 출력결과는 생략]
Regressions:
            Estimate  Std.Err  z-value  P(>|z|) ci.lower ci.upper  Std.lv  Std.all
  FT_obama ~
    female     0.297    0.095    3.134    0.002    0.111    0.482   0.297    0.052
    black      1.847    0.119   15.585    0.000    1.615    2.079   1.847    0.283
    others     0.787    0.146    5.373    0.000    0.500    1.074   0.787    0.091
    educ       0.031    0.034    0.925    0.355   -0.035    0.097   0.031    0.017
    readyBP    1.208    0.101   11.990    0.000    1.011    1.406   1.208    0.204
    economy    0.243    0.062    3.904    0.000    0.121    0.365   0.243    0.081
    environ    0.323    0.053    6.086    0.000    0.219    0.428   0.323    0.130
    iraqwar    0.657    0.053   12.510    0.000    0.554    0.760   0.657    0.267
    hhinc      0.351    0.299    1.176    0.239   -0.234    0.936   0.351    0.078
    hhinc2    -0.236    0.112   -2.108    0.035   -0.455   -0.017  -0.236   -0.140

Covariances:
```

```
           Estimate  Std.Err  z-value  P(>|z|)  ci.lower  ci.upper  Std.lv  Std.all
                     [분량 조절을 위해 이 부분의 출력결과는 생략]
 hhinc ~~
  hhinc2      1.023    0.032   32.128    0.000     0.960     1.085   1.023    0.965

Intercepts:
           Estimate  Std.Err  z-value  P(>|z|)  ci.lower  ci.upper  Std.lv  Std.all
  .FT_obama   0.881    0.287    3.067    0.002     0.318     1.444   0.881    0.311
                     [분량 조절을 위해 이 부분의 출력결과는 생략]
Variances:
           Estimate  Std.Err  z-value  P(>|z|)  ci.lower  ci.upper  Std.lv  Std.all
  .FT_obama   4.870    0.145   33.528    0.000     4.585     5.154   4.870    0.607
                     [분량 조절을 위해 이 부분의 출력결과는 생략]
```

분석결과 중 앞서 5장-7장에서 설명한 부분에 대해서는 반복하지 않겠습니다. 위의 출력결과에서 주목할 부분은 2가지입니다.

첫 번째는 고차항 투입변수의 변환과 관련된 부분입니다. Covariances: 출력부분에서 확인할 수 있듯 hhinc와 hhinc2 변수는 상관계수가 0.965로 거의 1에 근접합니다. 사실 이런 결과는 어찌 보면 당연합니다. 왜냐하면 hhinc2 변수는 hhinc 변수를 단순히 제곱해준 동일한 변수이기 때문입니다. 이번 사례의 경우 다행히(?) 별문제 없이 모형추정결과를 얻었지만, 상황에 따라서는 모형추정과정에서 경고메시지를 접하게 될 수 있습니다. 만약 경고메시지를 접한다면, 조금 후에 소개할 평균중심화 변환을 적용해보시기 바랍니다.

연구모형이라는 관점에서 중요한 부분은 두 번째 부분입니다. hhinc와 hhinc2, 즉 소득변수의 1차항과 2차항의 회귀계수입니다. hhinc2의 회귀계수가 통상적 수준에서 통계적으로 유의미하다는 점에서(p = .035), 응답자의 소득이 증가할수록 오바마 후보에 대한 감정점수는 상승하다가 어느 지점을 지나면서 감소한다는 것을 확인할 수 있습니다. 다른 독립변수들의 효과를 통제하였을 때, 예를 들어 다른 독립변수들이 '0'의 값을 갖는 경우를 가정할 때, 소득변수와 오바마 후보에 대한 감정점수 변수의 관계는 다음과 같은 회귀방정식으로 표현할 수 있습니다.

$$\widehat{FT_{obama}} = -0.236 \times hhinc^2 + 0.351 \times hhinc + 0.881$$

위의 회귀방정식은 다음과 같이 바꾸어 쓸 수 있습니다. 위의 공식을 간단하게 인수분해 한 것입니다.

$$
\begin{aligned}
\widehat{FT_{obama}} &= -0.236(hhinc^2 - \frac{0.351}{0.236}hhinc) + 0.881 \\
&= -0.236(hhinc^2 - \frac{2\times 0.176}{0.236}hhinc) + 0.881 \\
&= -0.236(hhinc^2 - \frac{2\times 0.176}{0.236}hhinc + \frac{0.176^2}{0.236^2} - \frac{0.176^2}{0.236^2}) + 0.881 \\
&= -0.236[(hhinc - \frac{0.176}{0.236})^2 - \frac{0.176^2}{0.236^2}] + 0.881 \\
&= -0.236(hhinc - \frac{0.176}{0.236})^2 + 1.012 \\
&= -0.236(hhinc - 0.746)^2 + 1.012
\end{aligned}
$$

위의 공식에서 확인할 수 있듯 hhinc 변수의 값이 0.746인 경우 오바마 후보에 대한 감정점수는 1.012로 가장 높습니다. 즉 hhinc 변수의 값이 증가하여 0.746에 다다를 때까지는 오바마 후보에 대한 감정점수가 증가하지만, 0.746을 넘어서는 순간부터는 hhinc 변수의 증가가 오바마 후보에 대한 감정점수 감소로 이어집니다. 사실 이러한 곡선관계는 말로 하는 것보다 그림으로 제시하는 것이 훨씬 더 간단하고 이해하기 쉽습니다. 위에서 얻은 회귀방정식을 그림으로 나타내 보겠습니다. 시각화에는 다음과 같은 5단계 과정을 따랐습니다.

- **1단계**: df_ML 데이터의 hhinc 변수의 수준을 추출한다.
- **2단계**: 결측데이터에 ML 기법을 적용한 모형추정결과를 기반으로 hhinc 변수를 제외한 다른 변수들을 통제한다. 다른 변수들을 통제할 때 더미변수는 0의 값으로, 연속형 변수는 각 연속형 변수의 평균값으로 통제한다.
- **3단계**: hhinc 변수가 아닌 다른 변수들을 통제하였을 때 hhinc 변화에 따라 FT_obama 변수의 예측값을 추정한다.
- **4단계**: hhinc 변수와 FT_obama 변수의 예측값을 원래의 측정단위로 환원한다.
- **5단계**: 최종 환원된 hhinc 변수와 예측된 FT_obama 변수의 관계를 시각화한다.

각 단계별 R 프로그래밍 결과는 다음과 같습니다. 아래는 1단계 과정입니다.

```
> # 시각화 과정
> # 1단계: hhinc 변수의 값들을 확보
> var_hhinc=unique(sort(df_ML$hhinc[!is.na(df_ML$hhinc)]))
> var_hhinc
 [1] 0.1 0.2 0.3 0.4 0.5 0.6 0.7 0.8 0.9 1.0 1.1 1.2 1.3 1.4 1.5 1.6 1.7 1.8 1.9 2.0 2.1 2.2
[23] 2.3 2.4 2.5
```

2단계 과정은 다소 까다로울 수 있습니다. 우선 ML 기법을 이용하여 추정된 결과의 회귀계수와 평균값을 아래와 같이 추출한 후, 각각 coefficients와 Means라는 이름의 오브젝트로 저장하였습니다.

```
> # 2단계: 연속형 변수들(educ,economy,envrion,iraqwar) 평균을 가정(더미변수들은 0을 가정)
> coefficients=parameterestimates(fit_polynom_raw) %>%
+  filter(op=="~") %>% print()
        lhs op     rhs    est    se      z pvalue ci.lower ci.upper
1  FT_obama  ~  female  0.297 0.095  3.134  0.002    0.111    0.482
2  FT_obama  ~   black  1.847 0.119 15.585  0.000    1.615    2.079
3  FT_obama  ~  others  0.787 0.146  5.373  0.000    0.500    1.074
4  FT_obama  ~    educ  0.031 0.034  0.925  0.355   -0.035    0.097
5  FT_obama  ~ readyBP  1.208 0.101 11.990  0.000    1.011    1.406
6  FT_obama  ~ economy  0.243 0.062  3.904  0.000    0.121    0.365
7  FT_obama  ~ environ  0.323 0.053  6.086  0.000    0.219    0.428
8  FT_obama  ~ iraqwar  0.657 0.053 12.510  0.000    0.554    0.760
9  FT_obama  ~   hhinc  0.351 0.299  1.176  0.239   -0.234    0.936
10 FT_obama  ~  hhinc2 -0.236 0.112 -2.108  0.035   -0.455   -0.017
> Means=parameterestimates(fit_polynom_raw) %>%
+  filter(op=="~1") %>% print()
        lhs op  rhs   est      se       z pvalue ci.lower ci.upper
1  FT_obama ~1       0.881  0.287   3.067  0.002    0.318    1.444
2    female ~1       0.570  0.010  55.453  0.000    0.550    0.590
3     black ~1       0.253  0.009  27.973  0.000    0.235    0.270
4    others ~1       0.124  0.007  18.068  0.000    0.110    0.137
5      educ ~1       3.936  0.032121.414  0.000    3.873    4.000
6   readyBP ~1       0.644  0.010  63.326  0.000    0.624    0.664
7   economy ~1       3.427  0.020171.511  0.000    3.388    3.467
```

```
8   environ ~1    3.002  0.025121.297    0.000      2.953      3.050
9   iraqwar ~1    3.280  0.024135.750    0.000      3.233      3.328
10    hhinc ~1    1.363  0.013101.040    0.000      1.337      1.389
11   hhinc2 ~1    2.254  0.036 62.513    0.000      2.183      2.324
```

이후 hhinc 변수를 제외한 다른 연속형 변수들(educ, economy, environ, iraqwar)에 해당되는 회귀계수와 평균값을 곱하여 각 연속형 변수가 평균일 때의 값을 얻었습니다. 더미변수들의 경우 0의 값으로 통제했기 때문에 특별하게 고려할 필요가 없습니다(왜냐하면 회귀계수의 값이 어떻게 변해도 해당 조건에서는 0의 값이 나오기 때문입니다).

```
> conditions_other_vars=
+ Means$est[Means$lhs=="educ"]*coefficients$est[coefficients$rhs=="educ"]+
+ Means$est[Means$lhs=="economy"]*coefficients$est[coefficients$rhs=="economy"]+
+ Means$est[Means$lhs=="environ"]*coefficients$est[coefficients$rhs=="environ"]+
+ Means$est[Means$lhs=="iraqwar"]*coefficients$est[coefficients$rhs=="iraqwar"]
```

3단계에서는 hhinc 변수의 수준별 FT_obama 변수의 예측값을 계산하였습니다. 앞서 설정했던 coefficients 오브젝트의 hhinc, hhinc2 변수의 회귀계수를 활용하였습니다.

```
> # 3단계: 회귀방정식을 기반으로 오바마 후보에 대한 감정점수 예측
> pred_FT = var_hhinc*coefficients$est[coefficients$rhs=="hhinc"]+
+  var_hhinc*var_hhinc*coefficients$est[coefficients$rhs=="hhinc2"]+
+  Means$est[Means$lhs=="FT_obama"]+conditions_other_vars
```

이후 4단계에서는 hhinc 변수와 FT_obama 변수의 예측값의 측정단위를 원래의 측정단위로 환원하였습니다.

```
> # 4단계: 원래 측정단위로 환산 후 데이터 형태로
> df_pred=tibble(hhinc=10*var_hhinc,FT_obama=10*pred_FT)
```

이제 이렇게 얻은 데이터를 이용해 hhinc 변수와 FT_obama 변수 예측값의 관계를 시각화하면 [그림 8-1]과 같습니다.

```
> # 5단계: 시각화
> df_pred %>%
+ ggplot(aes(x=hhinc,y=FT_obama))+
+ geom_line()+
+ geom_point(size=4)+
+ labs(x="Household income level",y="Predicted feeling thermometer for B. Obama")+
+ scale_x_continuous(breaks=1:25)+
+ scale_y_continuous(breaks=round(df_pred$FT_obama,1))+
+ coord_cartesian(ylim=c(43,51))+
+ theme_bw()
```

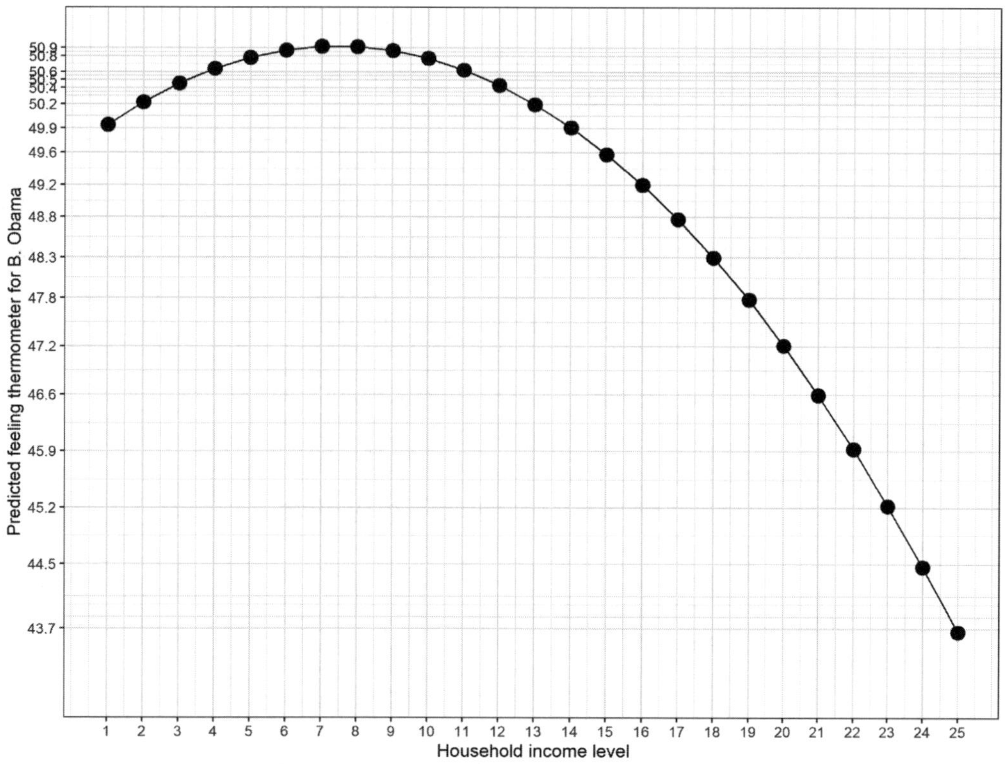

[그림 8-1] 응답자의 가계소득과 오바마 후보에 대한 감정점수의 관계 시각화

[그림 8-1]에서 잘 드러나듯 응답자의 가계소득이 7, 8의 값을 가질 때 오바마 후보에 대한 감정점수 예측값이 50.9 정도로 가장 높게 나타납니다. [그림 8-1]은 앞서 수계산으로 얻은 hhinc의 값이 0.746일 때 FT_obama 변수의 예측값이 가장 높았던 것을 시각적으로 명확하게 잘 보여줍니다.

다음으로 hhinc 변수를 평균중심화 변환시킨 후 동일한 모형을 추정해봅시다. 여기서는 hhinc 변수와 아울러 다른 연속형 변수들(educ, economy, environ, iraqwar)에 대해서도 평균중심화 변환을 적용시켰습니다.

```
> # 평균중심화 변환
> df_ML_MC = df_ML %>%
+  select(-hhinc2) %>% # 평균중심화 변환을 하지 않은 경우의 2차항 삭제
+  mutate_at(
+   vars(educ,hhinc,economy,environ,iraqwar),
+   ~(.-mean(.,na.rm=TRUE)
+   )) %>%
+  mutate(
+   hhinc2=hhinc^2 # 소득변수의 2차항
+  )
> # 다차항 추정
> mypolynomial="
+ FT_obama~female+black+others+educ+readyBP+economy+environ+iraqwar+hhinc+hhinc2
+ "
> fit_polynom=sem(model=mypolynomial,data=df_ML_MC,
+                   missing="FIML",
+                   fixed.x=FALSE,meanstructure=TRUE)
> summary(fit_polynom,
+           ci=TRUE,standard=TRUE)
                    [분량 조절을 위해 이 부분의 출력결과는 생략]
Model Test User Model:

 Test statistic                    0.000
 Degrees of freedom                    0
                    [분량 조절을 위해 이 부분의 출력결과는 생략]
Regressions:
           Estimate  Std.Err  z-value  P(>|z|)  ci.lower  ci.upper  Std.lv  Std.all
 FT_obama ~
  female      0.297    0.095    3.134    0.002     0.111     0.482   0.297    0.052
```

```
    black       1.847     0.119    15.585    0.000     1.615      2.079    1.847    0.283
    others      0.787     0.146     5.373    0.000     0.500      1.074    0.787    0.091
    educ        0.031     0.034     0.925    0.355    -0.035      0.097    0.031    0.017
    readyBP     1.208     0.101    11.990    0.000     1.011      1.406    1.208    0.204
    economy     0.243     0.062     3.904    0.000     0.121      0.365    0.243    0.081
    environ     0.323     0.053     6.086    0.000     0.219      0.428    0.323    0.130
    iraqwar     0.657     0.053    12.510    0.000     0.554      0.760    0.657    0.267
    hhinc      -0.295     0.091    -3.231    0.001    -0.473     -0.116   -0.295   -0.065
    hhinc2     -0.236     0.112    -2.108    0.035    -0.455     -0.017   -0.236   -0.037

Covariances:
                Estimate  Std.Err  z-value  P(>|z|)  ci.lower  ci.upper  Std.lv  Std.all
                          [분량 조절을 위해 이 부분의 출력결과는 생략]
  hhinc ~~
    hhinc2     -0.063     0.006   -10.055    0.000    -0.076     -0.051   -0.063   -0.223

Intercepts:
                Estimate  Std.Err  z-value  P(>|z|)  ci.lower  ci.upper  Std.lv  Std.all
   .FT_obama    5.006     0.113    44.191    0.000     4.784      5.228    5.006    1.767
                          [분량 조절을 위해 이 부분의 출력결과는 생략]
Variances:
                Estimate  Std.Err  z-value  P(>|z|)  ci.lower  ci.upper  Std.lv  Std.all
   .FT_obama    4.870     0.145    33.528    0.000     4.585      5.154    4.870    0.607
                          [분량 조절을 위해 이 부분의 출력결과는 생략]
```

평균중심화 변환을 적용하기 이전의 모형추정결과와 적용한 이후의 모형추정결과를 비교하면 3가지가 달라진 것을 확인할 수 있습니다. 첫째, 절편값이 달라졌습니다. 이는 모형추정결과의 연속형 변수들을 평균중심화 변환시켰기 때문입니다. 평균중심화 변환을 적용하기 이전에 얻은 절편값 0.881은 회귀모형식의 독립변수들이 모두 0인 경우 종속변수의 예측값이지만, 평균중심화 변환을 적용한 이후의 절편값 5.006은 더미변수가 0이거나 연속형 변수가 표본의 평균인 경우에 얻은 종속변수의 예측값입니다. 즉 독립변수가 변환되면서 나타난 결과입니다.

둘째, hhinc와 hhinc2의 상관계수가 달라졌습니다. ML 기법을 적용할 때 중요한 점이 바로 이 부분입니다. 평균중심화 변환을 하지 않았을 경우 거의 1.00에 근접하는 상관계수가 나온 반면, 지금은 –0.223이라는 상당히 0에 가까운 상관계수를 얻었습니다.

평균중심화 변환을 실시하면 1.00에 근접하는 상관계수를 얻을 경우 나타날 수 있는 경고메시지, 다시 말해 공선성으로 인한 모형추정문제를 어느 정도 해소할 수 있다는 것을 알 수 있을 것입니다. 평균중심화 변환의 이러한 효용은 조금 후 살펴볼 상호작용효과항 추정과정에서도 동일합니다.

셋째, hhinc의 회귀계수가 달라진 것처럼 보입니다. 결론부터 말씀드리면, 달라진 것처럼 보일 뿐 전혀 달라지지 않았습니다. 먼저 평균중심화 변환 실시 여부와 상관없이 hhinc2의 회귀계수는 –0.236, 표준오차는 0.112로 동일합니다. 그렇다면 왜 달라져 보일까요? 먼저 평균중심화 변환을 적용한 후 얻은 회귀방정식에 대해 아래와 같이 인수분해를 실시해봅시다.

$$
\begin{aligned}
\widehat{FT_{obama}} &= -0.236 \times hhinc^2 - 0.295 \times hhinc + 5.006 \\
&= -0.236(hhinc^2 + \frac{2 \times 0.147}{0.236} hhinc) + 5.006 \\
&= -0.236(hhinc^2 + \frac{2 \times 0.147}{0.236} hhinc + \frac{0.147^2}{0.236^2} - \frac{0.176^2}{0.236^2}) + 5.006 \\
&= -0.236[(hhinc + \frac{0.147}{0.236})^2 - \frac{0.147^2}{0.236^2}] + 5.006 \\
&= -0.236(hhinc + \frac{0.147}{0.236})^2 + 0.092 + 5.006 \\
&= -0.236(hhinc + 0.623)^2 + 5.098
\end{aligned}
$$

위의 회귀방정식에서 알 수 있듯 hhinc의 값이 –0.623인 경우에 FT_obama의 예측값이 5.098로 가장 높습니다. 위의 회귀방정식은 평균중심화 변환을 적용한 것입니다. 다시 말해 hhinc의 값이 –0.623이 얼마인지를 알기 위해서는 평균중심화 변환을 적용하기 이전의 hhinc의 평균값을 더해주면 됩니다. 아래와 같은 방식으로 평균중심화 변환 적용 이전의 hhinc 평균값을 구해봅시다.

```
> mean(df_ML$hhinc,na.rm=TRUE)
[1] 1.370033
```

이제 평균중심화 변환을 적용하였을 때의 −0.623이라는 값은 평균중심화 변환 이전의 0.747과 같다는 것을 알 수 있습니다. 평균중심화 변환을 적용하기 이전에 얻은 회귀방정식의 0.746과 매우 유사합니다. 사실 유사한 것이 아니라 동일한 것입니다. 0.746과 0.747의 차이는 수계산을 위해 소수점 3자리를 반올림하면서 나타난 차이에 불과합니다.

```
> mean(df_ML$hhinc,na.rm=TRUE)-0.623
[1] 0.7470327
```

즉 평균중심화 변환 이전과 이후의 hhinc의 회귀계수는 달라 보일 뿐 다른 것이 아닙니다. 다차항이 투입되거나 상호작용효과항이 투입될 경우, 회귀모형의 회귀계수가 마치 이전과 다른 것처럼 보이는 현상에 휘둘려 결과 해석에 오류를 범하지 않기를 바랍니다.

이제 앞서와 마찬가지로 hhinc 변수와 FT_obama 변수 예측값의 관계를 시각화해 봅시다. 이전과 마찬가지로 더미변수의 경우 0의 값을, 연속형 변수들의 경우 평균값을 가정하였습니다. 1~3단계와 5단계는 동일합니다. 달라진 부분은 4단계, 즉 평균중심화 변환 적용 이전 그리고 측정단위에 0.10을 곱하기 이전 단계로 변환하는 부분입니다. 그러나 아래에서 보듯, 변환과정을 기억하고 있다면 변환 이전 단계로 환산하는 부분이 그리 어렵게 느껴지지 않을 것입니다.

```
> # 시각화
> # 1단계: hhinc 변수의 값들을 확보
> var_hhinc=unique(sort(df_ML_MC$hhinc[!is.na(df_ML_MC$hhinc)]))
> # 2단계: 연속형 변수들(educ,economy,envrion,iraqwar) 평균(즉 0)을 가정(더미변수들은 0을 가정)
> coefficients=parameterestimates(fit_polynom) %>%
+  filter(op=="~") %>% print()
                    [분량 조절을 위해 이 부분의 출력결과는 생략]
> Means=parameterestimates(fit_polynom) %>%
+  filter(op=="~1") %>% print()
                    [분량 조절을 위해 이 부분의 출력결과는 생략]
> conditions_other_vars=
+ Means$est[Means$lhs=="educ"]*coefficients$est[coefficients$rhs=="educ"]+
+ Means$est[Means$lhs=="economy"]*coefficients$est[coefficients$rhs=="economy"]+
+ Means$est[Means$lhs=="environ"]*coefficients$est[coefficients$rhs=="environ"]+
+ Means$est[Means$lhs=="iraqwar"]*coefficients$est[coefficients$rhs=="iraqwar"]
```

```
> # 3단계: 회귀방정식을 기반으로 오바마 후보에 대한 감정점수 예측
> pred_FT = var_hhinc*coefficients$est[coefficients$rhs=="hhinc"]+
+  var_hhinc*var_hhinc*coefficients$est[coefficients$rhs=="hhinc2"]+
+  Means$est[Means$lhs=="FT_obama"]+conditions_other_vars
> # 4단계: 원래 측정단위로 환산 후 데이터 형태로
> df_pred=tibble(hhinc=10*(var_hhinc+mean(df_ML$hhinc,na.rm=TRUE)),
+                              FT_obama=10*(pred_FT))
> # 5단계: 시각화
> df_pred %>%
+  ggplot(aes(x=hhinc,y=FT_obama))+
+  geom_line()+
+  geom_point(size=4)+
+  labs(x="Percentile for household income",y="Feeling thermometer for B. Obama")+
+  scale_x_continuous(breaks=1:25)+
+  scale_y_continuous(breaks=round(df_pred$FT_obama,1))+
+  coord_cartesian(ylim=c(43,51))+
+  theme_bw()
```

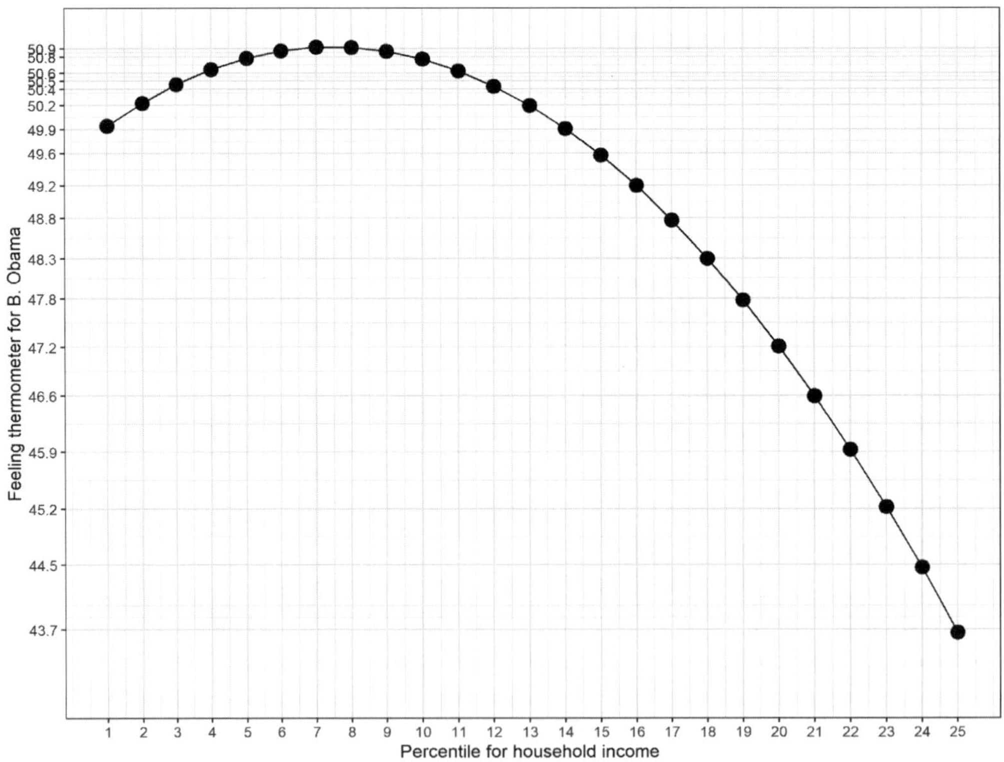

[그림 8-2] 응답자의 가계소득과 오바마 후보에 대한 감정점수의 관계 시각화

평균중심화 변환을 적용하기 이전의 [그림 8-1]과 비교해보면 쉽게 드러나듯, 평균중심화 변환을 적용한 후의 [그림 8-2]는 본질적으로 동일합니다.

2 상호작용효과항 추정 실습

다음으로 ML 결측데이터 분석기법을 이용하여 상이한 두 변수를 곱한 상호작용효과항을 추정해보겠습니다. 앞서 다차항으로 투입되는 변수의 3가지 조건을 말한 바 있습니다. 상호작용효과항의 경우도 비슷합니다. 첫째, 상호작용효과항에 투입되는 변수들은 연속형 변수이거나 더미변수[혹은 (-1, +1)과 같이 대조코딩된(contrast coding) 변수]여야 합니다. 즉 범주형 변수로는 상호작용효과항을 구성할 수 없습니다. 범주형 변수와 범주형 변수, 혹은 범주형 변수와 연속형 변수의 상호작용효과를 테스트하기 위해서는 범주형 변수를 일련의 더미변수들(a set of dummy variables)로 먼저 전환한 후, 상호작용효과항을 구성해야 합니다. 둘째, 상호작용효과항에 투입되는 연속형 변수는 가급적 평균중심화 변환을 실시하는 것이 좋습니다. 이유는 다차항이 투입된 모형을 ML 기법으로 추정할 때 이야기한 바 있습니다. 평균중심화 변환 적용 이전의 변수를 이용하여 구성된 상호작용효과항은 공선성(collinearity) 문제를 일으킬 가능성이 높으며, 이 경우 모형추정결과를 얻지 못하는 상황이 발생할 수 있기 때문입니다. 셋째, ML 기법을 사용할 경우 상호작용효과에 대한 통계적 유의도 테스트는 상호작용효과항들의 회귀계수를 0이라고 가정할 수 있는지 여부를 살펴보는 방식으로 진행됩니다. 일반적으로 가장 널리 사용되는 방법으로는 로그우도비(LR, log-likelihood ratio) 카이제곱 테스트와 왈드(Wald's) 카이제곱 테스트, 2가지가 있습니다. 이 책에서는 `lavaan` 패키지를 이용하여 ML 기법을 적용할 때 LR χ^2 테스트와 Wald's χ^2 테스트를 실시하는 방법을 소개할 예정입니다.

앞서 살펴본 다항 회귀모형을 기반으로, 오바마 후보자에 대한 감정점수를 대상으로 소득과 인종의 상호작용효과를 점검해봅시다. 앞서 사전처리한 `df_ML_MC` 데이터에서 소득과 인종의 상호작용효과항을 생성해봅시다. 상호작용효과항을 투입하는 방법에는 2가지가 있습니다. 첫째, 상호작용효과항을 새로운 변수로 생성한 후 이를 추정모형에 투입하는 것입니다. 구체적으로 예를 들면 다음과 같은 방식을 택하는 것입니다.

```
> # 상호작용효과 추정
> # 새로운 변수로 생성한 후 분석모형에 투입
> df_ML_MC=df_ML_MC %>%
+  mutate(
+   B_hhinc=black*hhinc,
+   B_hhinc2=black*hhinc2,
+   O_hhinc=others*hhinc,
+   O_hhinc2=others*hhinc2,
+  )
> myinteraction2="
+ FT_obama~female+black+others+ageyr+educ+readyBP+economy+environ+iraqwar
+ FT_obama~hhinc+hhinc2+B_hhinc+B_hhinc2+O_hhinc+O_hhinc2
+ "
```

둘째, R의 ':' 기호를 이용하여 분석모형에 상호작용효과항을 지정하는 방식입니다. 추가로 새로운 변수를 생성하지 않는다는 점에서 훨씬 편하게 사용할 수 있습니다. 구체적으로 예를 들면 아래와 같습니다.

```
> # 아래와 같이 : 을 사용해도 됨
> myinteraction2="
+ FT_obama~female+black+others+ageyr+educ+readyBP+economy+environ+iraqwar
+ FT_obama~hhinc+hhinc2+black:hhinc+black:hhinc2+others:hhinc+others:hhinc2
+ "
```

여기서는 R의 ':' 기호를 활용하는 방식을 택하겠습니다. 결측데이터에 ML 기법을 적용하여 지정된 상호작용효과를 추정한 결과는 아래와 같습니다.

```
> fit_interaction2=sem(model=myinteraction2,data=df_ML_MC,
+                             missing="FIML",
+                             fixed.x=FALSE,meanstructure=TRUE)
> summary(fit_interaction2,
+             standard=TRUE)
                         [분량 조절을 위해 이 부분의 출력결과는 생략]
Model Test User Model:
```

```
Test statistic                  0.000
Degrees of freedom                  0
```

[분량 조절을 위해 이 부분의 출력결과는 생략]

```
Regressions:
                 Estimate   Std.Err  z-value  P(>|z|)  Std.lv  Std.all
 FT_obama ~
  female            0.311     0.094    3.299    0.001   0.311    0.054
  black             1.780     0.154   11.548    0.000   1.780    0.273
  others            0.612     0.200    3.053    0.002   0.612    0.071
  ageyr            -0.135     0.027   -4.929    0.000  -0.135   -0.083
  educ              0.022     0.034    0.648    0.517   0.022    0.012
  readyBP           1.241     0.100   12.374    0.000   1.241    0.209
  economy           0.230     0.062    3.726    0.000   0.230    0.077
  environ           0.338     0.053    6.398    0.000   0.338    0.136
  iraqwar           0.629     0.052   11.992    0.000   0.629    0.256
  hhinc            -0.475     0.110   -4.325    0.000  -0.475   -0.106
  hhinc2           -0.279     0.142   -1.959    0.050  -0.279   -0.044
  black:hhinc       0.613     0.225    2.722    0.006   0.613    0.070
  black:hhinc2      0.340     0.286    1.192    0.233   0.340    0.037
  others:hhinc      0.366     0.253    1.450    0.147   0.366    0.028
  others:hhinc2     0.165     0.350    0.473    0.636   0.165    0.012

Covariances:
                 Estimate   Std.Err  z-value  P(>|z|)  Std.lv  Std.all
```

[분량 조절을 위해 이 부분의 출력결과는 생략]

```
 hhinc ~~
  hhinc2           -0.063     0.006  -10.044    0.000  -0.063   -0.223
  black:hhinc       0.110     0.005   21.946    0.000   0.110    0.540
  black:hhinc2     -0.076     0.005  -16.613    0.000  -0.076   -0.385
  others:hhinc      0.048     0.003   15.220    0.000   0.048    0.350
  others:hhinc2    -0.011     0.003   -3.920    0.000  -0.011   -0.085
 hhinc2 ~~
  black:hhinc      -0.049     0.003  -14.512    0.000  -0.049   -0.331
  black:hhinc2      0.065     0.003   19.475    0.000   0.065    0.466
  others:hhinc     -0.010     0.002   -4.828    0.000  -0.010   -0.105
  others:hhinc2     0.025     0.002   12.144    0.000   0.025    0.274
 black:hhinc ~~
  black:hhinc2     -0.068     0.003  -25.763    0.000  -0.068   -0.672
  others:hhinc     -0.000     0.002   -0.020    0.984  -0.000   -0.000
  others:hhinc2     0.003     0.001    2.283    0.022   0.003    0.050
```

```
black:hhinc2 ~~
  others:hhinc     0.000     0.001     0.060    0.952   0.000     0.001
  others:hhinc2   -0.005     0.001    -3.926    0.000  -0.005    -0.085
others:hhinc ~~
  others:hhinc2   -0.011     0.001   -10.580    0.000  -0.011    -0.236
```
[분량 조절을 위해 이 부분의 출력결과는 생략]

```
Intercepts:
                 Estimate  Std.Err  z-value  P(>|z|)  Std.lv  Std.all
  .FT_obama         5.026    0.117   43.011    0.000   5.026    1.774
```
[분량 조절을 위해 이 부분의 출력결과는 생략]

```
Variances:
                 Estimate  Std.Err  z-value  P(>|z|)  Std.lv  Std.all
  .FT_obama         4.800    0.143   33.497    0.000   4.800    0.598
```
[분량 조절을 위해 이 부분의 출력결과는 생략]

우선 Covariances: 출력부분의 상관계수들을 살펴봅시다. 평균중심화 변환을 실시하였기에 상관계수가 비현실적으로 크게 나오지는 않았습니다. 그러나 몇몇 변수는 상관계수가 상당히 크게 나타난 것을 확인할 수 있습니다. 예를 들어 black:hhinc ~~ black:hhinc2의 경우 –0.672의 값을 보입니다. 이 결과는 응답자의 인종별로 가계소득 변수의 분포가 상이하기 때문에 나타난 것입니다. 그러나 적어도 현재의 모형에서는 큰 문제 없이 정의된 분석모형을 추정할 수 있습니다.

아무튼 Regressions: 결과를 통해서 인종과 소득수준의 상호작용효과를 어느 정도 추정할 수 있습니다. 먼저 hhinc와 hhinc2의 회귀계수를 통해 백인 응답자의 소득수준과 오바마 후보에 대한 감정점수의 관계를 추정할 수 있습니다. 또한 black:hhinc와 black:hhinc2의 상호작용변수를 통해 백인 응답자를 기준으로 흑인 응답자의 hhinc와 hhinc2의 회귀계수가 어느 정도나 차이 나는지를 확인할 수 있으며, others:hhinc와 others:hhinc2의 상호작용변수를 통해 백인 응답자를 기준으로 기타인종 응답자의 hhinc와 hhinc2의 회귀계수가 어느 정도나 차이 나는지를 확인할 수 있습니다. 구체적으로 응답자의 인종별 소득수준과 오바마 후보에 대한 감정점수의 관계를 각각 추정해봅시다. 이 과정에서 더미변수들과 연속형 변수들(모든 연속형 변수들은 평균중심화 변환을 적용했음)은 모두 0이라고 가정했습니다.

- 백인 응답자: $\widehat{FT_{obama}} = 5.026 - 0.475 \times hhinc - 0.279 \times hhinc^2$
$= -0.279(hhinc + 0.851)^2 + 5.228$

- 흑인 응답자: $\widehat{FT_{obama}} = 5.026 + 1.780$
$-0.475 \times hhinc + 0.613 \times hhinc$
$-0.279 \times hhinc^2 + 0.340 \times hhinc^2$
$= 6.806 + 0.138 \times hhinc + 0.061 \times hhinc^2$
$= 0.061(hhinc + 1.131)^2 + 6.884$

- 기타인종 응답자: $\widehat{FT_{obama}} = 5.026 + 0.612$
$-0.475 \times hhinc + 0.340 \times hhinc$
$-0.279 \times hhinc^2 + 0.165 \times hhinc^2$
$= 5.638 - 0.135 \times hhinc - 0.114 \times hhinc^2$
$= -0.114(hhinc + 0.592)^2 + 5.678$

위의 결과에서 알 수 있듯, 인종에 따라 가계소득과 오바마 후보 감정점수의 관계가 달라집니다. 우선 두 변수의 관계 형태가 다릅니다. 백인과 기타인종의 경우 ∩형태의 관계를 보이는 반면, 흑인은 ∪형태의 관계를 보이고 있습니다. 또한 두 변수의 관계의 강도 역시 인종별로 다르게 나타납니다.

그러나 한 가지 고려할 점이 있습니다. 과연 인종과 소득(1차항과 2차항)의 상호작용효과는 통계적으로 유의미한 효과일까요? 우선 `Regressions:` 출력결과에서 알 수 있듯, 백인과 기타인종 사이에서는 소득의 1차항(hhinc), 소득의 2차항(hhinc2)의 효과가 통계적으로 다르지 않습니다(각각 p = .176, p = .666). 그러나 백인과 흑인의 경우 소득의 1차항(hhinc)의 회귀계수는 통계적으로 유의미하게 다르지만(p = .007), 소득의 2차항(hhinc2)의 회귀계수는 유의미하게 다르다고 보기 어렵습니다(p = .182). 통계적 유의도가 모든 평가의 근거는 아니겠지만, 사회과학 연구자들에게 널리 인정되는 하나의 검증도구임에는 틀림없을 것입니다. 아무튼 개별 회귀계수에서 나타난 통계적 유의도 정보로는 인종변수(3수준 범주형 변수)와 소득(1차항과 2차항)의 상호작용효과 테스트(global test라고 불리기도 함)가 불가능합니다.

인종과 소득 사이의 상호작용효과가 어떤 경우에 가장 적절한지를 살펴보고자 아래와 같은 3가지 모형을 설정하였습니다.

- **모형0**: 소득의 2차항과 상호작용효과항들을 전혀 고려하지 않은 회귀모형
- **모형1**: 인종과 소득의 1차항과의 상호작용효과항들만 고려한 회귀모형
- **모형2**: 인종과 소득의 1차항 및 2차항과의 상호작용효과항들을 모두 고려한 회귀모형

예를 들어 '모형1'과 '모형2'를 비교하는 것은 다음과 같은 귀무가설을 테스트하는 것입니다.

H_0: "hhinc2=0" 그리고(&) "black:hhinc2=0" 그리고(&) "others:hhinc2=0"

즉 위의 귀무가설('모형1'과 '모형2' 비교)은 소득의 2차항과 인종 및 소득의 2차항 사이의 상호작용효과가 존재하지 않는다는 것을 테스트한 것입니다.

여기서는 언급한 바와 같이 모형 비교 테스트를 실시하는 방법 중 가장 보편적으로 사용되는 '로그우도비(LR) 카이제곱 테스트'와 '왈드(Wald's) 카이제곱 테스트'를 소개하고자 합니다. 일반적으로 2가지 카이제곱 테스트 결과는 크게 다르지 않습니다. 저희들 개인적으로는 LR 카이제곱 테스트를 보다 선호하는 편이지만, 분과에 따라 그리고 연구목적에 따라 왈드 카이제곱 테스트를 실시하기도 합니다.

우선 LR 카이제곱 테스트를 실시해봅시다. 방법은 간단합니다. 먼저 모형추정과정에서 위의 귀무가설에 맞도록 해당되는 회귀계수를 0으로 고정(fix)시킨 후 추정한 모형과, 0으로 고정하지 않고 추정한 모형을 별개의 오브젝트로 저장합니다. 이후 추정된 두 모형의 추정모수 개수 차이를 자유도로 하고 카이제곱 테스트 통계치의 차이를 카이제곱값으로 하는 통계적 유의도 테스트, 즉 LR 카이제곱 테스트를 실시합니다. 만약 통계적으로 유의미한 결과를 얻었다면 귀무가설을 기각하고(즉 통계적으로 유의미한 상호작용효과가 있다고 판단함), 유의미한 결과를 얻지 못했다면 귀무가설을 수용합니다(즉 통계적으로 유의미한 상호작용효과는 없다고 판단함).

먼저 비교하고자 하는 모형들을 분석모형으로 정의한 후, ML 기법을 이용하여 이 모형을 추정합시다. 밑줄 그은 부분에 주목하시기 바랍니다.

```
> # 상호작용효과항들에 대한 통계적 유의도 테스트
> # LR CHI2 test
> myinteraction1="
+ FT_obama~female+black+others+ageyr+educ+readyBP+economy+environ+iraqwar
+ FT_obama~hhinc+0*hhinc2+black:hhinc+0*black:hhinc2+others:hhinc+0*others:hhinc2
+ "
> fit_interaction1=sem(model=myinteraction1,data=df_ML_MC,
+                      missing="FIML",
+                      fixed.x=FALSE,meanstructure=TRUE)
> myinteraction0="
+ FT_obama~female+black+others+ageyr+educ+readyBP+economy+environ+iraqwar
+ FT_obama~hhinc+0*hhinc2+0*black:hhinc+0*black:hhinc2+0*others:hhinc+0*others:hhinc2
+ "
> fit_interaction0=sem(model=myinteraction0,data=df_ML_MC,
+                      missing="FIML",
+                      fixed.x=FALSE,meanstructure=TRUE)
```

이제 LR 카이제곱 테스트를 실시해봅시다. lavaan 패키지의 lavTestLRT() 함수를 사용하면 편리합니다.[1]

```
> lavTestLRT(fit_interaction1,fit_interaction0)
Chi-Squared Difference Test

                  Df   AIC   BIC   Chisq Chisq diff Df diff Pr(>Chisq)
fit_interaction1  3 57251 58108  4.0205
fit_interaction0  5 57257 58102 14.0365     10.016       2   0.006685 **
---
Signif. codes: 0 '***' 0.001 '**' 0.01 '*' 0.05 '.' 0.1 ' ' 1
```

1 lavaan 패키지 오브젝트인 경우 R 베이스의 anova( ) 함수를 적용해도 동일한 결과를 얻을 수 있습니다. 여기서는 LR 카이제곱 테스트를 명확하게 보여주는 함수 이름을 갖는다는 점을 강조하기 위해 lavTestLRT( ) 함수를 소개하였습니다.

```
> lavTestLRT(fit_interaction2,fit_interaction1)
Chi-Squared Difference Test

                   Df   AIC   BIC  Chisq Chisq diff Df diff Pr(>Chisq)
fit_interaction2  0 57253 58127 0.0000
fit_interaction1  3 57251 58108 4.0205     4.0205       3     0.2593
> lavTestLRT(fit_interaction2,fit_interaction0)
Chi-Squared Difference Test

                   Df   AIC   BIC  Chisq Chisq diff Df diff Pr(>Chisq)
fit_interaction2  0 57253 58127  0.000
fit_interaction0  5 57257 58102 14.037     14.037       5    0.01538 *
---
Signif. codes: 0 '***' 0.001 '**' 0.01 '*' 0.05 '.' 0.1 ' ' 1
```

위의 결과에서 알 수 있듯 '모형1'은 '모형0'보다 낫지만[$LR\ \chi^2(2) = 10.016$, $p = .007$], '모형2'는 '모형1'과 크게 다르지 않습니다[$LR\ \chi^2(3) = 4.020$, $p = .259$]. 다시 말해 인종과 소득의 1차항 사이에는 통계적으로 유의미한 상호작용효과가 존재합니다. 그러나 소득의 2차항, 그리고 인종과 소득의 2차항 사이의 상호작용효과는 통계적으로 유의미하지 않습니다.

다음으로 왈드 카이제곱 테스트를 실시해보겠습니다. 우선 분석모형에서 귀무가설 테스트에 필요한 회귀계수들을 지정합니다. 여기서 hhinc의 회귀계수는 A1이라는 이름을, hhinc2의 회귀계수는 A2라는 이름을, black:hhinc의 회귀계수는 B1이라는 이름을, black:hhinc2의 회귀계수는 B2라는 이름을, others:hhinc의 회귀계수는 C1이라는 이름을, others:hhinc2의 회귀계수는 C2라는 이름을 부여하였습니다. 이후 이렇게 추정모수들을 지정한 후 모형을 추정합니다.

```
> #상호작용 효과 테스트: Wald's CHI2 test
> myinteraction_Wald1="
+ FT_obama~female+black+others+ageyr+educ+readyBP+economy+environ+iraqwar
+ FT_obama~A1*hhinc+B1*black:hhinc+C1*others:hhinc
+ "
> fit_interaction_Wald1=sem(model=myinteraction_Wald1,data=df_ML_MC,
+                           missing="FIML",
```

```
+                               fixed.x=FALSE,meanstructure=TRUE)
> myinteraction_Wald2="
+ FT_obama~female+black+others+ageyr+educ+readyBP+economy+environ+iraqwar
+ FT_obama~A1*hhinc+A2*hhinc2+B1*black:hhinc+B2*black:hhinc2+C1*others:hhinc
+C2*others:hhinc2
+ "
> fit_interaction_Wald2=sem(model=myinteraction_Wald2,data=df_ML_MC,
+                          missing="FIML",
+                          fixed.x=FALSE,meanstructure=TRUE)
```

왈드 카이제곱 테스트는 분석자가 지정한 모수에 제약(constraint)을 부여하는 방식으로 진행됩니다. 귀무가설에서 설정된 방식으로 모수제약을 가하는 방법은 아래와 같습니다.

```
> #Model0 vs. Model1
> lavTestWald(fit_interaction_Wald1,
+             constraints=
+             "B1 == 0
+             C1 == 0")
$stat
[1] 9.921701

$df
[1] 2

$p.value
[1] 0.007006965

$se
[1] "standard"
> #Model1 vs. Model2
> lavTestWald(fit_interaction_Wald2,
+             constraints=
+             "A2 == 0
+             B2 == 0
+             C2 == 0")
$stat
[1] 4.026019
```

```
$df
[1] 3

$p.value
[1] 0.2586682

$se
[1] "standard"

> #Model0 vs. Model2
> lavTestWald(fit_interaction_Wald2,
+             constraints=
+             "A2 == 0
+             B1 == 0
+             B2 == 0
+             C1 == 0
+             C2 == 0")
$stat
[1] 14.10365

$df
[1] 5

$p.value
[1] 0.01496427

$se
[1] "standard"
```

왈드 χ^2 테스트 결과 역시도 $LR\,\chi^2$ 테스트 결과와 다르지 않습니다. 즉 '모형1', 다시 말해 소득의 1차항과 인종 사이의 상호작용효과를 추정한 모형이 가장 타당한 모형인 것으로 나타났습니다.

$LR\,\chi^2$ 테스트 결과와 왈드 χ^2 테스트 결과를 기반으로 선택된 최종모형의 추정결과를 살펴보면 다음과 같습니다.

```
> #최종모형
> myinteraction1="
```

```
+ FT_obama~female+black+others+ageyr+educ+readyBP+economy+environ+iraqwar
+ FT_obama~hhinc+black:hhinc+others:hhinc
+ "
> fit_interaction1=sem(model=myinteraction1,data=df_ML_MC,
+                      missing="FIML",
+                      fixed.x=FALSE,meanstructure=TRUE)
> summary(fit_interaction1,
+         standard=TRUE)
```

[분량 조절을 위해 이 부분의 출력결과는 생략]

```
Model Test User Model:

 Test statistic                0.000
 Degrees of freedom                0
```

[분량 조절을 위해 이 부분의 출력결과는 생략]

```
Regressions:
              Estimate  Std.Err  z-value  P(>|z|)  Std.lv  Std.all
 FT_obama ~
  female         0.316    0.094    3.362    0.001   0.316    0.055
  black          1.901    0.123   15.420    0.000   1.901    0.291
  others         0.670    0.147    4.559    0.000   0.670    0.078
  ageyr         -0.134    0.027   -4.883    0.000  -0.134   -0.082
  educ           0.017    0.034    0.498    0.618   0.017    0.009
  readyBP        1.232    0.100   12.291    0.000   1.232    0.208
  economy        0.236    0.062    3.824    0.000   0.236    0.079
  environ        0.338    0.053    6.381    0.000   0.338    0.135
  iraqwar        0.630    0.052   11.994    0.000   0.630    0.256
  hhinc         -0.465    0.110   -4.239    0.000  -0.465   -0.103
  black:hhinc    0.576    0.191    3.022    0.003   0.576    0.066
  others:hhinc   0.381    0.245    1.556    0.120   0.381    0.030
```

[분량 조절을 위해 이 부분의 출력결과는 생략]

```
Intercepts:
              Estimate  Std.Err  z-value  P(>|z|)  Std.lv  Std.all
  .FT_obama      4.925    0.105   47.055    0.000   4.925    1.738
```

[분량 조절을 위해 이 부분의 출력결과는 생략]

```
Variances:
              Estimate  Std.Err  z-value  P(>|z|)  Std.lv  Std.all
  .FT_obama      4.810    0.144   33.505    0.000   4.810    0.599
```

[분량 조절을 위해 이 부분의 출력결과는 생략]

이제 상호작용효과 추정결과를 시각화해보겠습니다. 시각화 과정은 앞서 소개한 다차항 추정결과 시각화 과정과 동일합니다. 첫째, 가계소득 변수의 수준을 별도의 벡터로 저장하였습니다. 둘째, 인종과 가계소득 변수를 제외한 다른 변수들을 통제하였습니다. 다차항 추정결과 시각화의 경우 모든 더미변수를 0으로 통제하였는데, 여기서는 더미변수들을 0.50으로 통제하였습니다. 즉 응답자의 성별(female)을 동비로 가정하였으며, 미국사회의 흑인 대통령 수용여부(readyBP)도 같은 비율이라고 가정하였습니다. 연속형 변수들(educ, economy, environ, iraqwar)의 경우는 평균값으로 통제하였습니다. 셋째, 인종과 가계소득수준 변수별 오바마 후보에 대한 감정점수의 값이 어떻게 예측되는지 계산하였습니다. 넷째, 가계소득수준과 감정점수를 원점수로 환원하였습니다. 다섯째, 원점수로 환원된 인종, 가계소득, 오바마 후보 감정점수를 시각화하였습니다. 이 과정을 R 프로그래밍한 결과는 아래와 같습니다.

```
> # 최종선택 모형 시각화
> # 1단계: 가계소득 변수수준
> var_hhinc=unique(sort(df_ML_MC$hhinc[!is.na(df_ML_MC$hhinc)]))
> # 2단계; 인종/가계소득 외 다른 변수들 통제
> # 남녀 동비, 미국사회의 흑인 대통령 수용여부
> # educ, economy, environ, iraqwar 평균
> coefficients = parameterestimates(fit_interaction1) %>%
+  filter(op == "~")
> Means = parameterestimates(fit_interaction1) %>%
+  filter(op == "~1")
> condition_other_vars =
+  coefficients$est[coefficients$rhs=="female"]*0.5+
+  coefficients$est[coefficients$rhs=="ageyr"]*Means$est[Means$lhs=="ageyr"]+
+  coefficients$est[coefficients$rhs=="educ"]*Means$est[Means$lhs=="educ"]+
+  coefficients$est[coefficients$rhs=="readyBP"]*0.5+
+  coefficients$est[coefficients$rhs=="economy"]*Means$est[Means$lhs=="economy"]+
+  coefficients$est[coefficients$rhs=="environ"]*Means$est[Means$lhs=="environ"]+
+  coefficients$est[coefficients$rhs=="iraqwar"]*Means$est[Means$lhs=="iraqwar"]
> # 3단계: 인종별 가계소득수준별 종속변수 예측값 계산
> predy_white=var_hhinc*coefficients$est[coefficients$rhs=="hhinc"]+
+  Means$est[Means$lhs=="FT_obama"]+
+  condition_other_vars
> predy_black=var_hhinc*(coefficients$est[coefficients$rhs=="hhinc"]+
+              coefficients$est[coefficients$rhs=="black:hhinc"])+
```

```
+ Means$est[Means$lhs=="FT_obama"]+
+ coefficients$est[coefficients$rhs=="black"]+
+ condition_other_vars
> predy_others=var_hhinc*(coefficients$est[coefficients$rhs=="hhinc"]+
+               coefficients$est[coefficients$rhs=="others:hhinc"])+
+ Means$est[Means$lhs=="FT_obama"]+
+ coefficients$est[coefficients$rhs=="others"]+
+ condition_other_vars
> # 4단계: 원점수 환원 후 데이터로
> myfig = tibble(
+ hhinc=10*(var_hhinc+mean(df_ML$hhinc,na.rm=TRUE)),
+ FT_white=10*predy_white,
+ FT_black=10*predy_black,
+ FT_others=10*predy_others
+ )
> # 5단계: 시각화
> myfig=myfig %>%
+ pivot_longer(cols=FT_white:FT_others,names_to="race",values_to="FT_obama") %>%
+ mutate(
+  race=ifelse(str_detect(race,"wh"),"White",race),
+  race=ifelse(str_detect(race,"bl"),"Black",race),
+  race=ifelse(str_detect(race,"others"),"Others (Neither White nor Black)",race),
+  race=fct_reorder(race,row_number())
+ )
> myfig %>%
+ ggplot(aes(x=hhinc,y=FT_obama,colour=race,shape=race))+
+ geom_line(size=2)+
+ geom_point(size=4)+
+ labs(x="Household income level",
+       y="Predicted feeling thermometer for B. Obama",
+       colour="Respondents' race",
+       shape="Respondents' race")+
+ scale_x_continuous(breaks=1:25)+
+ scale_y_continuous(breaks=round(myfig$FT_obama,0))+
+ scale_colour_manual(values=c("grey","black","yellow"))+
+ coord_cartesian(ylim=c(49,78))+
+ theme_bw()+theme(legend.position="top")
```

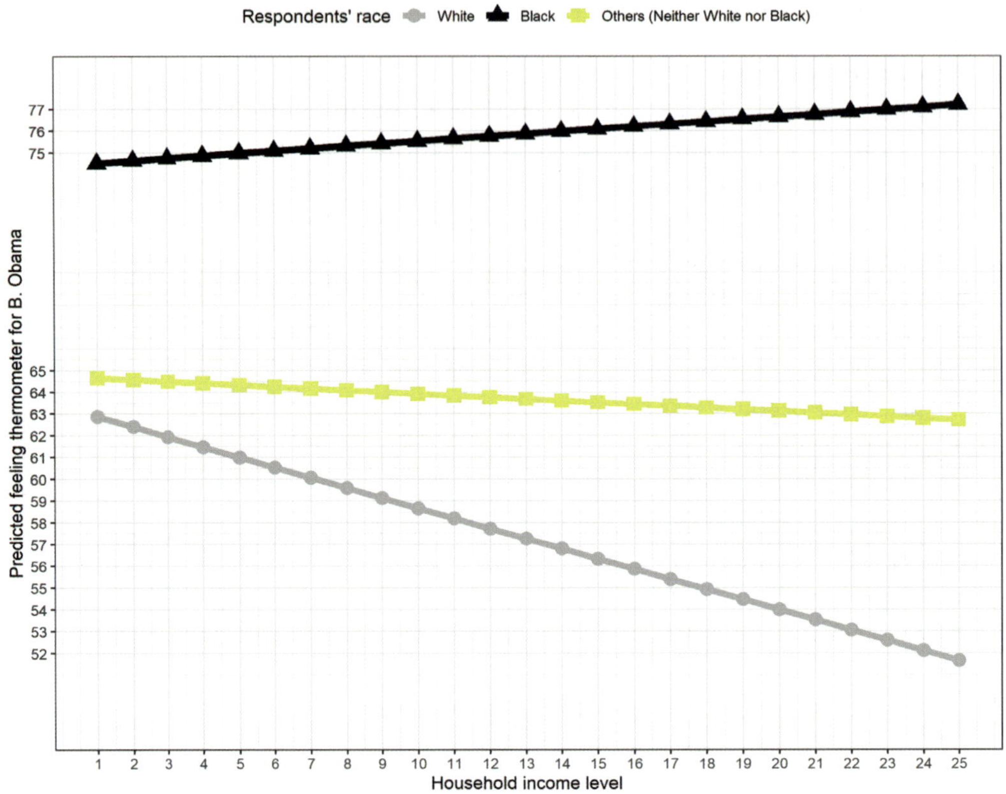

[그림 8-3] 응답자 인종별 소득수준과 오바마 후보에 대한 감정점수 변화

지금까지 결측데이터에 대해 ML 기법을 적용하여 다차항이 투입된, 혹은 상호작용효과항이 투입된 회귀모형을 어떻게 추정하는지 살펴보았습니다. 물론 이번 8장에서 소개한 방법 외에도 ML 기법을 적용하여 상호작용효과항을 추정하는 방법들은 다양합니다. 예를 들어 인종변수와 같은 범주형 변수의 경우, 다집단 구조방정식 모형(multi-group SEM) 관점을 적용하여 상호작용효과를 테스트할 수도 있습니다. 또한 연구상황에 따라 잠재변수를 포함할 수도 있습니다. 이 장에서 소개한 내용을 숙지하고 구조방정식 모형에 대한 지식을 갖춘다면, 보다 다양한 방식으로 다차항 혹은 상호작용효과항을 투입한 분석모형을 추정할 수 있을 것입니다.

9장
범주형 변수와 ML 기법

사회과학 데이터의 변수들 중 상당수는 범주형 변수입니다. 일반적으로 범주형 변수는 변수의 속성값들이 서열화된 '순위(ordered) 범주형 변수(흔히 '서열변수'로도 불림)'와 서열화되지 않은 '무순위(unordered) 범주형 변수(흔히 '명목변수'로 불림)'로 구분됩니다. 9장에서는 범주형 변수가 포함된 결측데이터의 경우 ML 기법을 적용할 수 있는지, 만약 적용할 수 있다면 어떤 식으로 ML 기법을 적용하고, 적용할 수 없다면 어떤 대안이 있는지 살펴보겠습니다.

1 이분변수와 순위 범주형 변수

ML 기법을 이용하여 결측데이터를 분석할 때, 순위 범주형 변수의 경우 가능하다면 '연속형 변수'로 가정하는 것을 권장하고 싶습니다. 물론 이러한 권장은 '옳다'고 보기 어렵습니다. 그러나 ML 기법의 통계적 가정, 즉 다변량 정규분포를 가정한다는 점에서 ML 기법을 이용하기 위해서는 5점이나 7점 리커트 척도로 측정된 변수나 교육수준 혹은 소득수준 등을 연속형 변수라고 가정해도 별 무리 없이 용납됩니다. 그러나 만약 이 변수들을 순위 범주형 변수로 가정해야만 하는 상황이라면, ML 기법이 아닌 3부에서 소개할 다중투입(MI) 기법으로 결측데이터를 분석하는 것을 권합니다.

논의가 추상적일 수 있으니 보다 구체적인 사례를 통해 순위 범주형 변수가 포함된 결측데이터에 ML 기법을 적용할 수 있는지, 만약 적용할 수 있다면 어떻게 적용 가능한지 살펴봅시다. 앞서 살펴본 ANES2008 데이터를 기반으로 다음과 같은 분석을 실시한다고 가정해봅시다.

- **사례1**: 투표선택방식(votechoice) 변수를 '투표자'와 '기권자'의 이분변수로 바꾼 후, 응답자의 성별(female), 연령(ageyr), 인종(race3), 교육수준(educ), 소득수준(hhinc)을 독립변수로 하는 이항 로지스틱 회귀모형(binary logistic regression)을 추정.

'사례1'의 경우 ML 기법을 적용할 수 없습니다. 투표자/기권자의 이분변수에 대해 다변량 정규분포를 가정하는 것이 불가능합니다. '사례2'와 같은 연구문제에 답하기 위해서는 ML 기법이 아닌 MI 기법을 이용하여 결측데이터 분석을 실시해야 합니다.

- **사례2**: 현직 대통령의 이라크전쟁수행 평가(iraqwar)를 종속변수로 하고, 응답자의 성별(female), 연령(ageyr), 인종(race3), 교육수준(educ), 소득수준(hhinc)을 독립변수로 하는 순위 로지스틱 회귀모형(ordered logistic regression model)을 추정.

'사례2'의 경우도 ML 기법을 적용할 수 없습니다. 그러나 4점 리커트 척도로 측정된 iraqwar 변수가 정규분포를 갖는다고 가정할 수 있다면, 순위 로지스틱 회귀모형 대신 OLS 회귀모형을 적용하여 독립변수가 종속변수에 미치는 효과를 추정할 수 있습니다. 만약 결측데이터에 대해 순위 로지스틱 회귀모형을 반드시 써야만 하는 상황이라면, MI 기법을 활용해야 합니다.

- **사례3**: 현직 대통령의 직무수행 평가 관련 3개의 순위 범주형 변수(economy, environ, iraqwar)를 설명하는 잠재변수를 종속변수로 하고, 응답자의 성별(female), 연령(ageyr), 인종(race3), 교육수준(educ), 소득수준(hhinc)을 독립변수로 하는 후버-와이트 조정(Huber-White adjustment)과 가중최소자승(WLS, weighted least squares) 추정방법을 적용한 구조방정식 모형 추정.

'사례3'의 경우도 ML 기법을 적용할 수 없습니다. 어떤 독자분들은 의구심을 가질 수도 있습니다. 왜냐하면 앞서 6장과 7장에서 economy, environ, iraqwar 세 변수를 설명하는 잠재변수(Eval_Bush)를 가정하는 확증적 인자분석 모형과 구조방정식 모형을 추정한 바 있기 때문입니다. 6장과 7장에서는 economy, environ, iraqwar 세 변수의 분포가 다변량 정규분포를 따른다고 가정했습니다. 그러나 '사례3'에서는 economy, environ, iraqwar 변수를 순위 범주형 변수라고 가정하였기 때문에 ML 결측데이터 분석기법을 적용할 수 없습니다. 리커트 척도로 측정된 순위 범주형 관측변수를 설명하는 잠재모형을 추정하는 경우, WLS 추정방법과 함께 후버-와이트 조정을 통해 강건한(robust) 표준오차를 계산하는 것이 보통입니다(Muthen et al., 1997). 후버-와이트 조정과 WLS 추정방법을 기반으로 하는 구조방정식 모형 추정에 대해서는 구조방정식 관련 문헌들을 참조하시기 바랍니다(이를테면 백영민, 2017, 제7부). '사례1'과 마찬가지로 이 경우에도 2가지 방법을 고려할 수 있습니다. 첫 번째 방법은 economy, environ, iraqwar 세 변수가 연속형 변수이고 다변량 정규분포를 따른다고 가정하는 방법입니다. 제 경험으로는 통상적 리커트 척도로 측정된 경우에는 이러한 가정을 취하는 것이 어느 정도 용인될 수 있다고 판단합니다. 두 번째 방법은 ML 기법이 아닌 MI 기법을 이용하는 것입니다. MI 기법을 통해 다중투입된 데이터를 대상으로 '사례3'에서 추정하고자 하는 후버-와이트 조정과 WLS 추정방법을 사용하는 것입니다. 매우 복잡하고 번거롭지만 순위 범주형 변수의 특성을 고려한다는 점에서는 첫 번째 방법보다 낫다고 볼 수도 있습니다. 이후 3부에서 몇몇 사례를 통해 MI 기법으로 다중투입된 데이터에 대해 lavaan 패키지 함수들을 적용하는 사례들을 살펴보겠습니다.

'사례1'과 '사례2'는 순위 범주형 변수가 종속변수로 투입된 경우이며, '사례3'은 잠재변수로 순위 범주형 변수를 설명하는 경우입니다. 모두 다 순위 범주형 변수가 무엇인가에 의해 설명되거나 예측되는 경우입니다. 반면 순위 범주형 변수가 독립변수로 투입되는 경우는 어떨까요? 3가지 방법이 있을 듯합니다. 첫째, 교육수준과 같은 순위 범주형 변수의 경우, 즉 측정수준이 다양하고 연속형 변수로 간주해도 문제없다면, 다변량 정규분포를 가정하는 ML 기법을 적용해도 무방합니다. 둘째, 순위 범주형 변수의 분포가 심각하게 편향되었다면, 정규분포에 가깝도록 변수변환(로그전환이나 제곱근 전환 등)을 실시한 후 다변량 정규분포를 가정하는 ML 기법을 적용할 수 있습니다. 셋째, 순위 범주형 변수의 분포가 심각하게 편향되었는데 적절한 변수변환을 적용하기 어려운 경우라면, 일련의 더미변수로 변환한 후 ML 기법을 적용하는 것도 고려해볼 수 있습니다. 이를테면 ANES2008 데이터의 `iraqwar` 변수의 경우 1의 값을 보이는 응답자 비율이 69%이고, 1의 값은 16%, 2와 3의 값은 각각 8%입니다. 앞서 분석의 편의를 위해 `iraqwar` 변수에 대해 정규분포를 가정했지만, 연구자에 따라 `iraqwar` 변수를 3개의 더미변수로 변환할 수도 있습니다. 다만 더미변수들을 투입할 경우에는 분석이 번잡해지고 모형 추정결과 해석이 복잡해질 가능성이 높습니다.

그러나 ML 기법을 적용하면 순위 범주형 변수가 독립변수가 아닌 종속변수로 설정될 경우 사용하기 어려우므로 MI 기법을 활용하는 것이 좋습니다. 또한 순위 범주형 변수가 투입되는 확증적 인자분석이나 구조방정식 모형을 추정할 경우에도 MI 기법을 활용해야 합니다. 앞서 말한 '사례1'(이항 로지스틱 회귀모형), '사례2'(순위형 로지스틱 회귀모형), '사례3'(순위 범주형 변수가 포함된 구조방정식 모형)은 MI 기법을 소개하는 3부에서 실습해보겠습니다.

2 무순위 범주형 변수

결측데이터에 무순위 범주형 변수가 포함되어 있을 때, ML 기법을 적용하는 것은 쉽지 않습니다. 먼저 연구자의 분석모형에서 무순위 범주형 변수가 독립변수인 경우라면, 2부 5장-8장에서 제시한 분석사례처럼 더미변수로 변환한 후 모형에 투입하는 방식으로 ML 결측데이터 분석기법을 적용할 수 있습니다. 물론 엄밀하게 본다면 더미변수들에 대해 ML 기법을 적용하는 것은 타당하지 않을 수 있습니다. 왜냐하면 ML 기법은 다변량 정규분포를 가정하는데, 이러한 가정을 독립변수라고 하더라도 더미변수에 적용하는 것은 엄밀히 말해 타당하지 않기 때문입니다. 그러나 더미변수들이 독립변수로 포함된 결측데이터에 ML 기법을 적용하는 것에 대해 그리 큰 논란은 없습니다.

무순위 범주형 변수가 종속변수로 투입되는 분석모형의 경우에는 ML 기법을 적용하는 것이 불가능합니다. 구체적으로, 소비자의 구매상품 선택(choice)이나 유권자의 투표정당 선택과 같은 변수를 종속변수로 채택한 다항 로지스틱 회귀모형(multinomial logistic regression model)을 추정할 경우 ML 기법을 사용할 수 없습니다. 왜냐하면 ML 기법은 다변량 정규분포를 가정하지만, 무순위 범주형 변수에 대해 정규분포를 가정하는 것은 전혀 타당하지 않기 때문입니다. 만약 무순위 범주형 변수를 종속변수로 간주하는 모형을 추정하려 한다면 ML 기법이 아닌 3부에서 소개할 다중투입(MI) 기법을 사용해야 합니다.

결측데이터에 순위 혹은 무순위 범주형 변수가 포함된 경우 ML 기법을 적용하기 어려운 상황이 종종 발생합니다. 범주형 변수가 독립변수로 투입되는 분석모형에 대해서는 ML 기법을 적용할 수도 있지만, 범주형 변수가 종속변수로 투입되는 분석모형에서는 ML 기법을 사용할 수 없습니다.

10장
ML 기법 정리

2부에서는 최대우도(ML) 결측데이터 분석기법을 살펴보았습니다. 이번 10장에서는 ML 기법을 적용하기 위한 통계적 가정과 ML 기법의 장단점을 간단하게 요약하겠습니다. 먼저 ML 기법을 적용하기 위해서는 2가지 통계적 가정이 필요합니다. 첫째, 결측데이터가 MAR(missing at random) 혹은 MCAR(missing complete at random) 가정을 따라야 합니다. 둘째, ML 기법이 적용되는 데이터는 다변량 정규분포(mutivariate normal distribution)를 따른다고 가정할 수 있어야 합니다. MAR 가정은 모든 결측데이터 분석기법에서 요청되는 사항이며, 다변량 정규분포 가정은 일반적인 데이터 분석 상황에서 흔히 가정된다는 점에서 ML 결측데이터 분석기법을 활용하는 것은 그리 어렵지 않습니다.

2부에서 소개한 ML 기법과 3부에서 소개할 다중투입(MI) 기법은 가장 널리 사용되는 결측데이터 분석기법입니다. 앞으로 설명할 MI 기법과 비교할 때 ML 기법은 다음과 같은 장점을 갖고 있다고 알려져 있습니다.

첫째, 사회과학 연구에서 널리 활용되고 있는 구조방정식 모형(SEM)을 추정할 수 있는 거의 모든 패키지에서 ML 기법을 적용할 수 있습니다. 이 책에서는 R의 `lavaan` 패키지의 함수들을 이용하여 ML 기법을 소개하였습니다. 그러나 SAS, Stata, Mplus 등 사회과학 분야에서 널리 사용되는 상업용 패키지들을 이용해도 이 책에서 소개하는 ML 기법들을 적용할 수 있습니다. 사실 2부의 내용들 역시 SEM 배경지식을 갖고 있는 독자라면 어렵지 않게 좇아갈 수 있을 것입니다. ML 기법은 사회과학자들에게 익숙한 방식이라는 점에서 볼 때, 결측데이터 분석기법을 처음 접하는 분이라면 MI 기법보다 ML 기법이 훨씬 더 쉽게 느껴질 것입니다.

둘째, ML 기법의 경우 결측데이터를 추정하는 투입모형과 연구자가 데이터를 통해 추정하려는 분석모형이 동일합니다. 아마도 MI 기법에 대한 배경지식이 없으면, 이 두 번째 장점이 왜 장점인지 쉽게 인식하지 못할 수 있습니다. MI 기법에 대해서는 3부에서 구체적으로 설명하겠습니다만, MI 기법은 결측데이터를 추정하는 투입모형과 연구자가 추정하고 싶은 분석모형이 별도의 단계로 구분되어 있습니다. MI 기법은 투입모형과 분석모형이 분리되어 있기 때문에 ML 기법에 비해 복잡하게 느껴질 수 있습니다. 아울러 ML 기법은 투입모형과 분석모형이 동시에 추정되기 때문에, 동일한 데이터에 대해 서로 다른 통계적 가정을 기반으로 하는 별개의 모형이 단계별로 추정되면서 나타날 수 있는 MI 기법의 문제에서 자유롭습니다.

셋째, 동일한 결측데이터에 대해 ML 기법으로 얻은 분석모형 추정결과는 언제나 동일합니다. 그러나 3부에서 소개할 MI 기법의 경우 랜덤시드넘버를 어떻게 지정하는가에 따라, 그리고 MI 기법들을 적용할 때 필요한 옵션을 어떻게 지정하는가에 따라 분석모형 추정결과가 그때그때 다릅니다. 물론 랜덤시드넘버를 다르게 설정한다고 해서 MI 기법을 적용해 얻은 분석모형 추정결과가 크게 바뀌는 경우는 거의 발생하지 않습니다. 또한 MI 기법들을 적용할 때 필요한 옵션들을 지정하는 방법 역시 현재는 어느 정도 확립되어 있어서 MI 기법을 적용하여 추정한 결과의 신뢰도와 타당도에는 큰 문제가 없습니다. 하지만 미미하더라도 분석결과가 바뀌는 MI 기법과 달리, ML 기법은 데이터만 동일하다면 언제나 동일한 결과를 산출합니다.

한편, ML 기법은 다음과 같은 단점들이 있습니다.

첫째, 7장에서 살펴보았듯 보조변수를 투입하는 것이 쉽지 않습니다. 물론 잠재변수를 고려하지 않을 경우, `semTools` 패키지의 `sem.auxiliary()` 함수와 같이 사용이 편리한 함수를 통해 보조변수들을 쉽게 활용할 수 있습니다. 그러나 7장의 사례에서 제시하였듯, 잠재변수가 포함된 구조방정식 모형은 보조변수를 활용할 경우 모형추정에 종종 실패합니다. 더구나 현재 이 책에서 사용하고 있는 ANES2008 데이터와 같이 활용할 보조변수가 많지 않을 경우에는 보조변수를 추가로 투입한 ML 기법을 적용하는 것이 그리 어렵지 않지만, 활용해야 할 보조변수가 많은 규모가 큰 데이터의 경우에는 ML 기법을 적용하기가 쉽지 않습니다. 반면 3부에서 소개할 MI 기법은 보조변수를 활용하는 것이 상대적으로 쉽고 유연합니다(물론 여러 보조변수들을 고려할 경우 분석에 소요되는 시간이 늘어난다는 점은 각오해야 합니다).

둘째, ML 기법의 가장 큰 단점은 종속변수가 범주형 변수인 경우에는 전혀 활용할 수 없다는 사실입니다. 이는 ML 기법이 다변량 정규분포 가정을 반드시 요구하기 때문입니다. 이로 인해 사회과학 연구에서 널리 활용되는 여러 로지스틱 회귀모형들, 횟수형 변수(count variable)를 종속변수로 하는 여러 회귀모형들(포아송 회귀모형, 음이항 회귀모형, 영포화 회귀모형, 허들 모형 등), 아울러 순위 범주형 변수를 설명하는 잠재변수를 가정하는 구조방정식 모형들을 ML 기법으로 추정하는 것은 불가능합니다. 적용할 수 있는 분석모형이 제한적이라는 점은 ML 기법의 가장 큰 단점입니다. 반면 MI 기법의 경우, MAR 가정만을 요구할 뿐 결측데이터의 분포를 다변량 정규분포로 한정 짓지 않습니다.

요약하면, 다변량 정규분포 가정과 MAR 가정을 따르는 ML 기법은 활용이 어렵지 않다는 장점을 갖지만, 보조변수 활용이 제한적이고 분석모형 적용 범위가 협소하다는 단점을 갖습니다. 만약 다변량 정규분포를 가정할 수 없는 데이터를 대상으로 많은 보조변수들을 활용하고 다양한 분석모형을 적용할 필요가 있다면, ML 기법보다는 MI 기법이 훨씬 더 유용할 것입니다.

3부

다중투입 결측데이터 분석기법

11장
MI 기법 개요

1 확률적 회귀투입 재검토

다중투입(MI) 기법을 보다 쉽게 이해하기 위해서는 1부 4장에서 다루었던 기존 결측데이터 분석기법 중 하나인 확률적 회귀투입을 먼저 살펴보는 것이 좋습니다. 확률적 회귀투입 기법은 결측데이터가 MAR 상황에서 생성되었다고 가정할 때, 특정 변수의 결측값을 추정하기 위해 회귀분석모형의 예측값에 오차(noise)를 섞는 방식으로 결측데이터 예측값에 변동성(variability)을 반영시키는 방법입니다. 고정된 예측값으로 결측값을 대체할 경우, 결측데이터를 추정하는 과정에서 분산-공분산 구조가 왜곡되지만, 변동성을 반영한 예측값으로 결측값을 대체할 경우, 결측데이터를 추정하는 과정에서 분산-공분산 구조의 왜곡 정도를 완화시킬 수 있습니다. 이처럼 확률적 회귀투입 기법은 '예측값(prediction)'과 더불어 '변동성(variability)'을 모두 고려한 방법으로서 이후 결측데이터 분석기법의 토대가 되었습니다. 그러나 '고정된 예측값 + 오차'로 결측값을 대체투입하는 확률적 회귀투입 기법에는 잠재적 문제점이 있습니다. 여기서는 4가지 문제점을 알아보겠습니다.

첫째, '1회 오차'를 대체투입하는 과정에서 문제가 발생할 수 있습니다. 구체적으로 랜덤시드넘버(random seed number)를 어떻게 지정하는가에 따라 확률적 회귀투입에 따른 모형추정결과가 달라지기 쉽습니다(Rubin, 1987). 오차를 단 1회 투입하면서 생길 수 있는 문제점에 대해서는 4장에서 이미 말한 바 있습니다. 결측값에 대한 대체투입값이 단 하나인 확률적 회귀투입과 달리, MI 기법은 이름에서도 잘 드러나듯, 결측값에 대한 대체투입값이 '여럿(multiple)'이며(최소 5회 이상, 20회 정도를 권장; Graham et al., 2007; Van Buuren, 2018) 따라서 상대적으로 랜덤시드넘버 지정값 차이에 따른 차이가 그리 크지 않습니다.

둘째, 확률적 회귀투입의 경우 고정된 예측값을 추정할 때 사용한 회귀방정식의 모수 불확실성(parameter uncertainty)을 반영하지 못하고 있습니다. 4장에서 다루었던 사례를 살펴보죠. 앞서 저희는 X1 변수에서 나타나는 결측값을 추정하기 위해 X1 변수(실측값)를 종속변수로, Y 변수와 X3 변수를 독립변수로 투입한 OLS 회귀모형을 사용하였습니다. 이를 통해 얻은 예측 회귀방정식은 다음과 같았습니다. 여기서 방정식 아래의 괄호 속 숫자는 표준오차(SE, standard error)를 의미합니다.

$$\hat{X}_1 = -0.018 + 0.557Y + 0.164X_3$$
$$(0.029) \quad (0.032) \quad (0.035)$$

고정된 예측값에 오차를 투입한다는 것은 위에서 얻은 예측 회귀방정식의 절편과 회귀계수의 불확실성을 고려하지 않는다는 것입니다. 예를 들어 Y 변수의 회귀계수인 0.557은 표본에서 얻은 추정치이며, 표준오차(SE)의 값과 표본크기에 따라 변동합니다. 그러나 확률적 회귀투입의 경우 예측값의 불확실성(즉 오차)은 고려하지만 결측데이터 투입과정에서 추정한 회귀모형의 모수 불확실성(절편 및 회귀계수의 표준오차, 표본 수)을 고려하지 못합니다.

셋째, 범주형 변수에서 나타난 결측값을 예측하는 것이 쉽지 않습니다. OLS 회귀모형의 경우 데이터를 통해 오차항을 파악할 수 있습니다. 그러나 범주형 변수의 경우 예측값에 오차를 섞는 것이 쉽지 않습니다. 예를 들어 어떤 더미변수(이를테면 상품구매 혹은 상품비구매)에 대해 확률적 회귀투입 기법을 적용한다고 가정해봅시다. 상품구매를 1, 상품비구매를 0으로 하는 이분변수를 종속변수로 하고 소득을 독립변수로 하는 이항 로지스틱 회귀모형이나 프로빗 회귀모형을 추정하면, 특정 결측값이 1이라는 범주로 예측될 확률을 추정할 수 있습니다. 그러나 이러한 확률 예측값에 오차를 섞는 것은 불가능합니다. 예를 들어 1이라는 범주로 예측될 확률이 0.80인 경우 어떻게 오차를 섞어야 할까요? OLS 회귀모형과 달리, 로지스틱 회귀모형의 경우 오차항을 추정할 수 없습니다(R^2를 추정하지 못하기 때문에 임의 R^2를 추정한다는 것을 떠올려보기 바랍니다). 설혹 특정한 오차값을 섞을 수 있다고 가정하더라도 여전히 문제는 해결되지 않습니다. 예를 들어 ±0.10의 오차를 섞는 것이 타당하다고 가정해보죠. 0.80에 +0.10을 섞으면 0.90이 되지만, 오차를 섞든 아니면 섞지 않든 예측된 범주는 '1'입니다. 다시 말해 이 경우에 오차를 섞든, 섞지 않든 대체투입된 결측값은 달라지는 것이 없기 때문에 불확실성이 반영되지 않습니다. 그러나 여러 차례 반복하여 결측값을 투입한다고 가정해보죠. 만약 어떤 사례가 1이 나올 확률이 0.80이고 10번에 걸쳐 결측값을 투입했다면, 8번은 '1', 2번은 '0'이 나오는 방식을 취하면 될 것입니다. 다시 말해 결측값을 1회 대체투입하는 확률적 회귀투입 기법과 달리, MI 기법에서는 범주형 변수의 경우도 변동성을 반영하여 대체투입이 가능합니다.

끝으로 예측값에 오차를 섞는 확률적 회귀투입은 때때로 비현실적인 데이터를 대체투입하는 경우가 발생합니다. 사회과학 데이터의 경우 5점이나 7점 리커트 척도를 매우 자주 사용합니다. 리커트 척도로 측정된 변수에 대해 확률적 회귀투입을 사용하게 될 경우, 대체투입된 결측값이 비현실적인 경우가 종종 발생합니다. 예를 들어 예측값이 3.40이고, 여기에 무작위로 부여된 오차가 0.15였다고 가정해봅시다. 이 경우 대체투입된 결측값은 3.55인데, 5점 리커트 척도로 측정한 변수에서는 3의 값 혹은 4의 값이 나타날 수는 있어도 3.55는 나타날 수 없습니다. 반면 MI 기법 실습에 사용할 `mice` 패키지의 경우, 연속형 변수의 결측값을 추정할 때 '예측평균매칭(PMM, predictive mean matching)' 기법을 사용하여 비현실적인 값이 대체투입되는 것을 방지합니다. PMM 기법을 간략하게 소개하자면, 결측값을 갖는 사례가 갖는 다른 변수들의 값과 가장 유사한 사례의 실측값을 대체투입하는 방법입니다. 즉 PMM 기법에서는 실측값을 대체투입하기 때문에 비현실적인 관측값이 나타나지 않습니다. 물론 `mice` 패키지의 경우 연속형 변수에 PMM 기법이 아니라 확률적 회귀투입과 같은 방식을 사용할 수도 있지만, `mice` 패키지 개발자들 중 한 명인 반뷰렌(Van Buuren, 2018)은 추정의 안정성 면에서 PMM 기법을 권장하고 있습니다.

2 연쇄방정식 기반 다중투입(MICE) 알고리즘

정리하자면 MI 기법은 확률적 회귀투입 기법을 혁신시킨 결측데이터 분석기법입니다. 이 책에서는 `mice` 패키지 함수들을 이용하여 연쇄방정식 기반 다중투입(MICE, multiple imputation using chained equations) 알고리즘을 소개하였습니다. 우선 확실하게 말씀드리고 싶은 것은 MI 기법에는 다양한 알고리즘들이 개발되어 있으며, `mice` 패키지, 보다 정확하게는 `mice` 패키지가 채택하는 MICE 알고리즘(Van Buuren, 2018; Van Buuren et al., 2006)은 다양한 MI 기법 알고리즘들 중 하나라는 점입니다. 그러나 이 책에서는 MI 기법의 여러 알고리즘들 중에서 MICE 알고리즘 하나만 소개하였습니다. `mice` 패키지에 기반한 MICE 알고리즘을 선택한 몇 가지 이유를 말씀드리면 다음과 같습니다.

첫째, MI 기법 적용과 관련하여 MICE 알고리즘이 가장 널리 알려져 있으며, R뿐만 아니라 다양한 데이터 분석 소프트웨어에 널리 활용되기 때문입니다. 예를 들어 SAS 이용자의 경우 IVEware(Raghunathan et al., 2002)를 활용할 수 있고, Stata 이용자들은 ice(Royston, 2005)라는 이름의 프로시저를 사용할 수 있습니다. 또한 SPSS의 경우에도 MICE 알고리즘을 활용하는 다중투입 기법이 있는 것으로 알고 있습니다. R의 경우 이 책에서 다루는 `mice` 패키지가 가장 많이 활용되며, 여기서는 소개하지 않았으나 `mi` 패키지에서도 MICE 알고리즘이 제공됩니다. 다시 말해, MICE 알고리즘은 사회과학에서 널리 사용되는 거의 모든 소프트웨어에 적용할 수 있다는 점에서, 연구자의 결측데이터 분석기법을 평가하는 사람들(이를테면 심사자들)을 설득하기 쉽습니다.

둘째, MICE 알고리즘은 다른 알고리즘들에 비해 유연성(flexibility)이 높고 적용이 쉽습니다. 예를 들어 사회과학 분야에서 `mice` 패키지와 함께 널리 사용되는 다중투입 기법 프로그램인 Amelia II(Honaker et al., 2011)는 부트스트래핑과 EM 알고리즘을 결합하여 사용합니다. 문제는 Amelia II가 2부에서 소개한 최대우도(ML) 기법과 마찬가지로 다변량 정규분포(multivariate normal distribution)를 가정한다는 점입니다. 2부 마지막 부분에서 설명했듯, ML 기법의 경우 연속형 변수가 아닌 범주형 변수에 대해서는 타당성을 요구하기가 쉽지 않습니다. 다시 말해 Amelia II 역시도 ML 기법과 동일한 약점을 갖고 있습니다.[1] 반면 MICE 알고리즘의 경우, 정규분포를 가정할 수 있는 연속형 변수는 물론이고 이항분포를 가정할 수 있는 이분변수, 순위(ordered) 범주형 변수와 무순위(unordered) 범주형 변수 등 다양한 형태의 변수들로 구성된 일반적인 사회과학 데이터에 폭넓게 적용할 수 있습니다.

셋째, MI 기법을 적용하는 과정과 관련 `mice` 패키지의 함수들이 상대적으로 편하고 알기 쉽게 구성되어 있습니다. 조금 후에 설명하겠습니다만, MI 기법은 크게 결측값 투입(imputing), 데이터별 분석(analyzing), 분석결과 통합(pooling)의 3단계로 구성되어 있습니다. 또한 각 단계에 대응되는 `mice` 패키지 함수들이 존재하며, 함수의 구성방식도 간결하고 이해하기 쉽게 구성되어 있습니다. 단조데이터 투입(monotone data imputation)이나 결합모형(joint model)과 비교하면 MICE 알고리즘은 적용이 쉽고 간편합니다.

이제 MICE 알고리즘의 작동방식을 살펴봅시다. 우선 ML 결측데이터 분석기법과 마찬가지로 MICE 알고리즘 역시 결측데이터 생성이 MAR 조건을 따른다고 가정합니다. 다시 말해 특정 변수의 결측값 발생은 다른 변수들을 통제할 때 MCAR 조건을 따른다고 가정할 수 있어야 한다는 뜻입니다. 만약 결측데이터가 MAR 상황이 아닌 MNAR 상황에서 발생했다면, MICE 알고리즘을 적용한 다중투입 기법으로는 결측값을 타당하게 추정할 수 없습니다. 따라서 연구자가 MICE 알고리즘을 적용하고자 한다면, 먼저 결측데이터가 MAR 가정을 따를 수 있도록 결측값을 추정하여 대체하기에 충분한 변수들을 확보해야 합니다.

MICE 알고리즘은 MAR 가정을 적용할 수 있는 결측데이터에 대해 다음의 과정들을 거쳐 결측값을 대체투입합니다(Van Buuren, 2018, pp. 119-120).[2]

---

1 물론 Amelia II 개발자들 역시 이 문제를 알고 있지만, 현실적으로 큰 문제가 없다는 입장을 보이고 있습니다. 저희가 볼 때는 바로 이 점이 아쉽습니다. 예를 들어 개발자들은 다음과 같은 표현으로 다변량 정규 분포를 가정해도 별 문제가 없다는 입장을 보이고 있습니다: "The multivariate normal distribution is often a crude approximation to the true distribution of the data, yet there is evidence that this model works as well as, other, more complicated models even in the face of categorical or mixed data" (Honaker et al., 2011, p. 3). Amelia II는 MICE에 비해 대체모형(imputation model)의 추정속도가 매우 빠르다는 장점이 있습니다. 만약 Amelia II 개발자들의 입장에 동의한다면, 사용을 고려해보는 것도 좋다고 생각합니다.

2 이 책에서는 공식을 가급적 사용하지 않았습니다. 여기에 제시된 단계와 반뷰렌(Van Buuren, 2018)에서 서술된 단계가 약간 다를 수 있습니다.

- **1단계**: 변수의 측정수준을 지정합니다. 즉 변수들 중 어떤 변수가 연속형 변수이고, 어떤 변수가 더미변수이며, 어떤 변수가 범주형 변수인지 등을 지정합니다.
- **2단계**: 결측값이 나타난 변수의 결측값을 임의의 특정값으로 대체투입합니다. 패키지에 따라 임의로 대체투입되는 값이 다릅니다. 2단계에서 평균대체를 사용하는 패키지도 있지만, `mice()` 함수의 경우 특정 변수의 결측값에 해당 변수의 실측값 중 하나를 무작위로 추출하여 대체투입합니다. 이렇게 임의로 대체투입되는 값을 '결측지점 표지(place holder)'라고 부르기도 합니다.
- **3단계**: 결측값이 나타난 어느 한 변수에서 임의로 대체투입된 값(즉 결측지점 표지)을 원래의 결측값으로 되돌립니다. 즉 전체 데이터에서 어느 한 변수만 원래의 결측값을 갖도록 하고 다른 변수들은 임의로 대체투입된 값들을 그대로 유지시킵니다.
- **4단계**: 3단계에서 지정된 변수를 종속변수로 하고, 임의로 대체투입된 값들이 유지된 다른 변수들을 독립변수로 하는 회귀모형을 추정합니다. 예를 들어 3단계에서 지정된 변수가 연속형 변수라면 OLS 회귀모형을 사용할 수 있고, 만약 이 변수가 더미변수라면 이항 로지스틱 회귀모형을 사용할 수 있습니다. 즉 결측값이 포함된 변수의 특성에 맞는 회귀모형을 실행합니다.
- **5단계**: 4단계에서 추정된 회귀모형을 기반으로 3단계와 4단계에서 종속변수로 설정된 변수의 결측값을 대체투입합니다.
- **6단계**: 앞서 지정된 변수에 대해 대체투입이 완료되었다면, 데이터의 다른 변수들을 대상으로 3–5단계를 반복합니다. 이때 다른 변수의 결측값을 추정하는 회귀모형에는 순차적으로 대체투입이 완료된 변수들이 독립변수로서 포함됩니다. 그리하여 데이터의 모든 변수를 대상으로 3–5단계를 반복하면 '1회 순환(one cycle)'이 끝났다고 말합니다. 1회 순환이 끝나면 데이터의 모든 결측값은 더 이상 임의로 대체투입된 값이 아니라, 데이터의 다른 변수들을 독립변수들로 회귀모형에 투입하여 얻은 결측 대체값이 됩니다.
- **7단계**: 2–6단계를 다시 반복합니다. 즉 2, 3, 4, ……번째의 순환을 반복합니다. 각각의 순환으로 얻은 추정모수(이를테면 회귀모형의 계수들)의 분포가 수렴(convergence)되는 모습을 보이면, 결측값의 대체투입이 끝났다고 평가하여 대체투입 데이터(imputed data)를 도출합니다. `mice()` 함수의 경우 5번까지 반복순환을 실시하는 것이 디폴트(`maxit=5`)입니다. 일반적으로 반복순환을 더 많이 할수록 좋지만, 특별한 상황이 아니라면 5회 정도면 충분한 것으로 알려져 있습니다(Van Buuren, 2018).

- **8단계**: 연구자가 사전 지정한 횟수만큼의 대체투입 데이터를 생성합니다. 흔히 대체투입 횟수는 *m*이라고 표현되며, 보통 5회 이상 권장되고(Rubin, 1987; Van Buuren, 2018), `mice()` 함수의 디폴트값은 5입니다(m=5). 문헌에 따라 조금씩 차이가 있지만, 일반적인 결측데이터 상황에서 20회 정도면 충분한 통계적 검증력을 확보할 수 있는 것으로 알려져 있습니다(Graham et al., 2007; Royston, 2005). 만약 결측값 발생비율이 높다면 가급적 *m*을 20회보다 더 늘리는 것이 좋습니다.

공식을 사용하지는 않았지만, 말로 소개된 단계들이 다소 모호하게 느껴질 수도 있습니다. 구체적으로 예시 사례를 들어보죠. 성별, 연령, 소득수준으로 구성된 아주 간단한 사회과학 데이터를 떠올려봅시다. 세 변수에는 각각 결측값이 발생하였지만, 모든 사례는 최소 하나의 변수에서 실측값을 갖고 있으며, 결측값 발생은 MAR 가정을 따릅니다(예를 들어 소득에서 발생한 결측값은 성별과 연령수준 변수를 이용하면 MCAR 가정을 따른다고 가정할 수 있습니다).

1단계에서는 각 변수들의 성격을 정의해야 합니다. 여기서는 연령, 소득수준은 연속형 변수로 가정하고, 성별은 더미변수로 가정하겠습니다.

2단계에서는 특정 변수의 결측값을 임의의 특정값으로 대체투입합니다. 우선 소득수준 변수부터 시작하겠습니다. 소득수준에서 나타난 결측값을 소득수준에서 나타난 실측값들 중 하나를 무작위로 선택하여 대체투입하였습니다. 다음으로 연령 변수와 성별 변수의 결측값 역시 각 변수의 실측값들 중 하나를 무작위로 선택한 후 대체투입하였습니다.

3단계에서는 2단계를 거쳐 얻은 데이터에서 소득수준 변수에서 무작위로 대체투입된 결측값을 원래의 결측값으로 되돌립니다.

4단계에서는 소득수준을 종속변수로 하고, 성별과 연령 변수를 독립변수로 하는 회귀모형을 추정합니다. 소득수준을 연속형 변수로 가정했기 때문에 OLS 회귀모형을 사용할 수 있습니다.

5단계에서는 추정된 회귀모형을 이용하여 소득변수의 결측값을 대체투입합니다.

6단계에서는 3단계부터 5단계까지의 과정을 연령 변수와 성별 변수에도 적용합니다. 연령 변수의 경우 연속형 변수로 가정했기 때문에 OLS 회귀모형을 사용할 수 있으며, 성별 변수의 경우 더미변수로 가정했기 때문에 이항 로지스틱 회귀모형을 사용할 수 있습니다. 이때 연령 변수 혹은 성별 변수를 종속변수로 하는 회귀모형에 독립변수로 투입되는 소득변수의 경우 5단계에서 결측값이 대체투입된 변수를 사용합니다.

7단계에서는 2–6단계의 과정을 다시 반복합니다. 이때 반복 횟수는 `mice()` 함수의 디폴트값을 따라 5로 설정하였습니다.

8단계에서는 2–7단계의 과정을 m = 20회 반복하여 총 20개의 다중투입된 완전데이터(complete data)를 생성합니다.

예시 데이터를 이용해 실습을 해보면 좀 더 구체적으로 위의 과정들을 이해할 수 있을 것입니다. MICE 알고리즘은 위에서 서술한 단계들을 반복계산[3]합니다. '반복계산'이라는 말에서 짐작할 수 있듯, 결측데이터의 상황에 따라 MICE 알고리즘을 이용한 다중투입 기법은 꽤 긴 시간이 소요되기도 합니다. 일반적으로 결측데이터의 발생비율이 높고 변수 간 상관관계가 매우 강하게 나타나는 경우 MICE 알고리즘이 수렴되는 데 긴 시간이 소요됩니다(Van Buuren, 2018).

지금까지 MICE 알고리즘이 무엇이며, MICE 알고리즘에 기반한 다중투입 기법에서 어떤 방식으로 결측값을 추정·대체·투입하는지 살펴보았습니다. 그러나 결측데이터를 대체투입하는 것으로 결측데이터 분석이 끝난 것은 아닙니다. 왜냐하면 m번 대체투입된 데이터를 분석하고 연구자의 분석모형을 추정하는 과정이 남아 있기 때문입니다. 2부에서 다루었던 ML 기법의 경우 결측데이터를 추정·대체하는 과정과 연구자의 분석모형을 추정하는 과정이 동시에 이루어졌던 것을 기억할 것입니다. 그러나 MI 기법의 경우 결측데이터를 추정·대체하는 과정과 분석모형을 추정하는 과정이 분리되어 있습니다. 아마도 독자들은 m번 대체투입된 데이터에 일반적인 데이터 분석기법을 적용하는 것이 타당하지 않을 것으로 짐작할 것입니다. 이를테면 전체 표본수가 1,000인 결측데이터

---

3 MI 기법은 결측치 대체과정을 여러 번, 그것도 많은 수 또는 다양한 유형의 변수들에 대해 실시하기 때문에 유연한 형태의 통계기법이 필요합니다. 이를 위해 MICE(multiple imputation using chained equations) 알고리즘은 연쇄 방정식(chained equations), 구체적으로 마르코프 연쇄 몬테카를로(MCMC, Markov chain Monte Carlo) 방법을 이용합니다. 즉 다른 변수들이 주어졌을 때의 조건부 분포(conditional distribution)를 활용해 결측치를 연쇄적으로 대체하는 것입니다. 이때 결측값이 발생한 변수만을 제외한 다른 변수들의 값이 모두 주어졌다고 가정하기 때문에(이를테면 위 과정에서 4단계 상황), 완전 조건부 분포(fully conditional distribution)를 활용하는 것으로도 볼 수 있습니다[MICE 알고리즘을 완전조건화확정(FCS, fully conditional specification) 기법이라고도 합니다]. 이처럼 MICE 알고리즘은 연쇄 방정식을 이용한 많은 양의 반복계산을 통해 기존 확률적 회귀투입 기법에서 발생했던 추정의 불안정성 문제를 개선하고자 하였습니다.

에 대해 20번 대체투입된 데이터를 얻을 경우, 전체 데이터의 사례수는 20,000으로 폭증하며, 무엇보다 동일한 사례에서 20개의 데이터를 반복하여 얻었다는 점에서 독립성(independence) 가정에 위배된다는 것을 쉽게 짐작할 것입니다. 또한 결측값이 많이 나타난 변수와 결측값이 적게 나타난 변수에서 동일한 수준의 불확실성이 나타난다고 보기 어렵습니다. 다음 섹션에서는 *m*번 대체투입된 결측데이터를 대상으로 어떻게 분석모형을 적용하고, 분석모형 추정결과를 얻을 수 있는지 살펴보겠습니다.

3 MI 기법 과정: 대체투입(imputing), 분석(analyzing), 통합(pooling)

앞서 소개한 MICE 알고리즘은 결측값을 대체투입하여 *m*개의 대체투입 데이터를 산출하는 알고리즘입니다. 기본적으로 MI 기법에서는 결측데이터의 결측값을 대체투입합니다. MI 기법을 처음 접하는 분들의 경우, 결측데이터의 결측값을 대체투입한다는 점에 대해 심리적으로 거부감을 갖기도 합니다. 측정되지 않아 알 수 없는 결측데이터를 만들어(created data)냈다고 오해하기 때문인데요, 사실 저희들의 경우에도 처음에는 그런 인상을 받았습니다.

그러나 실상은 그렇지 않습니다. 여기서 조금만 관점을 바꾸어봅시다. 즉 결측값이 포함된 결측데이터가 아니라, 완전하게 측정된 데이터에서 결측값을 생성한다고 가정해 봅시다. 만약 MAR 가정이 유효하다면 MICE 알고리즘으로 얻은 *m*개의 대체투입 데이터는, 결측값이 발생하지 않은 상황을 가정했을 때 얻을 수 있는 *m*개의 표본이라고도 볼 수 있습니다. 따라서 *m*개의 표본에서 얻은 통계치에는 당연히 표집오차(sampling error)가 발생합니다. MI 기법을 기반으로 분석모형을 추정하는 과정이 언뜻 복잡해 보일 수도 있습니다만 '*m*개의 표본에서 얻은 개별통계치들을 통합하는 과정'이라는 점을 이해한다면, MI 기법에서 다양한 공식들이 왜 필요한지를 알 수 있을 것입니다.

MI 기법의 전반적 과정을 간략하게 요약하면 [그림 11-1]과 같습니다. 즉 MI 기법의 전개과정은 크게 3단계로 나뉩니다. 첫 번째는 MICE 알고리즘(혹은 다른 MI 기법 알고리즘)을 이용하여 *m*개의 대체투입 데이터들을 생성하는 '대체투입(imputing)' 단계입니다.

MAR 가정을 기반으로 대체투입 단계에서는 결측값을 추정하여 이를 대체투입한 *m*개의 완전데이터(complete data)를 생성합니다. 두 번째는 각각의 대체투입 데이터를 기반으로 모형추정치를 얻는 '분석(analyzing)' 단계입니다. 분석 단계에서는 대체투입 데이터 각각에 대해 *m*개의 연구모형 추정치를 얻습니다. 끝으로 세 번째인 '통합(pooling)' 단계에서는 *m*개의 연구모형 추정치를 통합하여 하나의 최종 통합모형 추정치를 얻습니다. 이 세 번째 단계에서는 여러 공식이 등장해서 MI 기법이 복잡하고 어렵게 느껴질 수 있습니다. 그러나 통합 단계에서 복잡한 공식들이 등장하는 이유는 결측데이터를 대체투입하는 과정에서 나타나는 불확실성을 반영하기 위한 것입니다.

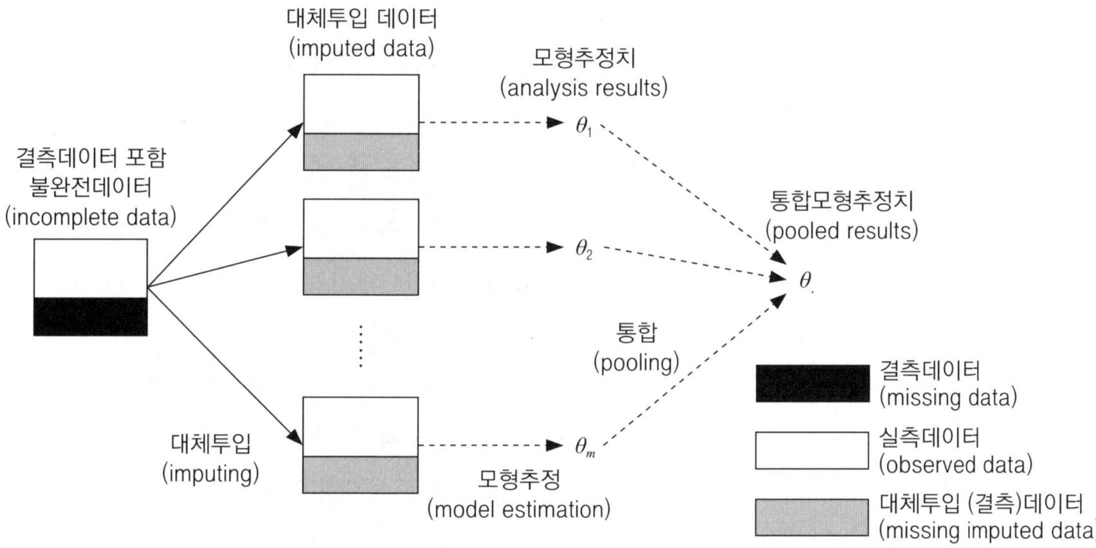

[그림 11-1] MI 기법 전개 과정

[그림 11-1]에서 알 수 있듯, MI 기법은 결측데이터 추정 후 대체투입하는 과정과 대체투입된 데이터를 이용해 분석모형을 추정하는 과정이 명확하게 구분되어 있습니다. 2부에서 ML 기법을 소개하면서 MI 기법 대비 ML 기법의 장점 중 하나로 '대체모형(imputation model)'과 '분석모형(analysis model)'이 동일하다는 점을 간략하게 설명한 바 있습니다. [그림 11-1]에서 명확하게 드러나듯, MI 기법은 MICE 알고리즘 등을 이용하여 대체투입 데이터를 생성하기 위한 대체모형과 연구자의 연구문제에 답하기 위한 분석모형을 별개로 추정합니다.

MI 기법을 소개하는 문헌들(Bartlett et al., 2015; Meng, 1994; Van Buuren, 2018)에서는 대체모형과 분석모형의 관계를 '상동성(congeniality)'과 '병치가능성(compatibility)'이라는 용어를 이용해 설명합니다. 먼저 상동성은 '분석모형의 특성'을 묘사하는 용어로, 분석모형이 투입모형의 특성에서 비롯되어야(congenial) 한다는 의미입니다(Meng, 1994). 예를 들어 어떤 종속변수 Y가 투입모형에서는 연속형 변수로 가정되었는데, 분석모형에서는 순위 범주형 변수로 가정되었다고 가정해봅시다. 이 경우 분석모형에서 가정된 Y 변수가 투입모형에서 가정된 Y 변수의 특성에서 비롯되었다고 보기 어렵기 때문에 분석모형의 상동성이 확보되지 않았다고 볼 수 있습니다. 일반적으로 병치가능성은 상동성과 비슷한 의미로 사용됩니다. 다시 말해 투입모형과 분석모형이 동일한 방식으로 구성되었다면 병치가능성이 확보되었다고 언급되는 것이 보통입니다. 일반적으로는 상동성과 병치가능성의 두 용어가 동일한 의미인 것처럼 사용되지만, 반뷰렌(Van Buuren, 2018)에 따르면 두 용어는 개념적으로 구분되어야 합니다. MICE 알고리즘 개발자들 중 한 명인 반뷰렌은 투입모형과 분석모형의 관계에 대해 평가할 경우 상동성이라는 용어를 사용하고, 투입모형의 통계적 특성을 묘사할 경우에는 병치가능성[4]이라는 용어를 사용할 것을 제안한 바 있습니다(보다 자세한 설명은 Van Buuren, 2018, pp. 124-125 참조). 여기서 저희는 반뷰렌의 구분을 따라 '상동성'이라는 용어를 사용하겠습니다.

상동성 용어에서 간략하게 설명했듯, 투입모형에서 결측데이터를 어떻게 파악하는가는 분석모형 추정방식을 좌우합니다. 다시 말해 연구자가 원하는 분석모형을 추정하기 위해서는 투입모형을 추정할 때 데이터의 변수들을 분석모형에 일치시키는 방식으로 투입하는 것이 중요합니다. 예를 들어 분석모형의 종속변수가 더미변수라면, 해당 변수를 투입모형에 투입할 때 범주형 변수로 투입해야 합니다. 아울러 분석모형에 투입되는 변수를 변환하여 투입할 예정이라면(이를테면 소득변수를 로그변환하는 경우), 투입모형에도 변환된 변수를 투입해야 합니다. 또한 상호작용효과항을 추정하거나 다차항(이를테면 변수를

4 달리 표현하면, 병치가능성은 데이터가 MICE 알고리즘의 이론적 가정을 만족시키는지 여부를 뜻합니다. MICE 알고리즘에서는 결측치 대체를 위해 조건부 분포(conditional distribution)를 이용하므로, 조건부 분포만을 이용했을 때도 결합분포(joint distribution)를 이용했을 때와 흡사한 추정치를 낼 수 있어야 합니다. 즉 변수 간의 조건부 분포들이 서로 '병치가능'해야 합니다. 그러나 모든 이론적 가정에 주목하고 충족시키기란 쉽지 않으며, 특히 분과학문 연구자들의 경우 더욱 그러한 것이 현실입니다. 따라서 저희는 통계적 특성과 관련된 '병치가능성'보다는 투입모형과 분석모형의 관계와 관련된 '상동성'을 살펴보겠습니다.

제곱한 2차항)을 투입한다면, 상호작용효과항이나 다차항들도 별도로 생성한 후 대체모형을 추정하는 것이 좋습니다. 아무튼 '대체투입' 단계의 핵심은 추정된 투입모형과 연구자가 최종적으로 얻고자 하는 분석모형이 상동성 조건을 지녀야 한다는 것입니다.

분석모형과 투입모형의 상동성이 확보되었다면, 각각의 대체투입 데이터를 대상으로 분석모형을 추정하는 방식으로 '분석' 단계를 밟게 됩니다. 동일한 분석모형을 m번 반복 계산한다는 점을 뺀다면 '분석' 단계는 특별히 어려울 것이 없습니다. 예를 들어 OLS 회귀모형이나 이항 로지스틱 회귀모형과 같은 데이터 분석과정을 m개의 대체투입 데이터에 반복하여 적용한 후 각각의 분석모형 추정결과를 저장하면 됩니다.

그러나 '분석' 단계를 거쳐 저장된 m개의 모형추정결과를 통합하는 '통합(pooling)' 단계에서는 꽤 복잡한 공식들이 많이 등장합니다. 왜 이렇게 복잡한 공식들이 등장하는지 간단한 사례를 통해 살펴봅시다. Y 변수라는 어떤 연속형 변수를 떠올려봅시다. 이 변수에서 나타난 결측값들은 MI 기법의 가정에 따라 MAR 가정을 기반으로 하고 있습니다. 만약 $m = 20$이었다면, Y 변수의 평균과 분산(혹은 표준편차)은 어떻게 계산하는 것이 타당할까요?

먼저 평균을 얻는 과정은 간단합니다. MAR 가정이 타당하다면 결측값이 포함되었던 Y 변수의 평균은 20개의 대체투입 데이터의 Y 변수의 평균값들(즉, 20개의 평균값들)의 평균을 구하는 방식으로 얻을 수 있습니다. ℓ번째 대체투입 데이터에서 예측된 Y 변수 평균을 $\hat{Q}_\ell$이라고 하면, m개의 대체투입 데이터들에서 통합한 Y 변수 평균($\bar{Q}$)은 아래와 같은 공식으로 표현할 수 있습니다.

$$\bar{Q} = \frac{1}{m}\sum_{\ell=1}^{m}\hat{Q}_\ell$$

그렇다면 Y 변수의 분산값은 어떻게 통합할 수 있을까요? 이 부분은 다소 복잡합니다. 우선 m개의 대체투입 데이터들에서 나타난 Y 변수의 분산은 크게 2가지로 분해할 수 있습니다. 첫째, 개별 대체투입 데이터에서 나타난 Y 변수의 분산을 고려할 수 있습니다. 즉 ℓ번째 대체투입 데이터에서 얻은 Y 변수의 분산이 바로 첫 번째 분산이며, 이를 '내분산(within-variance)'이라고 부릅니다. '내분산'이라는 말을 좀 더 의역하자면, '개별 대체투입 데이터 내부의 분산'이라는 말입니다. 둘째, m개의 대체투입 데이터들 사이에서 나타난 Y 변수의 분산을 고려할 수 있고, 이 분산을 '간분산(between-variance)'이라고 부릅니다. '간분산'을 의역하자면 '대체투입 데이터들 사이의 분산'이라고 부를 수도 있습니다. 내분산과 외분산을 합친 분산은 '총분산'이라고 불립니다. 각 분산의 이름을 보면 짐작하시겠지만, Y 변수의 분산이 어떻게 분해되는지를 이해하는 가장 좋은 방법은 '분산분석(ANOVA, analysis of variance)'을 떠올리는 것입니다.

먼저 내분산의 공식을 살펴봅시다. ℓ번째 Y 변수의 분산을 $\bar{U}_\ell$이라고 하면, m개의 대체투입 데이터들에서 통합된 Y 변수의 분산 평균($\bar{U}$)은 다음과 같은 공식으로 표현할 수 있습니다.

$$\bar{U} = \frac{1}{m}\sum_{\ell=1}^{m}\bar{U}_\ell$$

다음으로 간분산의 공식은 다음과 같습니다. 공식에 나타난 $\hat{Q}_\ell$(ℓ번째 대체투입 데이터에서 예측된 Y 변수 평균)과 $\bar{Q}$(m개의 대체투입 데이터들에서 통합한 Y 변수 평균)에 대해서는 평균을 추정할 때 소개한 바 있습니다.

$$B = \frac{1}{m-1}\sum_{\ell=1}^{m}(\hat{Q}_\ell - \bar{Q})^2$$

내분산과 간분산을 합하면 총분산을 구할 수 있습니다. 만약 m이 무한대라면 총분산(T) 공식은 아래와 같습니다.

$$T = \bar{U} + B$$

그러나 m을 무한대로 늘리는 것은 비현실적입니다. 이에 따라 유한한 m번의 대체투입을 고려하는 경우의 총분산 공식은 아래와 같은 수정된 총분산 공식을 사용합니다.

$$\begin{aligned} T &= \bar{U} + B + \frac{B}{m} \\ &= \bar{U} + \left(1 + \frac{1}{m}\right)B \end{aligned}$$

위의 총분산 공식에서 잘 드러나듯, 결측값이 발생한 Y 변수의 분산을 결정짓는 요인들은 크게 3가지입니다. 첫째, 내분산 $\bar{U}$ 입니다. 이 값은 표본의 표집과정에서 비롯되는 분산으로 일반적인 데이터 분석에서도 나타나는 분산입니다. 둘째, 간분산 B입니다. 이 값은 결측값 추정 후 대체 과정에서 나타나는 분산입니다. 만약 대체투입 데이터에서 얻은 평균이 매번 크게 다르게 나타난다면 B의 값이 크게 나옵니다. 반면 대체투입 데이터에서 얻은 평균이 상당히 안정적이라면 B의 값은 상대적으로 작게 나올 것입니다. 또한 Y 변수의 결측값 발생비율이 매우 낮다면 B 역시 상대적으로 작게 나올 가능성이 높습니다. 즉 B의 값은 연구자가 분석하고 있는 결측데이터 상황에 따라 달라집니다. 셋째, 대체투입 데이터의 개수인 m입니다. m이 커지면 커질수록 $\frac{B}{m}$는 0에 근접하게 됩니다. 이 이유, 즉 분산(다른 말로 하자면 불확실성)을 감소시킬 수 있다는 이유 때문에 가급적 m을 늘리는 것이 좋다는 것입니다(물론 m을 너무 늘리면 계산 시간이 매우 길어진다는 문제가 발생합니다). 예를 들어 B가 동일하다면 $m = 5$인 경우에 비해 $m = 20$인 경우에서 $\frac{B}{m}$가 25%로 감소합니다.

좀 더 쉽게 말하면 총분산 공식을 구성하는 3가지 요인은 '모든 데이터 분석에서 나타나는 분산(즉 $\bar{U}$)', '결측데이터 상황에서 나타나지만 연구자가 어떻게 통제할 수 없는 분산(즉, B)', 그리고 '대체투입 데이터의 횟수를 늘리는 방식으로 연구자가 어느 정도까지는 감소시킬 수 있는 분산(즉 $\frac{B}{m}$)'으로 파악할 수 있습니다. 또한 여기서는 논의의 편의를 위해 특정 변수 Y의 평균과 분산만 고려했으나, 위의 공식들은 양변량 분석(bivariate analysis) 혹은 다변량 분석(multivariate analysis) 상황으로도 확대 적용할 수 있습니다.

여기까지의 내용을 바탕으로 한 걸음 더 나아가봅시다. 앞서 말씀드렸듯 분산은 '불확실성'을 정량화한 것입니다. 즉 '총분산(T)'은 결측데이터에서 나타난 '불확실성의 총량'이라고 볼 수 있으며, '내분산($\bar{U}$)'은 '결측데이터와 무관하게 모든 데이터 분석상황에서 나타난 불확실성의 양'으로 '간분산(B)과 $\frac{B}{m}$'는 '결측데이터 상황과 결측데이터 상황 해소를 위한 대체투입 횟수 선택으로 인해 나타난 불확실성의 양'으로 간주할 수 있습니다. 즉 전체 불확실성 중에서 어느 정도나 결측데이터로 인해 발생했는지를 비율로 구하면 다음과 같은 공식을 적용할 수 있습니다. 좌변에 나타난 람다(λ)는 'm번의 대체투입 데이터 분석기법을 적용하였을 때 결측데이터로 인해 생긴 분산의 비율'을 의미합니다. 예를 들어 $\lambda = 0.50$이라면 결측데이터로 인한 분산이 총분산의 50%를 차지한다는 것을 의미합니다.

$$\lambda = \frac{B + \frac{B}{m}}{T}$$

이렇게 얻은 λ에 아래의 공식을 적용하면 '결측데이터로 인한 상대적 분산증가(RIV, relative increase in variance due to nonresponse)'를 의미하는 r을 계산할 수도 있습니다. 즉 r은 결측데이터로 초래된 분산 대비, 결측데이터와 무관하게 초래되는 분산의 비율을 의미합니다.

$$r = \frac{\lambda}{1-\lambda}$$

이 λ 통계치는 2가지 방식으로 사용됩니다. 첫째, 결측데이터 발생이 얼마나 심각한지를 보여주는 지표로 사용됩니다. 따라서 결측데이터 발생의 심각성을 평가할 때, 일반적으로 연구자가 추정한 통계치의 λ들의 값을 평균한 $\bar{\lambda}$를 사용하며[5] 다음과 같이 해석됩니다(Li et al., 1991). 아래는 일종의 '가이드라인'에 불과할 뿐, MI 기법을 사용하는 모든 연구자가 따르는 규칙은 아니니 부디 참고만 하시기 바랍니다.

- $\bar{\lambda} = 0.2 - 0.3$: 결측데이터 문제가 '어느 정도(moderate)' 존재한다.
- $\bar{\lambda} = 0.3 - 0.5$: 결측데이터 문제가 '어느 정도 크게(moderately large)' 존재한다.
- $\bar{\lambda} \geqq 0.5$ 이상 : 결측데이터 문제가 '크게(high)' 존재한다.

---

5 이때 λ 통계치는 연구자가 추정한 통계치별로 계산됩니다. 예를 들어, 특정 변수 Y를 $\bar{Q}$로 추정하는 경우 $\bar{Q}$에 대한 λ 통계치를 얻을 수 있습니다. 만약 다변량 상황이거나 여러 개의 모수를 추정하는 경우 해당 통계치의 수만큼 통계치를 얻게 되며, 일반적으로 모형에서 계산된 λ 통계치들의 평균값인 $\bar{\lambda}$를 이용해 결측치 발생의 심각성을 평가합니다.

문헌에 따라서는 λ 대신 결측값 발생비율(FMI, fraction of missing information)을 사용하기도 합니다. FMI는 대체투입 횟수(즉 m)가 유한한(finite) 상황에서 λ를 조정한 값으로, 다음과 같이 계산됩니다(Rubin, 1987, eq. 3.1.10). 여기서 ν는 통계치의 자유도 추정값을 투입합니다.

$$\begin{aligned} FMI &= \frac{r + 2/(\nu+3)}{r+1} \\ &= \frac{\nu+1}{\nu+3}\lambda + \frac{2}{\nu+3} \end{aligned}$$

둘째, 통합된 통계치의 통계적 유의도 테스트를 실시할 때 조정된 자유도(adjusted degree of freedom) 계산에 사용됩니다. 조정된 자유도를 계산하는 이유는 '독립표본 티테스트'에서 조정된 자유도를 사용하는 것과 동일한 이유입니다. 우선 루빈의 '옛 공식(old formula, Rubin, 1987, eq. 3.1.6)'에 기반한 자유도(υ_{old})는 아래와 같습니다. 공식의 첫 줄에는 r을, 두 번째 줄에는 λ를 사용하였습니다만, r이 λ를 기반으로 계산된다는 점에서 이해하는 것이 어렵지는 않을 것입니다.

$$\begin{aligned}\upsilon_{old} &= (m-1)\left(1+\frac{1}{r^2}\right)\\ &= \frac{(m-1)}{\lambda^2}\end{aligned}$$

위의 공식에서 잘 드러나듯 r가 크면 클수록(동일한 의미로 λ값이 크면 클수록) υ_{old}의 값이 작아집니다. 다시 말해 결측데이터 문제가 심각하면 심각할수록 υ_{old}의 값은 작게 나타납니다. 다른 조건들이 동일할 때, 자유도가 작아지면 귀무가설을 수용할 가능성이 점점 증가합니다. 다시 말해 결측데이터 문제가 심각할수록 대체투입을 통해서 얻은 통계치의 통계적 유의도는 '1'에 더욱 가까워집니다.

그러나 위의 옛 공식에는 문제가 있습니다. 예를 들어 어떤 데이터에 결측값이 전혀 없다고 가정해보죠. 이 경우 $\upsilon_{old} = \infty$이 됩니다. 다시 말해 결측데이터가 전혀 없거나 거의 없는 경우에는 위의 공식이 크게 도움이 되지 않습니다. 이러한 문제를 해결하기 위해 새롭게 제시된 공식은 다음과 같습니다(Barnard & Rubin, 1999). 조정된 자유도 계산을 위하여 먼저 아래와 같은 공식을 적용합니다. 여기서 υ_{com}은 완전데이터 상황에서의 자유도를 의미하며, υ_{obs}는 결측정보를 고려한 후 계산된 자유도를 의미합니다. 당연하게도, 결측정보가 고려된 자유도인 υ_{obs}가 완전데이터 상황에서의 자유도인 υ_{com}에 비해 작게 설정된 것을 확인할 수 있습니다.

$$\upsilon_{obs} = \frac{\upsilon_{com}+1}{\upsilon_{com}+3}\upsilon_{com}(1-\lambda)$$

최종 조정된 자유도 v의 공식은 다음과 같습니다.

$$v = \frac{v_{old} v_{obs}}{v_{old} + v_{obs}}$$

만약 $\lambda = 0$인 상황, 즉 결측값이 전혀 발생하지 않은 상황이라면 위의 공식에서 $v = v_{com}$을 사용하면 됩니다. 반면 $\lambda = 1$, 다시 말해 모든 데이터가 결측값인 경우는 v_{obs}가 0의 값을 갖기 때문에 $v = 0$이 됩니다. 그러나 일반적인 상황, 즉 데이터의 일부가 결측값을 보이는 경우 $0 < v < v_{com}$의 범위를 갖게 됩니다.

지금까지 MI 기법의 3단계, 즉 '대체투입', '분석', '통합'을 살펴본 후 통합 단계에서 결측데이터로 인한 불확실성을 데이터 분석결과에 반영하는지 살펴보았습니다. 다음에는 MICE 알고리즘을 기반으로 결측데이터에 MI 기법을 적용하는 방법을 실습해보겠습니다.

4 MI 기법을 이용한 기술통계분석

제일 먼저 MI 기법을 이용해 기술통계분석을 실시해봅시다. MAR 가정과 함께 데이터에 대해 다변량 정규분포를 반드시 가정해야 했던 ML 기법과 비교할 때, 정규분포를 가정하기 어려운 변수들(이분변수나 범주형 변수들)도 MI 기법에 문제없이 투입할 수 있다는 점에서 MI 기법은 상당히 매력적입니다. 일단 먼저 MAR 상황을 가정한 후 생성된 시뮬레이션 데이터를 대상으로 MICE 알고리즘을 적용하겠습니다. 즉 '투입모형'을 추정하여 m개의 대체투입 데이터를 생성해보겠습니다. 먼저 tidyverse 패키지를 구동하고 해당 데이터를 불러와보겠습니다.

```
> # 데이터 불러오기
> library(tidyverse)
> df_mar = read_csv("sim_mar.csv")
Parsed with column specification:
cols(
```

```
  Y = col_double(),
  X1 = col_double(),
  X2 = col_double(),
  X3 = col_double()
 )
```

이제 mice 패키지를 구동시킨 후 MICE 알고리즘을 적용해봅시다. 여기서는 miceadds 패키지도 같이 구동시켰습니다. miceadds 패키지는 MICE 알고리즘을 실행하는 데 필수적인 패키지는 아니지만, mice 패키지 함수들의 출력결과를 효율적으로 활용하는 데 매우 유용한 패키지입니다.

```
> # MI 기법을 이용한 기술통계분석
> library(mice)
> library(miceadds)
```

이제 MI 기법의 첫 번째 단계인 '대체투입(imputing)' 단계를 밟아보겠습니다. mice() 함수를 이용하면 됩니다.

```
mice(data, m=20, seed=1234)
```

일단 mice() 함수를 사용하는 것은 매우 간단합니다. 결측치 투입을 진행할 데이터(data)만 투입하면 MICE 알고리즘을 실행할 수 있습니다. mice() 함수에서 제공하는 다양한 옵션들을 활용하면 보다 효율적이고 효과적인 결측데이터 분석을 진행할 수 있지만, 여기서 저희는 m 옵션과 seed 옵션에 대해서만 살펴보겠습니다.

먼저 seed 옵션은 랜덤시드넘버를 의미합니다. 앞서 MICE 알고리즘을 설명할 때 말씀드렸듯, MICE 알고리즘은 처음에 결측값에 투입되는 실측값('place holder'라는 표현을 기억하실 것입니다)을 임의로 선정합니다. 따라서 동일한 결측데이터 분석결과를 얻기 위해서는 mice() 함수에서 seed 옵션을 사용하거나, set.seed() 함수를 이용하여 랜덤시드넘버를 설정하는 것이 좋습니다[즉 mice() 함수를 실행하기 이전에 set.seed() 함수 실행].

다음으로 m 옵션은 대체투입 횟수를 의미합니다. 앞서 소개한 MICE 알고리즘의 실행과정 중 마지막 단계인 8단계에 해당하는 옵션으로, mice() 함수의 디폴트값은 5이지만 저희는 20으로 설정하였습니다($m = 20$). 즉 m=20으로 설정하여 mice() 함수를 실행하면 총 20개의 대체투입 데이터가 생성됩니다.

위 2가지 옵션을 제외한 다른 옵션들은 디폴트를 따르도록 하겠습니다.[6] 아울러 아래를 제외한 다른 상황에서는 print=FALSE를 적용하여 계산과정 출력결과가 나타나지 않도록 하겠습니다(불필요하게 책의 분량이 늘어나는 것을 막는 것이 목적이기에 사실 print 옵션은 실질적으로 중요하지 않습니다).

```
> # Imputing 단계
> # mice(data=df_mar,m=20,seed=1234,print=FALSE)로 하면 계산과정 출력 없음
> myimp = mice(data=df_mar,m=20,seed=1234)

iter  imp  variable
  1    1     X1 X2
  1    2     X1 X2
  1    3     X1 X2
                    [이하의 출력결과는 분량 조절을 위해 제시하지 않음]
> myimp
Class: mids
Number of multiple imputations: 20
Imputation methods:
```

6 여기서는 언급하지 않았으나 수렴결과가 적절하지 않다고 판단되는 경우 maxit 옵션을 디폴트값인 5보다 더 크게 설정하는 것을 고려해볼 수 있습니다. mice 패키지 개발자 중 한 명인 반뷰렌(Van Buuren, 2018)에 따르면 일반적 상황에서 maxit=5 정도면 큰 문제가 없다고 하지만, 상황에 따라서는 maxit=10 혹은 maxit=20 정도로 늘리는 것이 필요할 수도 있습니다. maxit=5 정도가 문제가 있는지 여부를 판단하려면 mice 패키지의 plot() 함수를 사용하면 됩니다. 이를테면 아래와 같습니다.

```
> plot(myimp) # 결과는 별도로 제시하지 않음
```

기타 다른 옵션들을 간략하게 설명하면 다음과 같습니다. 데이터의 변수들의 상황(과도하게 높은 상관관계가 있거나, 결측값 대체 과정에서 특정 변수들을 고려하지 않아야 하는 경우 등)에 따라 predictorMatrix 옵션을 사용할 수도 있고, 결측값 대체 과정을 뛰어넘거나 실측된 데이터이지만 과대투입(overimpute)이 필요하다고 판단되는 경우 where 옵션을 사용할 수 있습니다. 그리고 결측데이터 패턴에 따라 visitSequence 옵션을 별도로 정의할 일이 있을 수도 있습니다. 그러나 이러한 상황들은 일반적인 결측데이터 상황이라고 보기 어렵기 때문에, 이 책에서는 별도의 설명을 제시하지 않았습니다. mice() 함수의 옵션들에 대한 보다 자세한 설명은 mice 패키지의 매뉴얼이나 반뷰렌(Van Buuren, 2018)을 참조하시기 바랍니다.

```
  Y    X1     X2  X3
 "" "pmm" "pmm"   ""
PredictorMatrix:
    Y  X1  X2  X3
Y  0   1   1   1
X1 1   0   1   1
X2 1   1   0   1
X3 1   1   1   0
```

위에서 얻은 myimp라는 이름의 오브젝트가 바로 m회의 대체투입 데이터이며, 각각의 대체투입 데이터는 '리스트(list) 형태'로 저장되어 있습니다. 앞서 m=20을 옵션으로 지정하였기 때문에 myimp에는 총 20개의 완전데이터가 존재합니다(Number of multiple imputations: 20이라는 출력결과에서도 확인할 수 있습니다).

Imputation methods: 출력결과에서 알 수 있듯 결측값이 존재하는 두 변수 X1, X2의 경우 결측값을 PMM이라는 방식("pmm")으로 추정하였습니다. 앞서 잠시 설명한 적이 있습니다만, PMM은 예측평균매칭(predictive mean matching) 알고리즘을 의미하며, 결측값이 나타난 사례의 다른 변수들과 유사한 조건을 갖는 가장 유사한 실측값을 매칭하여(짝지워), 그 실측값을 결측값으로 대체투입하는 알고리즘입니다. PMM은 연속형 변수일 때 사용하며 결측값이 비현실적인 값으로 대체되지 않는다는 점에서 매우 좋은 알고리즘으로 알려져 있습니다(Van Buuren, 2018).[7]

끝으로 PredictorMatrix: 출력결과는 어떤 변수에서 나타난 결측값을 해당 데이터의 다른 모든 변수를 활용하여 대체투입하였다는 뜻입니다(여기서 0은 결측값 추정과정에서 활용하지 않았다는 것을 의미하며, 1은 결측값 추정과정에 활용했다는 것을 의미합니다). 즉 네 변수 중 하나의 변수에서의 결측값을 추정할 때, 다른 세 변수의 정보를 MAR 가정에 기반하여 대체투입하였다는 뜻입니다.

MI 기법의 첫 번째 단계인 '대체투입(imputing)' 단계로 mice() 함수를 실행한 결과, 20개의 대체투입 데이터를 얻었습니다. 다음으로 각각 두 번째, 세 번째 단계인 '분석(analyzing)' 단계와 '통합(pooling)' 단계를 실시해봅시다.

---

7 그러나 결측값 발생비율이 너무 높으며 동시에 표본이 작은 경우 PMM 알고리즘은 문제를 발생시킬 가능성이 높은 것으로 알려져 있습니다(Kleinke, 2017)

먼저 myimp 오브젝트에 저장된 20개의 대체투입 데이터를 개별적으로 확인해봅시다. 이를 위해 miceadds 패키지의 mids2datlist() 함수를 사용합니다. mids2datlist() 함수를 사용하면 m개의 대체투입 데이터가 리스트 형태로 저장됩니다. 예를 들어 첫 번째로 생성된 대체투입 데이터는 다음과 같은 방식으로 확인할 수 있습니다.[8]

```
> dl_myimp = mids2datlist(myimp)
> dl_myimp[[1]] %>% head() # 1번째 대체투입 데이터
           Y          X1          X2         X3
1  1.6919157  0.58922879 -0.28960470  1.3239086
2 -0.2708779 -0.64437851 -0.28988378  0.3696877
3  0.4450578  0.02714209 -1.20524302 -0.1755980
4  1.0940921  2.80265566  1.77754726  0.6953778
5 -0.4420761 -0.36333407 -0.99816387 -0.6630765
6  1.1657013  0.26136993  0.02928885 -1.0320349
```

이렇게 생성된 대체투입 데이터 각각에 대해 기술통계분석을 실시해봅시다. 예를 들어 첫 번째로 대체투입된 데이터에 대한 기술통계분석은 아래와 같습니다.

```
> # Analyzing 단계
> dl_myimp[[1]] %>%
+ summarise_all(
+   .funs=c("mean","sd")
+ ) %>% pivot_longer(cols=names(.)) %>%
+ separate(name,c("vars","type"),sep="_") %>%
+ pivot_wider(names_from=type,values_from=value)
# A tibble: 4 x 3
   vars      mean     sd
  <chr>     <dbl>  <dbl>
1     Y    0.0154   1.00
2    X1    0.0401   1.05
3    X2  -0.00157   1.02
4    X3    0.0409  0.953
```

8 앞서 말씀드렸듯, 만약 본문에 제시된 것과 동일한 결과를 원하는 독자분께서는 가장 최신의 mice 패키지(version 3.13.0, 2021년 6월 기준) 대신 version 3.11.0을 다운로드받아 사용하시길 바랍니다.

위의 사례에서는 $m = 20$으로 지정했습니다. 다시 말해 위의 과정을 20회 반복한 후 '통합(pooling)'해야 MI 기법으로 기술통계분석을 완료할 수 있습니다. 반복계산을 편하게 하기 위해 먼저 아래와 같은 개인함수를 설정하였습니다.

```
> # 반복계산을 위한 개인함수 설정
> fun_MI_descriptive_statistics = function(myimpK){
+  result=myimpK %>%
+    summarise_all(
+      .funs=c("mean","sd")
+    ) %>% pivot_longer(cols=names(.)) %>%
+    separate(name,c("vars","type"),sep="_") %>%
+    pivot_wider(names_from=type,values_from=value) %>% data.frame()
+  rownames(result)=result$vars
+  result = result %>% select(-vars)
+  return(result)
+ }
```

이제 20개의 대체투입 데이터에 앞서 설정한 fun_MI_descriptive_statistics() 함수를 적용해보죠. m회의 대체투입 데이터에 대하여 반복계산을 실시할 때, MI 기법에서는 with() 함수를 많이 활용합니다. with() 함수는 리스트 형식으로 저장된 데이터에 대해 분석자가 정의한 함수를 반복적용한 결과를 출력하는 함수입니다. 아래의 결과는 dl_myimp라는 20개의 대체투입 데이터에 대해 fun_MI_descriptive_statistics() 함수를 반복적용한 결과를 myanalysis라는 이름의 오브젝트로 저장했다는 의미입니다.

```
> # 20회 반복 analysis
> myanalysis=with(dl_myimp,
+                 fun=function(data){
+                   fun_MI_descriptive_statistics(data)
+                 })
> myanalysis[[2]] # 2번째 대체투입 데이터 분석결과
          mean        sd
Y   0.01539092 1.0022627
X1  0.01798332 1.0230809
X2 -0.03336569 1.0435157
X3  0.04089291 0.9529204
```

이제 이렇게 얻은 결과를 통합해봅시다. 아래 제시된 withPool_MI() 함수는 *m*개의 분석결과를 통합하는 함수입니다.

```
> withPool_MI(myanalysis)
            mean        sd
Y    0.0153909174  1.0022627
X1  -0.0002027172  1.0234861
X2  -0.0124432411  1.0207922
X3   0.0408929090  0.9529204
```

이렇게 얻은 출력결과는 데이터프레임 형식의 오브젝트이기 때문에 다음과 같은 방식으로 정리할 수 있습니다.

```
> mypoolMSD=withPool_MI(myanalysis) %>%
+  mutate(
+   vars=rownames(.),
+   M=format(round(mean,3),3),
+   SD=format(round(sd,3),3)
+  ) %>% select(vars:SD)
> mypoolMSD
  vars      M    SD
1    Y  0.015 1.002
2   X1  0.000 1.023
3   X2 -0.012 1.021
4   X3  0.041 0.953
```

2부에서 소개했던 ML 기법에 비하면 조금 번잡하게 느껴질 수도 있습니다. 그러나 [그림 11-1]에서 말씀드렸던 3단계, 즉 대체투입(imputing), 분석(analyzing), 통합(pooling) 단계를 이해하면 위의 과정이 크게 어렵게 느껴지지 않을 것입니다.

5 MI 기법을 이용한 상관관계분석

다음으로 대표적인 양변량 통계치인 피어슨 상관계수(Pearson's correlation r)를 계산하는 방법을 살펴봅시다. 상관계수를 구하는 방법 역시 MI 기법의 3단계를 그대로 따릅니다. 이미 mice() 함수를 이용하여 대체투입을 끝마친 상태이기 때문에 상관관계분석의 경우 분석단계와 통합단계만 밟으면 됩니다. miceadds 패키지의 micombine.cor() 함수는 리스트 형식으로 저장된 m회의 대체투입 데이터 변수들 사이의 피어슨 상관계수를 분석한 후, m번의 분석결과들을 통합한 결과를 출력합니다. 통합된 상관계수에 대한 통계적 유의도 테스트에서는 결측값 발생에 따른 불확실성을 반영하기 위해 피셔의 Z 변환(Fisher's Z transformation)을 적용합니다(Rubin, 1987). 연속형 변수들 사이의 피어슨 상관계수는 다음과 같이 계산할 수 있습니다.

```
> #상관계수
> micombine.cor(mi.res=dl_myimp,
+               variables=mypoolMSD$vars) %>%
+ as_tibble()
# A tibble: 12 x 11
   variable1 variable2     r    rse fisher_r fisher_rse   fmi     t        p lower95 upper95
   <chr>     <chr>     <dbl>  <dbl>    <dbl>      <dbl> <dbl> <dbl>    <dbl>   <dbl>   <dbl>
 1 Y         X1        0.625 0.0216    0.732     0.0354 0.202 20.7  3.84e-95   0.580   0.665
 2 Y         X2        0.525 0.0272    0.583     0.0376 0.297 15.5  3.05e-54   0.470   0.576
 3 Y         X3        0.470 0.0247    0.510     0.0317 0     16.1  2.38e-58   0.420   0.517
 4 X1        X2        0.407 0.0419    0.431     0.0503 0.617  8.59 9.02e-18   0.321   0.485
 5 X1        X3        0.417 0.0296    0.445     0.0359 0.226 12.4  3.26e-35   0.358   0.474
 6 X2        X3        0.401 0.0322    0.424     0.0384 0.327 11.1  2.19e-28   0.336   0.462
 7 X1        Y         0.625 0.0216    0.732     0.0354 0.202 20.7  3.84e-95   0.580   0.665
 8 X2        Y         0.525 0.0272    0.583     0.0376 0.297 15.5  3.05e-54   0.470   0.576
 9 X3        Y         0.470 0.0247    0.510     0.0317 0     16.1  2.38e-58   0.420   0.517
10 X2        X1        0.407 0.0419    0.431     0.0503 0.617  8.59 9.02e-18   0.321   0.485
11 X3        X1        0.417 0.0296    0.445     0.0359 0.226 12.4  3.26e-35   0.358   0.474
12 X3        X2        0.401 0.0322    0.424     0.0384 0.327 11.1  2.19e-28   0.336   0.462
```

앞의 출력결과에서 r이라는 이름의 세로줄이 바로 피어슨 상관계수입니다. 또한 fisher_r과 fisher_rse는 피셔의 Z 변환을 적용한 결과입니다. 여기서 fisher_r을 fisher_rse로 나눈 값이 바로 테스트 통계치(즉 t)입니다. 출력결과의 맨 마지막 세로줄 2개는 피셔의 Z 변환을 기준으로 얻은 r의 95% 신뢰구간의 하한(lower95)과 상한(upper95)입니다.

앞의 결과들을 정리하여 상관계수 행렬을 구하는 과정은 아래와 같습니다.

```
> mypoolCOR=micombine.cor(mi.res=dl_myimp,
+                          variables=mypoolMSD$vars) %>%
+ as_tibble() %>%
+ mutate(
+  mystar=cut(p,c(-Inf,0.001,0.01,0.05,Inf),c("***","**","*","")),
+  myreport=str_c(format(round(r,3),3),mystar)
+ ) %>% select(variable1,variable2,myreport) %>%
+ pivot_wider(names_from=variable2,values_from=myreport) %>%
+ select(.$variable1) %>%
+ as.matrix()
> mypoolCOR
           Y           X1          X2          X3
[1,]       NA  "0.625***" "0.525***" "0.470***"
[2,] "0.625***"        NA "0.407***" "0.417***"
[3,] "0.525***" "0.407***"         NA "0.401***"
[4,] "0.470***" "0.417***" "0.401***"         NA
```

위의 결과에서 대각요소들에 1.00을 부여하고, 행렬 중 대각행렬의 하단만을 남기는 방식으로 정리한 결과는 아래와 같습니다.

```
> diag(mypoolCOR)="1.000"
> mypoolCOR[upper.tri(mypoolCOR)]=""
> mypoolCOR
           Y          X1          X2         X3
[1,]    "1.000"         ""          ""         ""
[2,] "0.625***"    "1.000"          ""         ""
[3,] "0.525***" "0.407***"     "1.000"         ""
[4,] "0.470***" "0.417***" "0.401***"  "1.000"
```

상관관계 행렬과 앞에서 계산했던 변수별 평균과 표준편차를 합쳐 제시하면 아래와 같습니다.

```
> # 평균/표준편차 데이터와 상관계수 행렬 합치기
> mypoolMSD %>% bind_cols(mypoolCOR %>% data.frame() )
  vars      M     SD        Y          X1         X2      X3
1    Y  0.015  1.002    1.000
2   X1  0.000  1.023  0.625***    1.000
3   X2 -0.012  1.021  0.525***  0.407***    1.000
4   X3  0.041  0.953  0.470***  0.417***  0.401***  1.000
```

만약 부분상관계수(partial correlation coefficient)를 구하고 싶다면 아래와 같이 micombine.cor() 함수의 partial 옵션에 통제하고 싶은 변수를 지정하면 됩니다.

```
> # 부분상관계수를 구하고자 한다면
> micombine.cor(mi.res=dl_myimp,
+               variables=c("Y","X1"),
+               partial=c("X2","X3")) %>%
+ as_tibble()
# A tibble: 2 x 11
variable1 variable2     r    rse fisher_r fisher_rse   fmi     t        p lower95 upper95
    <chr>     <chr> <dbl>  <dbl>    <dbl>      <dbl> <dbl> <dbl>    <dbl>   <dbl>   <dbl>
1       Y        X1 0.476 0.0313    0.518     0.0405 0.398  12.8 2.13e-37   0.412   0.535
2      X1         Y 0.476 0.0313    0.518     0.0405 0.398  12.8 2.13e-37   0.412   0.535
```

6 MI 기법을 이용한 회귀모형 추정

다음으로 MI 결측데이터 분석기법을 이용하여 회귀모형을 추정해봅시다. 대체투입 데이터별로 회귀모형 추정결과를 얻은 후 통합과정을 거치면 됩니다. 앞서 통합과정에서 소개한 공식들이 다소 복잡하게 생각될 수는 있지만, mice 패키지의 pool() 함수를 적용한 출력결과를 이해하는 것은 그리 어렵지 않습니다. 먼저 with() 함수를 이용하여 개별 대체투입 데이터를 대상으로 회귀모형 추정결과를 얻는 과정은 아래와 같습니다.

```
> # 회귀모형 추정
> regress_mar=with(myimp,lm(Y~X1+X2+X3)) # analyzing 단계
```

회귀모형 추정결과들을 통합하기 위해서는 mice 패키지의 pool() 함수를 이용하면 됩니다.

```
> pool_regress_mar=pool(regress_mar)    # pooling 단계
```

모형추정결과들을 추정하는 과정에서 필요한 통계치들은 pool_regress_mar 오브젝트 내부에 pooled라는 이름의 오브젝트로 저장되어 있습니다. *m*회의 대체투입 데이터 각각에서 얻은 모형적합도 통계치들(R^2, 로그우도, AIC, BIC 등)의 경우 pool_regress_mar 오브젝트 내부에 glanced라는 이름의 오브젝트로 저장되어 있습니다.

```
> pool_regress_mar$pooled %>% # 통합된 회귀모형 추정결과
+ as_tibble()
# A tibble: 4 x 11
        term     m estimate     ubar         b        t dfcom    df   riv lambda   fmi
       <fct> <int>    <dbl>    <dbl>     <dbl>    <dbl> <int> <dbl> <dbl>  <dbl> <dbl>
1 (Intercept)   20   0.0113 0.000504 0.0000946 0.000603   996  380. 0.197  0.165 0.169
2          X1   20    0.430 0.000634  0.000263 0.000910   996  159. 0.435  0.303 0.312
3          X2   20    0.272 0.000628  0.000138 0.000773   996  322. 0.232  0.188 0.193
4          X3   20    0.185 0.000727  0.000158 0.000893   996  327. 0.229  0.186 0.191
> pool_regress_mar$glanced %>% # 대체투입 데이터별 회귀모형 모형적합도
```

```
+ as_tibble()
# A tibble: 20 x 12
   r.squared adj.r.squared sigma statistic   p.value    df logLik   AIC   BIC deviance df.residual  nobs
       <dbl>         <dbl> <dbl>     <dbl>     <dbl> <dbl>  <dbl> <dbl> <dbl>    <dbl>       <int> <int>
 1     0.487         0.485 0.719      315. 8.21e-144     3 -1087.  2184.  2209.    515.         996  1000
 2     0.520         0.518 0.696      359. 4.10e-158     3 -1054.  2118.  2142.    482.         996  1000
 3     0.488         0.486 0.718      316. 3.16e-144     3 -1086.  2182.  2207.    514.         996  1000
 4     0.510         0.508 0.703      345. 1.43e-153     3 -1064.  2139.  2163.    492.         996  1000
 5     0.509         0.508 0.703      344. 2.06e-153     3 -1065.  2140.  2164.    493.         996  1000
 6     0.508         0.506 0.704      343. 8.20e-153     3 -1066.  2142.  2167.    494.         996  1000
 7     0.500         0.498 0.710      332. 2.50e-149     3 -1074.  2159.  2183.    502.         996  1000
 8     0.504         0.502 0.707      337. 5.31e-151     3 -1070.  2151.  2175.    498.         996  1000
 9     0.497         0.495 0.712      328. 4.24e-148     3 -1077.  2164.  2189.    505.         996  1000
10     0.504         0.502 0.707      337. 5.42e-151     3 -1070.  2151.  2175.    498.         996  1000
11     0.496         0.494 0.713      326. 1.43e-147     3 -1078.  2167.  2191.    506.         996  1000
12     0.505         0.504 0.706      339. 1.13e-151     3 -1069.  2148.  2172.    496.         996  1000
13     0.508         0.507 0.704      343. 4.55e-153     3 -1066.  2141.  2166.    493.         996  1000
14     0.507         0.506 0.704      342. 1.24e-152     3 -1067.  2143.  2168.    494.         996  1000
15     0.500         0.499 0.709      333. 1.44e-149     3 -1074.  2157.  2182.    501.         996  1000
16     0.510         0.509 0.703      346. 8.28e-154     3 -1064.  2138.  2162.    492.         996  1000
17     0.502         0.500 0.709      334. 4.34e-150     3 -1073.  2155.  2180.    500.         996  1000
18     0.490         0.489 0.717      319. 3.58e-145     3 -1084.  2178.  2202.    512.         996  1000
19     0.489         0.487 0.718      317. 1.42e-144     3 -1085.  2181.  2205.    513.         996  1000
20     0.508         0.507 0.704      343. 6.61e-153     3 -1066.  2142.  2167.    494.         996  1000
```

우선 pooled, 즉 통합된 회귀모형 추정결과를 살펴봅시다. 여기서 estimate는 $m = 20$을 통해 얻은 회귀계수들의 평균입니다(앞서 MI 기법의 통합과정을 설명하는 공식에서 $\bar{Q}$에 해당되는 값입니다). ubar는 $\bar{U}$, 즉 내분산(within-variance)이고, b는 B, 즉 간분산(between-variance)이며, t는 T로 표기한 총분산(total variance)입니다. dfcom은 결측데이터를 고려하지 않았을 경우의 자유도(앞서 공식 부분에서 υ_{com}으로 소개하였음), df는 루빈의 자유도 공식에 따라 계산된 수정된 자유도(앞서 공식 부분에서 υ로 표기하였음)를 의미합니다. 또한 riv는 r(relative increase of variance)을, lambda는 λ를 의미하고, fmi는 결측값 발생비율(fraction of missing information)을 의미합니다. 즉 pooled 오브젝트의 결과는 MI 기법의 세 번째 단계인 통합 단계에서 소개한 공식들에 투입되는 통계치들을 보여준 것입니다.

다음으로 glanced 오브젝트는 어렵지 않게 이해할 수 있습니다. 해당 출력결과의 변수들은 일반화 선형모형(GLM, generalized linear model)에서 보고되는 모형적합도 통계치들입니다. 모형적합도 지수들을 어떻게 통합할 것인가에 대해서는 논란이 있습니다. 이 부분은 절편과 회귀계수 추정결과를 설명한 후에 다시 언급하겠습니다.

회귀모형 추정결과를 얻는 방법은 아래와 같이 간단합니다. 여기서는 conf.int=TRUE를 지정하는 방식으로 절편과 회귀계수의 95% 신뢰구간을 같이 추정하였습니다. 출력결과에서 알 수 있듯, 절편과 회귀계수별 통계적 유의도 테스트의 자유도(df)가 제각각인 점만 뺀다면 일반적인 OLS 회귀모형과 동일하게 해석하면 됩니다.

```
> summary(pool_regress_mar,conf.int=TRUE) %>%
+ as_tibble()
# A tibble: 4 x 8
         term estimate std.error statistic    df       p.value  `2.5%` `97.5%`
        <fct>    <dbl>     <dbl>     <dbl> <dbl>         <dbl>   <dbl>   <dbl>
1 (Intercept)   0.0113    0.0246     0.461  380.         0.645 -0.0370  0.0596
2          X1    0.430    0.0302     14.2   159.         0        0.370   0.489
3          X2    0.272    0.0278      9.77  322.         0        0.217   0.326
4          X3    0.185    0.0299      6.20  327. 0.00000000173    0.126   0.244
```

절편과 회귀계수(정확하게는 비표준화 회귀계수)를 통합하는 것은 간단합니다. 반면에 표준화 회귀계수와 회귀모형의 모형적합도 지수들을 통합하는 것은 꽤 복잡하며, 적어도 2020년 현재까지 확립된 계산절차는 없는 것으로 알고 있습니다(Harel, 2009; Van Buuren, 2018; Van Ginkel, 2019, 2020). 먼저 표준화 회귀계수를 살펴보죠. 변수 X_j의 표준화 회귀계수(β_j)와 비표준화 회귀계수(b_j)는 다음과 같은 공식으로 표시됩니다.

$$\beta_j = \frac{s_{X_j}}{s_Y} b_j$$

MI 기법에서 표준화 회귀계수를 산출하기 어려운 이유는 통합 단계 이전에 표준화를 적용한 결과와 통합 단계 이후에 표준화를 적용한 결과가 동일하지 않기 때문입니다(Van Ginkel, 2020). 반긴켈(Van Ginkel, 2020)의 시뮬레이션 결과에 따르면, 통합 후 표준화를 적용한(PS, pooling before standardization) 표준화 회귀계수($\beta_{j,PS}$)와 표준화 후 통합을 적용한(SP, standardization before pooling) 표준화 회귀계수($\beta_{j,SP}$) 모두 완전데이터를 가정했을 때의 표준화 회귀계수 조건들을 충족하지 못하는 것으로 나타났습니다.[9]

R^2와 수정된 R^2의 경우도 마찬가지입니다. 일반적으로 m개의 R^2를 통합하는 방법으로는 앞서 상관계수 계산에서 소개한 피셔의 Z 변환을 적용한 하렐(Harel, 2009)의 R^2 통합 방법을 많이 사용합니다. 이외에도 m개의 R^2를 평균하는 방식, 대체투입 데이터를 대상으로 얻은 F통계치들을 통합한 후 이를 기반으로 R^2를 환산하는 방식 등도 사용합니다. 반긴켈(Van Ginkel, 2019)의 시뮬레이션 연구에 따르면 이들 중에서 가장 적절한 방식의 R^2는 m개의 R^2를 평균하는 방식으로 계산된 $\bar{R}^2$이지만, $\bar{R}^2$에도 문제점이 없지 않다는 결론을 얻었습니다. 이후의 연구(Van Ginkel, 2020)에서는 앞서 소개한 표준화 회귀계수를 기반으로 추정한 통합된 R^2 계산방식(구체적으로 R^2_{SP}와 R^2_{PS})을 제시하고 있지만, 안타깝게도 수학적으로 완전하다고 보기는 어려운 상황입니다. 따라서 이상의 논의를 근거로 이 책에서는 표준화 회귀계수나 모형적합도를 통합하는 방법에 대해서는 구체적인 실습 사례를 소개하지 않았습니다.

끝으로 배속관계(embedded relationship)를 갖는 경쟁모형들을 테스트하는 방법을 소개하고 회귀모형 추정결과 통합을 마무리하고자 합니다. 즉 MI 기법이 적용된 환경에서 OLS 회귀모형에서 흔히 사용되는 모형비교 테스트(model comparison test)를 어떻게 실시할 수 있을지 살펴봅시다. 2부에서 소개한 ML 기법과 마찬가지로 MI 기법을 사용하는 경우에도 '로그우도비 카이제곱 테스트(log-likelihood ratio, LR, χ^2 test)'와 '왈드 카이제곱 테스트(Wald χ^2 test)'를 실시할 수 있습니다. 각 테스트는 `D3()` 함수, `D1()` 함수를 사용하면 됩니다[여기서 D는 이탈도(deviance)를 의미합니다].[10] 모형비교 테스트를 위해 `X1`만 독립변수로 투입한 회귀모형을 추정한 후 `regress_mar0`이라는 이름의 오브젝트로 저장했습니다.

9 $\beta_{j,PS}$의 경우, Y와 X_j 두 변수를 투입한 단순 회귀모형의 표준화 회귀계수가 피어슨 회귀계수와 다른 결과가 나왔습니다. $\beta_{j,SP}$의 경우 Y와 X_j 두 변수의 표준편차와 비표준화 회귀계수를 이용해 얻은 표준화 회귀계수가 $\beta_{j,SP}$와 동일하지 않으며, $\beta_{j,SP}$를 기반으로 얻은 테스트 통계치가 비표준화 회귀계수를 기반으로 얻은 테스트 통계치와 동일하지 않은 것으로 나타났습니다(Van Ginkel, 2020, p. 189).

10 `D2()` 함수도 존재하지만 일반적으로 권장되지 않습니다(Van Buuren, 2018, p. 152).

```
> # 모형비교
> regress_mar0=with(myimp,lm(Y~X1))
> D3(regress_mar,regress_mar0) # LR Chi2 test
  test statistic   df1  df2     dfcom   p.value          riv
1 ~~ 2          74.17577    2  445.0617        996   0 0.3641313
> D1(regress_mar,regress_mar0) # Wald's Chi2 test
  test statistic   df1  df2     dfcom   p.value          riv
1 ~~ 2          90.88124    2  473.4859        996   0 0.2291962
```

2가지 모형비교 테스트에서 잘 드러나듯, X2와 X3 두 변수를 추가로 투입하였을 때 설명력이 통계적으로 유의미하게 증가하는 것을 확인할 수 있습니다.

7 결측데이터 발생 상황별 MI 기법 분석결과 비교

지금까지 MAR 가정 상황에서 생성된 시뮬레이션 데이터를 대상으로 기술통계분석, 상관관계분석, 회귀분석 3가지를 실시하였습니다. 앞서 완전데이터, MCAR 상황에서의 결측데이터, MAR 상황에서의 결측데이터, MNAR 상황에서의 결측데이터 총 4가지 시뮬레이션 데이터를 생성한 바 있습니다. 여기서는 각 시뮬레이션 데이터를 대상으로 MI 기법을 적용하여 기술통계분석과 상관계수분석, 회귀분석 3가지를 비교해보겠습니다. 먼저 앞에서 실시했던 과정들을 다음과 같은 하나의 개인함수로 정리하였습니다.

```
> # 반복작업을 위한 개인함수 설정
> fun_MI_descriptive_correlation_regress=function(myseed,mydata,mydigit,myM){
+  # M, SD 계산
+  set.seed(myseed)
+  myimp=mice(data=mydata,m=myM,print=FALSE)
+  dlist_myimp=mids2datlist(myimp)
+  myanalysis=with(dlist_myimp,
+                  fun=function(data){
+                    fun_MI_descriptive_statistics(data)
+                  })
+  mypoolMSD=withPool_MI(myanalysis) %>%
```

```
+   mutate(
+    vars=rownames(.),
+    M=format(round(mean,mydigit),mydigit),
+    SD=format(round(sd,mydigit),mydigit)
+   ) %>% select(vars:SD)
+  #상관계수
+  mypoolCOR=micombine.cor(mi.res=dlist_myimp,
+                              variables=mypoolMSD$vars) %>%
+   as_tibble() %>%
+   mutate(
+    mystar=cut(p,c(-Inf,0.001,0.01,0.05,Inf),c("***","**","*","")),
+    myreport=str_c(format(round(r,mydigit),mydigit),mystar)
+   ) %>% select(variable1,variable2,myreport) %>%
+   pivot_wider(names_from=variable2,values_from=myreport) %>%
+   select(.$variable1) %>%
+   as.matrix()
+  diag(mypoolCOR)=as.character(format(1,nsmall=mydigit))
+  mypoolCOR[upper.tri(mypoolCOR)]=""
+  #합치기
+  MSD_COR = mypoolMSD %>% bind_cols(mypoolCOR %>% data.frame() )
+  #회귀모형 추정
+  myregress_pool=pool(with(myimp,lm(Y~X1+X2+X3)))
+  myresult = list(MSD_COR,myregress_pool)
+  myresult
+ }
```

시뮬레이션 데이터들에 fun_MI_descriptive_correlation_regress() 함수로 추정한 기술통계분석, 상관계수분석, 회귀분석 결과를 정리하면 아래와 같습니다.

```
> # 4가지 시뮬레이션 데이터들에 적용
> result_comp=read_csv("sim_CD.csv") %>%
+  fun_MI_descriptive_correlation_regress(1234,.,3,20)
Parsed with column specification:
cols(
 Y = col_double(),
 X1 = col_double(),
 X2 = col_double(),
 X3 = col_double()
)
```

```
> result_mcar=read_csv("sim_mcar.csv") %>%
+  fun_MI_descriptive_correlation_regress(1234,.,3,20)
Parsed with column specification:
cols(
 Y = col_double(),
 X1 = col_double(),
 X2 = col_double(),
 X3 = col_double()
)
> result_mar=read_csv("sim_mar.csv") %>%
+  fun_MI_descriptive_correlation_regress(1234,.,3,20)
Parsed with column specification:
cols(
 Y = col_double(),
 X1 = col_double(),
 X2 = col_double(),
 X3 = col_double()
)
> result_mnar=read_csv("sim_mnar.csv") %>%
+  fun_MI_descriptive_correlation_regress(1234,.,3,20)
Parsed with column specification:
cols(
 Y = col_double(),
 X1 = col_double(),
 X2 = col_double(),
 X3 = col_double()
)
```

4가지 상황별 평균과 표준편차, 상관계수를 비교한 결과는 아래와 같습니다.

```
> # 기술통계분석, 상관관계분석 추정결과 비교
> compare_MI_MSD_COR = bind_rows(
+  result_comp[[1]] %>% mutate(mech="Complete"),
+  result_mcar[[1]] %>% mutate(mech="MCAR"),
+  result_mar[[1]] %>% mutate(mech="MAR"),
+  result_mnar[[1]] %>% mutate(mech="MNAR")
+ )
> compare_MI_MSD_COR
```

```
   vars      M    SD        Y        X1        X2    X3     mech
 1    Y  0.015 1.002    1.000                             Complete
 2   X1 -0.010 1.026 0.621***    1.000                    Complete
 3   X2  0.018 1.009 0.514*** 0.399***    1.000           Complete
 4   X3  0.041 0.953 0.470*** 0.421*** 0.415*** 1.000 Complete
 5    Y  0.015 1.002    1.000                                 MCAR
 6   X1 -0.024 1.023 0.627***    1.000                        MCAR
 7   X2  0.008 1.017 0.532*** 0.394***    1.000               MCAR
 8   X3  0.041 0.953 0.470*** 0.440*** 0.435*** 1.000         MCAR
 9    Y  0.015 1.002    1.000                                  MAR
10   X1  0.000 1.023 0.625***    1.000                         MAR
11   X2 -0.012 1.021 0.525*** 0.407***    1.000                MAR
12   X3  0.041 0.953 0.470*** 0.417*** 0.401*** 1.000          MAR
13    Y  0.015 1.002    1.000                                 MNAR
14   X1 -0.022 1.034 0.640***    1.000                        MNAR
15   X2 -0.033 1.024 0.493*** 0.394***    1.000               MNAR
16   X3  0.041 0.953 0.470*** 0.425*** 0.387*** 1.000         MNAR
```

완전데이터 상황에서의 데이터와 비교할 때, MCAR 상황의 데이터나 MAR 상황의 데이터에 대해 MI 기법을 적용하여 얻은 결과는 크게 다르지 않습니다. 반면 MNAR 상황의 시뮬레이션 데이터에 대해 MI 기법을 적용한 경우, 결측값이 발생한 X1, X2 변수와 다른 두 변수(X3, Y)의 상관계수는 조금 더 큰 차이가 나타나는 것을 확인할 수 있습니다.

그렇다면 회귀분석 추정결과는 어떨까요? 시각화를 통해 상황별 절편 및 회귀계수의 95% 신뢰구간(CI, confidence interval)을 비교한 결과는 [그림 11-2]와 같습니다.

```
> #시각화 : 회귀분석 추정결과 비교
> compare_MI_OLS = bind_rows(
+  summary(result_comp[[2]],conf.int=T) %>% mutate(mech="Complete"),
+  summary(result_mcar[[2]],conf.int=T) %>% mutate(mech="MCAR"),
+  summary(result_mar[[2]],conf.int=T) %>% mutate(mech="MAR"),
+  summary(result_mnar[[2]],conf.int=T) %>% mutate(mech="MNAR")
+ ) %>% as_tibble() %>%
+  mutate(
+   vars=fct_reorder(term,row_number()),
+   mech=fct_reorder(mech,row_number()),
+   pest=estimate,
```

```
+  SE=std.error,
+  ll95=`2.5 %`,
+  ul95=`97.5 %`,
+  ) %>% select(mech,vars,pest,SE,df,ll95,ul95)
> compare_MI_OLS %>%
+ ggplot(aes(x=vars,y=pest,colour=mech))+
+ geom_point(size=2,position=position_dodge(width=0.3))+
+  geom_errorbar(aes(ymin=ll95,ymax=ul95),width=0.3,position=position_
dodge(width=0.3))+
+  labs(x="Parameter",y="Point estimates with 95% CI",colour="Missing
mechanism")+
+ theme_bw()+theme(legend.position="top")
```

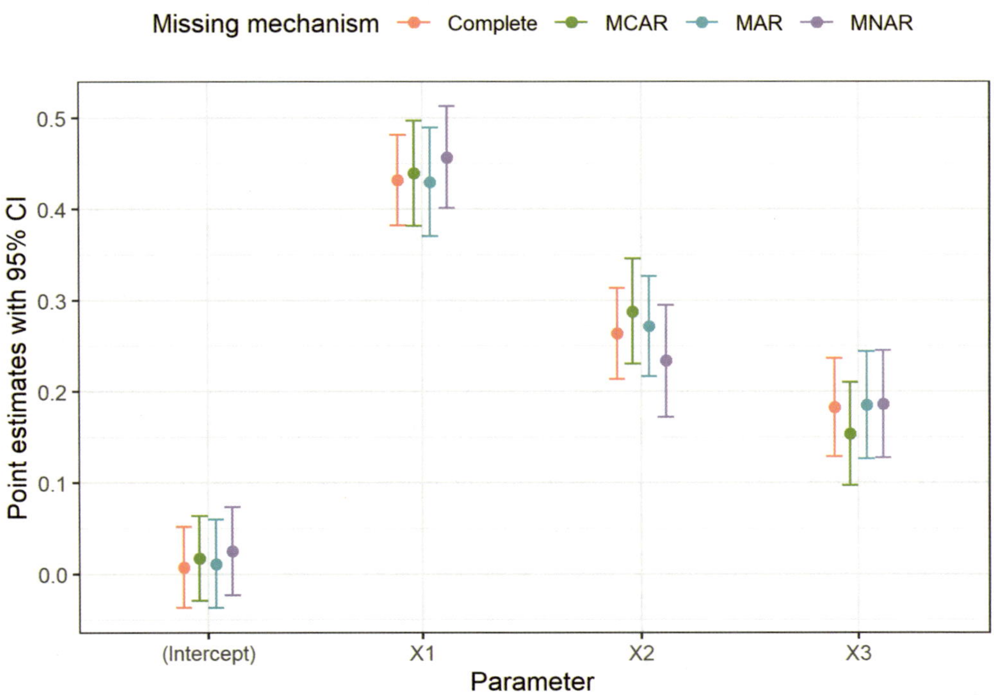

[그림 11-2] 시뮬레이션 상황별 MI 기법 기반 회귀분석 추정결과 비교

8 현실데이터 대상 MI 기법 분석실습

시뮬레이션 데이터의 경우 모든 변수가 정규분포를 띠고 있었습니다. 그러나 사회과학 분야 현실데이터의 경우 범주형 변수들이 적지 않습니다. 여기서는 현실데이터인 ANES2008 데이터를 대상으로 MI 기법을 실습해보겠습니다. 2부에서 소개한 ML 기법에서 추정했던 OLS 회귀모형 중 하나를 MI 기법으로 추정해보겠습니다. 구체적으로 공화당 대통령 후보였던 존 매케인에 대한 감정점수(FT_mccain)를 종속변수로 하고, 성별(female), 연령(ageyr), 인종(race3), 교육수준(educ), 소득수준(hhinc), 미국사회의 흑인 대통령 수용여부(readyBP), 현직 대통령인 부시 대통령의 직무수행 평가 관련 세 변수(economy, environ, iraqwar)를 독립변수로 하는 OLS 회귀모형을 추정해보겠습니다.

우선 ANES2008 데이터에서 모형에 투입될 변수들만 추려냈습니다. 결측값을 보다 잘 추정한 대체투입 데이터를 생성하기 위한 보조변수 사용방법에 대해서는 다음 장에서 소개할 예정이기 때문입니다. 즉 투입모형과 분석모형을 정확하게 동일하다고 가정했습니다.

```
> # 현실 데이터를 이용한 실습
> # 5장에서 사용한 변수들만 선택 (ML과의 비교)
> mydata = read_csv("anes2008_example.csv") %>%
+ select(FT_mccain,female,race3,educ,hhinc,readyBP,economy,environ,iraqwar)
Parsed with column specification:
cols(
 female = col_double(),
 race3 = col_double(),
 ageyr = col_double(),
 educ = col_double(),
 hhinc = col_double(),
 voteplan = col_double(),
 votechoice = col_double(),
 FT_obama = col_double(),
 FT_mccain = col_double(),
 FT_biden = col_double(),
 FT_palin = col_double(),
 FT_Dparty = col_double(),
```

```
 FT_Rparty = col_double(),
 economy = col_double(),
 environ = col_double(),
 iraqwar = col_double(),
 hopeBP = col_double(),
 readyBP = col_double()
)
> mydata
# A tibble: 2,322 x 10
  FT_mccain female ageyr race3  educ  hhinc readyBP economy environ iraqwar
      <dbl>  <dbl> <dbl> <dbl> <dbl>  <dbl>   <dbl>   <dbl>   <dbl>   <dbl>
1        60      0    35     2     4     24       1       2       2       1
2        70      1    58     0     3     13       0       1       1       2
3        60      1    39     0     6     21       1       3       1       2
4        70      0    50     0     3     21       0       3       3       4
5        70      0    72     0     6     19       1       1       3       1
6        85      1    71     0     4     18       0       1       4       4
7        70      1    66     0     6     15       1       2       2       1
8        70      0    56     0     5     20      NA       2       2       2
9        85      1    40     0     4     19       1       2       2       1
10       50      0    55     1     5     19       0       4       3       4
# ... with 2,312 more rows
```

데이터의 변수들 중에서 female, race3, readyBP 변수는 이분변수이거나 무순위 범주형 변수입니다. 또한 ML 기법을 적용할 때 감정점수 변수에 0.10을 곱하는 방식으로 측정단위를 조정한 바 있으며, 연속형 변수들로 가정된 독립변수들은 모두 평균중심화 변환을 적용하였습니다. 연속형 변수가 아닌 변수들을 지정하고 변수들을 변환하는 과정은 아래와 같습니다.

```
> # 사전처리
> df_MI = mydata %>%
+ rename_all(~(str_remove(.,"_"))) %>% # FT_의 _를 지움
+ mutate_at(
+  vars(female,race3,readyBP),
+   ~(factor(.))
+ ) %>%
+ mutate_at(
+  vars(educ,hhinc,economy,environ,iraqwar),
```

```
+   ~(. - mean(., na.rm=TRUE)) #평균중심화 변환
+  ) %>%
+  mutate(
+   ageyr=0.1*ageyr,
+   FTmccain=0.1*FTmccain    #ML에서 10을 나누어주었음
+  )
```

이제 MI 기법의 3단계, 즉 대체투입(imputing), 분석(analyzing), 통합(pooling) 단계에 따라 분석을 실시해보겠습니다. 먼저 대체투입 과정은 아래와 같습니다. mice() 함수에 m = 20을 지정하였고, 랜덤시드넘버로 1234를 지정하였습니다. mice() 함수의 경우, 대체투입 과정에서 측정값이 2개인 요인형 변수는 이분변수로 취급한 후 로지스틱 회귀모형("logreg")을 이용하여 결측값을 추정하고, 측정값이 3개 이상인 요인형 변수는 무순위 범주형 변수로 취급한 후 다항로지스틱 회귀모형("polyreg")을 이용하여 결측값을 추정합니다. 또한 앞서 시뮬레이션 데이터를 분석했던 실습사례에서 보았듯 더블형 변수의 결측값 추정 시에는 PMM("pmm") 알고리즘을 사용합니다.[11]

```
> # Imputing 단계
> # 동일 결과를 원한다면 seed 옵션 동일하게
> myimp = mice(data=df_MI,m=20,print=FALSE,seed=1234)
> myimp
Class: mids
Number of multiple imputations:  20
Imputation methods:
FTmccain female ageyr      race3  educ hhinc  readyBP economy environ iraqwar
    "pmm"     ""  "pmm" "polyreg" "pmm" "pmm" "logreg"   "pmm"   "pmm"   "pmm"
PredictorMatrix:
         FTmccain female ageyr race3 educ hhinc readyBP economy environ iraqwar
FTmccain        0      1     1     1    1     1       1       1       1       1
```

11 위 출력결과에서 나타나듯, mice() 함수에서는 변수의 유형을 인식한 다음 자동으로 변수별 추정방법을 결정합니다. 만약 다른 추정방법을 적용하고자 한다면 method 옵션을 별도로 지정해주면 됩니다. mice() 함수에서는 매우 다양한 method 옵션을 제공합니다(4장에서 회귀투입 기법을 위해 "norm.predict", 확률적 회귀투입 기법을 위해 "norm.nob" 옵션을 지정했던 것을 기억하실 것입니다). 자세한 설명은 패키지 매뉴얼이나 반뷰렌(Van Buuren, 2018)을 참조하시기 바랍니다.

```
female          1     0     1     1     1     1      1      1      1      1
ageyr           1     1     0     1     1     1      1      1      1      1
race3           1     1     1     0     1     1      1      1      1      1
educ            1     1     1     1     0     1      1      1      1      1
hhinc           1     1     1     1     1     0      1      1      1      1
```

먼저 기술통계분석을 실시해봅시다. 연속형 변수의 경우 평균과 표준편차를, 범주형 변수의 경우 빈도와 퍼센트를 구해보겠습니다. 우선 연속형 변수를 대상으로 평균과 표준편차를 구하는 것은 그리 어렵지 않습니다. 앞에서 소개한 과정과 마찬가지로 mids2datlist() 함수를 이용하여 myimp 오브젝트를 *m*개의 대체투입 데이터들로 구성된 리스트 형태의 오브젝트로 바꾸었습니다.

```
> # Analyzing 단계
> # 연속형 변수의 경우: 평균/표준편차
> dlist_myimp=mids2datlist(myimp)
```

이제 리스트 형태로 합쳐진 *m*개의 대체투입 데이터에 대해 with() 함수를 이용하여 평균과 표준편차를 구해봅시다. 앞서 설정한 fun_MI_descriptive_statistics() 함수를 사용하면 그리 어렵지 않게 평균과 표준편차를 구할 수 있습니다. 여기서 한 가지 주의할 것은 리스트 형태로 합쳐진 *m*개의 대체투입 데이터에서 범주형 변수는 빼고 연속형 변수에 대해서만 평균과 표준편차를 계산하는 것입니다. 저희는 아래와 같이 select() 함수에 where() 함수를 지정한 후, is.numeric() 함수를 이용하여 변수 형태가 연속형 변수인 경우인 하위 데이터를 선별하는 전략을 취하였습니다.

```
> myanalysis_cont=with(dlist_myimp,
+                 fun=function(data){
+                   data_cont = data %>% select(where(is.numeric)) # 연속형 변수들만
+                   fun_MI_descriptive_statistics(data_cont)
+                 })
> withPool_MI(myanalysis_cont)
                mean         sd
FTmccain  4.860529716  2.5972532
ageyr     4.735366064  1.7368485
```

```
educ      -0.002035537  1.5585709
hhinc     -0.096451287  6.3006120
economy   -0.009012063  0.9523632
environ    0.002777586  1.1364672
iraqwar   -0.001367145  1.1542205
```

연속형 변수와 달리 범주형 변수의 경우 기술통계분석을 실시하는 것이 다소 까다롭습니다. 예를 들어 race3 변수의 빈도를 구한다고 가정해봅시다. 1번째 대체투입 데이터와 2번째 대체투입 데이터의 race3 변수의 빈도를 구하면 아래와 같습니다.

```
> # 범주형 변수의 경우: 까다로움!
> dlist_myimp[[1]] %>% count(race3)
  race3    n
1     0 1450
2     1  584
3     2  288
> dlist_myimp[[2]] %>% count(race3)
  race3    n
1     0 1447
2     1  589
3     2  286
```

세 범주의 인종집단의 빈도가 대체투입 데이터마다 다르게 나오는 것을 알 수 있습니다. 다시 말해 범주형 변수의 분석결과를 통합할 경우, 비현실적인 빈도가 나오는 경우가 발생합니다(이를테면 287.5명과 같이). 바로 이러한 이유 때문에 범주형 변수의 기술통계의 경우, 더미변수들로 변환한 후 더미변수의 평균과 표준편차를 구하는 전략을 취하는 것이 보통입니다(문제를 해결한다기보다는 우회하는 전략이라고 볼 수 있습니다).

```
> # 더미변수들을 생성한 후 연속형 변수의 평균과 표준편차 제시
> myanalysis=with(dlist_myimp,
+             fun=function(data){
+               data_cont = data %>% select(where(is.numeric)) # 연속형 변수들만
+               data_cate = data %>%
+                 select(where(is.factor)) %>% # 범주형 변수들만
+                 mutate(
```

```
+                    white=ifelse(race3==0,1,0),
+                    black=ifelse(race3==1,1,0),
+                    others=ifelse(race3==2,1,0),
+                    female=as.numeric(ifelse(female==1,1,0)),
+                    readyBP=as.numeric(ifelse(readyBP==1,1,0))
+                  ) %>% select(female,white,black,others,readyBP)
+                fun_MI_descriptive_statistics(bind_cols(data_cont,data_cate))
+           })
> # Pooling 단계
> mypoolMSD=withPool_MI(myanalysis) %>%
+  mutate(
+   vars=rownames(.),
+   M=format(round(mean,3),3),
+   SD=format(round(sd,3),3)
+  ) %>% select(vars:SD)
> mypoolMSD
        vars      M    SD
1  FTmccain  4.861 2.597
2     ageyr  4.735 1.737
3      educ -0.002 1.559
4     hhinc -0.096 6.301
5   economy -0.009 0.952
6   environ  0.003 1.136
7   iraqwar -0.001 1.154
8    female  0.570 0.495
9     white  0.624 0.485
10    black  0.252 0.435
11   others  0.124 0.329
12  readyBP  0.646 0.478
```

상관계수분석도 마찬가지입니다. 먼저 범주형 변수들을 더미변수들로 변환한 후 상관계수를 계산하는 전략입니다. 아래 제시된 과정은 앞서 MAR 상황에서 시뮬레이션된 데이터를 대상으로 상관계수를 계산하는 과정과 동일합니다.

```
> # 상관계수
> # 더미변수 접근
> dlist_myimp_dummy=list()
> for (i in 1:20){
+  data_cont = dlist_myimp[[i]] %>% select(where(is.numeric)) # 연속형 변수들만
```

```
+ data_cate = dlist_myimp[[i]] %>%
+   select(where(is.factor)) %>% # 범주형 변수들만
+   mutate(
+     white=ifelse(race3==0,1,0),
+     black=ifelse(race3==1,1,0),
+     others=ifelse(race3==2,1,0),
+     female=as.numeric(ifelse(female==1,1,0)),
+     readyBP=as.numeric(ifelse(readyBP==1,1,0))
+   ) %>% select(female,white,black,others,readyBP)
+ dlist_myimp_dummy[[i]] = bind_cols(data_cont,data_cate)
+ }
> mypoolCOR=micombine.cor(mi.res=dlist_myimp_dummy,
+                         variables=mypoolMSD$vars) %>%
+ as_tibble() %>%
+ mutate(
+   mystar=cut(p,c(-Inf,0.001,0.01,0.05,Inf),c("***","**","*","")),
+   myreport=str_c(format(round(r,3),3),mystar)
+ ) %>% select(variable1,variable2,myreport) %>%
+ pivot_wider(names_from=variable2,values_from=myreport) %>%
+ select(.$variable1) %>%
+ as.matrix()
> diag(mypoolCOR)="1.000"
> mypoolCOR[upper.tri(mypoolCOR)]=""
> # 평균/표준편차 데이터와 상관계수 행렬 합치기
> mypoolMSD %>% bind_cols(mypoolCOR %>% data.frame() )
  vars          M    SD  FTmccain     ageyr       educ      hhinc   economy   environ
1FTmccain   4.861 2.597     1.000
2ageyr      4.735 1.737  0.086***     1.000
3 educ     -0.002 1.559   0.067** -0.075***      1.000
4hhinc     -0.096 6.301  0.143***  -0.057**   0.431***      1.000
5economy   -0.009 0.952 -0.424***  -0.064**     -0.008   -0.068**     1.000
6environ    0.003 1.136 -0.423***     0.000     -0.003  -0.113***  0.485***     1.000
7iraqwar   -0.001 1.154 -0.521***  -0.070**  -0.101***  -0.185***  0.520***  0.503***
8female     0.570 0.495   -0.049*     0.027      0.006  -0.093***     0.029    0.052*
9white      0.624 0.485  0.271***  0.102***   0.143***   0.231*** -0.202*** -0.192***
10black     0.252 0.435 -0.278***    -0.024  -0.125***  -0.252***  0.212***  0.193***
11others    0.124 0.329    -0.032 -0.118***    -0.046*     -0.008     0.017     0.028
12readyBP   0.646 0.478 -0.100***     0.042    0.066**      0.010    0.055*   0.058**
```

```
   iraqwar   female     white     black  others  readyBP
1
2
3
4
5
6
7     1.000
8   0.080***    1.000
9  -0.276***   -0.009     1.000
10  0.274***    0.026  -0.748***    1.000
11   0.045*    -0.021  -0.484***  -0.218***    1.000
12    0.033  -0.073***  -0.061**   0.105***  -0.050*     1.000
```

끝으로 결측데이터에 MI 기법을 적용해 OLS 회귀분석을 실시해봅시다. with() 함수를 이용하여 리스트 형식으로 통합된 *m*개의 대체투입 데이터에 대해 OLS 회귀모형을 지정한 후, pool() 함수로 OLS 회귀모형 추정결과를 통합하는 과정은 아래와 같습니다.

```
> # 회귀모형 추정
> regress_anes=with(myimp,
+ lm(FTmccain~female+ageyr+race3+educ+hhinc+readyBP+economy+environ+iraqwar))
> pool_regress_anes=pool(regress_anes)
> summary(pool_regress_anes,conf.int=TRUE) %>% as_tibble()
# A tibble: 11 x 8
  term          estimate std.error statistic    df  p.value   `2.5 %` `97.5 %`
  <fct>            <dbl>     <dbl>     <dbl> <dbl>    <dbl>     <dbl>    <dbl>
 1 (Intercept)   4.97      0.160      31.0  1559.  0.          4.65     5.28
 2 female1      -0.0670    0.0901     -0.744 2186.  4.57e- 1   -0.244    0.110
 3 ageyr         0.0791    0.0270      2.93   991.  3.51e- 3   0.0261   0.132
 4 race31       -0.723     0.114      -6.35  1944.  2.62e-10   -0.946   -0.500
 5 race32       -0.262     0.141      -1.87  2032.  6.22e- 2   -0.538    0.0134
 6 educ          0.0263    0.0324      0.811 1524.  4.17e- 1   -0.0373   0.0899
 7 hhinc         0.00879   0.00850     1.03   820.  3.01e- 1   -0.00789  0.0255
 8 readyBP1     -0.355     0.0967     -3.67  1216.  2.49e- 4   -0.545   -0.166
 9 economy      -0.399     0.0590     -6.76  1287.  2.10e-11   -0.515   -0.283
10 environ      -0.369     0.0510     -7.24   574.  1.44e-12   -0.470   -0.269
11 iraqwar      -0.712     0.0507    -14.0   1157.  0.          -0.811   -0.612
```

MI 기법을 적용하여 추정한 OLS 회귀모형 추정결과를 ML 기법으로 추정한 결과와 비교해봅시다.

```
> # ML 기법과의 비교
> library(lavaan)
> myregress="FTmccain~female+black+others+ageyr+educ+hhinc+readyBP+economy+
  environ+iraqwar"
> mylavaan_object=sem(model=myregress,data=df_MI %>%
+                        mutate(black=ifelse(race3==1,1,0),
+                               others=ifelse(race3==2,1,0),
+                               female=as.numeric(ifelse(female==1,1,0)),
+                               readyBP=as.numeric(ifelse(readyBP==1,1,0))),
+                        missing="FIML",fixed.x=FALSE,meanstructure=TRUE)
> result_ML = parameterestimates(mylavaan_object) %>%
+  filter(lhs=="FTmccain") %>% filter(lhs!=rhs) %>%
+  mutate(
+   vars=ifelse(rhs=="","(Intercept)",rhs),
+   pest=est,
+   ll95=ci.lower,
+   ul95=ci.upper
+  ) %>% select(vars:ul95)
> result_MI = summary(pool_regress_anes,conf.int=TRUE) %>% as_tibble()
> # 2가지 결측기법을 합친 결과
> result_MI_ML = result_MI %>%
+  mutate(
+   vars=as.character(term),
+   vars=ifelse(term=="female1","female",vars),
+   vars=ifelse(term=="race31","black",vars),
+   vars=ifelse(term=="race32","others",vars),
+   vars=ifelse(term=="readyBP1","readyBP",vars),
+   method="MI"
+  ) %>%
+  rename(
+   ll95=`2.5 %`,ul95=`97.5 %`,
+   pest=estimate
+  ) %>%
+  select(vars,pest,ll95,ul95,method) %>%
+  bind_rows(result_ML %>% mutate(method="ML")) %>%
+  mutate(vars=fct_reorder(vars,row_number(),min))
```

```
> # 절편 비교
> result_MI_ML %>%
+  filter(vars=="(Intercept)")
# A tibble: 2 x 5
  vars          pest   ll95   ul95  method
  <fct>        <dbl>  <dbl>  <dbl>   <chr>
1 (Intercept)   4.97   4.65   5.28      MI
2 (Intercept)   4.96   4.64   5.27      ML
> # 회귀계수 비교
> result_MI_ML %>%
+  filter(vars!="(Intercept)") %>%
+  ggplot(aes(x=vars,y=pest,colour=method))+
+  geom_point(size=2,position=position_dodge(width=0.3))+
+  geom_errorbar(aes(ymin=ll95,ymax=ul95),width=0.3,position=position_dodge(width=0.3))+
+  labs(x="Parameter",y="Point estimates with 95% CI",colour="Missing mechanism")+
+  theme_bw()+theme(legend.position="top")
```

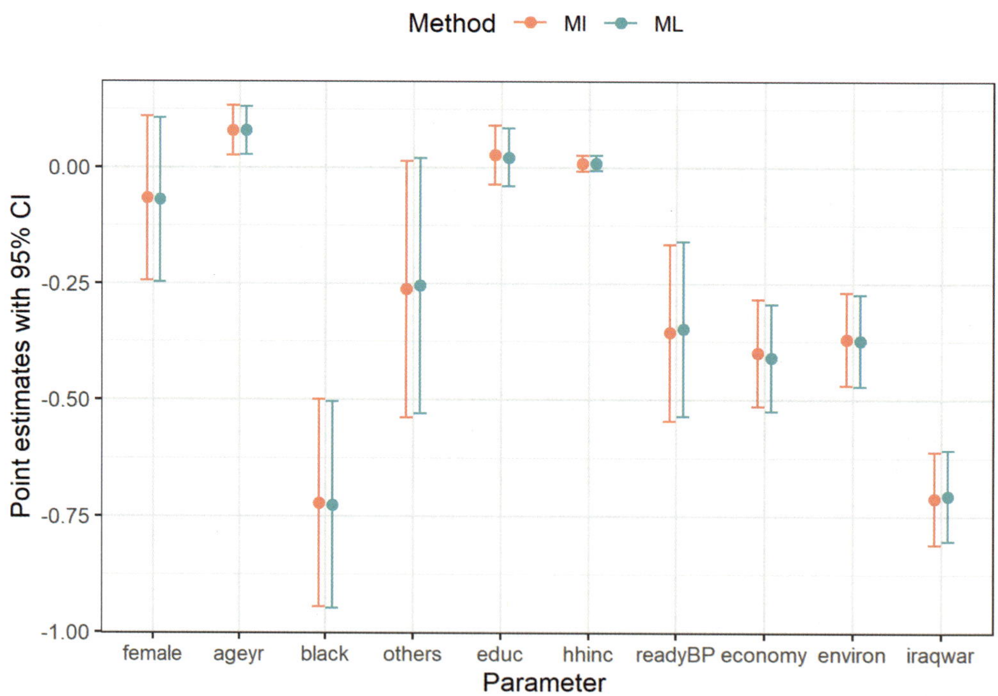

[그림 11-3] 결측데이터 대상 ML 기법과 MI 기법 적용 회귀분석 추정결과 비교

절편값과 [그림 11-3]에서 잘 나타나듯, MI 기법으로 얻은 추정결과와 ML 기법으로 얻은 추정결과는 아주 미미한 차이가 있을 뿐 거의 동일합니다. 실제로 2가지 결측데이터 분석기법으로 얻은 추정결과는 크게 다르지 않은 것이 보통입니다(Allison, 2002; Enders, 2010; Little & Rubin, 2020).

12장 보조변수를 포함한 MI 기법

결측데이터 분석에서 보조변수의 의미와 역할에 대해서는 앞서 7장에서 소개한 바 있습니다. 보조변수에 대해 "연구자가 연구모형을 통해 답하고자 하는 연구문제에 대한 보조적 정보를 제공하며, 연구모형에 포함된 변수에서 나타나는 결측값 발생여부 혹은 결측값이 발생한 변수와 연관성이 높은 변수"(Enders, 2010, p. 128)라는 정의를 소개했습니다. 앞서 설명했던 것처럼 ML 기법은 '투입모형'과 '분석모형'이 동일합니다. 따라서 보조변수를 포함하는 ML 기법[이를테면, 포화상관모형(saturated correlates model)]은 프로그래밍이 다소 번잡할 수밖에 없으며, 아울러 연구모형에 투입되는 핵심변수와 보조변수 사이의 상관관계가 너무 높을 경우 모형추정 과정에서 오류가 발생하기도 합니다.

투입모형과 분석모형이 동일한 ML 기법과 달리 MI 기법의 경우 두 모형의 추정과정이 분리되어 있습니다. MI 기법을 적용할 경우, 연구모형에 오로지 보조적 정보를 제공하는 데 그치는 보조변수들은 투입모형을 추정하는 과정에만 사용하고 분석모형을 추정하는 과정에서는 사용하지 않는 것이 보통입니다. 또한 투입모형과 분석모형이 분리되어 있기 때문에 연구모형을 구성하는 변수와 보조변수의 상관관계가 높아도 분석모형이 추정되지 않는 문제가 발생하는 경우가 드뭅니다. 적어도 보조변수 활용이라는 점에서 본다면 ML 기법에 비해 MI 기법을 사용하는 것이 훨씬 더 편합니다.

1 보조변수 포함 분석 실습

11장에서 추정했던 회귀모형에서 감정점수 변수들을 추가적인 보조변수로 활용하겠습니다. 구체적으로 공화당 대통령 후보였던 존 매케인에 대한 감정점수(FT_mccain)를 종속변수로 하고, 성별(female), 연령(ageyr), 인종(race3), 교육수준(educ), 소득수준(hhinc), 미국사회의 흑인 대통령 수용여부(readyBP), 현직 대통령인 부시 대통령의 직무수행 평가 관련 세 변수(economy, environ, iraqwar)를 독립변수로 하는 OLS 회귀모형을 추정하되, 보조변수들로 FT_Rparty, FT_Dparty, FT_palin, FT_obama, FT_biden 5개 감정변수를 사용하겠습니다.

아래와 같이 데이터를 불러온 후 분석모형에 사용할 변수들(종속변수와 독립변수)과 보조변수들(여러 감정변수들)로 투입모형에 사용될 변수를 한정 지었습니다.

```
> # 5장에서 사용한 변수들만 선택 (ML과의 비교)
> mydata = read_csv("anes2008_example.csv") %>%
+  select(FT_mccain,female,ageyr,race3,educ,hhinc,readyBP,economy,environ,iraqwar,
+         starts_with("FT_")) # 보조변수들
Parsed with column specification:
cols(
 female = col_double(),
 race3 = col_double(),
 ageyr = col_double(),
 educ = col_double(),
 hhinc = col_double(),
 voteplan = col_double(),
 votechoice = col_double(),
 FT_obama = col_double(),
 FT_mccain = col_double(),
 FT_biden = col_double(),
 FT_palin = col_double(),
 FT_Dparty = col_double(),
 FT_Rparty = col_double(),
 economy = col_double(),
 environ = col_double(),
 iraqwar = col_double(),
```

```
 hopeBP = col_double(),
 readyBP = col_double()
)
> mydata
# A tibble: 2,322 x 15
FT_mccain female ageyr race3  educ hhinc readyBP economy environ iraqwar FT_obama
    <dbl>  <dbl> <dbl> <dbl> <dbl> <dbl>   <dbl>   <dbl>   <dbl>   <dbl>    <dbl>
1      60      0    35     2     4    24       1       2       2       1       25
2      70      1    58     0     3    13       0       1       1       2        0
3      60      1    39     0     6    21       1       3       1       2       30
4      70      0    50     0     3    21       0       3       3       4       55
5      70      0    72     0     6    19       1       1       3       1       30
6      85      1    71     0     4    18       0       1       4       4        0
7      70      1    66     0     6    15       1       2       2       1       15
8      70      0    56     0     5    20      NA       2       2       2       30
9      85      1    40     0     4    19       1       2       2       1       40
10     50      0    55     1     5    19       0       4       3       4      100
# ... with 2,312 more rows, and 4 more variables: FT_biden <dbl>, FT_palin <dbl>,
#  FT_Dparty <dbl>, FT_Rparty <dbl>
```

투입모형에 투입될 변수들을 한정 지은 후 이분변수와 범주형 변수들을 요인형으로 바꾸고, 연속형 변수로 가정된 변수들은 평균중심화 변환을 실시하였습니다. 또한 측정단위가 너무 큰 감정점수 변수들과 연령 변수의 경우 0.10을 곱하는 방식으로 측정단위를 조정하였습니다.

```
> # 사전처리
> df_MI = mydata %>%
+ rename_all(~(str_remove(.,"_"))) %>% # FT_의 _를 지움
+ mutate_at(
+   vars(female,race3,readyBP),
+   ~(factor(.))
+ ) %>%
+ mutate_at(
+   vars(ageyr,educ,hhinc,economy,environ,iraqwar),
+   ~(. - mean(., na.rm=TRUE)) # 평균중심화 변환
+ ) %>%
+ mutate_at(
```

```
+   vars(ageyr,starts_with("FT")),
+   ~(0.1*(.))     #ML에서 10을 나누어주었음
+ )
```

이제 mice() 함수를 이용하여 대체투입 데이터들을 생성하면 됩니다. 11장에서와 마찬가지로 m = 20을 설정하였습니다. 아마도 ML 기법에 기반한 포화상관모형에 비하면 상대적으로 간단하다는 느낌을 받으실 것입니다.

```
> # Imputing 단계
> # 동일 결과를 원한다면 seed 옵션을 동일하게
> myimp = mice(data=df_MI,m=20,print=FALSE,seed=1234)
> myimp
Class: mids
Number of multiple imputations:  20
Imputation methods:
 FTmccain    female    ageyr      race3    educ   hhinc  readyBP economy  environ
    "pmm"        ""    "pmm" "polyreg"  "pmm"   "pmm" "logreg"   "pmm"    "pmm"
  iraqwar   FTobama   FTbiden   FTpalin   FTDparty  FTRparty
    "pmm"     "pmm"     "pmm"     "pmm"      "pmm"     "pmm"
PredictorMatrix:
         FTmccain female ageyr race3 educ hhinc readyBP economy environ iraqwar
FTmccain        0      1     1     1    1     1       1       1       1       1
female          1      0     1     1    1     1       1       1       1       1
ageyr           1      1     0     1    1     1       1       1       1       1
race3           1      1     1     0    1     1       1       1       1       1
educ            1      1     1     1    0     1       1       1       1       1
hhinc           1      1     1     1    1     0       1       1       1       1
         FTobama FTbiden FTpalin FTDparty FTRparty
FTmccain       1       1       1        1        1
female         1       1       1        1        1
ageyr          1       1       1        1        1
race3          1       1       1        1        1
educ           1       1       1        1        1
hhinc          1       1       1        1        1
```

이제 분석모형을 적용해봅시다. 개별 대체투입 데이터를 대상으로 회귀모형을 추정한 후, 추정결과들을 통합하는 과정은 다음과 같습니다. 11장에서 이야기했던 방식과 같이 with() 함수를 이용하여 분석 단계를 진행하고, pool() 함수를 이용하여 추정된 결과들을 통합하면 됩니다.

```
> # 회귀모형 추정
> regress_anes=with(myimp,
+ lm(FTbiden~female+ageyr+race3+educ+hhinc+readyBP+economy+environ+iraqwar))
> pool_regress_anes=pool(regress_anes)
> summary(pool_regress_anes,conf.int=TRUE) %>% as_tibble()
# A tibble: 11 x 8
   term        estimate std.error statistic    df  p.value   `2.5 %` `97.5 %`
   <fct>          <dbl>     <dbl>     <dbl> <dbl>    <dbl>     <dbl>    <dbl>
 1 (Intercept)  4.60      0.113      40.6   272.  0.          4.38      4.83
 2 female1      0.295     0.0982      3.00  487.  2.81e- 3    0.102     0.488
 3 ageyr        0.0634    0.0293      2.16  290.  3.15e- 2    0.00566   0.121
 4 race31       1.28      0.131       9.76  228.  0.          1.02      1.53
 5 race32       0.514     0.167       3.08  178.  2.39e- 3    0.185     0.843
 6 educ         0.0645    0.0370      1.74  212.  8.29e- 2   -0.00847   0.137
 7 hhinc       -0.00131   0.00932    -0.140 231.  8.89e- 1   -0.0197    0.0171
 8 readyBP1     0.794     0.112       7.11  178.  2.70e-11    0.574     1.01
 9 economy      0.194     0.0669      2.90  207.  4.18e- 3    0.0619    0.326
10 environ      0.248     0.0561      4.42  183.  1.71e- 5    0.137     0.359
11 iraqwar      0.306     0.0517      5.93  799.  4.50e- 9    0.205     0.408
```

MI 기법에서 보조변수를 활용하는 방법은 ML 기법보다 용이하다는 것에 동의하실 것입니다. 그렇다면 ML 기법으로 추정한 OLS 회귀모형 추정결과와 $m = 20$을 설정한 후 MICE 알고리즘을 기반으로 MI 기법으로 추정한 OLS 회귀모형 추정결과는 얼마나 다

를까요? 2가지 추정결과에서 회귀계수를 시각화하여 비교하면 [그림 12-1]과 같습니다.[1]

1 시각화 과정은 아래와 같습니다.

```
> #ML 기법(포화상관모형)과의 비교
> library(lavaan)
> library(semTools)
> mypath_no_aux = "
+ FTbiden~female+ageyr+black+others+educ+hhinc+readyBP+economy+environ+iraqwar
+ "
> aux_vars = c('FTobama','FTmccain','FTpalin','FTRparty','FTDparty')
> fit_ys_auxS = sem.auxiliary(model=mypath_no_aux,aux=aux_vars,
+                              data=df_MI%>%
+                                mutate(black=ifelse(race3==1,1,0),
+                                       others=ifelse(race3==2,1,0),
+                                       female=as.numeric(ifelse(female==1,1,0)),
+                                       readyBP=as.numeric(ifelse(readyBP==1,1,0))),
+                              missing="FIML",
+                              fixed.x=FALSE,meanstructure=TRUE)
> result_ys_auxS=parameterestimates(fit_ys_auxS) %>%
+  filter(lhs=="FTbiden") %>%
+  filter(op!="~~") %>%
+  mutate(
+   rhs=ifelse(rhs=="","(Intercept)",rhs),
+   source=fct_reorder(rhs,row_number()),
+   source=fct_relevel(source,"(Intercept)"),
+   method="ML"
+  ) %>% select(source,est,ci.lower,ci.upper,method) %>%
+  arrange(source)
> result_MI_ML = summary(pool_regress_anes,conf.int=TRUE) %>%
+  as_tibble() %>%
+  mutate(
+   source=result_ys_auxS$source,
+   method="MI"
+  ) %>%
+  rename(est=estimate,ci.lower=`2.5 %`,ci.upper=`97.5 %`) %>%
+  select(source,est,ci.lower,ci.upper,method) %>%
+  bind_rows(result_ys_auxS)
> # 회귀계수 비교
> result_MI_ML %>%
+  filter(source!="(Intercept)") %>%
+  ggplot(aes(x=source,y=est,colour=method))+
+  geom_point(size=2,position=position_dodge(width=0.3))+
+  geom_errorbar(aes(ymin=ci.lower,ymax=ci.upper),width=0.3,position=position_dodge(width=0.3))+
+  labs(x="Parameter",y="Point estimates with 95% CI",colour="Method")+
+  theme_bw()+theme(legend.position="top")
```

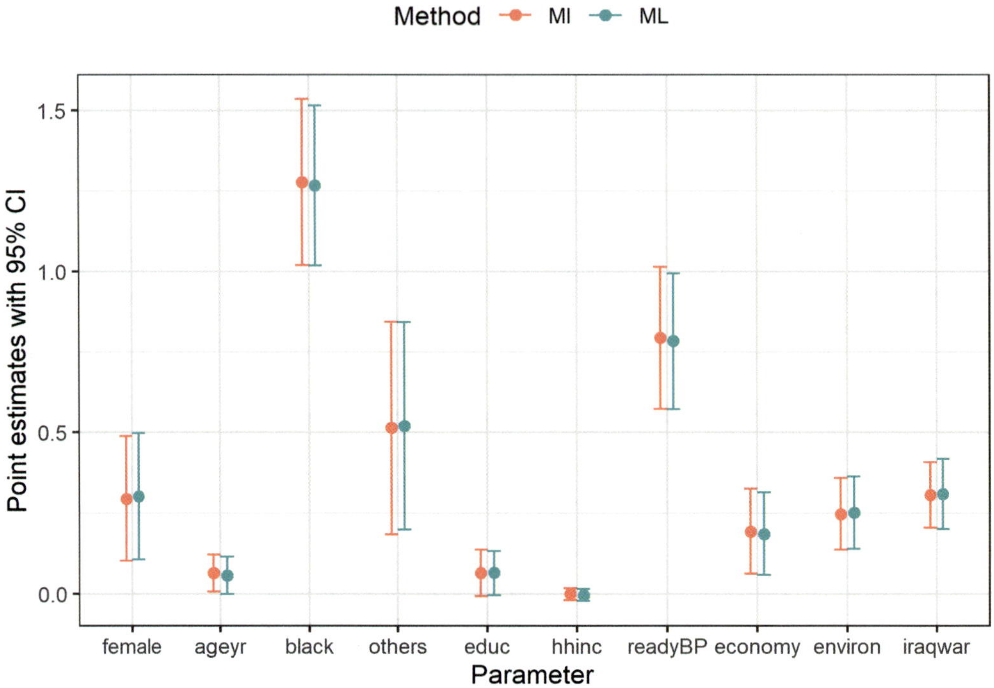

[그림 12-1] 보조변수를 포함하여 결측데이터에 대해 MI 기법과 ML 기법을 적용한 결과 비교

[그림 12-1]에서 잘 드러나듯, 추정된 회귀계수는 큰 차이가 없습니다. 또한 추정된 절편값의 경우도 MI 기법으로 추정할 경우 4.60, 95% CI (4.38, 4.83), ML 기법으로 추정할 경우 4.62, 95% CI (4.40, 4.84)로 아주 미미한 차이가 있을 뿐입니다. 즉 11장에서와 마찬가지로 MI 기법이든 ML 기법이든 결측데이터 분석결과에는 별다른 차이가 없다는 것을 잘 보여주고 있습니다.

13장
다차항 및 상호작용효과항이 투입된 MI 기법

사회과학에서 다루는 연구문제 중 상당수는 다차항(2차 혹은 3차 이상)의 효과나 상호작용효과를 다룹니다. 2부에서도 소개했듯이 독립변수와 종속변수의 관계가 단순 선형관계(simple linear relationship)를 보이지 않는다고 가정할 수 있을 경우, 다항 회귀모형(polynomial regression model)을 활용합니다. 또한 특정 독립변수가 종속변수에 미치는 효과가 다른 변수의 수준에 따라 달라지는지 여부를 테스트하기 위해 상호작용효과항을 투입하기도 합니다. 2부에서 소개했던 ML 기법에 기반하여 다차항 혹은 상호작용효과항을 테스트할 경우와 마찬가지로, 연속형 변수의 경우에도 거듭제곱을 하기 전에 혹은 다른 변수와 곱하기 항(product term)을 만들기 전에 평균중심화 변환을 실시하는 것이 좋습니다.

1 '투입후 변환' 대 '변환후 투입'

이미 여러 차례 반복하여 이야기한 바 있습니다만, MI 기법은 결측값을 추정하여 대체투입하기 위한 투입모형 추정 단계와, 연구자의 연구문제에 대한 답을 얻기 위한 분석모형 추정 단계가 서로 구분됩니다. 이러한 MI 기법의 특성으로 인해 다차항 혹은 상호작용효과항을 테스트할 때 어떤 순서로 다차항 혹은 상호작용효과항을 만들어야 하는지를 둘러싸고 논란이 벌어지기도 합니다. 즉 투입모형을 추정한 후에 다차항이나 상호작용효과항을 만들어서 분석모형에 투입해야 할까요? 아니면 다차항이나 상호작용효과항을 생성한 후에 투입모형을 추정한 후 분석모형을 추정해야 할까요? 앞의 방식을 '투입후 변환(impute-then-transform)' 방법이라고 부르고, 뒤의 방식을 '변환후 투입(transform-then-impute)' 방법[1]이라고 부릅니다.

만약 다차항이나 상호작용효과항에 이용되는 변수의 결측값 발생비율이 높지 않다면, 2가지 중 어떤 방법을 사용해도 결과는 크게 달라지지 않는 것이 보통입니다. 그러나 MI 기법의 이론적 가정이라는 관점에서 본다면 변환후 투입 방법이 투입후 변환 방법보다 더 타당합니다. 앞서 11장에서 투입모형과 분석모형이 상동성(congeniality)을 가져야 한다는 것을 설명한 바 있습니다. 즉 분석모형은 투입모형의 특성에서 비롯된 모형이어야 합니다. 다시 말해, 만약 분석모형이 상호작용효과항이나 다차항을 포함하는데 투입모형에는 상호작용효과항이나 다차항이 포함되어 있지 않다면, 엄밀한 의미에서 상동성을 가진다고 보기 어렵습니다(Von Hippel, 2009).[2]

물론 변환후 투입 방법에도 문제가 있기는 합니다. 투입모형을 추정한 결과를 기반으로 다차항 혹은 상호작용효과항을 동일하게 만들어낼 수 없습니다. 예를 들어 연구자가 분석모형에서 독립변수 X_1과 X_2의 상호작용효과를 테스트하려 한다고 가정합시다. 변환후 투입 방법을 사용하면, 투입모형에 두 변수를 곱하여 생성한 X_{12}라는 변수를 생성한 후 투입해야 할 것입니다. 문제는 투입모형을 추정하여 얻은 m개의 대체투입 데이터에서 아래와 같은 관계를 얻을 수 없다는 점입니다.

$$X_1 \times X_2 = X_{12}$$

1 변환후 투입 방법은 문헌에 따라 '다른 변수로 취급하는 방법(JAV, just another variable, approach)'이라고 불리기도 합니다.

2 폰히펠(Von Hippel, 2009)은 상동성(congeniality) 대신 병치가능성(compatibility)이라는 개념을 기반으로 '변환후 투입' 방법이 더 타당하다고 제안합니다. 상동성과 병치가능성, 두 용어의 관계와 차이에 대해서는 11장에서 논의한 바 있습니다.

변환후 투입 방법과 달리 투입후 변환 방법에서는 위와 같은 문제가 발생하지 않습니다. 그러나 앞서 말했듯, 투입후 변환 방법은 상동성 문제에서 자유롭지 못하다는 결정적 약점이 있습니다.

여기서는 $X_1 \times X_2 \neq X_{12}$와 같은 한계점이 있지만, 상동성 문제에서 자유로운 투입후 변환 방법을 이용해 다차항과 상호작용효과항을 투입한 회귀모형을 추정하겠습니다. 그리고 ML 기법과의 비교를 위해 8장에서 살펴본 다차항 추정 예시 모형과 상호작용효과항 추정모형을 MI 기법을 적용하여 반복해보겠습니다. 2부에서 소개한 예시에서 제시되었던 것처럼 다차항으로는 소득변수 2차항을 살펴보겠습니다. 그리고 상호작용효과항으로는 인종변수와 소득변수 1차항의 상호작용효과항, 인종변수와 소득변수 2차항의 상호작용효과항을 살펴보겠습니다. 대체투입 단계를 진행하기 위한 데이터 사전처리 과정은 아래와 같습니다.

```
> # 데이터 불러오기
> library(tidyverse)
> library(mice)
> library(miceadds)
> # 현실 데이터를 이용한 실습
> # 8장에서 사용한 변수들만 선택 (ML과의 비교)
> mydata = read_csv("anes2008_example.csv") %>%
+  select(FT_mccain,female,ageyr,race3,educ,hhinc,readyBP,economy,environ,iraqwar)
Parsed with column specification:
cols(
 female = col_double(),
 race3 = col_double(),
 ageyr = col_double(),
 educ = col_double(),
 hhinc = col_double(),
 voteplan = col_double(),
 votechoice = col_double(),
 FT_obama = col_double(),
 FT_mccain = col_double(),
 FT_biden = col_double(),
 FT_palin = col_double(),
 FT_Dparty = col_double(),
 FT_Rparty = col_double(),
```

```
 economy = col_double(),
 environ = col_double(),
 iraqwar = col_double(),
 hopeBP = col_double(),
 readyBP = col_double()
)
> # Transform then impute approach (Just another variable)
> # 사전처리
> df_MI = mydata %>%
+ rename_all(~(str_remove(.,"_"))) %>% # FT_의 _를 지움
+ mutate_at(
+  vars(female,race3,readyBP),
+  ~(factor(.))
+ ) %>%
+ mutate_at(
+  vars(ageyr,educ,hhinc,economy,environ,iraqwar),
+  ~(. - mean(., na.rm=TRUE)) # 평균중심화 변환
+ ) %>%
+ mutate_at(
+  vars(ageyr,starts_with("FT")),
+  ~(0.1*(.))    # ML에서 10을 나누어주었음
+ ) %>%
+ mutate(
+  hhinc2=hhinc^2,
+  Bhhinc=ifelse(race3==1,1,0)*hhinc,
+  Ohhinc=ifelse(race3==2,1,0)*hhinc,
+  Bhhinc2=ifelse(race3==1,1,0)*hhinc2,
+  Ohhinc2=ifelse(race3==2,1,0)*hhinc2
+ )
> df_MI
# A tibble: 2,322 x 15
  FTobama female  ageyr race3    educ  hhinc readyBP economy   environ iraqwar hhinc2
    <dbl>  <fct>  <dbl> <fct>   <dbl>  <dbl>   <fct>   <dbl>     <dbl>   <dbl>  <dbl>
1     2.5      0  -1.24     2  0.0624   10.3       1   -1.44     -1.00   -2.28   106.
2       0      1   1.06     0  -0.938 -0.700       0   -2.44     -2.00   -1.28  0.490
3       3      1 -0.837     0    2.06   7.30       1  -0.436     -2.00   -1.28   53.3
4     5.5      0  0.263     0  -0.938   7.30       0  -0.436  -0.00297   0.715   53.3
5       3      0   2.46     0    2.06   5.30       1   -2.44  -0.00297   -2.28   28.1
6       0      1   2.36     0  0.0624   4.30       0   -2.44     0.997   0.715   18.5
7     1.5      1   1.86     0    2.06   1.30       1   -1.44     -1.00   -2.28   1.69
```

```
8     3        0  0.863     0    1.06  6.30      NA   -1.44      -1.00    -1.28    39.7
9     4        1 -0.737     0  0.0624  5.30       1   -1.44      -1.00    -2.28    28.1
10   10        0  0.763     1    1.06  5.30       0   0.564 -0.00297    0.715    28.1
# ... with 2,312 more rows, and 4 more variables: Bhhinc <dbl>, Ohhinc <dbl>,
#  Bhhinc2 <dbl>, Ohhinc2 <dbl>
```

사전처리를 마무리한 후 mice() 함수를 이용하여 20개의 대체투입 데이터를 생성한 결과는 아래와 같습니다.

```
> # Imputing 단계
> myimp = mice(data=df_MI,m=20,print=FALSE,seed=1234)
```

2 다차항 추정 실습

ML 기법으로 다차항이 포함된 회귀모형을 추정했던 8장에서와 마찬가지로 오바마 후보에 대한 감정점수(FTobama) 변수를 종속변수로 하고, 성별(female), 연령(ageyr), 교육수준(educ), 인종(race3), 소득의 1차항과 2차항(hhinc, hhinc2), 미국사회의 흑인 대통령 수용여부(readyBP), 현직대통령의 직무수행 평가 관련 세 변수(economy, environ, iraqwar)를 독립변수로 하는 OLS 회귀모형을 MI 기법을 이용하여 추정하겠습니다.

먼저 with() 함수를 이용하여 개별 대체투입 데이터를 대상으로 회귀모형을 추정한 결과는 다음과 같습니다.

```
> # 회귀모형 추정
> regress_anes=with(myimp,
+                    lm(FTobama~female+ageyr+educ+race3+hhinc+hhinc2+
+                       readyBP+economy+environ+iraqwar))
```

이후 통합 단계를 밟아 *m*개의 회귀모형 추정결과를 통합한 결과는 아래와 같습니다.

```
> pool_regress_polynomial=pool(regress_anes)
> summary(pool_regress_polynomial,conf.int=TRUE) %>% as_tibble()
# A tibble: 12 x 8
  term          estimate std.error statistic    df    p.value   `2.5 %`   `97.5 %`
  <fct>            <dbl>     <dbl>     <dbl> <dbl>      <dbl>     <dbl>      <dbl>
1 (Intercept)   5.01       0.114      44.1   1558.   0.         4.79       5.24
2 female1       0.303      0.0947      3.20  2134.   1.39e- 3   0.118      0.489
3 ageyr        -0.135      0.0277     -4.90  1609.   1.07e- 6  -0.190     -0.0812
4 educ          0.0212     0.0338      0.628 1742.   5.30e- 1  -0.0451     0.0875
5 race31        1.81       0.119      15.3   2046.   0.         1.58       2.04
6 race32        0.704      0.150       4.71  1581.   2.69e- 6   0.411      0.998
7 hhinc        -0.0324     0.00895    -3.62  1335.   3.04e- 4  -0.0500    -0.0149
8 hhinc2       -0.00264    0.00115    -2.31   603.   2.15e- 2  -0.00489   -0.000392
9 readyBP1      1.23       0.104      11.8    750.   0.         1.03       1.43
10 economy      0.234      0.0605      3.87  1946.   1.14e- 4   0.115      0.353
11 environ      0.330      0.0532      6.21   641.   9.58e-10   0.226      0.435
12 iraqwar      0.638      0.0529     12.1   1330.   0.         0.534      0.742
```

추정결과를 보면 소득의 2차항이 $b_{hhinc2} = -0.00264$, $p = 0.0215$로 나타나 응답자의 소득과 오바마 후보에 대한 감정점수의 관계가 ∩형태의 관계를 갖는 것을 발견할 수 있습니다. ML 기법을 소개하였을 때와 마찬가지로 다차항이 투입된 경우 독립변수와 종속변수의 관계를 이해하는 가장 좋은 방법은 시각화입니다. MI 기법으로 얻은 회귀모형의 통합 추정 방정식을 기반으로 hhinc 변수와 FTobama 변수의 예측값과의 관계를 시각화하면 아래와 같습니다.

우선 가장 첫 번째 단계로 hhinc 변수의 수준들을 추출하였습니다.

```
> # 시각화
> # 1단계: hhinc 변수의 값들을 확보
> var_hhinc=unique(sort(df_MI$hhinc[!is.na(df_MI$hhinc)]))
```

다음으로 MI 기법을 적용하여 얻은 회귀모형 추정결과를 기반으로 다른 변수들을 통제한 후, hhinc 변수의 수준별 종속변수의 값을 예측하였습니다. 다른 변수들의 효과를 통제할 때 연속형 변수들의 경우에는 각 변수의 평균값을 가정했고, 더미변수들의 경우에는 모두 0을 가정했습니다(즉 성별의 경우 남성, 인종의 경우 백인, 흑인사회의 미국대통령 수용여부의 경우 수용불가 입장). 연속형 변수의 평균값을 가정하기 위해서는 11장에서 소개했던 방법으로 각 변수의 평균값을 구해야 합니다. 계산과정이 조금 번잡할 뿐, 연속형 변수들의 평균값을 어렵지 않게 얻을 수 있을 것입니다.

```
> # 2단계: 연속형 변수들(ageyr,educ,economy,envrion,iraqwar) 평균(즉 0)을 가정
> # 더미변수들은 0을 가정
> # 절편/계수들
> mycoefs=summary(pool_regress_polynomial,conf.int=TRUE)
> # 변수들 평균 구하기
> dlist_myimp=mids2datlist(myimp)
> fun_Mean_Stats = function(myimpK){
+  result=myimpK %>%
+   summarise_all(
+    mean
+   ) %>%
+   pivot_longer(cols=names(.),names_to="vars",values_to="mean") %>%
+   data.frame()
+  rownames(result)=result$vars
+  result = result %>% select(-vars)
+  return(result)
+ }
> myanalysis=with(dlist_myimp,
+                   fun=function(data){
+                    data_cont = data %>% select(where(is.numeric)) # 연속형 변수들만
+                    data_cate = data %>%
+                     select(where(is.factor)) %>% # 범주형 변수들만
+                     mutate(
+                      white=ifelse(race3==0,1,0),
+                      black=ifelse(race3==1,1,0),
+                      others=ifelse(race3==2,1,0),
+                      female=as.numeric(ifelse(female==1,1,0)),
+                      readyBP=as.numeric(ifelse(readyBP==1,1,0))
+                     ) %>% select(female,white,black,others,readyBP)
```

```
+                    fun_Mean_Stats(bind_cols(data_cont,data_cate))
+                  })
> myMeans=withPool_MI(myanalysis)
```

이제 hhinc 변수의 수준별, 그리고 다른 변수들의 경우 사전설정된 조건(연속형 변수는 평균값, 더미변수는 0)에 맞도록 종속변수의 예측값을 구하면 다음과 같습니다.

```
> # 3단계: 회귀방정식을 기반으로 오바마 후보에 대한 감정점수 예측
> predy=var_hhinc*mycoefs$estimate[mycoefs$term=="hhinc"]+
+  var_hhinc*var_hhinc*mycoefs$estimate[mycoefs$term=="hhinc2"]+
+  mycoefs$estimate[mycoefs$term=="(Intercept)"]+
+  0*mycoefs$estimate[mycoefs$term=="female1"]+
+  myMeans["ageyr",]*mycoefs$estimate[mycoefs$term=="ageyr"]+
+  myMeans["educ",]*mycoefs$estimate[mycoefs$term=="educ"]+
+  0*mycoefs$estimate[mycoefs$term=="race31"]+
+  0*mycoefs$estimate[mycoefs$term=="race32"]+
+  0*mycoefs$estimate[mycoefs$term=="readyBP1"]+
+  myMeans["economy",]*mycoefs$estimate[mycoefs$term=="economy"]+
+  myMeans["environ",]*mycoefs$estimate[mycoefs$term=="environ"]+
+  myMeans["iraqwar",]*mycoefs$estimate[mycoefs$term=="iraqwar"]
```

다른 변수들을 통제했을 때, 소득변수의 수준별 예측된 종속변수의 값을 시각화할 수 있습니다. 소득변수와 감정점수 변수의 경우 평균중심화 변환을 거쳤고, 또한 감정점수의 경우 0.10을 곱하여 측정단위를 변환시켰기 때문에, 효과적인 시각화를 위해 애초 측정단위인 0–100의 범위로 환원하였습니다. 시각화된 결과는 [그림 12-2]와 같습니다.

```
> # 4단계: 원래 측정단위로 환산 후 데이터 형태로
> df_pred=tibble(FT_obama=10*predy,hhinc=(var_hhinc+mean(mydata$hhinc,na.
rm=TRUE)))
> # 5단계: 시각화
> df_pred %>%
+  ggplot(aes(x=hhinc,y=FT_obama))+
+  geom_line()+
+  geom_point(size=4)+
```

```
+ labs(x="Household income level",y="Feeling thermometer for B. Obama")+
+ scale_x_continuous(breaks=1:25)+
+ scale_y_continuous(breaks=43:51)+
+ coord_cartesian(ylim=c(43,51))+
+ theme_bw()
```

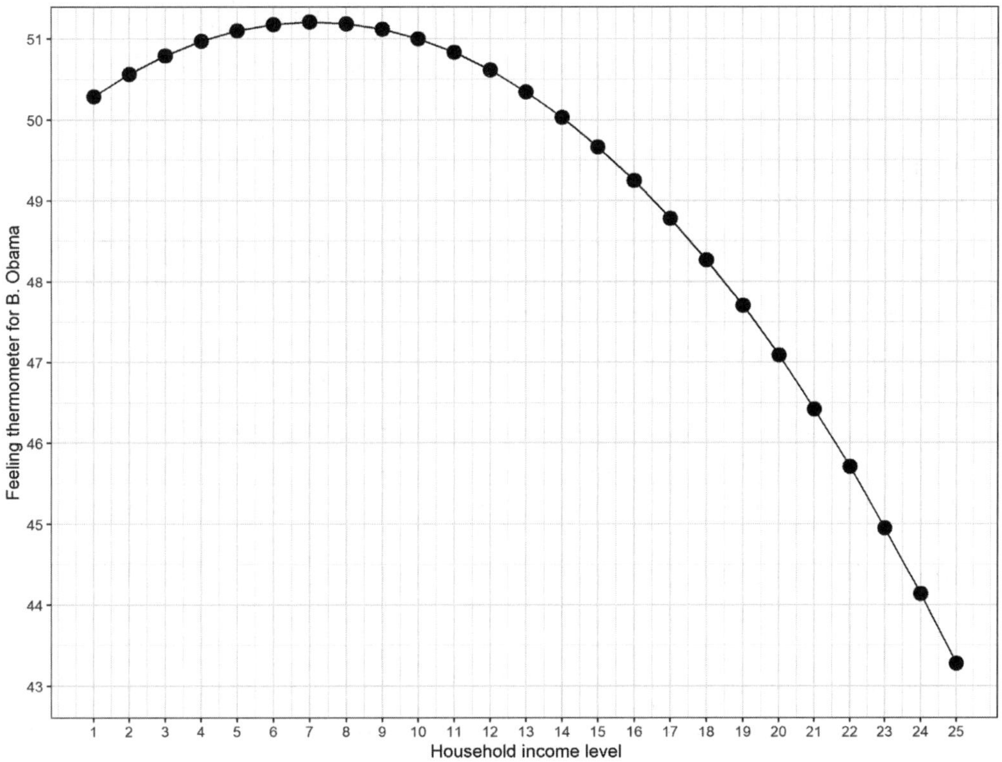

[그림 13-1] 응답자의 가계소득과 오바마 후보에 대한 감정점수의 관계 시각화

3 상호작용효과항 추정 실습

다음으로 MI 기법을 이용하여 상호작용효과항이 투입된 회귀모형을 추정해보겠습니다. 먼저 인종변수와 소득변수 1차항 및 2차항의 상호작용효과항들이 모두 투입된 회귀모형을 추정하면 다음과 같습니다. 앞서 소개한 MI 기법 적용과정과 마찬가지로, 분석 단계에서는 with() 함수를 이용하고 통합 단계에서는 pool() 함수를 이용합니다.

```
> # 2차항까지 포함하여 소득과 인종 상호작용효과
> regress_anes2=with(myimp,
+                lm(FTobama~female+ageyr+educ+readyBP+economy+environ+iraqwar+
+                   race3+hhinc+hhinc2+Bhhinc+Bhhinc2+Ohhinc+Ohhinc2))
> pool_regress_interact2=pool(regress_anes2)
> summary(pool_regress_interact2,conf.int=TRUE) %>% as_tibble()
# A tibble: 16 x 8
  term          estimate std.error statistic    df  p.value  `2.5 %`  `97.5 %`
  <fct>            <dbl>     <dbl>     <dbl> <dbl>    <dbl>    <dbl>     <dbl>
1 (Intercept)      5.03     0.119     42.3  1301.  0.          4.80      5.27
2 female1          0.309    0.0951     3.25 1995.  1.17e- 3    0.123     0.496
3 ageyr           -0.136    0.0280    -4.88 1313.  1.18e- 6   -0.191    -0.0816
4 educ             0.0233   0.0339     0.688 1589. 4.92e- 1   -0.0432    0.0899
5 readyBP1         1.23     0.101     12.2  1240.  0.          1.03      1.43
6 economy          0.236    0.0619     3.82 1290.  1.41e- 4    0.115     0.357
7 environ          0.344    0.0525     6.55  753.  1.05e-10    0.241     0.447
8 iraqwar          0.620    0.0526    11.8  1381.  0.          0.517     0.723
9 race31           1.75     0.150     11.7  1836.  0.          1.46      2.05
10 race32          0.579    0.198      2.92 1739.  3.56e- 3    0.190     0.968
11 hhinc          -0.0478   0.0112    -4.28  547.  2.22e- 5   -0.0698   -0.0259
12 hhinc2         -0.00273  0.00143   -1.91  844.  5.63e- 2   -0.00553   0.0000737
13 Bhhinc          0.0615   0.0226     2.72 1148.  6.67e- 3    0.0171    0.106
14 Bhhinc2         0.00380  0.00286    1.33  997.  1.84e- 1   -0.00181   0.00942
15 Ohhinc          0.0396   0.0250     1.58  735.  1.14e- 1   -0.00953   0.0887
16 Ohhinc2         0.00222  0.00338    0.656 1170. 5.12e- 1   -0.00442   0.00886
```

추정결과를 보면 Bhhinc 변수를 제외한 다른 상호작용효과항들의 경우 통계적으로 유의미한 관계가 나타나지 않습니다. 즉 인종변수는 소득의 2차항과 통계적으로 유의미한 상호작용효과를 보이지 않는 듯합니다. 이를 확인해보기 위해 아래와 같이 3가지 모형을 비교했습니다.

- regress_anes0: 소득의 2차항과 상호작용효과항들을 전혀 고려하지 않은 회귀모형
- regress_anes1: 인종과 소득의 1차항과의 상호작용효과항들만 고려한 회귀모형
- regress_anes2: 인종과 소득의 1차항 및 2차항과의 상호작용효과항들을 모두 고려한 회귀모형

앞서 regress_anes2는 추정하였으니 다른 2가지 회귀모형을 추정해보겠습니다.

```
> # 인종과 소득 상호작용효과항 없음
> regress_anes0=with(myimp,
+               lm(FTobama~female+ageyr+educ+readyBP+economy+environ+iraqwar+
+                  race3+hhinc))
> # 인종과 소득 1차항의 상호작용효과항
> regress_anes1=with(myimp,
+               lm(FTobama~female+ageyr+educ+readyBP+economy+environ+iraqwar+
+                  race3+hhinc+Bhhinc+Ohhinc))
```

이제 D3() 함수를 이용하여 추정된 모형들 사이의 LR χ^2 테스트를 실시해보겠습니다. LR χ^2 테스트 대신 왈드(Wald's) χ^2 테스트를 원한다면 D1() 함수를 이용하면 됩니다.

```
> # 모형비교
> D3(regress_anes1,regress_anes0)
  test  statistic  df1       df2  dfcom     p.value       riv
1 ~~ 2    4.75231    2  2024.175   2309  0.008728273  0.1412247
> D3(regress_anes2,regress_anes1)
  test  statistic  df1       df2  dfcom     p.value       riv
1 ~~ 2   1.328685    3  5776.057   2306    0.2630858  0.1022604
> D3(regress_anes2,regress_anes0)
  test  statistic  df1       df2  dfcom     p.value       riv
1 ~~ 2   2.726775    5  7886.442   2306   0.01817762  0.1178461
```

앞의 결과에서 알 수 있듯, 인종변수와 소득의 2차항 사이의 상호작용효과항들을 추가로 투입해도 통계적으로 유의미하게 모형의 설명력이 늘지 않습니다(p = .263). 즉 인종변수와 소득의 1차항 사이의 상호작용효과항들을 포함시켜 추정한 회귀모형인 regress_anes1이 가장 적절한 것을 알 수 있습니다. 위의 LR χ^2 테스트를 기반으로 최종모형을 추정하면 아래와 같습니다.

```
> #최종모형
> pool_regress_interact1=pool(regress_anes1)
> summary(pool_regress_interact1,conf.int=TRUE) %>% as_tibble()
# A tibble: 13 x 8
   term          estimate std.error statistic    df  p.value    `2.5 %` `97.5 %`
   <fct>            <dbl>     <dbl>     <dbl> <dbl>    <dbl>      <dbl>    <dbl>
 1 (Intercept)     4.93      0.106      46.5  1532.  0.          4.73     5.14
 2 female1         0.314     0.0949      3.31 2049.  9.55e- 4    0.128    0.500
 3 ageyr          -0.136     0.0280     -4.85 1263.  1.36e- 6   -0.191   -0.0809
 4 educ            0.0194    0.0337      0.575 1668. 5.66e- 1   -0.0468   0.0855
 5 readyBP1        1.23      0.101      12.1  1253.  0.          1.03     1.43
 6 economy         0.241     0.0618      3.90 1282.  1.01e- 4    0.120    0.362
 7 environ         0.343     0.0525      6.52  739.  1.27e-10    0.240    0.446
 8 iraqwar         0.621     0.0526     11.8  1394.  0.          0.518    0.724
 9 race31          1.88      0.122      15.5  2224.  0.          1.65     2.12
10 race32          0.660     0.147       4.48 2030.  8.05e- 6    0.371    0.949
11 hhinc          -0.0469    0.0112     -4.21  554.  3.01e- 5   -0.0688  -0.0250
12 Bhhinc          0.0555    0.0190      2.92 1025.  3.54e- 3    0.0183   0.0928
13 Ohhinc          0.0403    0.0240      1.68  653.  9.33e- 2   -0.00678  0.0874
```

추정결과에서 알 수 있듯, 소득과 오바마 후보에 대한 감정점수는 응답자의 인종에 따라 달라지는 모습을 보입니다. 백인 응답자는 소득수준이 높을수록 오바마 후보에 대한 감정점수가 낮아지지만(b_{hhinc} = −0.0469, p < .001), 흑인 응답자에게서는 이 패턴이 통계적으로 유의미하게 사라지며(b_{Bhhinc} = 0.555, p = 0.004), 백인이나 흑인이 아닌 다른 응답자에게서도 거의 사라집니다(b_{Ohhinc} = 0.040, p = 0.093). 이러한 상호작용효과 패턴을 시각화해 봅시다. 시각화 방법은 앞서 살펴본 다차항 추정결과를 시각화하는 방법과 동일합니다.

먼저 hhinc 변수의 개별 수준들을 추출하였습니다.

```
> # 시각화
> # 1단계: 가계소득 변수수준
> var_hhinc=unique(sort(df_MI$hhinc[!is.na(df_MI$hhinc)]))
```

다음으로 인종과 소득변수를 제외한 다른 변수들을 통제한 후 인종별, 소득수준별로 오바마 후보에 대한 예측된 감정점수를 산출했습니다.

```
> # 2단계: 인종/가계소득 외 다른 변수들 통제
> # 3단계: 인종별, 가계소득수준별 종속변수 예측값 계산
> # 남녀 동비, 미국사회의 흑인 대통령 수용가능
> # educ, economy, environ, iraqwar 평균
> mycoefs = summary(pool_regress_interact1,conf.int=TRUE)
> predy_white=var_hhinc*mycoefs$estimate[mycoefs$term=="hhinc"]+
+  0*mycoefs$estimate[mycoefs$term=="race31"]+
+  0*mycoefs$estimate[mycoefs$term=="race32"]+
+  0*var_hhinc*mycoefs$estimate[mycoefs$term=="Bhhinc"]+
+  0*var_hhinc*mycoefs$estimate[mycoefs$term=="Ohhinc"]+
+  mycoefs$estimate[mycoefs$term=="(Intercept)"]+
+  0.5*mycoefs$estimate[mycoefs$term=="female1"]+
+  myMeans["ageyr",]*mycoefs$estimate[mycoefs$term=="ageyr"]+
+  myMeans["educ",]*mycoefs$estimate[mycoefs$term=="educ"]+
+  0.5*mycoefs$estimate[mycoefs$term=="readyBP1"]+
+  myMeans["economy",]*mycoefs$estimate[mycoefs$term=="economy"]+
+  myMeans["environ",]*mycoefs$estimate[mycoefs$term=="environ"]+
+  myMeans["iraqwar",]*mycoefs$estimate[mycoefs$term=="iraqwar"]
> predy_black=var_hhinc*mycoefs$estimate[mycoefs$term=="hhinc"]+
+  1*mycoefs$estimate[mycoefs$term=="race31"]+
+  0*mycoefs$estimate[mycoefs$term=="race32"]+
+  1*var_hhinc*mycoefs$estimate[mycoefs$term=="Bhhinc"]+
+  0*var_hhinc*mycoefs$estimate[mycoefs$term=="Ohhinc"]+
+  mycoefs$estimate[mycoefs$term=="(Intercept)"]+
+  0.5*mycoefs$estimate[mycoefs$term=="female1"]+
+  myMeans["ageyr",]*mycoefs$estimate[mycoefs$term=="ageyr"]+
+  myMeans["educ",]*mycoefs$estimate[mycoefs$term=="educ"]+
+  0.5*mycoefs$estimate[mycoefs$term=="readyBP1"]+
+  myMeans["economy",]*mycoefs$estimate[mycoefs$term=="economy"]+
+  myMeans["environ",]*mycoefs$estimate[mycoefs$term=="environ"]+
+  myMeans["iraqwar",]*mycoefs$estimate[mycoefs$term=="iraqwar"]
```

```
> predy_others=var_hhinc*mycoefs$estimate[mycoefs$term=="hhinc"]+
+  0*mycoefs$estimate[mycoefs$term=="race31"]+
+  1*mycoefs$estimate[mycoefs$term=="race32"]+
+  0*var_hhinc*mycoefs$estimate[mycoefs$term=="Bhhinc"]+
+  1*var_hhinc*mycoefs$estimate[mycoefs$term=="Ohhinc"]+
+  mycoefs$estimate[mycoefs$term=="(Intercept)"]+
+  0.5*mycoefs$estimate[mycoefs$term=="female1"]+
+  myMeans["ageyr",]*mycoefs$estimate[mycoefs$term=="ageyr"]+
+  myMeans["educ",]*mycoefs$estimate[mycoefs$term=="educ"]+
+  0.5*mycoefs$estimate[mycoefs$term=="readyBP1"]+
+  myMeans["economy",]*mycoefs$estimate[mycoefs$term=="economy"]+
+  myMeans["environ",]*mycoefs$estimate[mycoefs$term=="environ"]+
+  myMeans["iraqwar",]*mycoefs$estimate[mycoefs$term=="iraqwar"]
```

다음으로 응답자의 인종별, 소득수준별 예측값들을 데이터로 정리하였습니다. 이때 소득변수와 예측된 종속변수는 원래 값으로 변환하였습니다.

```
> # 4단계: 원점수 환원 후 데이터로
> myfig = tibble(
+  hhinc=(var_hhinc+mean(mydata$hhinc,na.rm=TRUE)),
+  FT_white=10*predy_white,
+  FT_black=10*predy_black,
+  FT_others=10*predy_others
+ )
```

이후 이렇게 얻은 데이터를 시각화한 결과는 [그림 13-2]와 같습니다.

```
> # 5단계: 시각화
> myfig=myfig %>%
+  pivot_longer(cols=FT_white:FT_others,names_to="race",values_to="FT_obama") %>%
+  mutate(
+   race=ifelse(str_detect(race,"wh"),"White",race),
+   race=ifelse(str_detect(race,"bl"),"Black",race),
+   race=ifelse(str_detect(race,"others"),"Others (Neither White nor Black)",race),
+   race=fct_reorder(race,row_number())
+  )
```

```
> myfig %>%
+ ggplot(aes(x=hhinc,y=FT_obama,colour=race,shape=race))+
+ geom_line(size=2)+
+ geom_point(size=4)+
+ labs(x="Household income level",
+    y="Predicted feeling thermometer for B. Obama",
+    colour="Respondents' race",
+    shape="Respondents' race")+
+ scale_x_continuous(breaks=1:25)+
+ scale_y_continuous(breaks=round(myfig$FT_obama,0))+
+ scale_colour_manual(values=c("grey","black","yellow"))+
+ coord_cartesian(ylim=c(49,78))+
+ theme_bw()+theme(legend.position="top")
```

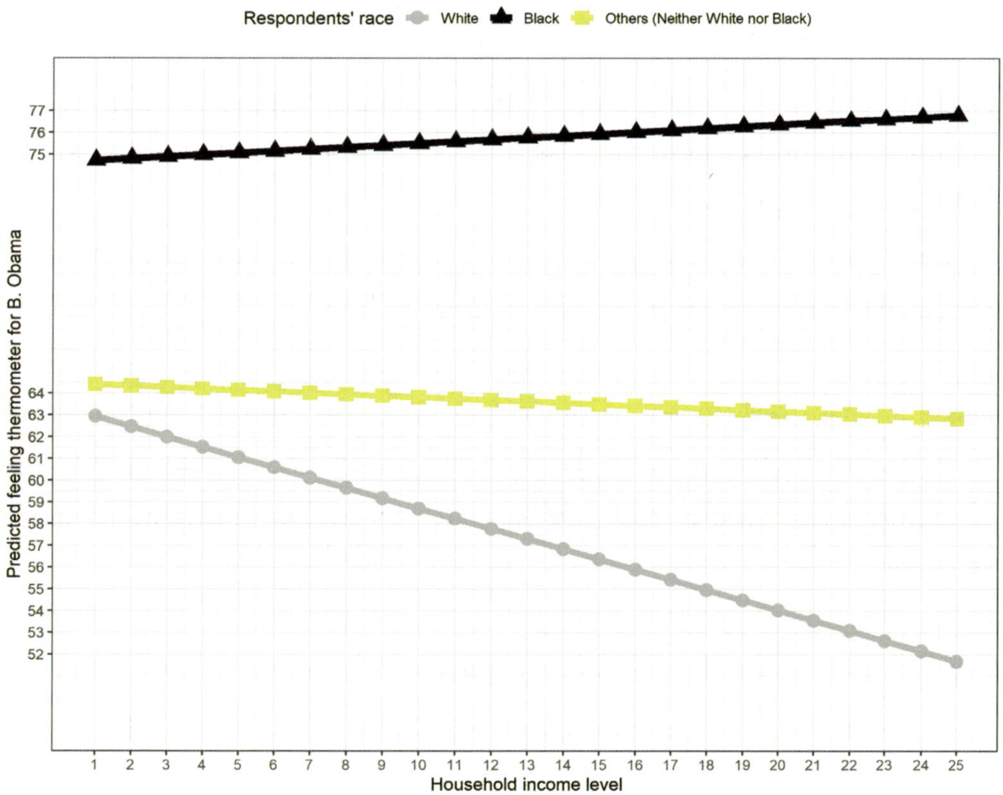

[그림 13-2] 응답자 인종별 소득수준과 오바마 후보에 대한 감정점수 변화

14장
범주형 종속변수와 MI 기법

사회과학 연구를 진행할 때 범주형 변수를 종속변수로 택해야 하는 경우가 종종 발생합니다. 결측데이터 분석과정에서 범주형 종속변수를 다루어야 하는 경우 MI 기법은 매우 유용합니다. 2부에서 소개했던 ML 기법의 경우에는 다변량 정규분포 가정이 필요하기 때문에 종속변수가 범주형 변수일 때 ML 기법을 적용할 수 없습니다. 반면 MI 기법의 경우에는 투입모형과 분석모형이 분리되어 있으며, 무엇보다 투입모형을 추정할 때 각 변수의 특징에 맞는 함수를 선별적으로 선택할 수 있기 때문에 정규분포가 아닌 다른 분포를 띠는 변수들에 대해서도 활용 가능합니다.

이번 장에서는 종속변수가 범주형 변수인 경우 사용하는 대표적인 회귀모형들을 살펴보겠습니다. 구체적으로 말씀드리면 다음과 같습니다.

- **이분변수** : 투표선택방식(votechoice) 변수를 '투표자'와 '기권자'의 이분변수로 바꾼 후, 응답자의 성별(female), 연령(ageyr), 인종(race3), 교육수준(educ), 소득수준(hhinc)을 독립변수로 하는 이항 로지스틱 회귀모형(binary logistic regression model)을 추정함.

- **순위 범주형 변수** : 현직 대통령의 이라크전쟁수행 평가(iraqwar)를 종속변수로 하고, 응답자의 성별(female), 연령(ageyr), 인종(race3), 교육수준(educ), 소득수준(hhinc)을 독립변수로 하는 순위 로지스틱 회귀모형(ordered logistic regression model)을 추정함.

- **무순위 범주형 변수** : 투표선택방식(votechoice) 변수, 즉 기권했는지, 민주당 후보에

게 투표했는지 아니면 공화당 후보에게 투표했는지를 종속변수로 하고, 응답자의 성별(female), 연령(ageyr), 인종(race3), 교육수준(educ), 소득수준(hhinc)을 독립변수로 하는 다항 로지스틱 회귀모형(multinomial logistic regression model)을 추정함.

각 모형을 추정하기에 앞서 아래와 같은 방식으로 투입모형을 추정했습니다. 즉 ANES2008 데이터의 변수들 중에서 votechoice와 iraqwar 두 변수는 종속변수로 하고, female, ageyr, race3, educ, hhinc 5개 변수는 독립변수로 하였으며, 그 외 나머지 변수들은 보조변수로 사용하였습니다. 또한 범주형 변수인 votechoice, voteplan, race3, iraqwar, female, readyBP, hopeBP 등은 요인형으로 바꾸고, 나머지 연속형 변수들의 경우 평균중심화 변환을 실시했습니다. 아울러 감정점수 변수들과 가계소득(hhinc), 연령(ageyr) 변수는 0.10을 곱하는 방식으로 측정단위를 조절하였습니다.

```
> # 데이터 불러오기
> library(tidyverse)
> library(mice)
> library(miceadds)
> # 현실 데이터를 이용한 실습
> # 5장에서 사용한 변수들만 선택 (ML과의 비교)
> mydata = read_csv("anes2008_example.csv")
Parsed with column specification:
                        [분량 조절을 위해 이 부분의 출력결과는 생략]
> # 사전처리
> df_MI = mydata %>%
+  rename_all(~(str_remove(.,"_"))) %>% # FT_의 _를 지움
+  mutate_at(
+   vars(female,race3,readyBP,hopeBP,votechoice,voteplan,iraqwar),
+   ~(factor(.))
+  ) %>%
+  mutate_at(
+   vars(starts_with("FT"),ageyr,hhinc),
+   ~(0.1*(.))     # ML에서 10을 나누어 주었음
+  ) %>%
+  mutate_at(
+   vars(ageyr,educ,hhinc,economy,environ,starts_with("FT")),
+   ~(. - mean(., na.rm=TRUE)) # 평균중심화 변환
+  )
```

사전처리를 마친 후 mice() 함수를 이용하여 투입모형을 추정하였습니다. 앞에서 제시한 MI 기법과 마찬가지로 $m = 20$을 설정하였습니다.

```
> # Imputing 단계
> myimp = mice(data=df_MI,m=20,print=FALSE,seed=1234) # print=FALSE가 없으면 투입과
정이 출력됨
```

1 이분변수: 이항 로지스틱 회귀모형

이제 개별 대체투입된 데이터에 대해 회귀모형 추정결과를 저장한 후, 추정결과들을 통합하면 됩니다. 먼저 이항 로지스틱 회귀모형을 살펴보겠습니다. with() 함수로 분석단계를 진행하고, pool() 함수로 통합단계를 진행하는 것은 아래와 같습니다. with() 함수로 모형을 투입할 때 ifelse() 함수를 적용하여 votechoice 변수를 '투표/기권 여부'로 변환하는 방법을 사용하였습니다.

```
> # 이항 로지스틱 회귀모형: 투표자 대 기권자
> binary_logit_anes=with(myimp,
+                     glm(ifelse(votechoice!=0,1,0)~female+race3+ageyr+educ+hhinc,
+                         family=binomial(link="logit")))
> pool_binary_logit_anes=pool(binary_logit_anes)
```

통합된 추정결과를 살펴봅시다. summary() 함수를 이용하면 간단합니다. 여기서 결과해석을 돕기 위해 오즈비(OR, odds ratio)를 추가로 계산하였습니다.

```
> summary(pool_binary_logit_anes,conf.int=TRUE) %>% as_tibble() %>%
+ mutate(OR=exp(estimate)) # OR계산
# A tibble: 7 x 9
  term        estimate std.error statistic    df p.value `2.5 %` `97.5 %`    OR
  <fct>          <dbl>     <dbl>     <dbl> <dbl>   <dbl>   <dbl>    <dbl> <dbl>
1 (Intercept)    0.925    0.0914      10.1 1428.       0.   0.745     1.10  2.52
```

```
2 female1      0.411      0.110       3.74  1292.  1.95e- 4  0.195   0.627  1.51
3 race31       0.890      0.142       6.29  1308.  4.43e-10  0.612    1.17  2.44
4 race32      -0.186      0.166      -1.12   471.  2.64e- 1 -0.513   0.141 0.830
5 ageyr        0.284     0.0329       8.64   795.        0.  0.220   0.349  1.33
6 educ         0.443     0.0449       9.87   897.        0.  0.355   0.532  1.56
7 hhinc        0.674      0.101       6.68   667.  5.00e-11  0.476   0.873  1.96
```

추정결과 해석은 일반적인 이항 로지스틱 회귀모형을 추정하는 방법과 동일합니다. 예를 들어 race31의 회귀계수 0.890은 다음과 같이 해석할 수 있습니다. "다른 변수들의 효과를 통제했을 때 백인에 비해 흑인 응답자가 투표에 참여했을 확률은 약 2.44배 높으며, 이는 통계적으로 유의미하게 높다($p < .001$)." 또한 연속형 변수인 ageyr의 회귀계수 0.284의 경우는 "다른 변수들의 효과를 통제했을 때 응답자의 연령이 10세 증가하면 투표에 참여했을 확률은 약 33% 증가하며, 이 증가분은 통계적으로 유의미하다($p < .001$)"라고 해석할 수 있습니다.

또한 OLS 회귀모형을 적용했을 때와 마찬가지로 pool() 함수를 적용한 출력결과 오브젝트의 glanced 하위 오브젝트를 지정하면, m개 대체투입 데이터를 대상으로 추정한 모형적합도 지수들을 확인할 수 있습니다.

```
> pool_binary_logit_anes$glanced
 null.deviance df.null    logLik      AIC      BIC deviance df.residual nobs
1     2619.147    2321 -1118.630 2251.261 2291.512 2237.261        2315 2322
2     2616.963    2321 -1116.709 2247.419 2287.670 2233.419        2315 2322
3     2585.911    2321 -1107.510 2229.019 2269.271 2215.019        2315 2322
4     2621.325    2321 -1113.065 2240.130 2280.381 2226.130        2315 2322
5     2605.977    2321 -1114.148 2242.297 2282.548 2228.297        2315 2322
6     2614.775    2321 -1117.071 2248.142 2288.393 2234.142        2315 2322
7     2614.775    2321 -1131.305 2276.611 2316.862 2262.611        2315 2322
8     2588.159    2321 -1112.778 2239.556 2279.807 2225.556        2315 2322
9     2588.159    2321 -1110.866 2235.732 2275.984 2221.732        2315 2322
10    2614.775    2321 -1115.562 2245.124 2285.375 2231.124        2315 2322
11    2590.403    2321 -1111.576 2237.153 2277.404 2223.153        2315 2322
12    2583.658    2321 -1110.761 2235.522 2275.773 2221.522        2315 2322
13    2597.105    2321 -1108.585 2231.171 2271.422 2217.171        2315 2322
14    2601.550    2321 -1115.447 2244.894 2285.145 2230.894        2315 2322
15    2623.500    2321 -1132.021 2278.043 2318.294 2264.043        2315 2322
```

```
16     2619.147    2321  -1122.841  2259.682  2299.933  2245.682         2315  2322
17     2594.876    2321  -1113.133  2240.266  2280.518  2226.266         2315  2322
18     2608.183    2321  -1110.798  2235.596  2275.847  2221.596         2315  2322
19     2640.730    2321  -1131.440  2276.881  2317.132  2262.881         2315  2322
20     2605.977    2321  -1107.380  2228.760  2269.011  2214.760         2315  2322
```

끝으로 LR χ^2 테스트나 왈드(Wald's) χ^2 테스트를 이용해 배속관계(embedded relationship)에 있는 모형들을 비교하는 것도 가능합니다. 아래와 같이 D3() 함수나 D1() 함수를 사용하면 됩니다.

```
> # 모형비교
> binary_logit_anes0=with(myimp,
+                     glm(ifelse(votechoice!=0,1,0)~female+race3,
+                         family=binomial(link="logit")))
> D3(binary_logit_anes,binary_logit_anes0) %>% summary() # LR Chi2 test

Models:
 model                                                        formula
     1 ifelse(votechoice != 0, 1, 0) ~ female + race3 + ageyr + educ + hhinc
     2                         ifelse(votechoice != 0, 1, 0) ~ female + race3

Comparisons:
  test  statistic  df1       df2  dfcom  p.value        riv
 1 ~~ 2   96.23926    3  2691.569   2315        0  0.1576393

Number of imputations:  20  Method D3
> D1(binary_logit_anes,binary_logit_anes0) %>% summary() # Wald's Chi2 test

Models:
 model                                                        formula
     1 ifelse(votechoice != 0, 1, 0) ~ female + race3 + ageyr + educ + hhinc
     2                         ifelse(votechoice != 0, 1, 0) ~ female + race3

Comparisons:
  test  statistic  df1       df2  dfcom  p.value        riv
 1 ~~ 2   76.95846    3   1362.73   2315        0  0.1398856

Number of imputations:  20  Method D1
```

2 순위 범주형 변수: 순위 로지스틱 회귀모형

다음으로 순위 로지스틱 회귀모형을 추정해보겠습니다. 아쉽게도 순위 로지스틱 회귀모형의 경우 with() 함수를 사용할 수 없습니다. 즉 분석단계를 밟기 위해서는 *m*개의 대체투입데이터마다 순위 로지스틱 회귀모형을 각각 추정한 후, 추정결과를 리스트 형태의 오브젝트로 저장하는 방법을 취해야 합니다. 이를 위해 mids2datlist() 함수를 이용하여 대체투입 오브젝트를 리스트 형태의 오브젝트로 변환하고, 대체투입 데이터 각각에 대해 순위 로지스틱 회귀모형을 적용한 후 pool() 함수를 이용하여 회귀모형 추정결과를 통합하였습니다. 저희는 순위 로지스틱 회귀모형을 추정할 때 MASS 패키지의 polr() 함수를 사용하였습니다.

```
> # 순위 로지스틱 회귀모형
> dlist_myimp=mids2datlist(myimp)
> ordinal_logit_anes=list()
> for (i in 1:20){
+  ordinal_logit_anes[[i]] = MASS::polr(iraqwar~
+                                       female+race3+ageyr+educ+hhinc,
+                                       data=dlist_myimp[[i]])
+ }
> pool_ordinal_logit_anes=pool(ordinal_logit_anes)

Re-fitting to get Hessian
                        [분량 조절을 위해 이 부분의 출력결과는 생략]
Re-fitting to get Hessian
```

통합된 순위 로지스틱 회귀모형 추정결과를 오즈비와 함께 제시하면 아래와 같습니다.

```
> summary(pool_ordinal_logit_anes,conf.int=TRUE) %>% as_tibble() %>%
+ mutate(OR=exp(estimate))
# A tibble: 9 x 9
  term     estimate std.error statistic    df  p.value  `2.5 %` `97.5 %`    OR
  <fct>       <dbl>     <dbl>     <dbl> <dbl>     <dbl>   <dbl>    <dbl> <dbl>
1 female1    0.319     0.0932     3.42  2026. 0.000629   0.136    0.502  1.38
2 race31     1.75      0.151     11.6   2134. 0          1.45     2.04   5.73
3 race32     0.586     0.146      4.00  2070. 0.0000657  0.299    0.873  1.80
4 ageyr     -0.0717    0.0269    -2.66  2000. 0.00789   -0.124   -0.0188 0.931
5 educ      -0.0293    0.0328    -0.893 1589. 0.372     -0.0936   0.0350 0.971
6 hhinc     -0.376     0.0916    -4.11   573. 0.0000462 -0.556   -0.196  0.687
7 1|2       -1.17      0.0823   -14.2   2071. 0         -1.33    -1.01   0.310
8 2|3       -0.658     0.0783    -8.41  1969. 0         -0.812   -0.505  0.518
9 3|4       -0.223     0.0763    -2.92  2058. 0.00351   -0.373   -0.0734 0.800
```

위의 통합추정결과를 해석하는 방법은 일반적인 순위 로지스틱 회귀모형 추정결과 해석과 동일합니다. 예를 들어 female1의 회귀계수 0.319를 해석하면 다음과 같습니다. "다른 변수들의 효과를 통제할 때, 남성 응답자에 비해 여성 응답자일수록 현직 대통령인 부시 대통령의 이라크전쟁수행 능력에 대한 부정적 평가 단계가 1단계 올라갈 가능성이 약 38% 증가하며, 이러한 성별효과는 통계적으로 유의미하다($p < .001$)." 마찬가지로 연속형 변수인 ageyr의 회귀계수 -0.0717은 "다른 변수들의 효과를 통제할 때, 응답자의 연령이 10세 증가하면 현직 대통령인 부시 대통령의 이라크전쟁수행 능력에 대한 부정적 평가 단계가 1단계 올라갈 가능성은 약 7%씩 감소하는데, 이러한 연령효과는 통계적으로 유의미하다($p = .008$)"라고 해석할 수 있습니다.

앞서 본 이항 로지스틱 회귀모형과 마찬가지로, pool_ordinal_logit_anes 오브젝트의 glanced 하위 오브젝트를 통해 순위 로지스틱 회귀모형 각각의 모형적합도 지수들을 살펴볼 수도 있습니다.

```
> pool_ordinal_logit_anes$glanced
   edf    logLik      AIC      BIC  deviance  df.residual  nobs
1    9 -2049.149 4116.298 4168.050  4098.298         2313  2322
2    9 -2047.773 4113.547 4165.299  4095.547         2313  2322
3    9 -2059.322 4136.644 4188.396  4118.644         2313  2322
4    9 -2062.071 4142.142 4193.893  4124.142         2313  2322
5    9 -2054.224 4126.449 4178.200  4108.449         2313  2322
6    9 -2056.624 4131.248 4183.000  4113.248         2313  2322
7    9 -2056.634 4131.268 4183.019  4113.268         2313  2322
8    9 -2043.886 4105.772 4157.524  4087.772         2313  2322
9    9 -2046.818 4111.636 4163.388  4093.636         2313  2322
10   9 -2047.508 4113.017 4164.768  4095.017         2313  2322
11   9 -2057.581 4133.161 4184.913  4115.161         2313  2322
12   9 -2057.643 4133.286 4185.038  4115.286         2313  2322
13   9 -2057.154 4132.307 4184.059  4114.307         2313  2322
14   9 -2056.390 4130.779 4182.531  4112.779         2313  2322
15   9 -2045.767 4109.534 4161.285  4091.534         2313  2322
16   9 -2048.232 4114.464 4166.216  4096.464         2313  2322
17   9 -2048.985 4115.970 4167.721  4097.970         2313  2322
18   9 -2059.860 4137.720 4189.471  4119.720         2313  2322
19   9 -2058.838 4135.675 4187.427  4117.675         2313  2322
20   9 -2065.122 4148.245 4199.997  4130.245         2313  2322
```

그러나 MI 기법 기반 순위 로지스틱 회귀모형의 경우 D3() 함수를 이용한 LR χ^2 통계치, 혹은 D1() 함수를 이용한 왈드(Wald's) χ^2 통계치를 활용한 모형비교 테스트는 실시할 수 없습니다. 이론적으로 불가능한 것은 아니지만, 현재 mice 패키지에서 제공하는 D3() 함수는 broom 패키지의 함수들을 기반으로 작동하는데, 아쉽게도 lm() 함수나 glm() 함수가 아닌 다른 함수로 얻은 모형추정결과를 체계적으로 추출할 때 문제가 발생하기 때문입니다. 만약 연구목적상 모형비교 테스트가 필요하다면 수계산을 실시해야 합니다. 아마도 현재의 broom 패키지(version 0.7.2), mice 패키지(version 3.11.0)가 업그레이드되면 MI 기법을 적용한 순위 로지스틱 회귀모형의 경우에도 모형비교 테스트가 가능할 것으로 생각합니다.

3 무순위 범주형 변수: 다항 로지스틱 회귀모형

끝으로 다항 로지스틱 회귀모형을 추정해보겠습니다. 분석단계에서는 with() 함수를 사용하고, 통합단계에서는 pool() 함수를 사용하는 것은 동일합니다. 다항 로지스틱 회귀모형을 추정할 때는 nnet 패키지의 multinom() 함수를 사용하였습니다. 아울러 summary() 함수를 적용할 때 추정된 회귀계수의 오즈비(OR)를 계산하였습니다.

```
> # 다항 로지스틱 회귀모형
> multinom_logit_anes=with(myimp,
+                     nnet::multinom(votechoice~female+race3+ageyr+educ+hhinc))
# weights: 24 (14 variable)
initial value 2550.977734
iter 10 value 2000.615704
iter 20 value 1951.488930
final value 1951.466581
converged
                    [분량 조절을 위해 이 부분의 출력결과는 생략]
# weights: 24 (14 variable)
initial value 2550.977734
iter 10 value 1996.281933
iter 20 value 1944.813845
final value 1944.723370
converged
> pool_multinom_logit_anes=pool(multinom_logit_anes)
> summary(pool_multinom_logit_anes,conf.int=TRUE) %>%
+ mutate(OR=exp(estimate)) %>%
+ as_tibble() %>% print(n=Inf)
# A tibble: 14 x 10
y.level        term estimate std.error statistic    df p.value `2.5 %` `97.5 %`    OR
  <fct>       <fct>    <dbl>     <dbl>     <dbl> <dbl>    <dbl>   <dbl>    <dbl> <dbl>
1     1 (Intercept)    0.216     0.102      2.12 1406. 3.38e- 2  0.0165    0.416  1.24
2     1     female1    0.491     0.117      4.20 1263. 2.86e- 5  0.262     0.720  1.63
3     1      race31     1.45     0.144      10.0 1440.       0.   1.16      1.73  4.24
4     1      race32    0.241     0.169      1.43  659. 1.54e- 1 -0.0908    0.573  1.27
5     1       ageyr    0.234     0.0350     6.68  779. 4.54e-11  0.165     0.302  1.26
6     1        educ    0.426     0.0472     9.02  890.       0.   0.333     0.519  1.53
```

```
7    1        hhinc     0.528       0.107          4.95  678. 9.28e- 7   0.319  0.737  1.70
8    2 (Intercept)      0.269       0.109          2.48 1765. 1.31e- 2  0.0566  0.482  1.31
9    2      female1     0.242       0.135          1.79 1726. 7.40e- 2 -0.0235  0.508  1.27
10   2       race31     -3.23       0.577         -5.60  596. 3.28e- 8   -4.36  -2.10 0.0396
11   2       race32     -1.18       0.242         -4.88  551. 1.41e- 6   -1.65 -0.704 0.308
12   2        ageyr     0.396      0.0411          9.65 1095.       0.   0.316  0.477  1.49
13   2         educ     0.471      0.0522          9.02 1160.       0.   0.368  0.573  1.60
14   2        hhinc      1.02       0.131          7.78  780. 2.35e-14   0.762   1.28  2.77
```

위의 통합추정결과를 해석하는 방법 역시 일반적인 다항 로지스틱 회귀모형 추정결과 해석과 동일합니다. 예를 들어 female1의 회귀계수 0.491과 0.242를 해석하면 다음과 같습니다. "다른 변수들의 효과를 통제할 때, 남성 응답자에 비해 여성 응답자일수록 기권보다는 민주당 후보인 오바마를 선택할 확률이 약 63% 증가하며, 이 성별효과는 통계적으로 유의미하다($p < .001$). 반면 다른 변수들의 효과를 통제할 때, 남성 응답자에 비해 여성 응답자일수록 기권보다 공화당 후보인 매케인을 선택할 확률이 27% 증가하지만, 이는 통상적인 통계적 유의도 수준 기준에서 유의미한 결과라고 볼 수 없다($p = 0.07$)." 마찬가지로 연속형 변수인 ageyr의 회귀계수 0.234와 0.396은 "다른 변수들의 효과를 통제할 때, 응답자의 연령이 10세 증가하면 기권보다 민주당 후보를 선택할 확률이 약 26% 증가하며($p < .001$), 기권보다 공화당 후보를 선택할 확률은 약 49% 증가한다($p < .001$)"라고 해석할 수 있습니다.

위에서 얻은 모형추정결과는 '기권자 집단'을 '기준집단(reference group, reference level)'으로 설정해서 얻은 결과입니다. 만약 오바마 후보 선택 유권자들과 매케인 후보 선택 유권자들을 비교하고 싶다면, 기준집단을 변경한 후 다항 로지스틱 회귀모형을 재추정하면 됩니다. 예를 들어 오바마 후보 선택 유권자 집단을 기준집단으로 바꾼 후, 다항 로지스틱 회귀모형을 추정해봅시다.

```
> # 기준집단을 오바마 후보 지지 유권자로
> multinom_logit_anes_base1=with(myimp,
+                              nnet::multinom(fct_relevel(votechoice,"1","2","0")~
female+race3+ageyr+educ+hhinc))
# weights:  24 (14 variable)
initial  value 2550.977734
iter  10 value 2078.383093
```

```
iter     20 value  1951.593992
final       value  1951.466581
converged
```

[분량 조절을 위해 이 부분의 출력결과는 생략]

```
# weights:  24 (14 variable)
initial     value  2550.977734
iter     10 value  2082.082772
iter     20 value  1945.104483
final       value  1944.723371
converged
> pool_multinom_logit_anes_base1=pool(multinom_logit_anes_base1)
> summary(pool_multinom_logit_anes_base1,conf.int=TRUE) %>%
+  mutate(OR=exp(estimate)) %>%
+  as_tibble() %>% print(n=Inf)
# A tibble: 14 x 10
   y.level         term estimate std.error statistic    df  p.value `2.5 %` `97.5 %`      OR
   <fct>          <fct>    <dbl>     <dbl>     <dbl> <dbl>    <dbl>   <dbl>   <dbl>   <dbl>
 1       2  (Intercept)   0.0533    0.0981     0.543 2154.  5.87e- 1  -0.139   0.246    1.05
 2       2      female1  -0.249     0.118     -2.11  2015.  3.52e- 2  -0.480  -0.0172   0.780
 3       2       race31  -4.68      0.571     -8.19   509.  2.22e-15  -5.80   -3.55   0.00932
 4       2       race32  -1.42      0.208     -6.82  1504.  1.35e-11  -1.83   -1.01    0.242
 5       2        ageyr   0.163     0.0357     4.55  1320.  5.77e- 6   0.0926  0.233    1.18
 6       2         educ   0.0448    0.0409     1.10  1629.  2.73e- 1  -0.0353  0.125    1.05
 7       2        hhinc   0.492     0.116      4.25  1083.  2.34e- 5   0.265   0.719    1.64
 8       0  (Intercept)  -0.216     0.102     -2.12  1406.  3.38e- 2  -0.416  -0.0165   0.806
 9       0      female1  -0.491     0.117     -4.20  1263.  2.86e- 5  -0.720  -0.262    0.612
10       0       race31  -1.45      0.144    -10.0   1440.  0.        -1.73   -1.16    0.236
11       0       race32  -0.241     0.169     -1.43   659.  1.54e- 1  -0.573   0.0908   0.786
12       0        ageyr  -0.234     0.0350    -6.68   779.  4.55e-11  -0.302  -0.165    0.792
13       0         educ  -0.426     0.0472    -9.02   890.  0.        -0.519  -0.333    0.653
14       0        hhinc  -0.528     0.107     -4.95   677.  9.28e- 7  -0.737  -0.319    0.590
```

위의 추정결과에서 y.level이 0의 값을 갖는 부분은 부호가 반대일 뿐 pool_multinom_logit_anes의 추정결과와 동일합니다. y.level이 2의 값을 갖는 추정결과는 오바마 후보 선택 유권자 집단 대비 매케인 후보 선택 유권자 집단을 선택할 가능성이 독립변수에 따라 어떻게 다른지를 보여주는 결과입니다. 여성이면서 유색인종인 경우에는 오바마 후보를 선택할 가능성이 높지만, 연령이 높으면서 소득수준이 높을 경우에는 매케인 후보를 선택할 가능성이 더 증가하는 것을 확인할 수 있습니다.

모형적합도 지수를 살펴보는 방법 역시도 순위 로지스틱 회귀모형을 추정할 때와 동일합니다. pool() 함수를 적용하여 얻은 출력결과 오브젝트에 $glanced를 덧붙이면 됩니다.

```
> pool_multinom_logit_anes$glanced
   edf  deviance       AIC  nobs
1   14  3902.933  3930.933  2322
2   14  3914.175  3942.175  2322
3   14  3893.676  3921.676  2322
4   14  3900.060  3928.060  2322
5   14  3915.072  3943.072  2322
6   14  3907.266  3935.266  2322
7   14  3933.438  3961.438  2322
8   14  3891.706  3919.706  2322
9   14  3903.233  3931.233  2322
10  14  3908.391  3936.391  2322
11  14  3929.478  3957.478  2322
12  14  3914.688  3942.688  2322
13  14  3898.441  3926.441  2322
14  14  3902.712  3930.712  2322
15  14  3917.134  3945.134  2322
16  14  3933.955  3961.955  2322
17  14  3893.789  3921.789  2322
18  14  3886.146  3914.146  2322
19  14  3927.313  3955.313  2322
20  14  3889.447  3917.447  2322
```

그러나 MI 기법 기반 다항 로지스틱 회귀모형의 경우에도, MI 기법 기반 순위형 로지스틱 회귀모형과 마찬가지 이유로, D3() 함수를 이용한 LR χ^2 통계치, 혹은 D1() 함수를 이용한 왈드(Wald's) χ^2 통계치를 활용한 모형비교 테스트를 지원하지 않습니다. 따라서 MI 기법을 활용하여 얻은 다항 로지스틱 회귀모형들을 비교해야 한다면, 수계산을 실시해야 합니다. 아마도 broom 패키지(version 0.7.2), mice 패키지(version 3.11.0)가 업그레이드되면 이 문제는 해결될 것으로 생각합니다.

15장 MI 기법과 잠재변수 포함 모형추정

사회과학 연구를 진행할 때 연구목적에 따라 연구모형에 잠재변수를 포함시켜야 하는 경우가 종종 발생합니다. 다차원적 개념들을 여러 측정치를 활용하여 측정한 경우 확증적 인자분석(CFA, confirmatory factor analysis)이나 잠재변수들 간의 인과관계를 상정한 구조방정식 모형(SEM, structural equation model)이 잠재변수 포함 모형의 대표적인 사례입니다. 만약 데이터에 대해 다변량 정규분포를 가정할 수 있다면, 2부에서 소개했던 결측데이터 분석기법인 ML 기법을 사용하면 됩니다. 그러나 잠재변수가 설명하는 관측변수가 순위 범주형 변수라면, 다변량 정규분포를 가정해야 하는 ML 기법을 사용하기 어렵습니다. 이번 15장에서는 MI 기법으로 얻은 *m*개의 대체투입 데이터를 이용하여 순위 범주형 변수를 설명하는 잠재변수가 포함된 분석모형을 추정하는 방법을 살펴보겠습니다.

우선 MI 기법을 적용한다는 점에서 `mice` 패키지와 `miceadds` 패키지, 2가지가 필요합니다. 아울러 CFA, SEM 모형을 적용한다는 점에서 `lavaan` 패키지, `semTools` 패키지도 추가로 필요합니다. 분석에 필요한 패키지들을 구동시킨 후 ANES2008 데이터를 불러오면 다음과 같습니다.

```
> # 데이터 불러오기
> library(tidyverse)
> library(mice)
> library(miceadds)
> library(lavaan)
> library(semTools)
> # 현실 데이터를 이용한 실습
> # 5장에서 사용한 변수들만 선택 (ML과의 비교)
```

```
> mydata = read_csv("anes2008_example.csv")
Parsed with column specification:
                    [분량 조절을 위해 이 부분의 출력결과는 생략]
)
```

이제 데이터를 사전처리한 후 대체투입을 시작해봅시다. 무순위 범주형 변수인 race3 변수의 경우 2개의 더미변수들(black, others)로 처리해야 합니다. 왜냐하면 구조방정식 모형에서는 무순위 범주형 변수를 처리하는 것이 불가능하기 때문입니다. 이후 더미변수들(female, black, others, readyBP, hopeBP)과 4점 척도로 구성된 현직 대통령의 직무수행 능력평가 변수들(economy, environ, iraqwar)을 순위 범주형 변수로 설정하였습니다. 사전처리를 거친 후 $m = 20$을 설정한 뒤 mice() 함수를 이용하여 대체투입 단계를 밟았습니다.

```
> # 사전처리
> df_MI = mydata %>%
+ rename_all(~(str_remove(.,"_"))) %>% # FT_의 _를 지움
+ mutate(black=ifelse(race3==1,1,0),others=ifelse(race3==2,1,0)) %>%
+ select(-race3) %>%
+ mutate_at(
+   vars(female,black,others,readyBP,hopeBP,economy,environ,iraqwar),
+   ~(factor(.))
+ ) %>%
+ mutate_at(
+   vars(starts_with("FT"),ageyr,hhinc),
+   ~(0.1*(.))     # ML에서 10을 나누어주었음
+ ) %>%
+ mutate_at(
+   vars(ageyr,educ,hhinc,starts_with("FT")),
+   ~(. - mean(., na.rm=TRUE)) # 평균중심화 변환
+ )
> # Imputing 단계
> myimp = mice(data=df_MI,m=20,print=FALSE,seed=1234)
```

이제 20개의 대체투입 데이터를 리스트 형태의 데이터로 묶어냅니다. 이 과정을 거친 후, 더미변수는 수치형 변수로 바꿉니다(만약 더미변수가 독립변수나 종속변수로 사용되는 경우라면, 수치형 변수로 바꾸면 안 됩니다). 이후 요인형 변수로 입력된 현직 대통령 직무수행 능력 평가 변수들(economy, environ, iraqwar)을 ordered() 함수를 이용하여 순위 범주형 변수로 변환시켰습니다.

```
> # 대체투입 데이터들을 리스트 형태로 묶음
> dl_myimp = list()
> for(i in 1:20) {
+  dl_myimp[[i]] = complete(myimp,action=i)  # 대체투입 결측데이터를 완전데이터 형태로
+  dl_myimp[[i]] = dl_myimp[[i]] %>%
+   mutate_at(
+    vars(female,black,others,readyBP,hopeBP),
+    as.numeric
+   ) %>%
+   mutate_at(
+    vars(economy,environ,iraqwar),
+    ordered
+   )
+ }
```

1 순위 범주형 변수를 설명하는 잠재변수 포함 확증적 인자분석

먼저 간단한 사례로 확증적 인자분석(CFA)을 실시해보겠습니다. 여기서 순위 범주형 변수로 설정된 세 변수 economy, environ, iraqwar를 설명하는 잠재변수로 Eval_Bush를 설정하였으며, 감정점수 형식으로 측정된 연속형 변수들을 설명하는 2가지 잠재변수(FTrep, FTdem)를 추가로 설정하였습니다. 즉 3개의 잠재변수를 이용해 9개의 관측변수를 설명하는 인자구조를 가정하였으며, 이때 9개의 관측변수 중 Eval_Bush 잠재변수가 설명하는 세 관측변수 economy, environ, iraqwar는 순위 범주형 변수입니다.

```
> # CFA
> mycfa = "
+ FTrep =~ FTRparty+FTmccain+FTpalin
+ FTdem =~ FTDparty+FTobama+FTbiden
+ Eval_Bush =~ economy+environ+iraqwar
+ "
```

MI 기법으로 얻은 *m*개의 대체투입 데이터들을 대상으로 잠재변수가 포함된 CFA, SEM 모형을 실행하기 위해서는 semTools 패키지의 runMI() 함수를 사용합니다. runMI() 함수는 lavaan 패키지의 sem() 함수를 *m*개의 대체투입 데이터들에 적용하여 추정하기 위한 함수입니다. 만약 추정하려는 분석모형이 연속형 변수로만 구성되어 있다면, fun="sem"만 설정하면 됩니다. 그러나 순위 범주형 관측변수를 설명하는 잠재변수가 포함된 CFA, SEM 모형이라면 ordered 옵션과 estimator 옵션을 추가로 지정해야 합니다. ordered 옵션에는 순위 범주형 관측변수의 변수이름을 지정해주며, estimator 옵션은 순위 범주형 변수가 포함될 경우 권장되는 'WLSMV'를 사용합니다. ordered 옵션을 이해하는 것은 어렵지 않습니다만, estimator='WLSMV'는 설명이 좀 필요합니다. WLSMV에 대해 설명하기 전에 runMI() 함수가 어떻게 구성되는지 먼저 살펴보겠습니다.

```
> fit_cfa=runMI(model=mycfa,
+              data=dl_myimp,
+              fun="sem",
+              ordered=c("economy","environ","iraqwar"),
+              estimator='WLSMV')
```

여기서 WLSMV는 "diagonal weighted least squares with robust standard errors and mean and variance adjusted statistic"을 의미합니다. 이를 단순화시키면 크게 4가지 부분으로 나눌 수 있습니다.[1]

1 WLSMV 옵션에 대한 보다 자세한 설명은 백영민(2017, pp. 266-310)을 참조하시길 권합니다.

첫째, 다변량 정규분포를 가정하는 ML 기법이 아니라 '가중치부여 최소자승법(WLS, weighted least squares)'을 사용합니다. WLS를 사용하는 이유는 순위 범주형 변수가 연속형 변수가 아니기 때문입니다. 순위 범주형 변수를 측정과정에서 측정이 불완전하게 된 연속형 변수로 파악하며, 측정의 불완전성을 조정해주기 위해 모형 추정과정에서 가중치를 사용하기 때문입니다. WLS의 W, 즉 weighted라는 용어가 사용된 이유는 바로 그 때문입니다.

둘째, WLS를 적용할 때 '가중치 행렬(W matrix)'의 대각요소(diagonal element)만 고려합니다. WLS를 적용할 때는 계산에 소요되는 시간과 컴퓨팅 자원을 절약하기 위해 W 행렬의 모든 요소를 적용하지 않고 대각요소들만 고려합니다(Muthen et al., 1997). 엄밀히 말하면, 대각요소들만 고려하여 가중치를 부여하는 것은 정확한 WLS라고 보기 어려울 것입니다. 이 문제, 즉 탈대각요소들(off-diagonal elements)을 고려하지 않아서 생길 수 있는 잠재적 문제를 방지·완화시키기 위한 것이 바로 다음에 소개할 강건한 표준오차입니다.

셋째, 모형추정결과에서 표준오차는 통상적인 표준오차가 아니라 '후버-와이트의 강건한 조정(Huber-White robust adjustment)'을 사용한, 소위 '샌드위치 조정'을 적용한 강건한 표준오차(robust SE, standard error)를 사용합니다. '강건한 표준오차'를 아주 단순화해 말하면, 통상적인 표준오차보다 보수적으로 추정한 표준오차라고 할 수 있습니다. ML이 아닌 WLS의 우도 함수를 사용할 때 흔히 사용되며, 공식의 모양이 마치 '샌드위치'처럼 보인다고 해서 '샌드위치 조정'이라고도 불립니다.

넷째, 모형추정결과에서 평균과 분산에 대한 추정결과도 조정을 거치도록 한다는 의미입니다.

`runMI()` 함수를 이용하여 추정된 결과는 다음과 같습니다. `summary()` 함수를 사

용하면 됩니다.[2] 결과가 꽤 깁니다.

```
> summary(fit_cfa,standard=TRUE,
+          fit=TRUE)
lavaan.mi object based on 20 imputed data sets.
See class?lavaan.mi help page for available methods.

Convergence information:
The model converged on 20 imputed data sets

Rubin's (1987) rules were used to pool point and SE estimates across 20 imputed
data sets, and to calculate degrees of freedom for each parameter's t test and CI.
"D3" only available using maximum likelihood estimation. Changed test to "D2".
If test = 'scaled.shifted' (estimator = 'WLSMV' or 'MLMV'), model comparison is
only available by (re)setting test = 'D2' and pool.robust = TRUE.
Control more options by passing arguments to lavTestLRT() via the '...' argument.
```

---

2 아쉽지만 lavaan 패키지의 parameterestimates() 함수는 작동하지 않습니다. 만약 모형추정결과를 별도로 저장하고자 한다면, summary() 함수 추정결과를 저장한 후 parameterestimates() 함수 출력결과의 변수이름을 참조하여 그 결과를 활용하기 바랍니다. 예를 들면 다음과 같습니다.

```
> #각주
> myresult=summary(fit_cfa,standard=TRUE,
+          fit=TRUE)
                    [분량 조절을 위해 이 부분의 출력결과는 생략]
> #잠재변수 간 공분산/상관계수
> myresult %>% tibble() %>%
+ filter(op=="~~"&(lhs!=rhs)) %>%
+ mutate(
+  source=str_c(lhs,op,rhs),
+  unstand_est=est,
+  robustSE=se,
+  stand_est=std.all
+ ) %>% select(source:stand_est)
# A tibble: 3 x 4
  source            unstand_est  robustSE  stand_est
  <chr>              <lvn.vctr>     <dbl>      <dbl>
1 FTrep~~FTdem        -2.696445     0.157     -0.593
2 FTrep~~Eval_Bush    -1.362331     0.0579    -0.815
3 FTdem~~Eval_Bush     1.072620     0.0537     0.646
```

```
Model Test User Model:

  Test statistic                               51.822    188.890
  Degrees of freedom                               24         24
  P-value                                       0.001      0.000

Model Test Baseline Model:

  Test statistic                             9138.727   5285.722
  Degrees of freedom                               36         36
  P-value                                       0.000      0.000

User Model versus Baseline Model:

  Comparative Fit Index (CFI)                   0.997      0.969
  Tucker-Lewis Index (TLI)                      0.995      0.953

Root Mean Square Error of Approximation:

  RMSEA                                         0.022      0.054
  90 Percent confidence interval - lower        0.014      0.047
  90 Percent confidence interval - upper        0.031      0.062
  P-value RMSEA <= 0.05                         1.000      0.149

Standardized Root Mean Square Residual:

  SRMR                                          0.024      0.024

Parameter Estimates:

  Standard errors                             Robust.sem
  Information                                   Expected
  Information saturated (h1) model              Expected
  Standard errors                           Unstructured
  Information                               Unstructured

Latent Variables:
                 Estimate  Std.Err  t-value        df  P(>|t|)  Std.lv  Std.all
  FTrep =~
    FTRparty        1.000                                         2.140    0.823
```

```
    FTmccain       1.029    0.032   32.358       Inf    0.000    2.202    0.849
    FTpalin        1.050    0.037   28.452  4199.819    0.000    2.246    0.790
  FTdem =~
    FTDparty       1.000                                         2.126    0.825
    FTobama        1.194    0.043   27.951       Inf    0.000    2.539    0.896
    FTbiden        0.742    0.029   25.488   581.799    0.000    1.578    0.662
  Eval_Bush =~
    economy        1.000                                         0.781    0.781
    environ        0.940    0.026   35.702  1608.986    0.000    0.735    0.735
    iraqwar        1.156    0.027   42.303  4498.046    0.000    0.903    0.903

Covariances:
                Estimate  Std.Err  t-value        df  P(>|t|)   Std.lv  Std.all
  FTrep ~~
    FTdem         -2.696    0.157  -17.126       Inf    0.000   -0.593   -0.593
    Eval_Bush     -1.362    0.058  -23.535       Inf    0.000   -0.815   -0.815
  FTdem ~~
    Eval_Bush      1.073    0.054   19.958       Inf    0.000    0.646    0.646

Intercepts:
                Estimate  Std.Err  t-value        df  P(>|t|)   Std.lv  Std.all
   .FTRparty       0.001    0.058    0.018       Inf    0.985    0.001    0.000
   .FTmccain      -0.007    0.058   -0.114       Inf    0.909   -0.007   -0.003
   .FTpalin       -0.036    0.064   -0.563  1329.956    0.573   -0.036   -0.013
   .FTDparty       0.003    0.060    0.046       Inf    0.964    0.003    0.001
   .FTobama       -0.011    0.072   -0.150       Inf    0.881   -0.011   -0.004
   .FTbiden       -0.042    0.055   -0.763   936.288    0.446   -0.042   -0.018
   .economy        0.000                                         0.000    0.000
   .environ        0.000                                         0.000    0.000
   .iraqwar        0.000                                         0.000    0.000
    FTrep          0.000                                         0.000    0.000
    FTdem          0.000                                         0.000    0.000
    Eval_Bush      0.000                                         0.000    0.000

Thresholds:
                Estimate  Std.Err  t-value        df  P(>|t|)   Std.lv  Std.all
    economy|t1    -1.402    0.040  -34.697  8425.651    0.000   -1.402   -1.402
    economy|t2    -0.948    0.033  -28.848  5925.252    0.000   -0.948   -0.948
    economy|t3    -0.464    0.029  -16.041       Inf    0.000   -0.464   -0.464
    environ|t1    -1.010    0.034  -30.040  1369.605    0.000   -1.010   -1.010
```

```
 environ|t2   -0.432    0.029   -15.011       Inf   0.000   -0.432    -0.432
 environ|t3    0.019    0.028     0.701  3228.515   0.483    0.019     0.019
 iraqwar|t1   -0.982    0.033   -29.514       Inf   0.000   -0.982    -0.982
 iraqwar|t2   -0.715    0.031   -23.399       Inf   0.000   -0.715    -0.715
 iraqwar|t3   -0.480    0.029   -16.569       Inf   0.000   -0.480    -0.480

Variances:
             Estimate  Std.Err  t-value        df  P(>|t|)  Std.lv   Std.all
 .FTRparty     2.181    0.094   23.129   473.287   0.000    2.181     0.323
 .FTmccain     1.873    0.087   21.603  1275.595   0.000    1.873     0.279
 .FTpalin      3.044    0.129   23.547   264.491   0.000    3.044     0.376
 .FTDparty     2.123    0.118   18.056   526.606   0.000    2.123     0.320
 .FTobama      1.582    0.143   11.053   346.680   0.000    1.582     0.197
 .FTbiden      3.185    0.115   27.607   147.480   0.000    3.185     0.561
 .economy      0.390                                         0.390     0.390
 .environ      0.460                                         0.460     0.460
 .iraqwar      0.185                                         0.185     0.185
 FTrep         4.579    0.255   17.951  7517.333   0.000    1.000     1.000
 FTdem         4.520    0.255   17.755  7640.452   0.000    1.000     1.000
 Eval_Bush     0.610    0.025   24.490  3961.594   0.000    1.000     1.000

Scales y*:
             Estimate  Std.Err  t-value        df  P(>|t|)  Std.lv   Std.all
 economy       1.000                                         1.000     1.000
 environ       1.000                                         1.000     1.000
 iraqwar       1.000                                         1.000     1.000
```

우선 결과 첫 부분(lavaan.mi object based on 20 imputed data sets.)을 보면 알 수 있듯이 해당 모형의 추정결과는 20개의 대체투입 데이터를 기반으로 하고 있습니다. 이후의 모형수렴결과(Convergence information: 부분)에서도 동일한 내용을 확인할 수 있습니다. 세 번째 단락의 내용에는 주목할 필요가 있습니다. 출력결과에서 명시하듯 [Rubin's (1987) rules ... 이후 부분], 모형추정결과는 루빈의 옛 공식을 기반으로 하고 있습니다. 조금 후에 살펴보겠지만, 모형추정결과의 자유도는 상당히 비현실적입니다. 앞서 11장에서 언급했듯이 루빈의 옛 공식으로 얻은 자유도는 상황에 따라 비현실적인 값이 나오기도 합니다.

이후의 "D3" only available using maximum likelihood estimation 부분이 출력된 이유는 estimator를 'WLSMV'로 지정하였기 때문에 나타난 것입니다. 출력결과에서 알 수 있듯, 순위 범주형 관측변수가 포함된 잠재변수 모형은 LR χ^2 테스트를 실시할 수 없습니다.

Model Test User Model: 부분은 추정한 CFA 모형의 모형적합도입니다. 총 2가지의 모형적합도 결과가 제시되었지만, 반드시 두 번째 세로줄에 제시된 모형적합도 출력결과를 보고하기 바랍니다. 왜냐하면 첫 번째 세로줄에 제시된 출력결과는 조정과정을 거치지 않은 모형적합도이기 때문입니다. 두 출력결과를 비교해보면 조정과정을 거친 강건한(robust) 모형적합도 추정치가 보다 보수적으로 추정된 것을 확인할 수 있습니다. 그러나 통상적인 기준에 비추어볼 때 강건한 모형적합도 추정치 역시도 CFA 모형이 데이터에 부합한다는 것을 잘 보여줍니다(CFI, TLI, RMSEA, SRMR 등이 모두 통상적인 기준을 충족시키는 것으로 나타났습니다).

Parameter Estimates: 부분에서 알 수 있듯이 추정된 표준오차는 Robust.sem, 즉 '후버-와이트의 강건한 조정(Huber-White robust adjustment)'을 적용한 표준오차입니다.

Latent Variables: 이후의 추정결과는 통상적인 CFA, SEM 추정결과에 대한 해석과 동일합니다. 앞서 잠시 언급했듯, 여기에 제시된 테스트 통계치(t-value)와 자유도(df)는 루빈의 옛 공식을 기반으로 추정된 것이기 때문에 비현실적인 결과가 나타나는 것을 알 수 있습니다(이를테면 Inf, 즉 무한대의 자유도나 표본 내 전체 응답자인 2,322를 넘는 자유도 등).

Thresholds: 부분 출력결과와 Scales y*: 부분 출력결과는 순위 범주형 관측변수가 투입되었기 때문에 나타난 결과입니다. Thresholds: 출력결과는 4점 척도로 측정된 순위 범주형 관측변수의 '역치', 즉 '1 → 2', '2 → 3', '3 → 4'를 의미합니다. Scales y*: 출력결과는 관측변수를 설명하는 연속형 잠재변수(y*)의 값을 어떻게 설정했는지에 대한 결과입니다만, 1이라는 가상의 수치를 사용한 것이기 때문에 실질적인 의미는 없습니다.

economy, environ, iraqwar 세 변수를 순위 범주형 관측변수로 가정한 후, MI 결측데이터 분석기법을 적용해 얻은 20개의 대체투입 데이터를 대상으로 CFA 모형을 추정한 결과, 저희가 설정한 인자구조는 데이터에 부합한다는 것을 확인했습니다.

2 순위 범주형 변수를 설명하는 잠재변수 포함 구조방정식 모형

순위 범주형 관측변수가 포함된 구조방정식 모형(SEM) 추정방식도 앞서 추정한 CFA 모형 추정방식과 동일합니다. 여기서는 인구통계학적 변수들(성별, 인종, 연령, 교육수준, 소득수준)을 원인변수로 하고, CFA 모형에 등장했던 3가지 잠재변수 중 Eval_bush 변수를 매개변수로, FTdem과 FTrep 변수를 결과변수로 하는 매개효과 모형을 테스트하겠습니다. 아울러 새로운 모수를 설정하는 방식으로 소득의 직접효과, 간접효과, 총효과를 테스트해보겠습니다.

먼저 분석모형을 정의하면 다음과 같습니다. 밑줄 그은 부분은 직접효과, 간접효과, 총효과를 테스트하기 위해 필요한 회귀계수들을 추출하고, 이들을 토대로 새로운 모수들을 생성하는 부분입니다.

```
> # 구조방정식 모형을 이용하여 매개효과 테스트하기
> mysem = "
+ # measurement model
+ FTrep =~ FTRparty+FTmccain+FTpalin
+ FTdem =~ FTDparty+FTobama+FTbiden
+ Eval_Bush =~ economy+environ+iraqwar
+ # structural (causal) model
+ Eval_Bush ~ female+black+others+ageyr+educ+a*hhinc
+ FTrep~female+black+others+ageyr+educ+cr*hhinc+br*Eval_Bush
+ FTdem~female+black+others+ageyr+educ+cd*hhinc+bd*Eval_Bush
+ # Indirect effect for Republicans
+ IEr := a*br
+ # Total effect for Republicans
+ TEr := IEr+cr
+ # Indirect effect for Democrats
+ IEd := a*bd
+ # Total effect for Democrats
+ TEd := IEd+cd
+ "
```

이후 runMI() 함수를 이용하여 설정된 SEM 분석모형을 추정하면 아래와 같습니다. fun, ordered, estimator 옵션에 대해서는 이미 앞에서 설명한 바 있습니다.

```
> fit_sem=runMI(model=mysem,
+               data=dl_myimp,
+               fun="sem",
+               ordered=c("economy","environ","iraqwar"),
+               estimator='WLSMV')
```

이제 결과를 추정해봅시다. 출력결과가 꽤 길지만, 본질적으로 앞서 살펴본 CFA 모형 추정결과와 동일합니다.

```
> summary(fit_sem,ci=TRUE,
+         fit=TRUE)
lavaan.mi object based on 20 imputed data sets.
See class?lavaan.mi help page for available methods.

Convergence information:
The model converged on 20 imputed data sets

Rubin's (1987) rules were used to pool point and SE estimates across 20 imputed
data sets, and to calculate degrees of freedom for each parameter's t test and CI.
"D3" only available using maximum likelihood estimation. Changed test to "D2".
If test = 'scaled.shifted' (estimator = 'WLSMV' or 'MLMV'), model comparison is
only available by (re)setting test = 'D2' and pool.robust = TRUE.
Control more options by passing arguments to lavTestLRT() via the '...' argument.


Model Test User Model:

  Test statistic                               149.389     306.859
  Degrees of freedom                                60          60
  P-value                                        0.000       0.000

Model Test Baseline Model:

  Test statistic                              7471.528    4609.815
```

```
  Degrees of freedom                              36          36
  P-value                                      0.000       0.000

User Model versus Baseline Model:

  Comparative Fit Index (CFI)                  0.988       0.946
  Tucker-Lewis Index (TLI)                     0.993       0.968

Root Mean Square Error of Approximation:

  RMSEA                                        0.025       0.042
  90 Percent confidence interval - lower       0.020       0.038
  90 Percent confidence interval - upper       0.030       0.047
  P-value RMSEA <= 0.05                        1.000       0.997

Standardized Root Mean Square Residual:

  SRMR                                         0.025       0.025

Parameter Estimates:

  Standard errors                           Robust.sem
  Information                                 Expected
  Information saturated (h1) model            Expected
  Standard errors                         Unstructured
  Information                             Unstructured

Latent Variables:
               Estimate  Std.Err  t-value        df  P(>|t|)  ci.lower  ci.upper
  FTrep =~
    FTRparty      1.000                                          1.000     1.000
    FTmccain      0.990    0.031   32.454  6256.218    0.000     0.931     1.050
    FTpalin       1.038    0.036   28.554  2846.968    0.000     0.966     1.109
  FTdem =~
    FTDparty      1.000                                          1.000     1.000
    FTobama       1.191    0.040   29.999  9245.653    0.000     1.113     1.269
    FTbiden       0.761    0.029   26.424   595.728    0.000     0.705     0.818
  Eval_Bush =~
    economy       1.000                                          1.000     1.000
    environ       0.942    0.028   33.805  1111.467    0.000     0.887     0.997
    iraqwar       1.154    0.030   38.440  5789.677    0.000     1.095     1.213
```

```
Regressions:
                 Estimate  Std.Err  t-value        df  P(>|t|)  ci.lower  ci.upper
  Eval_Bush ~
    female          0.120    0.042    2.846  7384.111    0.004     0.037     0.203
    black           0.727    0.057   12.796  3294.457    0.000     0.615     0.838
    others          0.263    0.064    4.088       Inf    0.000     0.137     0.389
    ageyr          -0.018    0.012   -1.499  4167.917    0.134    -0.043     0.006
    educ            0.016    0.015    1.063  8459.698    0.288    -0.014     0.046
    hhinc      (a) -0.122    0.038   -3.170  7882.240    0.002    -0.197    -0.046
  FTrep ~
    female          0.251    0.087    2.891  3863.736    0.004     0.081     0.421
    black           0.020    0.135    0.146  4492.635    0.884    -0.245     0.285
    others         -0.108    0.148   -0.728  2886.785    0.466    -0.398     0.182
    ageyr           0.046    0.025    1.842  1339.391    0.066    -0.003     0.096
    educ           -0.051    0.030   -1.686  2145.157    0.092    -0.110     0.008
    hhinc     (cr)  0.088    0.081    1.086   378.440    0.278    -0.071     0.247
    Eval_Bush (br) -2.100    0.086  -24.509       Inf    0.000    -2.267    -1.932
  FTdem ~
    female          0.232    0.083    2.790       Inf    0.005     0.069     0.396
    black           1.209    0.135    8.952  4682.642    0.000     0.945     1.474
    others          0.587    0.134    4.393  4518.841    0.000     0.325     0.849
    ageyr          -0.003    0.024   -0.143  3566.569    0.887    -0.050     0.044
    educ           -0.005    0.028   -0.175  6271.671    0.861    -0.061     0.051
    hhinc     (cd) -0.233    0.076   -3.058  1556.191    0.002    -0.383    -0.084
    Eval_Bush (bd)  1.353    0.073   18.614  4088.609    0.000     1.210     1.495

Covariances:
                 Estimate  Std.Err  t-value        df  P(>|t|)  ci.lower  ci.upper
 .FTrep ~~
    .FTdem         -0.340    0.072   -4.700  1853.825    0.000    -0.482    -0.198

Intercepts:
                 Estimate  Std.Err  t-value        df  P(>|t|)  ci.lower  ci.upper
   .FTRparty        2.379    0.343    6.941       Inf    0.000     1.707     3.051
   .FTmccain        3.090    0.342    9.026       Inf    0.000     2.419     3.761
   .FTpalin         2.409    0.383    6.289  9118.782    0.000     1.658     3.160
   .FTDparty       -4.439    0.326  -13.636       Inf    0.000    -5.078    -3.801
   .FTobama        -5.135    0.366  -14.037       Inf    0.000    -5.852    -4.418
   .FTbiden        -3.611    0.315  -11.456   727.148    0.000    -4.230    -2.992
   .economy         0.000                                          0.000     0.000
```

```
    .environ       0.000                                                  0.000     0.000
    .iraqwar       0.000                                                  0.000     0.000
    .FTrep         0.000                                                  0.000     0.000
    .FTdem         0.000                                                  0.000     0.000
    .Eval_Bush     0.000                                                  0.000     0.000

Thresholds:
                 Estimate  Std.Err  t-value        df  P(>|t|) ci.lower ci.upper
    economy|t1     -0.117    0.174   -0.672  5884.616    0.502   -0.459    0.225
    economy|t2      0.357    0.174    2.054  6856.884    0.040    0.016    0.697
    economy|t3      0.865    0.173    4.988  7350.168    0.000    0.525    1.205
    environ|t1      0.036    0.158    0.230  2330.615    0.818   -0.274    0.347
    environ|t2      0.634    0.158    4.022  1956.091    0.000    0.325    0.943
    environ|t3      1.102    0.158    6.956  1719.444    0.000    0.791    1.413
    iraqwar|t1      0.867    0.185    4.684       Inf    0.000    0.504    1.229
    iraqwar|t2      1.162    0.185    6.275       Inf    0.000    0.799    1.525
    iraqwar|t3      1.422    0.186    7.634       Inf    0.000    1.057    1.787

Variances:
                 Estimate  Std.Err  t-value        df  P(>|t|) ci.lower ci.upper
    .FTRparty       2.088    0.092   22.767   472.342    0.000    1.908    2.268
    .FTmccain       1.918    0.084   22.857  1295.713    0.000    1.754    2.083
    .FTpalin        2.999    0.127   23.578   343.782    0.000    2.749    3.249
    .FTDparty       2.070    0.102   20.274   606.599    0.000    1.869    2.270
    .FTobama        1.580    0.122   12.980   319.497    0.000    1.340    1.819
    .FTbiden        3.074    0.108   28.552   163.647    0.000    2.861    3.286
    .economy        0.417                                         0.417    0.417
    .environ        0.482                                         0.482    0.482
    .iraqwar        0.223                                         0.223    0.223
    .FTrep          1.641    0.124   13.246  1355.869    0.000    1.398    1.883
    .FTdem          2.303    0.142   16.231  2115.461    0.000    2.024    2.581
    .Eval_Bush      0.583    0.026   22.759  4740.844    0.000    0.533    0.634

Scales y*:
                 Estimate  Std.Err  t-value        df  P(>|t|) ci.lower ci.upper
    economy         1.000                                         1.000    1.000
    environ         1.000                                         1.000    1.000
    iraqwar         1.000                                         1.000    1.000

Defined Parameters:
```

```
     Estimate  Std.Err  t-value        df  P(>|t|)  ci.lower  ci.upper
IEr     0.255    0.081    3.141  7220.634    0.002     0.096     0.415
TEr     0.343    0.088    3.896   751.970    0.000     0.170     0.516
IEd    -0.165    0.052   -3.137  5123.884    0.002    -0.268    -0.062
TEd    -0.398    0.082   -4.852  2093.640    0.000    -0.559    -0.237
```

SEM 추정결과를 해석하는 방법은 동일합니다. 우선 두 번째 세로줄에 제시된 강건하게 추정된 모형적합도에서 알 수 있듯, 저희가 테스트한 분석모형은 전반적으로 데이터에 잘 부합합니다[$\chi^2_{WLS}(df = 60, N = 2{,}322) = 306.859, p < .001$, CFI = 0.946, TLI = 0.968, RMSEA = 0.042, 90% CI (0.038, 0.047), SRMR = 0.025].

원인변수가 매개변수에 미치는 효과, 그리고 원인변수와 매개변수가 결과변수에 미치는 효과 추정결과는 `Regressions:` 부분의 출력결과를 통해 확인할 수 있습니다.

원인변수인 가계소득(hhinc)이 결과변수인 공화당파에 대한 감정점수(FTrep)와 민주당파에 대한 감정점수(FTdem)에 미치는 직접효과, 간접효과, 총효과 추정결과를 정리하면 [표 15-1]과 같습니다.

[표 15-1] 직접효과, 간접효과, 총효과 추정결과

	공화당파에 대한 감정점수(`FTrep`)	민주당파에 대한 감정점수(`FTdem`)
직접효과	`cr`=0.088 (−0.071, 0.247)	`cd`=−0.233** (−0.383, −0.084)
간접효과	`IEr` (`a*br`)=0.255** (0.096, 0.415)	`IEd` (`a*bd`)=−0.165** (−0.268, −0.062)
총효과	`TEr` (`a*br+cr`)=0.343*** (0.170, 0.516)	`TEd` (`a*bd+cd`)=−0.398*** (−0.559, −0.237)

알림. $^{**}p$ 〈 .01, $^{***}p$ 〈 .001. 결측데이터를 처리하기 위해 MI 기법을 기반으로 총 20개의 대체투입 데이터를 생성한 후 구조방정식 모형을 추정한 결과로, 괄호 속은 추정결과의 95% 신뢰구간을 의미한다. MI 기법 적용은 R의 `mice` 패키지(version 3.11.0)의 `mice()` 함수를 이용하였으며, 구조방정식 모형을 추정하기 위해서는 `semTools` 패키지(version 0.5-3)의 `runMI()` 함수에서 `lavaan` 패키지(version 0.6-7)의 `sem()` 함수를 소환하여 적용하였다. 구조방정식 모형 추정 시 '후버-와이트의 강건한 조정(Huber-White robust adjustment)'을 적용한 대각(diagonal) 가중치 부여 최소자승법(WLS)을 적용하였다.

지금까지 살펴보았듯 순위 범주형 변수를 포함하는 CFA 모형, SEM 추정은 다소 번잡합니다. 데이터에 대해 다변량 정규분포를 가정할 수 있다면, ML 기법을 기반으로 결측데이터를 분석하는 방법이 간단하고도 상대적으로 명확한 방법이라고 생각합니다. 만약 다변량 정규분포를 가정하기 어려운 순위 범주형 변수가 포함된 데이터라면, 꼭 SEM 추정을 해야 하는지를 다시 생각해보는 것이 좋을 것 같습니다. 그럼에도 반드시 SEM을 추정해야 한다면, 여기 제시된 방법은 좋은 대안이 될 것입니다. 다만 꼭 SEM 추정을 하지 않아도 답할 수 있는 연구문제라면, 가급적 14장에서 소개했던 범주형 종속변수인 경우에 사용 가능한 MI 기법을 적용하는 것이 더 나을 수도 있습니다.

16장
MI 기법 정리

3부에서는 다중투입(MI) 결측데이터 분석기법을 살펴보았습니다. 3부의 마지막 장인 16장에서는 MI 기법 관련 중요 사항들을 간단하게 요약한 후, ML 기법과 비교하여 MI 기법이 어떤 특징을 갖고 있는지 살펴보겠습니다. 우선 2부에서 소개했던 ML 기법과 마찬가지로 MI 기법으로 얻은 결측데이터 분석결과가 타당하기 위해서는 결측데이터가 MAR(missing at random) 혹은 MCAR(missing completely at random) 가정을 따라야 합니다. 그러나 ML 기법과 달리 MI 기법을 적용할 경우에는 데이터가 다변량 정규분포(multivariate normal distribution)를 따른다고 가정할 필요는 없습니다.[1] 만약 MAR 가정이 충족된다면, MI 결측데이터 분석기법은 3단계를 거쳐 진행됩니다.

첫 번째 대체투입(imputing) 단계에서는 결측값을 추정하여 대체투입한 데이터를 여러 개 생성합니다. 흔히 대체투입 단계를 투입모형(imputation model) 추정과정이라 부릅니다. 이 책에서는 여러 대체투입 알고리즘 중 가장 널리 사용되는 MICE 알고리즘이 어떤 과정으로 결측값을 추정하여 대체투입 데이터를 생성시키는지 소개한 바 있습니다. 대체투입 단계에서 몇 개(m)의 대체투입 데이터를 생성해야 하는지에 대해서는 의견이 다소 엇갈립니다만, m은 크면 클수록 좋다는 것에는 이견이 없습니다. `mice` 패키지의 `mice()` 함수의 디폴트값은 $m = 5$입니다만, 이 책에서는 $m = 20$을 사용하였습니다(Graham et al.,

---

1 Amelia II는 MI 기법에 적용되는 알고리즘 중 하나로 흔히 알려져 있지만, 대체투입 단계에 투입되는 데이터가 다변량 정규분포를 따른다고 가정합니다. 이런 점에서 본다면 Amelia II는 이 책에서 소개한 MICE 알고리즘과 명확하게 구분됩니다. R에서 Amelia II를 활용하고 싶으면 `Amelia` 패키지를 설치한 후 관련 문헌(이를테면 Honaker et al., 2011)을 참조하기 바랍니다.

2007; Royston, 2005).[2]

두 번째 단계는 분석(analyzing) 단계입니다. m개의 대체투입 데이터를 확보한 후에는 분석모형(analysis model)을 추정합니다. 이때 투입모형과 분석모형의 '상동성(congeniality)' 여부를 판단하는 것이 좋습니다. 쉽게 이야기하면, 분석모형에 투입되는 변수들 및 변수들에 대해 적용한 가정이 투입모형에 투입되는 변수들 및 변수들에 대해 적용된 가정에 배치되는 부분은 없는지 판단하는 것입니다. 따라서 분석모형에 다차항이나 상호작용효과항이 포함되어 있는지, 그리고 분석모형에서 종속변수와 독립변수를 어떻게 정의해야 하는지에 대해 먼저 명확한 입장을 갖는 것이 좋습니다. 만약 상동성 조건이 충족되었다면, 개별 대체투입 데이터를 대상으로 분석모형을 추정한 결과를 저장합니다. 여기서는 `with()` 함수를 이용하여 분석 단계를 밟았습니다.

세 번째 단계는 통합(pooling) 단계입니다. 마지막 단계에서는 분석 단계에서 얻은 m개의 분석모형 추정결과들을 하나로 통합시킵니다. 평균이나 회귀계수를 추정하는 것은 상대적으로 쉽지만, 분산이나 표준오차를 추정할 때는 꽤 복잡한 공식을 적용합니다. 또한 결측데이터 발생비율에 따라 추리통계치에 대해 조정된 자유도를 계산한 후 사용합니다. 이 과정에서 사용되는 공식들은 11장에서 간략하게 소개한 바 있습니다. 이 책에서는 `mice` 패키지의 `pool()` 함수를 이용하여 통합 단계를 밟았습니다.

일반적인 사회과학 연구에서 가장 널리 사용되는 결측데이터 분석기법은 2부에서 소개한 ML 기법과 3부에서 설명한 MI 기법입니다. ML 기법에 비해 MI 기법이 지닌 장점들을 정리해보면 다음과 같습니다.

첫째, 범주형 변수를 종속변수로 투입한 분석모형을 추정해야 하는 경우라면 MI 기법을 사용해야 합니다. 왜냐하면 범주형 변수에 대해서는 정규분포를 가정할 수 없기 때문입니다. 다변량 정규분포를 가정하는 ML 기법에서는 범주형 종속변수가 투입된 분석모형을 추정할 수 없으며, 만약 범주형 변수가 독립변수로 사용되었다고 하더라도 엄밀한 의미에서 문제가 발생합니다. 예를 들어 성별 변수의 결측값을 ML 기법으로 추정할 경우, 특정 응답자가 남성인지 아니면 여성인지를 판명하기보다 '여성일 확률(혹은 남성일 확

---

2 최근 폰히펠(Von Hippel, 2020)은 데이터를 기반으로 가장 적절한 m을 찾는 알고리즘을 제시한 바 있습니다. 아쉽지만 R에 이용할 수 있는 함수는 아직 개발되지 않았습니다.

률)'을 추정한 후 ML 기법으로 분석모형을 추정하기 때문에 적절하다고 볼 수 없을 수 있습니다. 그러나 MI 기법의 경우 범주형 변수들에 대한 이러한 문제점들이 야기되지 않습니다. 또한 조금은 번거로울 수 있지만, 범주형 변수들이 포함된 SEM을 분석하고자 할 경우에도 MI 기법을 사용할 수 있습니다.

둘째, 투입모형과 분석모형이 분리되어 있기 때문에 보조변수 활용이 매우 편합니다. 결측데이터를 보다 타당하게 추정하기 위해서는 결측값 대체 추정에 가급적 많은 정보를 활용해야 합니다. MI 기법은 ML 기법에 비해 보조변수를 활용하는 것이 상대적으로 간단하고 쉽습니다. 물론 보조변수들을 많이 고려할수록 투입모형 추정에 소요되는 시간이 길어질 수 있습니다만, 컴퓨팅 자원과 시간에 여유가 있다면 투입모형 추정시간 문제는 그리 큰 이슈가 되지는 않을 듯합니다. 반면 ML 기법의 경우 보조변수가 많으면 프로그래밍하는 것이 상대적으로 번잡하고, 무엇보다 연구모형에 투입된 변수와 상관계수가 큰 보조변수를 넣었을 때에 추정되지 않는 상황이 종종 발생하기도 합니다.

그러나 MI 기법이 ML 기법에 비해 다소 약점인 부분들도 존재합니다. 첫째, ML 기법에 비해 결측데이터 분석과정이 다소 번잡하고 불편할 수 있습니다. ML 기법의 경우 투입모형과 분석모형을 한 번에 추정합니다. 그러나 MI 기법은 투입모형과 분석모형을 별도로 추정하고, 무엇보다 통합(pooling) 단계에서의 여러 절차를 이해하는 것이 번거롭고 어렵게 느껴질 수 있습니다.

둘째, MI 기법으로 얻은 추정결과의 경우 m을 어떻게 설정하고, 대체투입 데이터를 생성할 때 시드넘버를 어떻게 설정할지에 따라 분석결과가 조금씩 다르게 나타납니다. 반면 ML 기법으로 얻은 추정결과는 데이터가 동일하다면 누구나 동일한 분석결과를 얻을 수 있습니다. (3부에서 몇 차례 예시했듯) m을 충분히 크게 설정한 MI 기법으로 얻은 추정결과는 ML 기법으로 얻은 추정결과와 구분하기 어려울 정도로 동일합니다. 그러나 m과 시작조건을 어떻게 하는가에 따라 추정결과가 다를 수 있다는 사실에서 반복재현(replication)이 어렵다고 비판받을 소지가 있습니다(예를 들어 Allison, 2002).

셋째, 일반적으로 ML 기법으로 얻은 추정결과는 MI 기법으로 얻은 추정결과에 비해 효율성이 아주 조금 높은 것으로 알려져 있습니다(Bodner, 2008; Graham et al., 2007; Rubin, 1987; Von Hippel, 2016). 시뮬레이션 연구에 따르면 MI 기법으로 얻은 통계치의 효율성이 ML 기법으로 얻은 통계치의 효율성과 같아지기 위해서는 $m > 200$이어야 하는 것으로 알려져 있습니다(Bodner, 2008; Graham et al., 2007). 물론 $m = 5$ 정도의 통상적 기준을 적용해도 두 기법의 차이는 매우 미미한 것이 보통이기에 ML 기법을 옹호하는 연구자들은 ML 기법이 MI 기법에 비해 추정속도가 빠르다는 것을 강조합니다. 즉 보조변수를 고려하지 않거나 보조변수의 규모나 공선성 문제가 없으며 정규분포를 가정할 수 있는 종속변수가 투입된 모형을 추정하는 경우라면, ML 기법을 쓰는 것이 MI 기법을 쓰는 것보다 훨씬 낫습니다.

요컨대 MAR 가정을 적용할 수 있는 결측데이터에 대해 범주형 종속변수가 사용되는 경우, 그리고 여러 보조변수를 활용하고자 하는 경우라면 MI 기법을 사용해야 합니다. 그러나 MAR 가정과 함께 데이터에 대해 다변량 정규분포 가정을 추가로 가정할 수 있으며 보조변수를 사용하지 않는다면, ML 기법을 적용하는 것이 컴퓨팅 자원과 분석시간을 절약할 수 있습니다(그러나 이러한 상황에서도 ML 기법이든 MI 기법이든 추정결과는 거의 동일하다는 점에서, 독자 여러분들이 몸담고 있는 분과의 관례를 따르기 바랍니다).

4부
마무리

4부에서는 이 책의 범위에서 벗어나는 결측데이터 상황을 몇 가지 소개한 후 결측데이터 분석과 관련하여 추가적으로 고려할 부분들에 대해 언급하겠습니다. 17장에서는 결측데이터가 MCAR 상황 혹은 MAR 상황에서 생성되지 않은, 즉 MNAR 상황에서 생성된 결측데이터인 경우 어떻게 대처할 수 있는지에 대해 간단히 서술하였습니다. MNAR 상황의 결측데이터 분석기법들에는 무엇이 있으며, 어떤 한계가 있는지 간략하게 소개하였습니다. 18장에서는 다층 데이터(multi-level data) 혹은 위계적 데이터(hierarchical data)에서 결측데이터가 발생할 때 어떻게 대처할 수 있는지 간략하게 소개하였습니다. 끝으로 19장에서는 이 책에서 소개한 결측데이터 분석기법을 정리하였으며, ML 기법 혹은 MI 기법을 적용할 때 어떤 부분을 고려해야 하는지를 정리하였습니다.

17장
MNAR 상황의 결측데이터 분석기법

2부에서 소개한 최대우도(ML) 기법과 3부에서 소개한 다중투입(MI) 기법은 모두 결측데이터가 MAR(missing at random) 혹은 MCAR(missing complete at random) 상황에서 생성된다고 가정합니다. 그러나 만약 결측데이터 생성과정에 대해 MAR 가정을 취할 수 없는, MNAR(missing not at random) 가정을 취해야 할 상황이라면 어떻게 해야 할까요? MNAR 가정이 적용되는 결측데이터의 경우 크게 4가지 방법을 고려해볼 수 있을 듯합니다.

1 사후 민감도 분석

MNAR 상황 결측데이터를 분석하는 첫 번째 방법은 '사후 민감도 분석(ad hoc sensitivity analysis)'을 실시한 후, 그 결과를 토대로 MNAR 상황이 얼마나 심각하게 발생하는가 평가해보는 것입니다(Rubin, 1987). 즉 사후 민감도 분석은 MNAR 상황을 인위적으로 가정한 후, 어느 정도나 심각한 MNAR 상황에서 MAR 가정을 기반으로 실시한 결측데이터 분석결과가 심대한 문제를 발생시키는지 가늠해보는 방법입니다. 만약 MNAR 상황이 어느 정도 심각하더라도 MAR 가정을 토대로 얻은 결측데이터 분석결과가 그리 달라지지 않는다면, MAR 기반 결측데이터 분석결과를 받아들여도 큰 무리가 없을 것입니다.

사후 민감도 분석은 다음과 같이 진행됩니다. 우선 MAR 가정을 근거로 결측데이터를 대상으로 대체투입을 실시합니다. 이후, 대체투입된 결측값에 상수(constant)[1]를 더해주거나 빼주는 방식으로 대체투입된 결측값을 바꾸어줍니다. 예를 들어 소득수준이 월 1,000만원 이상인 사람들이 표본에서 체계적으로 결측되는 방식으로 MNAR 상황을 따르는 결측데이터가 생성되었다고 가정해봅시다. 결측값이 나타난 소득수준 변수에서 MAR 가정을 근거로 얻은 대체투입 결측값에 해당되는 상수(월 1,000만원 소득)를 더해주는 방식으로 결측값을 바꾸어줍니다. 이후 MAR 가정을 토대로 얻은 모형추정결과와 특정 상수를 가감한 후 얻은 모형추정결과를 비교하면, MAR 가정을 기반으로 얻은 모형추정결과가 MNAR 가정 상황에서 어떤 영향을 받는지 추정해볼 수 있습니다. 만약 MAR 가정을 기반으로 얻은 모형 추정결과가 사후 민감도 분석을 적용해 얻은 결과와 그리 크게 다르지 않다면, 결측데이터 생성과정이 MNAR 상황이라도 MAR 상황을 가정하는 결측데이터 분석방법에 큰 문제가 없다고 간주할 수 있습니다.

사후 민감도 분석은 개념적으로 단순하고, 모형추정결과가 어떤 상황까지 타당한지를 가늠할 수 있다는 점에서 매우 매력적입니다. 그러나 사후 민감도 분석을 실제로 실행하는 것은 꽤 번잡하며, 엄청난 분량의 분석결과를 제시하는 방법이 쉽지 않습니다. 몇 가지 상황을 생각해보죠. 먼저 MNAR 상황에서 완전절단된 결측값(truncated missing value)이 나타나지만, 완전절단 지점을 모르는 상황을 생각해볼 수 있습니다. 앞서 언급한 사례처럼 MNAR 상황이 발생하는 상황을 정확하게 알고 있다면, 그리 번잡하지는 않을 것입니다. 그러나 대부분의 결측데이터의 경우 MNAR 상황이 어떤 조건에서 어떻게 발생하는지 알려지지 않는 것이 보통입니다. 따라서 일반적인 사후 민감도 분석에서는 여러 가지 MNAR 상황을 설정한 후, 어느 정도 수준의 MNAR 상황까지는 MAR을 가정한 결측데이터 분석결과가 타당하다고 평가하는 것이 보통입니다. 다음으로 고려해볼 수 있는 상황은 특정 변수의 수준에 따라 결측값의 발생비율이 달라지는 상황입니다(예를 들어 고소득층일수록 소득변수의 결측값 발생비율이 증가하는 경우). 이러한 상황에서는 대체투입된 결측값들 중 일부에만 특정 상수를 가감해주는 것이 보통입니다. 사후 민감도 분석을 제안한 루빈(Rubin, 1987)은 대체투입된 결측값들 중 50%를 선택하는 방식을 취했지만, 절대적인 기준은 없는 듯합니다. 상수를 가감해주는 대체투입 결측값의 비율을 변동시키

1 흔히 특정 상수를 델타(δ)로 표기합니다. 문헌에 따라서는 '델타-기법(delta-method, Δ-method)'이라고 부르기도 합니다(Carpenter & Kenward, 2015).

는 것도 고려해볼 수 있습니다. 그러나 어느 정도의 상수를, 대체투입 결측값의 몇 %에 적용할 것인가와 관련하여 상당히 많은 시뮬레이션 시나리오가 가능하다는 것은 쉽게 예측할 수 있을 것입니다.

사후 민감도 분석에 관심 있고 R 프로그래밍에 익숙한 독자분이라면 반뷰렌(Van Buuren, 2018)을 참조하기 바랍니다(특히 9.2 Sensitivity analysis 파트). 또한 카펜터와 켄워드(Carpenter & Kenward, 2015)에서도 사후 민감도 분석의 과정과 주요 이슈들을 정리하고 있습니다.

2 MNAR 가정 기반 결측데이터 분석기법들: 선택모형과 패턴혼합모형

MNAR 상황에서 생성된 결측데이터를 분석하는 두 번째, 세 번째 방법으로는 MNAR 가정을 기반으로 개발된 결측데이터 분석기법들을 활용하는 것입니다. 저희들이 아는 범위에서 완전절단(truncation) 데이터에 사용하는 '헤크만 선택모형(Heckman's selection model; Galimard et al., 2016, 2018)'과 '패턴혼합모형(pattern mixture model; Little, 1993)'이 유명합니다.

계량경제학 분야에서 뚜렷한 업적을 이룬 헤크만 선택모형은 거의 모든 계량경제학 교과서에 소개되어 있습니다(이를테면 Greene, 2018). 헤크만 선택모형에 대해 설명하는 것은 이 책의 범위를 뛰어넘는다고 생각하기에 별도의 설명을 제시하지는 않았습니다. MNAR 상황에서 헤크만 선택모형을 MI 기법에 적용할 수 있는 R 패키지로는 `miceMNAR` 패키지(version 1.0.2)가 있습니다. 앞서 저희가 소개한 MI 기법 절차에 익숙하고 헤크만 선택모형에 대한 기본지식을 갖춘 분이라면 그리 어렵지 않게 `miceMNAR` 패키지의 `mice.impute.hecknorm()` 함수나 `mice.impute.heckprob()` 함수를 사용할 수 있을 것입니다. 또한 `miceMNAR` 패키지의 이론적 토대가 궁금한 분들이라면 갈리마드 등의 논문(Galimard et al., 2016, 2018)을 살펴보기 바랍니다.

패턴혼합모형의 경우 베이지안 데이터 분석방법에 대한 상당 수준의 지식이 필요하며, 이에 대한 자세한 설명은 이 책의 범위를 크게 뛰어넘기 때문에 별도의 설명을 제시하기 어렵습니다. 패턴혼합모형의 기본 아이디어는 데이터의 사례들을 결측데이터 패턴에 따라 집단으로 구분한 후, 결측데이터 패턴별로 분석을 실시하는 것입니다. 이 과정에서 분석자는 MNAR 상황이 어떻게 발생하는지에 대한 자신의 사전지식(prior knowledge)을 분석과정에 반영할 수 있습니다. MNAR 상황에서 패턴혼합모형을 추정하고자 하는 분이라면 `missingHE` 패키지(version 1.3.2)의 `pattern()` 함수를 활용하기 바랍니다. 또한 패턴혼합모형에 대한 이론적 토대가 궁금한 분이라면 리틀(Little, 1993)이나 리틀과 루빈(Little & Rubin, 2020)을 참조하기 바랍니다.

3 MAR 가정 기반 결측데이터 분석기법 보강

저희가 개인적으로 추천하고 싶은 방법은 네 번째 방법입니다. 이것은 MNAR 상황에서 결측데이터가 발생했다고 하더라도 MAR 상황에 보다 근접하도록 보조변수들을 적극 발굴하는 방법입니다(Schafer, 2003). 흔히 'more MAR' 접근방법이라고 불리며(Van Buuren, 2018), 이 책에서는 'MAR 가정 기반 결측데이터 분석기법 보강'이라는 이름으로 번역하였습니다.

사실 이 방법은 'MNAR 상황'이라는 문제를 해결한다기보다는 문제를 가급적 피하고 방지하는 것으로, 최종적인 해결책이라고 불릴 수 없는 방법입니다. 그러나 다음과 같은 이유들을 고려할 때 이 책의 첫 번째 저자와 같은 평범한 사회과학자들에게는 현실적으로 가장 좋은 방법이라고 생각합니다.

첫째, 앞서 소개한 사후 민감도 분석, 선택모형과 패턴혼합모형 같은 MNAR 가정 기반 결측데이터 분석기법들은 상당히 높은 수준의 통계학적 지식이나 프로그래밍 능력을 요구합니다. 데이터 분석에 전념할 수 있는 사회과학자라면 모르겠지만, 사회과학자의 본업은 데이터 분석이 아닙니다. 자신이 몸담고 있는 분과에서 전공분야와 관련된 지식을 추구하는 사회과학자의 입장에서 높은 수준의 통계학적 지식이나 프로그래밍 능력을 갖추는 것은 쉽지 않으며, 무엇보다 그런 것이 사회과학자의 '본업'이 될 필요도 없다고 생각합니다.

둘째, 선택모형이나 패턴혼합모형 같은 MNAR 가정 기반 결측데이터 분석기법들로 얻은 추정결과가 만족스럽지 못한 상황이 종종 발생하기 때문입니다(각 기법과 관련된 문제점들에 대해서는 Enders, 2010, Chapter 10 참조). 선택모형이나 패턴혼합모형 등은 모두 결측값 발생 상황과 관련된 지식(substantive knowledge)을 기반으로 하는 가정을 요구하는데, 문제는 이러한 가정이 타당하지 않을 가능성이 존재한다는 것입니다. 사후 민감도 분석 역시 마찬가지입니다. 상수(constant)를 가감하는 것 자체에는 문제가 없지만, 어느 정도 크기의 상수를 가감할지, 그리고 대체투입된 결측값 중 몇 %의 결측값들에 상수를 가감할지에 대한 명확한 기준이 없는 상황입니다.

셋째, MNAR 상황에서 생성된 결측데이터라고 하더라도, MNAR 상황을 완화해줄 수 있는 변수가 존재할 가능성이 매우 높습니다(Schafer, 2003). 사회과학 데이터에서 가장 전형적으로 발생하는 MNAR 상황의 결측데이터인 '소득수준'을 떠올려봅시다. 소득수준에 따라 결측값 발생비율이 달라진다고 하더라도 소득수준과 연관성이 높은 변수들을 잘 파악하면, MNAR 가정을 따르는 소득수준 변수의 결측값이 MAR 가정에 상당히 근접할 수 있습니다. 예를 들어 교육수준과 소득수준의 연관성은 매우 잘 알려져 있습니다. 또한 소득수준과 높은 상관관계를 보이는 다른 변수들, 이를테면 자산규모, 여가시간, 소비수준, 거주지역 등을 고려하고, PMM 알고리즘이 아니라 (−∞, +∞)의 범위를 예측할 수 있는 다른 알고리즘을 활용하는 방식으로 소득수준의 결측값을 (완전하지는 않더라도 어느 정도는 효과적으로) 추정하여 대체할 수 있습니다. 즉 더 많은 그리고 더 좋은 보조변수들을 포함하면, MNAR 상황의 결측데이터라고 하더라도 MAR 상황에 근접한다고 볼 수 있는 가능성이 높습니다(Schafer, 2003).

4부의 첫 장인 17장에서는 MNAR 상황에서의 결측데이터 분석방법들을 살펴보았습니다. MAR 상황에서 생성된 결측데이터의 경우, 2부에서 소개한 ML 기법이나 3부에서 설명한 MI 기법을 적용한다는 것이 널리 받아들여진 상황입니다. 하지만 MNAR 상황의 결측데이터 분석방법으로 널리 인정받는 방법은 존재하지 않습니다. 현재 상황에서는 MNAR 상황이 강력하게 의심되는 결측데이터의 경우, 활동하고 계신 분과에서 주로 어떻게 대처하는지 살펴보고 가장 적절한 방법을 따르는 것이 적절할 듯합니다.

18장
다층 데이터와 결측데이터 분석기법

이 책에서 소개한 ML 기법이나 MI 기법의 경우 단층(single-level) 데이터를 가정합니다. 그러나 사회과학 연구를 수행하다 보면 측정 수준이 상이한 '다층 데이터(multi-level data)'를 분석해야 할 경우가 종종 발생합니다. 그렇다면 다층 데이터에서 결측값이 발생했다면 어떻게 대처해야 할까요?

다층 데이터에서 발생한 결측데이터 분석기법은 간단하지 않습니다. 우선 ML 기법을 적용하기가 어렵습니다. 왜냐하면 다층 데이터 분석의 경우 최대우도(ML) 추정방법이 아니라 제한적 최대우도(REML, restricted maximum likelihood) 추정방법을 사용하기 때문입니다. 반면 MI 기법은 적용할 수 있습니다만, 상당히 복잡하고 무엇보다 다층모형(multi-level modeling)에 대한 지식이 절대적으로 필요합니다.[1] 이런 이유로 아쉽지만 여기서는 다층 결측데이터가 왜 복잡한지, 어떤 점들을 고려해야 하는지만 이야기하고 실습 사례를 제시하지는 않겠습니다.

구체적인 논의를 위하여 측정수준이 2개인 '2층 데이터(two-level data)'를 사례로 들겠습니다. 학생들이 학교에 (예를 들어 50-200명의 학생들이 10개의 학교에) 배속된(embedded) 상황에서 연구자가 다음과 같은 변수들을 수집했다고 가정해봅시다.

- **학생수준**(즉 개인수준, 1수준)
  - 종속변수: 삶에 대한 주관적 만족도
  - 독립변수: 학점, 성별, 가계소득

1 R을 기반으로 다층모형을 추정하는 방법에 대해서는 졸저(백영민, 2018a)를 참조하기 바랍니다.

• **학교수준**(즉 집단수준, 2수준)

– 독립변수: 학교의 유형 더미변수(특목고/일반고),

학교의 역사('현재 – 학교창립연도'로 계산)

학생수준에서 수집된 변수에서 나타나는 결측값은 학교수준에서 수집된 변수에서 나타나는 결측값과 질적으로 구분됩니다. 측정수준이 상이하다는, 즉 데이터가 질적으로 서로 다르다는 점에서 결측값을 추정하여 대체하는 투입모형을 수립하는 것이 상당히 까다롭습니다. A학교에 다니는 '갑돌이의 학점'이 결측값을 보일 때, B학교에 다니는 학생들의 정보를 이용하여 '갑돌이의 학점'을 대체투입하는 것이 타당할까요? 또한 만약 E학교의 학교 유형이 결측되었다면, 어떻게 E학교의 학교 유형을 추정해야 할까요? 쉽지 않은 문제입니다.

다층 데이터 고유의 특성으로 인해 MI 기법을 적용할 때 투입모형 추정과정에서 다음과 같은 현실적 문제들이 발생할 가능성이 높습니다.

• 학생 수가 많은 학교와 그렇지 않은 학교의 경우, 군집 내 평균과 분산 추정치의 안정성이 제각각입니다.
• 만약 학교수준 변수에서 결측값이 발생했다면, 위의 사례에서의 군집 수는 10에 불과하기 때문에 결측값을 안정적으로 추정하여 대체투입하기 어려울 것입니다.
• 학교에 따라 소속된 학생들의 개인적 특성이 체계적으로 다를 수도 있습니다. 예를 들어 만약 어떤 학교가 '여고'라면, 이 학교의 경우 성별에서 체계적으로 결측값이 발생합니다.
• 학교에 따라 개인수준에서 측정된 변수들의 분산이 이질적일 수 있습니다[즉 이분산성(heterogeneity) 문제].
• 최종 분석모형에서 랜덤 기울기(random slope), 수준 간 상호작용효과항(cross-level interaction terms) 등을 고려할 경우, 투입모형에서도 이들을 반영할 필요가 있습니다[즉 상동성(congeniality) 조건에 따라 분석모형이 복잡하면 투입모형도 복잡해짐].

이런 문제들로 인해 '다층 데이터'를 '단층 데이터'로 가정한 후 MI 기법을 적용하면 분석모형 추정결과에 문제가 생깁니다. 예를 들어 다층 데이터의 다층 구조를 무시한 채 MI 기법을 적용하면, 다층모형을 분석할 때 거의 언제나 제일 먼저 살펴보는 급내상관계수(ICC, intra-class correlation)가 심각하게 과소추정되고, 따라서 랜덤 절편(random intercept)에 대한 추정결과가 왜곡될 가능성이 매우 높으며, 데이터 상황에 따라 리스트 단위 결측제거보다 더 심각한 문제를 야기할 수 있습니다(이에 대해서는 Van Buuren, 2018, pp. 202-203). 위와 같이 개인이 집단에 배속된 형태의 다층 데이터와 마찬가지로, 동일한 개인에게서 여러 시점에 걸쳐 반복적으로 측정된(repeatedly measured) 형태의 다층 데이터 역시도 위에서 언급한 것과 비슷한 문제점들에서 자유롭지 않습니다.

그나마 다행인 것은 `mice` 패키지와 함께 `micemd` 패키지, `mitml` 패키지들을 이용하면 다층 데이터를 대상으로 MICE 알고리즘을 적용한 MI 기법을 적용할 수 있다는 사실입니다. 또한 `jomo` 패키지(version 2.7-2)는 결합모형(joint model)을 기반으로 다층 데이터에 대한 MI 기법을 적용할 수 있는 여러 유용한 함수들을 제시해주고 있습니다. 그러나 결측데이터가 다층 데이터 형태를 띠는 경우에는 결측데이터의 특성에 대해 세심하게 주의해야 하며, 무엇보다 다층모형 추정과 관련된 사전지식이 절대적으로 필요합니다. 왜냐하면 분석모형은 투입모형에서 비롯되므로 분석모형에 대해 명확하게 인식하지 못할 경우 투입모형을 제대로 추정할 수 없기 때문입니다. 만약 다층모형에 대해 충분히 알고 있고 R 프로그래밍에 익숙한 분들이라면, 반뷰렌(Van Buuren, 2018)의 Part II: Advanced techniques의 7장 Multilevel multiple imputation을 참조하시면 큰 도움이 될 것으로 생각합니다.

그러나 연구목적에 따라 측정수준이 2개를 넘는 경우에는 사용 가능한 MI 기법이 개발되지 않은 것으로 알고 있습니다(적어도 R 패키지가 개발되었다는 소식을 접하지 못했습니다). 예를 들어 개인별로 여러 시점에 데이터가 반복측정되었으며, 동시에 이 개인들이 집단에 배속되어 군집을 이루는 형태의 3수준 다층 데이터(시간수준 < 개인수준 < 집단수준)에서 나타나는 결측데이터의 경우에 대해서는 MI 기법을 적용할 수 없는 것으로 저희들은 알고 있습니다. 또한 활용빈도는 낮으나 '교차분류모형(CCM, cross-classified model)'과 같은 형태의 다층모형을 추정하고자 할 경우에 사용할 수 있는 MI 기법도 아직은 개발되지 않은 것으로 알고 있습니다. 그러나 아마도 시간이 지나면 여러 가지 형태의 다층모형을 추정할 수 있는, 보다 업그레이드되고 사용이 간편해진 결측데이터 분석기법들이 개발될 것으로 기대합니다.

19장
결측데이터 분석 시 고려사항

결측데이터가 발생하지 않는 상황이 최선이겠지만, 거의 모든 사회과학 데이터에서는 결측데이터 문제를 피할 수 없습니다. 이 책에서 집중적으로 다룬 2가지 기법, 최대우도(ML, maximum likelihood) 기법과 다중투입(MI, multiple imputation) 기법이 결측데이터 분석기법들 중 현재까지 가장 널리 사용되는 것입니다. 이 책에서는 ML 기법을 2부에서, MI 기법을 3부에서 집중적으로 소개하였습니다. 또한 이전에 사용되던 전통적인 결측데이터 분석기법들(예를 들어, '리스트단위 결측제거'나 '쌍별 결측제거' 등)의 문제점이 무엇이며, 두 기법의 이론적 가정인 MAR 가정이 충족되기 어려운 MNAR 가정 상황에서의 결측데이터 분석기법들(이를테면 '패턴혼합모형'이나 '선택모형' 등)의 잠재적 한계가 무엇인지에 대해서도 간략하게 설명하였습니다. 여기서는 ML 기법과 MI 기법을 적용할 때 고려해야 할 부분이 무엇인지를 간략하게 강조하면서 이 책을 마무리하고자 합니다.

1 데이터 및 변수 정의

연구자는 자신이 분석하고자 하는 데이터와 데이터를 구성하는 변수들의 의미를 명확하게 이해하고 정의해야 합니다. 이는 결측데이터 분석뿐만 아니라 모든 데이터 분석에 해당되는 사항이지만, 결측데이터 분석기법을 적용할 때는 특히 더 중요합니다. 아마도 사회과학 데이터 분석에서 가장 큰 이슈는 '◌점 리커트 척도로 측정된 변수'에 대한 정의의 문제일 듯합니다. 리커트 척도 측정방식은 매우 널리 사용되지만, 이렇게 측정된 변수를 '연속형 변수'로 취급할지 아니면 '범주형 변수'로 취급할지는 학문분과에 따라, 심지어 같은 학문분과 내부에서도 의견이 엇갈리기 때문입니다. 또한 리커트 척도로 측정된 변수를 '범주형 변수'로 파악하더라도 연구목적에 따라 '순위 범주형 변수'로 파악할 수도 있지만, '무순위 범주형 변수'로 파악하기도 합니다(예를 들어 '진보-중도-보수'의 3점 척도로 측정된 정치성향 변수).

앞서 설명하였듯, ML 기법을 적용하고 싶다면 연구자는 분석대상 데이터에 대해 다변량 정규분포를 가정해야 합니다. 또한 MI 기법을 적용할 경우에도 각 변수에서 나타나는 결측값을 어떤 방식으로 추정하여 대체투입할지 결정하기 위해서는 데이터의 각 변수를 어떻게 정의할 것인지 먼저 결정해야 합니다.

이런 점에서 결측데이터 분석기법을 적용하기 전에 연구자는 분석하고자 하는 데이터와 변수를 어떻게 바라보고 있는지 명확하게 이해해야 합니다. 이를 위해 연구자는 다음과 같은 사항들을 고려할 필요가 있습니다.

- 연구자가 데이터 분석을 통해 답하고자 하는 연구문제는 무엇인가? 즉 연구문제에 적절한 실증적 해답을 얻기 위해서는 어떤 이론적 관점에서 어떤 유형의 데이터가 필요한가?
- 직접 데이터를 수집했다면, 연구자 자신의 연구계획에 충실하게 데이터를 수집하였는가? 만약 다른 누군가가 수집한 데이터를 '2차분석(secondary analysis)' 한다면, 데이터를 수집한 연구진이 데이터에 대해 갖고 있었던 이론적 관점이 연구자 자신의 관점에 부합하는가?
- 연구자가 속한 분과에서는 연구자의 연구문제와 관련된 변수들에 대해 어떻게 정의하고 어떤 분석모형을 주로 사용하는가? 즉 연구자의 연구문제에 대한 선행연구들에서는 데이터와 변수들을 어떤 방식으로 간주하고 있는가?

2 결측데이터 발생 메커니즘 가정

데이터와 변수들을 어떻게 규정할 것인지가 결정되었다면, 그리고 분석하고자 하는 데이터에 결측값이 존재한다면, 결측값이 왜 발생했는지 파악한 후 결측데이터의 발생 메커니즘을 어떻게 가정해야 할지 결정해야 합니다. 1부에서 소개했던 것처럼 결측데이터가 발생하는 메커니즘의 경우에는 MCAR, MAR, MNAR 3가지 가정이 존재합니다. 앞서 여러 차례 반복하여 설명했듯이 ML 기법이나 MI 기법을 사용하기 위해서는 데이터의 결측값 발생 메커니즘에 대해 MCAR 혹은 MAR 가정을 취할 수 있어야 합니다.

반면 결측데이터가 MNAR 메커니즘에 따라 생성되었다고 강력하게 의심될 경우에는 ML 기법이나 MI 기법을 적용해도 타당한 모형추정결과를 얻기 어렵습니다. 이 경우 4부 17장에서 소개한 MNAR 상황 시 결측데이터 분석기법들을 고려하거나, 사후 민감도 분석을 통해 어떤 상황까지 MAR 메커니즘 기반 결측데이터 분석기법이 타당할 수 있는지 가늠해볼 수도 있습니다. 그러나 MNAR 메커니즘이 아닌 MAR 메커니즘을 가정할 수 있는 상황에 가깝도록 보조변수들을 적극 활용한 후, ML 기법이나 MI 기법을 활용하는 것을 권하고 싶습니다.

결측데이터 발생 메커니즘을 어떻게 가정할 것인가와 관련하여 연구자는 다음과 같은 질문을 던져볼 필요가 있습니다.

- 데이터의 변수들에서 결측값은 왜 나타나는가? 우연하게 나타나는가? (MCAR 가정), 아니면 다른 변수의 수준에 따라 다르게 나타나는가? (MAR 가정), 아니면 결측값이 나타난 변수의 수준에 따라 다르게 나타나는가? (MNAR 가정)
- 만약 MAR 가정에 따라 결측데이터가 발생한다면, 해당 변수의 결측값 발생여부를 예측하기 위해 어떤 변수들이 필요한가? 만약 MNAR 가정을 피하기 어렵다면, MNAR 가정을 MAR 가정에 가깝도록 바꾸어줄 보조변수를 확보할 수는 없는가?

3 보조변수 확정

보다 타당한 결측값 추정을 위해서는 보조변수, 즉 결측값 발생비율 혹은 결측값이 발생한 변수와 강한 상관관계를 갖는 변수를 적극적으로 활용하는 것이 좋습니다. 결측데이터 분석기법을 적용할 때, 연구자는 자신의 연구문제에 답하기 위해 필요한 변수(종속변수, 독립변수, 공변량 등)를 반드시 고려해야 하며, 추가적으로 연구모형을 구성하는 각 변수들, 그리고 개별 변수의 결측값 발생비율과 연관된 보조변수들을 최대한 확보하여 분석에 투입하는 것이 권장됩니다.

보조변수 확정과 관련하여 연구자는 다음과 같은 질문들을 염두에 두는 것이 좋습니다.

- **데이터를 직접 수집하는 경우라면**: 연구모형에 포함된 변수들 중 결측값이 발생하기 쉬운 변수는 무엇이며, 이 변수와 강한 상관관계를 갖는 변수들로 어떤 변수들이 알려져 있는가?
- **이미 수집된 데이터**(이를테면 GSS, ANES, HINTS 등)**를 활용하는 경우라면**: 연구모형에 포함된 변수들이 아닌 다른 변수들 중 보조변수로 고려할 변수들은 무엇인가? 분석에 사용되는 데이터와 결합 가능한(mergeable) 다른 데이터는 없는가?

4 결측데이터 점검

ML 기법이나 MI 기법을 적용하기 전에 결측데이터에 대해 먼저 점검하는 것이 좋습니다. 연구모형에 투입되는 변수들과 보조변수(들)에서 결측값 발생비율이 얼마인지, 데이터의 사례별 결측값 발생빈도는 어떠한지, 결측데이터 패턴은 어떤지 등등을 면밀하게 조사하는 것이 좋습니다. 결측데이터 점검 방법에 대해서는 1부 3장에서 소개한 바 있습니다.

결측데이터 점검 과정에서 고려할 부분은 다음과 같습니다.

- 어떤 변수에서 결측값이 두드러지게 발생하였는가? 어떤 사례에서 결측값이 빈번하게 발생하였는가?
- ML 기법이나 MI 기법을 적용하기 위한 MAR 가정이 결측데이터 점검결과와 배치되지는 않는가?
- 결측데이터 패턴이 독특하여 ML 기법이나 MI 기법에서 특별하게 고려할 부분은 없는가?

5 투입모형 및 분석모형 추정

앞에서 설명했듯 ML 기법에서는 결측값을 추정하는 '투입모형 추정' 단계와 추정된 결측값을 기반으로 최종 모형추정결과를 얻는 '분석모형 추정' 단계를 동시에 지정합니다. 그러나 MI 기법에서는 2가지 단계가 분리되어 있습니다. 따라서 어떤 기법을 적용하는가에 따라 고려할 사항이 서로 다릅니다. 우선 ML 기법을 사용할 경우에는 다음의 사항들을 고려하는 것이 좋습니다.

- 데이터는 다변량 정규분포를 따른다고 가정할 수 있는가?
- 변수들의 분산값이 너무 크게 다르지 않은가?
- 다차항이나 상호작용효과항을 투입할 경우, 연속형 변수에 대해 평균중심화 변환을 적용할 필요는 없는가?

MI 기법을 사용할 경우에는 다음의 사항들을 고려하는 것이 좋습니다.

- 분석모형과 투입모형은 상동성(congeniality) 조건을 만족하는가? 쉽게 말해 분석모형은 투입모형에서 벗어나지 않는 모형인가?
- 투입모형을 추정할 때 각 변수들의 특성에 맞도록 결측값을 추정하는 함수/알고리즘을 설정하였는가? 예를 들어 범주형 변수에서 나타난 결측값을 추정할 때 선형함수를 설정하지는 않았는가? 대체투입된 결측값은 현실적으로 존재할 수 있는 값인가?
- 다차항이나 상호작용효과항을 투입하였다면, 적절한 방식으로 변수를 변환하였는가?
- 대체투입 데이터 횟수(m)는 적절하게 설정되었는가? 연구목적과 연구분과의 관례에 따라 충분하게 큰 m을 설정하였는가? 만약 연구분과별로 수렴과정(convergence) 점검을 요구한다면, 적절하게 수렴되었는지 확인하였는가?
- 개별 대체투입 데이터에 적용한 분석모형은 적절한가? 예를 들어 투입모형에서 순위 범주형 변수로 상정한 변수를 분석모형에서는 연속형 변수로 투입하지는 않았는가?
- 개별 대체투입 데이터에 대해 얻은 분석모형 추정결과를 통합할 때, 적절한 방식으로 통계치들(평균, 분산, 절편 및 회귀계수, 표준오차, 자유도, 모형적합도 지수 등)을 통합하였는가?

6 분석모형 추정결과 서술

위의 과정들을 거쳐 분석모형 추정결과를 얻었다면, 이 결과를 연구목적과 연구분과의 관례에 맞게 적합하게 서술하면 됩니다. 최종 결과를 서술할 때는 어떤 정해진 규칙이 있지는 않지만, 다음의 사항들을 고려하면 좋을 것 같습니다.

- 결측데이터 분석기법에 사용한 패키지를 보고하는 것이 좋습니다. 일반적으로 널리 사용되는 OLS 회귀분석이나 GLM 모형들과 달리, 결측데이터 분석기법의 경우 보통 데이터 분석 패키지 종류에 따라 분석결과가 조금씩 다릅니다. 이때 데이터 분석 패키지의 이름과 함께 버전도 보고하는 것이 좋습니다.
- 원고 본문에 보고할 결과와 별첨으로 보고할 결과를 구분하는 것이 좋습니다. 최근 사회과학 학술지들의 경우 본문 분량을 엄격하게 제한하며, 구체적인 분석과정 및 분석과정에서 어떤 옵션들을 적용했는지는 온라인 별첨(online appendices)을 사용할 것을 권장합니다. 예를 들어 연구모형에 포함되는 변수들에 대한 결측데이터 점검결과는 본문에 보고하는 것이 낫겠지만, 연구모형에 포함되지 않는 보조변수에 대한 결측데이터 점검결과는 별첨에 보고하는 것이 나을 것입니다.
- 원고 본문에 보고할 분석결과의 경우, 연구분과의 관례를 따르되, 연구분과의 관례가 명확하지 않으면 가급적 구체적인 결과를 보고하는 것이 좋을 듯합니다. 예를 들어 MI 기법을 적용하여 얻은 최종 통합된 분석모형 추정결과의 경우, 회귀계수와 표준오차만 보고할 수도 있겠지만, 조정된 자유도와 λ, r 등의 통계치도 같이 보고하는 것이 더 낫지 않을까 생각합니다. 이 부분에서는 어떤 정해진 답이 없기 때문에 해당 연구분과의 전문가분들에게 문의하거나 결측데이터 분석을 적용한 선행연구들의 선례를 잘 참조하면 좋을 것 같습니다.

참고문헌

백영민 (2017). 《R를 이용한 사회과학데이터 분석: 구조방정식모형 분석》. 커뮤니케이션북스.

백영민 (2018a). 《R을 이용한 다층모형》. 한나래.

백영민 (2018b). 《R 기반 데이터 과학: tidyverse 접근》. 한나래.

백영민 (2019). 《R 기반 제한적 종속변수 대상 회귀모형》. 한나래.

백영민 · 박인서 (2021). 《R 기반 성향점수분석: 루빈 인과모형 기반 인과추론》. 한나래.

Allison, P. (2002). *Missing data*. Sage Publications Inc.

Barnard, J., & Rubin, D. B. (1999). Miscellanea. Small-sample degrees of freedom with multiple imputation. *Biometrika*, 86(4), 948-955. https://doi.org/10.1093/biomet/86.4.948

Bartlett, J. W., Seaman, S. R., White, I. R., Carpenter, J. R., & Alzheimer's Disease Neuroimaging Initiative. (2015). Multiple imputation of covariates by fully conditional specification: Accommodating the substantive model. *Statistical Methods in Medical Research*, 24, 462-487. https://doi.org/10.1177/0962280214521348

Bengtson, A. M., Westreich, D., Musonda, P., Pettifor, A., Chibwesha, C., Chi, B. H., ⋯ & Miller, W. C. (2016). Multiple overimputation to address missing data and measurement error: application to HIV treatment during pregnancy and pregnancy outcomes. *Epidemiology*, 27, 642-650. https://doi.org/10.1097/EDE.0000000000000494

Blackwell, M., Honaker, J., & King, G. (2017). A unified approach to measurement error and missing data: overview and applications. *Sociological Methods & Research*, 46, 303-341. https://doi.org/10.1177/0049124115585360

Bodner, T. E. (2008). What improves with increased missing data imputations? *Structural Equation Modeling*, 15, 651–675. https://doi:10.1080/10705510802339072

Carpenter, J. R. & Kenward, M. G. (2015). Developments of methods and critique of ad hoc methods. In G. Molenberghs, G. Fitzmaurice, M. G. Kenward, A. Tsiatis, & G. Verbeke (eds.) *Handbook of Missing Data Methodology* (pp. 23-46). CRC Press.

Collins, L. M., Schafer, J. L., & Kam, C. M. (2001). A comparison of inclusive and restrictive strategies in modern missing data procedures. *Psychological methods*, 6, 330–351. https://doi.org/0.1037/1082–989X.6.4.330

DeBell, M. (2010). How to Analyze ANES Survey Data. *ANES Technical Report Series no. nes012492*. Palo Alto, CA, and Ann Arbor, MI: Stanford University and the University of Michigan.

Enders, C. K. (2010). *Applied missing data analysis*. Guilford press.

Fu, Y. Z. (2016). Stochastic EM algorithm of a finite mixture model from hurdle Poisson distribution with missing responses. *Communications in Statistics-Theory and Methods*, 45, 5918–5932. https://doi.org/10.1080/03610926.2014.953689

Galimard, J. E., Chevret, S., Curis, E., & Resche–Rigon, M. (2018). Heckman imputation models for binary or continuous MNAR outcomes and MAR predictors. *BMC Medical Research Methodology*, 18, 90. https://doi.org/10.1186/s12874–018–0547–1

Galimard, J. E., Chevret, S., Protopopescu, C., & Resche–Rigon, M. (2016). A multiple imputation approach for MNAR mechanisms compatible with Heckman's model. *Statistics in Medicine*, 35, 2907–2920. https://doi.org/10.1002/sim.6902

Graham, J. W. (2003). Adding missing–data–relevant variables to FIML–based structural equation models. *Structural Equation Modeling*, 10, 80–100. https://doi.org/10.1207/S15328007SEM1001_4

Graham, J. W., Hofer, S. M., & MacKinnon, D. P. (1996). Maximizing the usefulness of data obtained with planned missing value patterns: An application of maximum likelihood procedures. *Multivariate Behavioral Research*, 31, 197–218. https://doi.org/10.1207/s15327906mbr3102_3

Graham, J. W., Olchowski, A. E., & Gilreath, T. D. (2007). How many imputations are really needed? Some practical clarifications of multiple imputation theory. *Prevention Science*, 8(3), 206–213. https://doi.org/10.1007/s11121–007–0070–9

Graham, J. W., Taylor, B. J., Olchowski, A. E., & Cumsille, P. E. (2006). Planned missing data designs in psychological research. *Psychological Methods*, 11, 323–343. https://doi.org/10.1037/1082–989X.11.4.323

Greene, W. H. (2018). *Econometric analysis (17th edition)*. Pearson Education.

Harel, O. (2009). The estimation of R^2 and adjusted R^2 in incomplete data sets using multiple imputation. *Journal of Applied Statistics*, 36(10), 1109–1118. https://doi.org/10.1080/02664760802553000

Heckman, J. J. (1976). The common structure of statistical models of truncation, sample selection and limited dependent variables and a simple estimator for such models. *Annals of Economic and Social Measurement*, 5, 475–492.

Honaker, J., King, G., & Blackwell, M. (2011). Amelia II: A program for missing data. *Journal of Statistical Software*, 45, 1–47.

Kleinke, K. (2017). Multiple imputation under violated distributional assumptions: A systematic evaluation of the assumed robustness of predictive mean matching. *Journal of Educational and Behavioral Statistics*, 42, 371–404. https://doi.org/10.3102/1076998616687084

Kline, R. B. (2006). *Principles and Practice of Structural Equation Modeling*. Guilford Press.

Li, K. H., Meng, X. L., Raghunathan, T. E., & Rubin, D. B. (1991). Significance levels from repeated p–values with multiply–imputed data. *Statistica Sinica*, 1, 65–92. https://www.jstor.org/stable/24303994

Little, R. J. (1988). A test of missing completely at random for multivariate data with missing values. *Journal of the American Statistical Association*, 83, 1198–1202.

Little, R. J. (1993). Pattern–mixture models for multivariate incomplete data. *Journal of the American Statistical Association*, 88, 125–134. https://doi.org/10.1080/01621459.1993.10594302

Little, R. J., & Rubin, D. B. (2020). *Statistical analysis with missing data*. John Wiley & Sons.

Lumley, T. (2010). *Complex surveys: A guide to analysis using R*. John Wiley & Sons.

Meng, X. L. (1994). Multiple–imputation inferences with uncongenial sources of input. *Statistical Science*, 9, 538–558. https://www.jstor.org/stable/2246252

Muthén, B., du Toit, S.H.C., & Spisic, D. (1997). *Robust inference using weighted least squares and quadratic estimating equations in latent variable modeling with categorical and continuous outcomes*. Unpublished manuscript. College of Education, UCLA, Los Angeles, CA. https://www.statmodel.com/download/Article_075.pdf

Orchard, T. & Woodbury, M. A. (1972). A missing information principle: Theory and applications. *Proceedings of the Sixth Berkeley Symposium on Mathematical Statistics and Probability*, 1, 697–715. https://projecteuclid.org/euclid.bsmsp/1200514117

Raghunathan, T. E. (2016). *Missing data analysis in practice*. CRC press.

Raghunathan, T. E., Solenberger, P. W., & Van Hoewyk, J. (2002). *IVEware: Imputation and variance estimation software*. Ann Arbor, MI: Survey Methodology Program, Survey Research Center, Institute for Social Research, University of Michigan. https://www.src.isr.umich.edu/wp-content/uploads/iveware/v0.1/Documentation/ive_user.pdf

Royston, P. (2005). Multiple imputation of missing values: update of ice. *The Stata Journal*, 5, 527-536. https://journals.sagepub.com/doi/pdf/10.1177/1536867X0500500404

Rubin, D. B. (1987). *Multiple imputation for nonresponse in surveys*. Wiley.

Rubin, D. B. (1996). Multiple imputation after 18+ years. *Journal of the American Statistical Association*, 91, 473–489.

Savalei, V., & Bentler, P. M. (2009). A two-stage approach to missing data: Theory and application to auxiliary variables. *Structural Equation Modeling: A Multidisciplinary Journal*, 16, 477–497. https://doi.org/10.1080/10705510903008238

Savalei, V., & Falk, C. F. (2014). Robust two-stage approach outperforms robust full information maximum likelihood with incomplete nonnormal data. *Structural Equation Modeling: A Multidisciplinary Journal*, 21, 280–302. https://doi.org/10.1080/10705511.2014.882692

Schomaker, M., Hogger, S., Johnson, L. F., Hoffmann, C. J., Bärnighausen, T., & Heumann, C. (2015). Simultaneous treatment of missing data and measurement error in HIV research using multiple overimputation. *Epidemiology, 26*(5), 628-636.

Schouten, R. M., Lugtig, P., & Vink, G. (2018). Generating missing values for simulation purposes: A multivariate amputation procedure. *Journal of Statistical Computation and Simulation*, 88, 2909–2930. https://doi.org/10.1080/00949655.2018.1491577

Schafer, J. L. (2003). Multiple imputation in multivariate problems when the imputation and analysis models differ. *Statistica Neerlandica*, 57, 19–35. https://doi.org/10.1111/1467-9574.00218

Shadish, W. R., Cook, T. D., & Campbell, D. T. (2002). *Experimental and quasi-experimental designs for generalized causal inference*. Houghton Mifflin.

Van Buuren, S. (2018). *Flexible imputation of missing data* (2nd Ed.). CRC press.

Van Buuren, S., Brand, J. P., Groothuis-Oudshoorn, C. G., & Rubin, D. B. (2006). Fully conditional specification in multivariate imputation. *Journal of Statistical Computation and Simulation*, 76, 1049-1064. https://doi.org/10.1080/10629360600810434

Van Ginkel, J. R. (2019). Significance tests and estimates for R^2 for multiple regression in multiply imputed datasets: A cautionary note on earlier findings, and alternative solutions. *Multivariate Behavioral Research*, 54, 514–529. https://doi.org/10.1080/00273171.2018.1540967

Van Ginkel, J. R. (2020). Standardized regression coefficients and newly proposed estimators for R2 in multiply imputed data. *Psychometrika*, 85, 1-21. https://doi.org/10.1007/s11336-020-09696-4

Venkatesan, R., Bleier, A., Reinartz, W., & Ravishanker, N. (2019). Improving customer profit predictions with customer mindset metrics through multiple overimputation. *Journal of the Academy of Marketing Science*, 47, 771-794. https://doi.org/10.1007/s11747-019-00658-6

Von Hippel, P. T. (2009). How to impute interactions, squares, and other transformed variables. *Sociological Methodology*, 39, 265-291. https://doi.org/10.1111/j.1467-9531.2009.01215.x

Von Hippel, P. T. (2016). New confidence intervals and bias comparisons show that maximum likelihood can beat multiple imputation in small samples. *Structural Equation Modeling: A Multidisciplinary Journal*, 23, 422-437. https://doi.org/10.1080/10705511.2015.1047931

Von Hippel, P. T. (2020). How many imputations do you need? A two-stage calculation using a quadratic rule. *Sociological Methods & Research*, 49, 699-718.

Wickham, H. & Grolemund, G. (2017). *R for Data Science.* O'Reilly. https://r4ds.had.co.nz/

주제어 찾아보기

ㄷ

ㄹ

ㅁ

ㅂ

ㅅ

ㅇ

ㅈ

ㅊ

ㅋ

ㅌ

ㅍ

ㅎ

R 함수 찾아보기